閩臺明遺民傳録

陳旭東 編纂

海峽出版發行集團
THE STRAITS PUBLISHING & DISTRIBUTING GROUP
福建人民出版社

圖書在版編目(CIP)數據

閩臺明遺民傳録/陳旭東編纂.—福州:福建人民出版社,2018.12

ISBN 978-7-211-08115-8

Ⅰ.①閩… Ⅱ.①陳… Ⅲ.①福建—地方史—史料—明代②臺灣—地方史—史料—明代 Ⅳ.①K295.7 ②K295.8

中國版本圖書館 CIP 數據核字(2018)第 290286 號

閩臺明遺民傳録

作　　者:陳旭東

出版發行:福建人民出版社　　電　　話:0591-87533169(發行部)

網　　址:http://www.fjpph.com　電子郵箱:fjpph7211@126.com

地　　址:福州市東水路 76 號　　郵政編碼:350001

經　　銷:福建新華發行(集團)有限責任公司

印　　刷:福州力人彩印有限公司

地　　址:福州市福飛路義井村古東工業區

開　　本:889 毫米×1194 毫米　1/32

印　　張:16.375

字　　數:366 千字

版　　次:2018 年 12 月第 1 版　　2018 年 12 月第 1 次印刷

書　　號:ISBN 978-7-211-08115-8

定　　價:108.00 元

本書如有印裝質量問題,影響閱讀,請直接向承印廠調换

前言

清人方苞曾言「士大夫敦尚氣節，東漢以後惟前明爲盛」，正德、嘉靖以後，「國政傎於上，而臣節砥於下，賴以維持而不至亂亡者尚百有餘年」（《望溪先生集外文》卷二《請矯除積習興起人材劄子》）。承此餘緒，至甲申明亡，清入主中原，南明志士，抵禦清兵，前仆後繼，不計其數。弘光、隆武、魯監國、永曆諸政權相繼，仁人志士或毀家紓難，力圖恢復，而遯世不仕新朝，優游林野者，又不知幾許。清康熙間，吴江黄容有言：「一代之末，必有捐軀赴義之人揚忠烈於後世，而其守貞特立，厲苦節以終其身。或深潛巖穴，餐菊飲蘭；或蝸廬土室，偃仰嘯歌；或荷衣籜冠，長鑱短鐮，甘作種瓜叟；亦有韋布介士，負薪拾穗，行吟野處。要皆磊砢抱志節，非苟且聊爾人也，豈可與草亡木卒同其凋謝者哉。」（《明遺民録自序》）故清廷文網雖密，然明遺民事跡之傳録，有清二百餘年間，屢見迭出。今見存者有邵廷寀《明遺民所知傳》、黄容《明遺民録》，闕名朝鮮人《皇明遺民傳》，清末民初有陳去病《明遺民録》、孫靜菴《明遺民録》等，民國間復有陳伯陶《勝朝粤東遺民録》、秦光玉《明季滇南遺民録》諸作。今人謝正光先生彙集以上各書，成《明遺民録彙輯》，總計二千餘人，然其中閩人僅八十餘。

閩爲抗清重鎮，前有唐王稱帝福州，志圖光復；又有鄭成功據廈門、金門二島高舉義旗，繼而退守臺灣，維繫明鄭政權。所謂赴湯蹈火，成仁取義如黄石齋者，不乏其人。特立獨行，全髮膚以見前朝舊主若李寒支者，又不知凡幾。康熙二十年至二十二年，長樂謝青門取丙戌至丁亥（清順治三年至四年）『燭理死國，潛身沙門，暨夫絶意進取，遯世無悶者』五十餘人，成《節義録》一書，蓋懼其與草木同亡，用發幽光而闡潛德。此爲謝氏一家之所及，而不知八閩大地之名川大刹、深林野壑，又有幾多隱逸之士和光而同塵。惜此後二百餘年間，未見專書載録。而其他專注遺民史跡者雖不絶如縷，因囿於傳聞，不免異辭。如王夫之《永曆實録》卷二二列熊興麟於『死節』，誤記其籍福建而曰四川；巡按湖廣而曰貴州；被執辰州而曰黔陽；同執爲李廣生而曰李芳先；統兵爲恭、智、淮三王而曰孔有德；解至武昌，曾一度至燕而曰常德，全傳敘述幾無一合（丘復《明季熊御史傳補》已糾其繆）。又如全祖望《鮚埼亭集外編》卷二九《跋明崇禎十七年進士録》載：『監國魯王入閩，莆田林嵋、海寧湯棻殉興化，侯官林㙯殉福清，而閩縣林之蕃亦以謀起兵死粤中。』有關林嵋、林之蕃死事，均與史不合。

余有感於此，見遺民史跡則三致意焉。十餘年來，博稽志乘，廣參私家著述，積漸可觀，不覺成帙。其間得賴文婷、黄曦、劉繁諸師弟之助力爲多。丁酉暮春，得暇檢視舊輯，以爲尚有一二可取，不忍廢棄。又窮數月之力，釐定全稿，交付印行。全書收有史可按之閩臺明遺民二百餘人，都三十餘萬言，較之《明遺民録彙輯》，總人數已兩倍之，總字數則十倍之，於閩臺關係研究或有助焉。然清代史料浩如煙海，搜訪未周，掛漏甚多，則有待來日之補充完善。限於見聞學識，書中錯訛，祈請專家和讀者批評指正。

公元二〇一七年八月十四日，漳浦陳旭東謹識於思益齋

凡例

一、本編以今行政區劃福建省、臺灣省籍明遺民爲收録對象，流寓两地者不予收録。明遺民之界定，參見《明遺民録彙輯》各家收録標準，尤其以秦光玉《明季滇南遺民録自序》所述『三派』爲鵠的：『三迤英賢，服官各省，聞甲申北京之變，乙酉南都之陷，悲憤填膺，棄官高蹈；在籍縉紳，或予告家居，或丁艱旋里，一聞國變，遂不作出山之想，膏肓泉石，恥事新朝；雖非達官，而或爲孝廉，或爲明經，或爲諸生，或爲布衣，蒿目滄桑，時懷故國河山之想。』各傳之後間附考證。

二、本編分爲八卷，所録各傳，除卷七『方外』及卷八『失名』外，均以傳主姓氏筆畫爲序。別録卒於明而前人誤列爲遺民者三人爲附録，并作考辨。

三、本編同一人物之傳記，大體以先遺民録，次史志，再別集等爲序。各遺民録、別集以成書先後爲序，史志依正史、雜記、通志、府志、縣志爲序。所録傳記即使多數雷同，亦予收録，俾見史料之來源與剪裁。省府縣志，前後歷次修纂若僅一二字不同，一般據修纂在前者收録；若詳略互異，則均予收録，以纂修前後爲序。其他散見資料，或於按語中加以説明（《明遺民傳記資料索引》收録者一般從略）。

四、本編所輯各傳記資料，遇前後齟齬，或與史實明顯不合者，仍予照録，惟在按語中加以辨析説明。暫不能解決者則存疑。

五、本編採用新式標點。文中異體字、俗體字，一仍其舊。除底本中明顯訛字逕改不出校外，凡所改動，均出校記。

目次

卷一

卷二

卷　三

卷四

卷五

卷六

卷　七

卷　八

附　録

卷一

丁之賢

丁之賢，字德峰，家綏安。崇禎中，流寇起西北，之賢欲獻書闕下言兵事。入都門，客南司空家。會司空罷官歸秦中，挾之賢與俱，書不果上。既至秦中，厚爲資裝，齎十日糧，短衣匹馬，循賀蘭山，出長城，求古戰陣營壘。日與朔方豪傑畫沙聚米，爲擣賊巢六策。謀甫合，李自成陷西安，破潼關，皇朝遂亡。之賢念家有老母，脱身南下。有王將軍者，建牙汀州，聞之賢名，招致幕下。復資給之，贈婢海鸞，生一子。未幾，將軍調他職以去，之賢偕海鸞窮老無聊，僦居城東桃花溪上，樵蘇不繼。客至，清談而已。所爲詩甚多，不能具紙筆，多草曆日背上。没後，邑令檀光熿斂而葬之，書其碑曰『詩人丁布衣之墓』。《皇明遺民傳》卷六

明丁之賢，字德峯，故明布衣也。崇禎中，流寇起西北，之賢挾策入都門，客南司空邸第，思欲獻書闕下言兵事。會司空罷官歸秦中，挾之賢與俱，書不果上。之賢至秦中，則固請於司空，厚爲資裝，齎十日糧，短衣匹馬，循賀蘭山，出長城，訪求古戰陣營壘。日與朔方豪傑畫沙聚米，釃酒橫槊，爲擣賊巢六計。謀甫合，而自成陷西安，破潼關，明社遂以亡。之賢念家有老母，脱身南下。有王將軍者，建牙汀州，聞之賢名，招致幕下。復稍稍資給之，贈以一婢，小字海鸞，生一子。未幾，王將軍別調去，之賢偕海鸞窮老無

所聊賴，僦屋城東桃花溪上。客至，樵蘇不爨，清談而已。家貧，不能具紙筆，所爲詩多草書曆日背上，字漫漶不可識認。没後，邑令秋浦某爲斂而葬之，書其碑曰『詩人丁布衣之墓』。之賢在秦中時，曾刻詩百餘首，五言若『林豁秋摧葉，江喧夜聚航』，《夜泊儀真》。『平沙含月迥，遠火雜星明』，《曉度沙苑》。『河流當晉曲，山勢出秦平』。《登潼關城樓》。七言若『潼關東抱成金陡，灞水西來作御溝』，《西京懷古》。皆清峭刻露。其人之高風勁節，可概見矣。孫静菴《明遺民録》卷三八

之賢，字德舉。崇禎時，挾策入都，欲獻書闕下言兵事，不果。北都陷，念家有老母，脱身南下。有王將軍者，建牙汀州，招致幕下。復稍稍資給之，贈以婢，生一子。僦屋城東桃花溪上以卒。《小腆紀傳》卷五八

之賢，字德舉。崇禎時，流寇起西北，之賢挾策入都，客工部侍郎某邸第，欲獻書闕下言兵事。會侍郎罷官歸秦中，挾之賢與俱，書不果上。之賢請於侍郎辦裝，賫十日糧，短衣疋馬，循賀蘭山，出長城，訪求古戰陣壘。畫沙聚米，爲擣賊計。謀甫合，而李自成陷西安，破潼關。之賢念家有老母，脱身南下。有王將軍者，建牙汀州，聞之賢名，招致幕下。復稍稍資給之，贈之以婢，名海鑾，生一子。未幾，王將軍調去，之賢偕婢僦屋城東桃花溪上。客至，樵蘇不爨，清談而已。家貧，不能具紙筆，所爲詩多草書曆日背上，字漫漶不可識。歿後，國朝知縣檀光熿爲斂而葬之，書其碑曰『詩人丁布衣之墓』。之賢在秦中，嘗刻詩百餘首，皆清峭刻露。道光《重纂福建通志》卷二一四《明文苑傳·泰寧縣》

丁之賢，字德舉。崇禎時，流寇起西北，之賢挾策入都，客工部侍郎某邸第，欲獻書闕下言兵事。會

侍郎罷官歸秦中，挾之賢與俱，書不果上。之賢請於侍郎辦裝，賫十日糧，短衣疋馬，循賀蘭山，出長城，訪求古戰陣壘。畫沙聚米，爲擣賊計。謀甫合，而李自成陷西安，破潼關。之賢念家有老母，脱身南下。有王將軍者，建牙汀州，聞之賢名，招致幕下。復稍稍資給之，贈之以婢，名海蠻，生一子。未幾，王將軍調去，之賢偕婢僦屋城東桃花溪上。客至，樵蘇不爨，清談而已。家貧，不能具紙筆，所爲詩多草書曆日背上，字漫漶不可識。殁後，國朝知縣檀光熿爲斂而葬之，書其碑曰『詩人丁布衣之墓』。之賢在秦中，嘗刻詩百餘首，皆清峭刻露。光緒《重纂邵武府志》卷二一《明文苑傳》

丁之賢，字德舉，在城人。少時刻意學詩，涉獵《左氏》，孫、吳兵法。詩出入唐初盛，次亦足當李崆峒、何大復後勁。初遊秦中，詩多散佚。家貧，作字不能具紙筆，詩草漫漶不可識認。同邑何梅掇拾若干首，刻爲《綏安兩布衣集》行世。乾隆《建寧縣志》卷二一《明文苑傳》

布衣名之賢，字德舉，邑北隅人。少厭習帖括，刻意學爲詩，間涉獵《左氏春秋》及孫、吳書，輒以知兵自負，然率大言耳。獨其詩高者出入唐初盛，次亦足當李崆峒、何大復勁。時吾綏安人論詩，爭奉竟陵鍾、譚，派爲質的，見布衣詩，固未之許也。明崇禎中，流寇起西北，布衣居里中，悒悒無所知名。一日，棄其家，挾策入都門，客南司空邸第，思欲獻書闕下言兵事。會司空罷官歸秦中，挾布衣與俱，書不果上。布衣至秦中，則固請於司空，厚爲資裝，賫十日糧，短衣匹馬，循賀蘭山，出長城，訪求古戰陣營壘。日與朔方豪傑畫沙聚米，灑酒橫槊，爲擣賊巢穴計。謀甫合，而自成陷西安，破潼關，明社遂以亡。布衣念家有老母，脱身南下，自此無復預人世事矣。始布衣客秦中時，南司空雅欲重布衣于諸公卿，大爲衣冠會，引布衣坐上座，出其歌詩，徧贊賓客，以故，丁布衣名一時藉甚雍隴間。所贈遺不下千金，布衣性固拓落，視之不甚惜，歸而揮斥殆盡。有王將軍者，國朝初建牙汀州，聞布衣名，招致幕下。復稍稍資給之，贈以一婢，小字海鸞。布衣因納爲側室，生一子。未幾，王將軍別調去，布衣偕海鸞歸，窮老無所聊賴，僦屋城東桃花溪上。客至，樵蘇不爨，清談而已。時或饑驅出門，予猶及見其白髮鬖鬖垂額上，楮冠布袍，躡高齒屐，歌呼嗚嗚，蹩躠市廛中也。没之日，殯殮皆出前邑令秋浦檀光熿之力，且爲之書其碑曰『詩人丁布衣之墓』。嗚呼，其可哀也已。布衣詩，在秦中時，遺稿緣手散去，不自收拾，所刻止百餘首，中多淺率可删去者。里居日，家貧，作字不能具紙筆，所爲詩多草書曆日背上，字漫漶不可識認。予得之友人謝先九處，間以意繹之，更選十餘首，統爲抄撮，合朱布衣詩，刻之爲《綏安兩布衣集》。何梅《丁布衣小傳》，載《丁布衣詩鈔》卷首

按，丁之賢傳，省府志多入『明文苑』，民國《福建通志》入『清文苑』。丁之賢，字舉德，《皇明遺民傳》、《明遺民録》等作『德峰（又寫作峯）』，誤。里人何梅撰《丁布衣小傳》及清康熙刻《丁布衣詩鈔》均作『德舉』，即爲明證。綏安，即今福建建寧縣，非福建漳浦之謂。《明遺民傳記資料索引》誤爲漳浦。朱國漢亦爲建寧縣人。

丁之賢著作，今存《丁布衣詩鈔》一卷。據《中國古籍善本書目》著録，有清朱霞編《綏安二布衣詩》本，清康熙五十四年刻，浙江圖書館藏；清何梅編《綏安二布衣詩鈔》本，清康熙刻本，北京大學圖書館等藏。何梅所編清康熙刻本前有何梅撰《丁布衣小傳》。此本收録五言排律一首，七言古四首，五

言律二十七首，七言律三十首，七言絶句二十首，六言二首。

方　垓 附方文耀傳後

方　進

方進，字漸侯。少遊陳天定之門，於敬靜之學能得其宗。長補邑諸生，明社既屋，遂不就試，築室花山終老焉。邑人陳江園常夏、洪石秋思，咸造其廬，以詩歌相贈答。著有《風山集》，約墅李基益爲序。乾隆《龍溪縣志》卷一六《明隱逸》

按，方進傳，道光《重纂福建通志》卷二〇六《明列傳》、康熙《漳州府志》卷二二《人物》附陳天定傳後。陳天定傳另見。方進《風山集》，未見。

方　潤

方潤，字具蒙。諸生。當唐王時，時事日非，嘗重刊《鐵函經》、《晞髮集》，序而行之以見志。唐王敗，潤隱居授徒自給。道光《重纂福建通志》卷二二三《明隱逸·福州府》

方潤，字具蒙。閩縣諸生。喜讀書談論，朋儕咸樂親近，雖舌耕自給，常有不可一世之致。當隆武二年丙戌，時事日非，翻刻《鐵函》、《晞髮》兩集。序文有『踏殺陰山之草，鋪平遼水之流』語，見者膽落。頃之，閩中局解，友人爲燬其板，潤付一笑。痛國運不振，置身物外，教生徒如舊。常語同人：『昔馬融才學，固堪爲人北面，惜制行不堅，依權貴取官爵，又在位貪濁，毫無操守，吾不知其生平所通何經，適足爲臯比羞。』故潤雖布衣蔬食，胸次磊落，泰然自適。先是，江西鉛山縣丁丑進士胡夢泰官兵科給事中，承召赴行在，盡節於延平府，因大水，棺漂至侯官江滸，爲人所收。胡家僕同一僧至，靳不付，運回停荒村，被賊斧破。潤同王訪箕莊以浚、楊觀、陳發曾醵金換柩，卜葬鼓山積翠庵，通郡至今傳爲盛事。後至辛酉秋八月卒，得壽七十七。《節義録》卷下

按，方潤傳，民國《福建通志》總卷四三分卷四《明高士傳》、民國《閩侯縣志》卷九一《明隱逸》收録，與道光《重纂福建通志》同。

方文耀 方垓附

方文耀，字懷岵，一字翟公。崇禎庚辰進士。授戶部主事，典試雲南。歷郎中，出知河間府，旋奉勑督餉遼東。十七年，流寇陷北京，道梗不得還。又傳聞帝南遷，乃間從海道抵南京。適福王稱號，與馬、阮不合，歸閩。唐王召拜兵部侍郎，丁内艱，解職。大兵下漳州，有帥府聞其名，欲見之，文耀不可。復厚爲贈遺，文耀悉無所納，亦不報謝，遂遯迹於肇慶之莫羅山，緇衣阜帽以終。子垍、垓，亦終身不應舉。道光

方文耀，字翟公，崇禎庚辰進士。授戶部主事，典試雲南。補河間知府，旋奉勅督餉遼東。甲申之變，道梗不得還。又傳聞思陵南遷，乃間從海道抵金陵。而福藩僭立，與馬、阮不合，歸閩中。唐王召拜兵部郎，丁内艱，解職。王師之入閩也，下漳州，有帥府聞文耀名，欲見之，文燿不可。復厚爲贈遺，文耀悉無所納，亦不報謝，遂遯迹入粤，隱於肇慶之莫羅山。陳天定寄以詩曰：『離黍荒荒泪不乾，蕨薇人老未凋殘。最憐佳句何從録，又領深心到處安。海闊但憑舟一葉，天空漫叱劍雙丸。歸來且築桃花塢，路接龍津拂釣竿。』又句云：『處世如今總汗顔，君行度嶺我依山。堅持七尺綱常事，萬里來歸鱷海灣。』慧山寄詩引爲同志，至於悲離黍、慰蕨薇，以堅持七尺相敦勉，則其意可知矣。竟緇衣褒帽以終，而子垍、垓覯父高風，遂委身空門，不求應舉，著有《遊楚吟》，蓋知忠孝之大義者。見《永安縣志・釋氏傳》，豈得以釋氏目之哉？前志載楊履園爲進士聯芳子，以書賈禍。君子憫其愚而哀其志，未若垍之超然遠矣。光緒《漳州府志》卷四九《紀遺》中

按，《明通鑑》卷九〇載崇禎十七年『丁丑，賊别將陷固關，犯畿南，河間知府方文耀、南宫知縣彭士宏死之』。《小腆紀年》卷三亦載：『賊陷，明河間知府方文耀死之。文耀，龍溪人，以郎中擢知河間府。城陷，不屈，賊杖之，罵不絶死。』與通志、府志所載不符。待考。

毛元吉

毛元吉，字仁仲。諸生。屢試冠軍，棄去，自肆于詩文。明亡，終隱不出。道光《重纂福建通志》卷二二三《明隱逸·興化府》

毛元吉，號仁仲，邑人。由歲貢任建寧訓導，訓士有方，士咸稱頌。著有文集。後致仕歸，隱游航終老焉。民國《閩清縣志》卷六《列傳》

按，毛元吉傳，乾隆《福州府志》卷六一《人物》附歐琪傳後。歐琪傳另見。

王　珽

王珽，字子玉，五都人，文雅向學。垂髫遊泮，風度弱不勝衣，而剛大之氣，雖威武不爲屈。明亡，躬耕山居，絶迹城市，草屋數椽，僅蔽風雨，晨昏誦讀不少倦。流俗見之，亦知起敬。偶歲祲，逋正供，被拘到縣，受鞭責。有訝而癡之者，珽曰：『吾向黌序中人，近恥赴試，學冊無名，則平民也。雖被箠，何足爲辱？』聞者壯之。未幾，斃於虎。衆咸謂天道不可知。同治《彭志》。

王珽，字子玉，長樂五都人。家中習俗强悍，獨珽幼文雅向學。垂髫遊泮宫，風度弱不勝衣，剛大之氣，雖威武不爲屈。丙戌，年纔逾弱冠，卜築山居，絶迹城市，耕稼自業，數椽僅蔽風雨，晨昏誦讀不倦。流俗見之，亦知起敬，非言不敢出口。偶歲祲，逋正供，被拘到縣庭受鞭責，有訝而癡之者，珽曰：『吾向黌序中人，近恥赴試，學冊無名，則平民也。今匪人，雖被箠，何足爲辱？且自變革以來，諸生不能自保其身者，比比皆是，否則不列倡之下、丐之上也。』聞者多之。未幾，斃於虎。遠近咸謂天道不可知。《節義録》卷下

按，王斑傳，民國《長樂縣志》所載，謂出自同治《彭志》，然檢同治《彭志》及乾隆《賀志》，均未收録，當本自《節義録》。

王賡

明王賡，福寧人。好言天文，隱居教授。鄭芝龍兩徵以金，卻不受。著有《易序》及《秦川四詠詩》。孫静菴《明遺民録》卷一六

王賡，福寧人。好言天文，隱居教授。鄭芝龍兩徵以金，卻不受。著有《易序》及《秦川四詠詩》。

王賡，字遂甫。博學教授，從遊者衆。性澹泊，嘗手不釋卷，燕居正襟危坐。卒年七十有七。著《鄆璞遺稿》。康熙《福建通志》卷四九《人物》

王賡，精天文、易學，隱居洪江，教授生徒。海寇鄭芝龍聞其名，兩徵以金，卻不受。道光《重纂福建通志》卷二四七《國朝隱逸·福寧府》

王賡，精天文、易學，淡仕進，隱居洪江，教授生徒。海寇鄭芝龍聞其名，兩徵以金，卻之不受。著有

《易序》及《秦川四詠詩》。乾隆《福寧府志》卷二九《霞浦國朝隱逸》

按，王賡，道光《重纂福建通志》、乾隆《福寧府志》均入《清隱逸傳》，民國《福建通志》則入《明高士傳》，各傳所載多相因襲。其著述《郫璞遺稿》、《易序》、《秦川四詠詩》，均不可考。

王鏡

王鏡，字非臺，永安人。崇禎間鄉試副榜。明亡，蕭然自放，著書以老。道光《重纂福建通志》卷二二三《明隱逸·延平府》

王鏡，號非臺，永安人。崇禎己卯副榜，丙戌舉人。國朝定鼎後，蕭然自放，不求禄仕。著有《客詩》、《小史》諸集。乾隆《延平府志》卷三〇《明隱逸》

王鏡，貢川人，號非臺。崇禎己卯副榜，後中式。著有《客詩》、《小史》諸集。雍正《永安縣志》卷八《選舉志·鄉舉》

王鏡，字以人，號非臺。崇禎己卯副榜貢，丙戌舉人。家世永安，育于寧。虜變後，蟬脱塵埃之表，自號蘆中人。著《客詩》二十卷，撰集四卷，《小史》一卷，古風、近體一卷。永曆《寧洋縣志》卷八《明流寓》

按，雍正《永安縣志》『選舉志·鄉舉』載王鏡『後中式』，未載年份。其後於『選舉志·貢生』明言王鏡『丙戌中式舉人』，與乾隆《延平府志》、永曆《寧洋縣志》同。

王仍輅 王仍縉、江于修等附

明王仍輅，字載卿，漳浦人，侍郎志道之孫。丙戌閩亡後，逃於丹山，從張士楷遊。每登山巔望遠海，涕纍纍下。貴人某者，姑丈人行也，餌以千金，不顧。㢘衣冠，率妻子入珠溪萬山中。暮年還舊址，置一粒爲亭〔一〕，四面編蘆障之，竟老其中。孫靜菴《明遺民録》卷二六

王仍輅，字載卿，漳浦人，侍郎志道之孫。丙戌閩亡後，逃於丹山，從張士楷遊。每登山巔望遠海，涕纍纍下。貴人某者，姑丈人行也，餌以千金，不顧。㢘衣冠，率妻子入珠溪萬山中。暮年還舊址，置一笠爲亭，四面編蘆障之，竟老其中。《小腆紀傳》卷五八

王仍輅，字載卿，漳浦人。從張士楷遊，相與登山巔望大海，涕纍纍下。尋率妻子入球〔二〕溪萬山中。暮年乃還東里山居，置一笠爲亭，四面編茅障之，竟老其中。仍輅弟仍縉，字伯雲，邑諸生，善大書，亦終隱不出。同邑許智，字或者；程之正，字亦奇，皆諸生。智博通經史，尤長於詩，明亡隱居，不入城市。之正性端方，取與不苟。明亡，赴文廟拜辭衣巾，遂終老山中。江于修，字仲夫，行止岸異，與人往來書刺，悉署『霞城市隱』。道光《重纂福建通志》卷二二三《明隱逸·漳州府》

〔一〕『粒』，當從康熙《漳州府志》等作『笠』。
〔二〕『球』，當從康熙《漳州府志》等作『珠』。

王仍輅，字載卿，漳浦人，少宰志道之孫。丙戌後，逃於丹山，從張端卿遊。每相與登山巔遠望海，涕纍纍下，常若效皐羽之哭者也。家既落，恒敝衣冠。有姑妻於貴人，仍輅不往。貴人餌以千金，終不顧，率妻子入珠溪萬山中。暮年乃還於墻東舊址，築數椽，曰狐死首丘。嘗置一笠爲亭，四面編蘆障之，竟老其中。康熙《漳州府志》卷二三《明隱逸》

按，王仍輅著述，現存《珠溪集》一卷，有清雍正四年王睿刻《墻東詩録》本，《中國叢書綜録》著録。其弟王仍縉，有《吾廬集》一卷，亦見《墻東詩録》。許智、程之正傳另見。

王仍縉 附王仍輅傳後

王垣京

王垣京，字雄生，號覆甌，晉江人。崇禎丁丑進士，由南城令遷至廣西按察使。鼎革後，徒步歸家。其題齋壁有『詩書債重售還負，藜藿情多去復來』之句。三子俱郡邑諸生，偕隱不就試，被褐躬耕，人莫知其爲總憲子也。雍正舊志稿。　乾隆《泉州府志》卷六二《國朝隱逸》

王垣京，崇禎丁丑進士，由南城令遷至廣西按察使。歸家，題齋壁有『詩書債重售仍負，藜藿情多去復來』之句。三子俱諸生，偕隱躬耕，人莫知其爲總憲子也。乾隆《晉江縣志》卷一三《人物志·明隱逸傳》

王忠孝

明王忠孝，字長孺，號愧兩，惠安人。崇禎戊辰進士。授户部主事，轉薊州餉，忤内監鄧希詔，緹騎逮治。故事，緹騎所至，不饜慾則楚毒隨之。忠孝不能具一餐，校以其廉且冤之〔一〕，京師相傳爲異事。入獄，詞不撓，廷杖遣戍，御史王志道疏救得釋。弘光時，授紹興知府。隆武帝擢光禄寺少卿，遷左副都御史。閩亡，依朱成功於廈門。永曆帝命以兵部左侍郎兼太常寺卿，疏辭，不許，道阻不能赴。清兵破廈門，復徙臺灣，卒。孫静菴《明遺民録》卷二九

王忠孝，字長孺，閩之惠安人，自言閩王王審知之後。崇禎戊辰進士，授户部主事。時薊遼宿重兵，倉儲數百萬，以材調監薊倉，稽核精敏，歲省金五萬兩。鎮守宦官鄧希詔驕恣，議設標兵，令措餉，曰以倉之羡。忠孝曰：『設兵給餉，重事也。今不上請而擅行之，可乎？且自請核以來，羡皆入正額，何羡之有？』又令解贖鍰以新廨宇，亦不許。會正旦朝賀，希詔與督撫爭坐次，忠孝引敕書折之，希詔大沮，乃劾以受吏翁九進贓萬計，有詔逮問。緹帥王世盛詗知其誣，遣校之謹愿者往。至則不能具一飯，解所服銀帶予校而行。於是廷臣交章訟其冤，而九進榜掠，瀕死不承。希詔乃劾其匿車脚費千金。忠孝對簿曰：『此例無册報，然絲毫皆公家物，某不敢私。有羡餘六百金存密雲庫，可稽也。』驗之信。緹帥歎曰：『王

〔一〕『冤』，據《自狀》等，當作『免』。

先生廉至此也，我不以聞，且得罪士大夫。』上怒，鐫緹帥二級。都御史王志道抗言曰：『忠孝實廉吏，校尉至不能具殮，行道之人皆知之，誣可知也。』得改繫刑部，遣戍福建衛。弘光立，閣部史可法薦之，以忤士英調守紹興，故辭不赴。隆武起爲光禄寺少卿。陛見，上選將、練兵、責實效、慎名器十餘事。馬金嶺之敗，鄭鴻逵退扼仙霞關。上命忠孝巡關，將賜劍印，辭曰：『臣巡關，將吏不法，可以奏請。若奉劍印，是督師也。不敢。』乃出關，申嚴約束，劾失律諸將。上又遣閣内路振飛即軍中斬大將黄光輝，遇於浦城，忠孝曰：『公提一劍入人軍門，呼大將而斬之，猝有他變，將何以待？且定國忠謹，公不如曉以上指，令縛罪帥致諸朝，俟後命其可。』鴻逵果囚光輝詣行在。上釋不誅，軍以無事。擢都察院左副都御史。命扈駕將出贛，力諫不從，歸賣田園具裝。上猝幸汀，不及從，大兵入關，慟哭於野。鄭成功見而執其手曰：『哭無益也。吾叔姪在，且爲後圖。』及成功起兵，移家鷺島，與之協力。聞永曆立於粤，上封事，優旨屬奬，晉兵部左侍郎。與曾櫻交最厚。廈門破，櫻死，忠孝出己所貯壽櫬殮之。成功既定臺灣，遣使迎忠孝，乃命妻子歸守墳墓，而獨身入臺灣，具牛種，闢田樹藝，爲終老計。丙午四月二十八日，卒於海外，年七十四。其秋，閩生林之豸病死復甦，語人曰：『適在冥司，見公與黄石齋，宫殿侍從，儼如王者。應設刑具，方引二囚入訊，則之豸所識某也。因命吏引之縱觀地獄，謂曰：「歸語吾兒，孤臣片骨，不必汲汲歸故鄉。」』之豸有《回生記》傳於世云。《南疆逸史》卷一八

王忠孝，字長孺，號愧兩，惠安人。崇禎戊辰進士，授戶部主事。轉蘇州餉，忤内監鄧希詔，緹騎逮

治。故事，緹騎所至，不饜慾則楚毒隨之。忠孝不能具一餐，校以其廉且冤之〔一〕，京師相傳爲異事。入獄，詞不撓，廷杖遣戍。御史王志道疏救，得釋。弘光時，授紹興知府。隆武帝擢光禄寺少卿，遷左副都御史。閩亡，依朱成功於廈門。永曆帝命以兵部左侍郎兼太常寺卿，疏辭，不許，道阻不能赴。王師克廈門，復徙臺灣，卒。《小腆紀傳》卷五七

王忠孝，字長儒，惠安人。登崇禎戊辰進士，授戶部主事。時朝議欲輸外儲實京師，忠孝督運大通橋，日三萬石。命督薊儲，内監鄧希詔數以難事相窘，欲自置兵設餉，忠孝曰：『升斗皆官，安得餉？』希詔曰：『餉司能保無額外征耶？』忠孝正色曰：『吾戴吾頭來，豈以頭易升斗哉。』希詔啣之，遂拾其未兑濕米疏上。旨下，逮及入獄。置對，抗詞無撓。後獄上，擬戍，以甲申變故歸。康熙《福建通志》卷四六

王忠孝，字又孺，一字愧兩。崇禎戊辰進士，官戶部主事。時方輸天津、通州外儲實京師，忠孝督大通橋，催運米日三萬石。詗事者獲盜糧及窩主以聞，嚴旨責戶部尚書，尚書怵甚。忠孝疏言：『運之不前，臣當其罪。刺奸緝盜，有司之責，臣不能分身代守，又安能分身代緝？』帝是之。繼督薊州倉儲，内璫鄧希詔欲自置兵餉，忠孝不許。希詔曰：『餉官能保無額外征乎？』忠孝正色曰：『吾戴吾頭來，豈以升斗易哉。』會正旦朝賀，希詔與薊督爭班次，忠孝折之，遂摭兑濕米入奏。時相阿璫意，逮治。錦衣王

〔一〕『冤』，據《自狀》等，當作『免』。

世盛素聞忠孝名，令校無受金。俾忠孝具輿從就獄，薊督疏白其冤。希詔賄部胥，以薊儲腳費千兩抵忠孝罪致死。忠孝曰：『糧儲密雲庫，銖兩可按也。』都御史王忠道言〔一〕：『忠孝廉，内外共知，奈何治非其罪？』帝意稍解，改繫刑部，擬戍。踰年，希詔以罪誅，忠孝釋歸。甲申聞變，哭經月，幾失明。福王立，督師史可法疏薦之。時馬、阮秉政，忠孝歎曰：『先皇帝英明過漢宣、唐憲，以舉朝爭持門戶，置國計民生於不問，致流寇徧中原，卒至土崩瓦解。今乾坤再造，臥薪嘗膽，猶恐不濟，乃當路者專與才能爲冰炭，祖宗三百年天下，豈容鼠輩再破壞耶？』堅臥不出。踰年，唐王立於福州，起太常寺少卿。忠孝力請由江西、浙江出兵，圖復兩京，不當保守一隅，坐而待斃。王韙其言，而政操諸鄭芝龍，不能行也。忠孝見事勢不振，請假歸。踰年，復以左副都御史召，而唐王已敗，忠孝乃移家廈門。永明王立，遣人走間道達疏，陳恢復大計。永明王以爲戶部左侍郎，忠孝力辭。後居臺灣，未幾卒。道光《重纂福建通志》卷二〇五《明列傳・惠安縣》

王忠孝，字長孺，號愧兩，惠安人。性介慎，不輕取與。天啓丁卯舉人，崇禎戊辰進士，授戶部主事。時北事亟，朝議欲盡輸津、通外儲以實京師。忠孝督運大通橋，設法催儹，日運米三萬石，屢奉溫旨，大司農重之。一日，詗事者獲盜糧及窩主以聞，有旨：『經管官所司何事？』大司農怵。忠孝曰：『明主可以理奪。』疏謂：『臣所司者，運耳。運之不前，臣之罪也。刺姦緝盜，自有司存。米在號房，運官自應炤

〔一〕『王忠道』，據下文《自狀》，當作『王志道』。

管，臣不能分身代守，亦不能分身緝捕也。』帝復是之。會薊督貽書戶部，謂：『邊儲重任，安得廉慎明決可共事者？』大司農曰：『此無逾王主事矣。』遂題督薊儲。是時不右文治，新寄膂內璫。薊監視太監鄧希詔張甚，數以難事相窘，忠孝不爲動。希詔欲自置兵設餉，就庾索耗羨，忠孝曰：『升斗皆官，安得耗羨？』希詔曰：『餉司能保無額外之升斗耶？』忠孝正色曰：『吾戴吾頭來也，豈以頭易升斗哉。』希詔語塞。希詔初至薊，薊督往拜，坐上座。而督署爲徐中山王舊蒞，上有高帝敕諭，薊督謀相見禮，忠孝曰：『鄧監視，奴也，決無上坐之理。惟正告之，而別設一屏風。』已，有洩之者。正旦朝賀，希詔爭班次，語侵薊督，忠孝徐折之。益銜刺骨，遂摭拾其未兌濕米，疏上御覽。大相希璫意，且以通運時，爲其姻請越幫先兌不許爲憾，擬旨云：『錦衣緹騎逮治。』緹帥王世盛素聞忠孝名，乃擇大校手之愿者，屬令詳詗以報。校至薊，居外數日，所見皆憤璫虐，而譽忠孝不容口。入見，忠孝拜命畢，曰：『吾遲諸君久矣，第主人不能具一餐，奈何？』校曰：『官一泓秋水，下走輩寧非人耶？』乃盡去其銀鐺，得具輿從以行。故事，緹騎所至，不厭則楚毒隨之。忠孝索署中不能滿十金，校曰：『以代吾輩橐饘可也。』終不受一錢。京師相傳，以爲怪事。入獄置對，忠孝抗辨無撓，部堂、薊督各疏言其冤。希詔迫，乃行金於部之胥吏，別求可羅織此獄者，皆曰：『王公所行事，鐵甕城也，難攻矣。』一老猾吏大笑曰：『與我多金，吾法能使彼自入甕中，何慮不承。倉有腳價，相沿爲餉司公費。薊儲三百萬，腳價幾千兩。夫十兩以上皆贓，况千百乎？彼升合不染，此鑼萬無存留，足以死矣。』希詔大喜，補疏如猾吏教。及鞫，忠孝曰：『腳價以無開銷，然銖兩皆朝廷物，某何敢私？銀概貯密雲庫，可問也。』緹帥撫几廢然者久之，曰：『公廉潔如此，吾亦何愛一官？』遂傳輕牘具上。有旨切責，鐫二秩。都察院王志道疏言：『王某被逮之日，不能具一餐、一鐶。』上怒，明日召對，面質曰：『王某不能具一餐、一鐶，汝何得知？』志道曰：『内外臣僚皆知之，京師百萬口能言之，不獨臣也。』上意稍解，遂得改刑部繫，擬戍。其明年，希詔所爲不法事，驗皆有據，内大璫恐爲外廷所藉口，參逮詔獄論斬。而忠孝亦遂登啓事，然終不肯以赫蹏入帝城，事竟寢。甲申聞變，哭嘔血。福王監國金陵，史可法特疏首舉。是時諸廢謫皆驟陟清華，勸駕旁午，忠孝曰：『區區江左，而營綜如此，今文與文貳、武與武搆，吾將爲陸大夫乎，爲李侍郎乎？』終以疾請。丙戌、丁亥之歲，入海不返，卒於臺灣。《通志》參《臺灣志》。

王忠孝，字又孺，一字愧兩，仙塘鋪沙格人。崇禎戊辰進士，戶部主事。時輸津、通外儲實京師，忠孝督大通橋催運米，日三萬石。詗事者獲盜糧及窩主以聞，奉嚴旨，大司農怵甚。忠孝疏謂：『運之不前，臣罪。刺奸緝盜，有司之責。臣不能分身代守，又安能分身代緝？』上是之。部題督薊儲，内璫鄧希詔欲自置兵餉，忠孝不許。希詔曰：『餉官能保無額外征乎？』忠孝正色曰：『吾戴吾頭來，豈以升斗易哉？』堅拒之。正旦朝賀，希詔與薊督爭班次，忠孝折之，遂摭未兑濕米入奏。大相希璫意，擬旨逮治。帥王世盛素聞忠孝名，擇校之愿者至薊。詗數日，皆譽忠孝而憤希詔。見忠孝，則不能具一餐，罄署中不能備十金，帥不受一錢，而令忠孝具輿從以行。入獄置對，薊督疏白其冤。希詔賄部胥，以薊儲腳費千兩抵忠孝罪致死。忠孝曰：『糧儲密雲庫，銖兩可按也。』都御史王志道言：『忠孝廉潔，内外共知，奈何治非其罪？』上意稍解，改繫刑部，擬戍。越年，希詔有罪逮誅，事寢，忠孝釋歸。其後福王監國金陵，史閣

乾隆《泉州府志》卷四五《明列傳》

部疏薦，以疾辭。嘉慶《惠安縣志》卷二三《卓績·明》

王忠孝，字愧兩，泉州府惠安縣人。明進士。初授戶部主事，以抽分密雲，疏劾宦豎，忤旨廷杖，下獄凡九年。及奉謫家居，遂杜門不出。弘光元年，起授饒州知府，未幾轉冏卿，又未幾轉院副。明年，隆武建號于閩，又轉總督，賜上方劍，便宜行事。閩之士女，皆識其名。至甲辰年，同盧若騰來臺，不仕僞鄭，維日與流寓諸人肆意詩酒，作方外人。丁未冬十一月卒。將卒之日，沐浴衣冠畢，告辭親朋，端坐而逝，顏色如生。平生喜著作，有《四居録》及表章、上諸王札竝詞賦。嗣當蒐羅編輯，以傳後世。康熙《臺灣府志》卷九《人物·縉紳流寓》

王忠孝，字媿兩，惠安縣人。登明崇禎戊辰科進士，以戶部主事抽分，劾宦監，忤旨廷杖，奉謫家居。弘光元年，起授紹興知府，轉至院副。隆武陞兵部侍郎，總督軍務。甲辰同盧若騰到臺，不圖宦達，日與流寓諸人肆意詩酒，作方外客。丁未年卒。今其姪孫際慧、璋俱登賢書。康熙《臺灣縣志》卷八《人物·明寓賢》

王忠孝，字又孺，一字愧兩。惠安人。崇禎戊辰進士，授戶部主事，轉蘇州餉。內監鄧希詔欲自設兵置餉，忠孝不從。希詔銜刺骨，遂讒之，緹騎逮治。故事，緹騎所至，不厭其慾，則楚毒立至。忠孝貧不能具一餐，校以其廉且冤之。入獄，抗詞無撓。都察院王志道疏救得釋。甲申聞變，哭嘔血，舉義興化。福王監國金陵，史可法持疏首舉，以疾辭。永明王自肇興拜兵部右侍郎兼太常寺卿，道梗不得達。初居廈門，尋徙浯之賢聚村，後徙豐港。康熙三年，偕盧若騰入臺，肆意詩酒，翩然方外。居四年卒。泉、臺府志參

《海紀》。　同治《金門志》卷一二《人物列傳四·明流寓》

王忠孝，惠安縣人也，字愧兩。性方直，勸學勵行，恒以古賢自勉。丁卯舉於鄉。戊辰，崇禎改元，成進士。官户部主事，管草場收放，過於精核，忤璫，被誣削籍歸。村居杜門，文史永日，跡不入城，當事罕識其面，布衣蔬食者十有五年。甲申聞變，哭經月，幾失明，抱病骨立，瀕死者數。頃之，南京起廢，名屢形薦剡。時馬、阮秉政，忠孝嘆曰：『先皇帝英明遠過漢宣、唐憲，痛天步多艱，旰食宵衣，勵精圖治，祇爲庸相無能，舉朝戮力門户，置國計民生膜外，致流寇遍中原，卒至土崩瓦解，不可救藥。今乾坤再造，臥薪嘗膽，求賢若渴，猶恐不濟，况夫主既昏庸，當路者專與才能冰炭，祖宗三百年天下，豈容鼠輩再破壞耶？』堅臥不出。乙酉夏，福州改元，起太常寺少卿。忠孝陛見後，痛哭上言『必須由江西、浙江出兵，圖復兩京。若保守一隅，總屬坐而待斃，趙宋覆轍非遠』云云，悉中興碩書。上韙其策，惜政柄下移，末由自主。忠孝悲事勢不振，請假歸。復以左副都召，已不可支矣。忠孝忠勇奮發，起義兵，親歷行間，從丙戌、丁亥抵戊子秋，百計枝梧，心力俱竭，乃移眷居廈門。粤西嗣位，差人走間道達行在，疏陳恢復大計。永曆元年冬十月，晉户部左侍郎，忠孝力辭。棲遲島外，斂德避患，介于石，久而不渝，即饔飧弗給，饋遺不肯輕受。環海自大將以至偏裨，莫不敬愛。後居臺灣，未幾賫志卒。《節義録》卷上

王公忠孝，字愧兩。惠安人。性方直，勤學厲行。崇禎進士。官主事，忤璫削籍。北都陷，哭經旬，兩目翳昧。南都繼統，輔臣薦之，嘆曰：『先帝勵精圖治，爲庸相權奸所誤，中原隨以丘墟。今秉軸非人，不能臥薪嘗膽，復與才能爲水火，豈可久耶？』唐藩入閩，以都御史召，痛陳『畫守一隅，不幾坐斃』。局

解，隱海上十餘年，賫志苦節没。《節義文章》卷一二

狀雖不文，生平硜願，頗自詳悉。乙巳歲杪，臥疴取稿再删，覺語語摭實，無可去留，存之以示子孫。丙午年正月九日記。始稿於永曆乙巳年七月某日也。

余兄弟三人。先通議娶前母孫淑人，生伯仲二兒。余居季，淑人洪母出。余生而稟弱，二親深以爲慮。質頗慧，八九歲能誦《孝經》、《四書》及《葩經註》。二兄喜，謂二親曰：『季少而知學，當能亢吾宗也。』仲時理家政，課余讀甚棘，而母氏教亦嚴。萬曆甲辰冬，不幸吾母得痰疾，不省人事。余年十一，於奉侍調護頗知謹。母支離床蓐三四年，至丁未冬，余就童子試，母摩余頂，謂：『兒能逐隊乎？』則喜甚，病乃霍然。踰三年辛亥，余且受室，父母喜可知也。是年道試不利，母悵甚，余亦鬱鬱不自得，而父迥然，語余曰：『兒患學不精，功名有數，勿作熱也。』余拜訓且自慰云。壬子，丁洪母憂。甲寅夏，服纔禫，族有招余試者，聞之父。父曰：『喪未除，即博一子衿，心終抱愧，況未必得乎？』余遵命，不就邑試。迨郡試，禫將畢矣，族子招如前，曰：『禫近除，而文宗臨郡猶賒，何拘拘爲？』余乃就續榜一名郡試，即今賤諱也。揭榜覆試，余裒然居前。邑侯陳公毅菴見余覆試稿，大加讚賞，召余問曰：『邑試何無子卷？』余以實答曰：『當年服纔禫，未嘗就試。獵心萌，就續榜一名郡試，不意謬荷甄拔。今禫猶未除，同試者有忌言，不復再覆矣。』邑公勉余道試，余終棄而歸。歸而父甚喜，謂：『向者不欲爾試，恐成一恨事，歸甚是也。』次年乙卯科考，邑公見牘，輒褒奬，擬居首。會當道有所薦剡，置第三。邑公語余曰：『期子大成，不僅一泮也。』是年道試又不利，余渙然曰：『使吾去年冒昧求售，終亦磋砣。』始知吾父『名場勿

熱』一語，可終身誦也。而陳公始終器余弗置，余亦力學不懈。又三年戊午邑試，陳公置余第五，督學爲檇李岳公石梁，録余高等，入閩闈，不得雋。辛酉臨場，丁父憂。甲子入闈，又弗售。蓋折肱矣。丙寅，督學葛公屺嶦，首拔補餼。丁卯領賢書，出楚中阮公維岳房。阮，楚名士也，以廣文聘入闈。撤棘，語余曰：『子入彀奇甚，方首場分卷時，得三十卷，子卷束在前，余閲而喜之，輒青黄焉。心謂閩稱多才，首一卷便快人意乃爾。再閲廿九卷，無足當者，心訝之。聞閩中大力者，囑分卷諸胥，以僻府州縣諸卷同進，莫非此弊耶？次場至，余將諸卷焚香手繙而後閲，子卷仍居前，心奇之。十五日中秋，主試促各房呈卷，各拔一雋，然後飲宴。余以三卷進，主試擊節子卷，填入格不移矣。三場，余如前手繙，子卷又居前，心益奇之。以語主試王公覺斯，亦稱異，謂此子後當有所表暨也，乃填榜折號。』按臺詳余卷經題四稿短甚，字亦潦草，語阮師曰：『是卷固應入彀，但經稿不成篇，如部駁何？』議易卷。阮師堅不易，求援於主試王公。曰：『是十五日閲定三繙而卷居前者耶？何可易？』遂向按臺緩頰，謂稿短無礙功令，脱有異同，試官任之。按臺唯唯。乃知向之三繙無異者，正謂填榜時也，功名信有數哉。戊辰公車，余幸得捷。廷試二甲，例應部曹郎。己巳十月謁銓，授戶部河南司主事。冬十二月，虜薄都城，諸司分管各門兵糧，人多擇便。余初以書生進部，百任自然。題守正陽外永定門，則北騎必衝、援兵必集之地也。余管守垛兵糧，他同舍三人管前三門援兵糧。適城下援兵驟至，呼草料，不及辦，大師咆哮，將呼閽。余語同官：『此間近天壇，飼牲草料可移用。』猝應之，軍始不譁。大農聞甚喜，知出余協力，誤謂余可理盤錯，輒難事相諉矣。

解嚴後，上閲城守單，余列在『地險時久』之條，加俸一年，榮錫誥命，褒獎『勤勞獨瘁』。未幾，而漕運題差，大農復以余應，未嘗一聞知也。故事，京漕四百餘萬石，每年三四月開運，十月竣運。神廟末年，漕政寬弛，乃有守凍閣天津者，次年冰泮續運，謂之凍糧。一年之糧，分作兩番儹運，於制有礙。運戶陸續支應，則寬甚也。殆四月乃運新糧，而守凍如故。

任茲差者不甚瘁，而以其間遊河燕樂，題署榜曰『握蘭吏隱』。旁有漕臺公署，曰倉院。倉院者，以六倉諸役，或玩法勒索，經紀運役，橋司不便拘攝，倉院得以憲法繩之。橋司坐享不怒之威，而倉役知所畏，祖制良具深意。乃其掛號總書，每船得一金，實船萬艘，計萬金。達於天聽，遂革倉院差。似因噎而廢食也。

諸役去其忌，余欲有所創，嘗貽書同官，或詳堂上，情面亦難盡破，且有行不去處，添一段掣肘矣。而上急在儲糈，舊凍催完，新糧不許守凍，則是年半之糧騈作一年，視前人勞逸不侔矣。明旨嚴切，違者軍法從事。堂官惴惴焉，捄過不暇，然其苦猶在官也。運必需車騾，運戶大半居廓外，去冬爲虜焚殺殆盡，新舊糧騈集，車騾價高，運價不足，每戶日賠二三金，困累極矣。余力請倉場尚書孫公居相題增運價，上輒俞允，運役稍稍甦困，然終不免賠累也。一官之設，必有一官之費。是差以在京不設公費，衙門置在河干，以運戶百二十人，入辦三日供官日費及雜事，咸於值日取給。余以時難，力裁供億，亦不敢盡裁，爲後人地。其他一切雜費盡洗，惟蘆蓆撤米爲修理號房之費，載在通橋事宜者，余亦仍前。蓋上可以報君父，下可以示運役，不肯爲矯也。漕運日三萬石，三日一報聞。偶雨泥濘，稍縮額，輒遭詰問。余據實回覆，謂雨餘途汩，輪蹄作苦，非敢溺職。上亦亮余苦，奉有『王忠孝心長力短，著策勵供職』之旨，私自慰也，顧上且知我。

而是時廠衛縱役緝伺各衙門過失。會凍糧運到，數艘浥甚，余聞之大農，則謂米既抵橋，安有退回之理，分六倉曬晾，可也。余乃起運。而廠役向橋胥索賂不遂，輒以米色上聞。忽傳中旨云：『聞運米漕糧濕爛不堪，經管司官循隱不言，是何緣故？著將回話。』大農畢公呼余至，惶甚。余答曰：『是有其故，明主易辨。蓋此糧係虜迫通州時運官將米藏地窖，受濕多時，解凍方取出，遭雨而浥，天時也，人事莫如何也，幸可攤曬。通津起運諸司尚徼寬政，況橋上接運乎？』大農輾然曰：『吾慮累該司，如此鎮定，當爲據實以聞。』疏上，果荷聖慈。

後復以漕米被運役偷盜，滑吏爲之窩藏，廠衛捉獲以聞。奉旨：『號房失米，經管官所司何事？著回話。』余冒死披陳，謂：『臣所司運米耳，運之不前，臣之罪也。若巡緝，則有五城兵馬司。米在號房，運官應自看管，臣安能分身代巡緝乎？但運役犯科，總屬運中事也，安敢辭罪，惟藨槁以待斧鉞。』旨云：『漕米被盜，該司官亦難辭責。念運務正劇，姑罰俸一年。著速儹漕運，以贖前過。』

是余兩遭璫害，而皆徼聖恩，人咸爲余志喜。而余私自反，不貪不欺，何懼焉。幸而差竣，倉場尚書錢公春語余曰：『欲留子再任，而勞瘁既甚，不敢啓齒。』其見信如此。

運役有貧甚者，年終應僉換。余從公編審，質之同甲，去留無私。應換者列名詳倉場，勿付兵馬司題行。大興、宛平兩縣，炤資產僉應，坊官不得上下其手，人咸稱便。白糧，皆三吳大姓輸運。其至也，恐留滯耗損，京朝貴持束爭先。余預定規程，以到之先後爲序，序定遲速，不必挽越。是年竟無一束到橋者。大抵虛心從事，人多相亮。故余才雖拙，迭經險阻，而幸無咎。堂官考核，有『一年之差，幾作兩年之運，勞瘁備至』等語，僅回部供職而已。部閑三閱月，以城守轉漕皆獨勞，俸亦居前。故事，榷關差出，十三司會議，題先應及者，邊差多以司榷回部者題推，亦勞逸相兼意也。是時，九江關報缺，人人謂余應及，而余不自言。亡何，密鎮餉差出，竣榷回部者三人，惴惴恐其及也。適經略張公鳳翼貽書堂翁，謂『此差繁苦叢弊，須擇人而任』。諸司榷回及圖榷者，各依牆壁，向大農緩頰，遂以借才爲名，題余密鎮，改三年爲一年，不會十三司。疏上，而余始聞。蓋自入部三差，皆先題而後知，拙者之効如此。余謁堂官，頗形不平之語，堂官亦自知情面所迫，婉語勸勉曰：『賢者爲其難耳。』邊餉新舊二條，及召買屯鑄，頭緒紛沓。吏胥多積年奸猾，清核良艱。最苦在北人窺邊，餉稍稽期，軍輒呼庚癸。司餉者或以操守干吏議，是所自取，即賢者亦多不免。余初至，攜三十萬金而行，補前欠兩閱月，悉炤京鞘兌發，刻日散給。倉米炤鐵斛收支，各營鎮俱誦公平。而於新舊諸條目，細心稽核，凡兩閱月，夙弊一清。經略曹公文衡，性苛刻，見余實心慎謹，每事見信。一日，苦邊帑空虛，向余商所以節省者。余答曰：『餉有定額，出入有定數，無所謂節省，但勿冒破耳。』曹公曰：『良是。』又問曰：『倉米，舊何以有餘，今何以不足？』余曰：『舊兵糧薄，多本色；新兵糧厚，多折色。人多篡入新籍，舊者缺額，米因有餘。前制府張公通融挪借，乃以舊餉米三斗折銀二錢，配給新兵。是時米價，每石定七錢，以本作折，適相當也。後司禮王應朝巡邊，舊兵紛訴糧薄。應朝疏請，每兵加餉六錢，視新兵相去不遠矣。新兵恒主戰，舊兵恒主守，人畏戰苦，糧不相遠，復多就舊兵者，而舊額遂不缺。本色不足，乃以召買補之。價每石一兩或九錢不等，始以三斗折二錢，後復以三錢買三斗，則每兵月費一錢，歲費一兩二錢，每萬兵歲費萬二千矣。今議新舊不相借，新兵月仍找給折色二錢，舊兵免行召買，每兵歲省一兩二錢，每萬兵歲省萬二千，而又省召買追比之費，不亦可乎？又舊兵向以糧薄，冬月另給布花八錢，卹其苦也。今月加六錢，歲共加七兩二錢，而再給布花，得無過厚？且恐新兵援例，何以爲繼？曾與各鎮營面議，謂「此項不敢請給，恐部堂駁查新加，或議裁減，不如勿請便」。各營俱心折，面諭各兵，亦咸唯唯。每萬兵歲又省八千矣。大抵餉不可擅減，亦不可漫加，求其當而已。』經略深以爲然。余遂詳大農題行，大農批牘末云：『據詳二款，該司躊躇剖析，方覺前人之疎於計也。』疏上即允。漕米入倉，原有斗脚等役，歲給工食，載在大倉。考邊倉，司餉不得躬親，設有別駕管理，又有佐額分委各役，每需索官旂，仍領工食。舊密雲令尹公同皐，建議撫役。時每石各秤銀八兩，備漕運公費，方許充役。渠既出費，需索有名，是教猱升木也。余詳革秤價，約束各役，不得分外勒索，運旂稱便。又，漕廠在城外，離倉約二里許，馱脚每石給米三升。先時倉有三年之積，勢當入新出陳。近倉庾告匱，本年糧至便發，不必盡數入倉，余即以河干發兑。舊例曬揚三天，余諭各兵，聽於糧船自揀，每石加曬揚二升，兵與運旂歡欣聽命。省運費不貲，而收亦捷。但倉役無從需求，頗有怨望，余不卹也。余雖庶僚，苦心餉務，不至浮冒，亦不肯深刻，大抵願學吾夫子，委吏會計當意也。時有揚州衛指揮陳述職者，運糧萬餘石，乾潔無欠，僅以三百石遭濕，不以入倉，曬揚如法，頓於米廠，蓋憐其遠運艱辛，此米又皆可用，俟發糧時酌量搭配，此本意也。乃七月初旬，偶余病衄血，杜門給假，委官經歷運曹、牆二路月糧，多搭數十石。曹路離鎮百餘里，牆路離鎮八十里，輸輓極艱，中途遭雨，此米遂成蒸濕。監視鄧希詔，向與余相左，行邊適遇濕米，遂以此米封一小袋，馳呈御覽。夫自鎮運邊，自邊至京，計程數百里，而又遭雨，雖乾米亦變，况先經濕而曬，安得不色變也？然僅數十石耳，倉米四十萬，安可含糊文致，不核實上聞乎？疏至，首揆希瑺意，擬緹騎逮問，詳在薊儲罪案中。繫詔獄二十八月，蓋爲司農、經略、憲臣、刑曹俱有救疏，衛官不敢枉，又懼忤中官，故遲而不結。幸科権註銷，旨限三日具奏，始得移西曹讞結。初擬配，中貴再疏侵問官，始擬戍附近建陽衛。余至建，而解官百戶段均病故，著任文書，無可回繳，姑遣僕自賫投部。而百戶之妻，疏究夫命，奉旨：『撫按行建安、甌寧，取結回報。』計自壬申秋至乙亥夏，靡日不在患難轇轕中，至是明察，而始得安意編管也。

是年，上特旨下吏部：『內有遣戍各官，各開得罪緣由，詳列來看。』意在使過也。而選司吳公羽文，急於憐才，就開列中另薦二十餘人，余與焉。上怒其市恩沽名，吳竟下獄論戍去，而録廢案中寢。嗣後迭經啓事，奉旨該部確核，余隻字不入都，亦無有爲余填補者。癸未冬，部舉海內清恬，余復與焉。甫補金公鉉、成公德，而闖變起矣。南都立君，搜舉謫廢。當時以部郎環録者，葉公廷秀、華公允誠、倪公嘉慶、萬公元吉及余五六人而已。諸公補原官，不數月輒列清華，而余乃出守。故事，邊郎從無補郡，况在録廢。詢所以出麾之故，則同鄉有借推轂行排擠者，謂余『才堪一面，暫擬監司，可膺節鉞』等語。而留撫祁公彪佳，向曾於廢籍中薦余，聞有外補之擬，遂咨部推補蘇松。劉公宗周、章公正宸見其咨，遂力請爲紹守。蓋從地方起見，意甚雅也。時揆地爲馬貴陽，曾同余詔獄，稱患難交。貴陽據要津，余不敢通一刺，心訝焉。若以余爲自求補外者，遂遣中貴選中宮於嘉、紹兩郡。知余向忤中人，今復以璫炎相迫也。而余早投劾去，非薄二千石，不得行其志耳。乙酉，南都再變。閩中立帝，則乙酉夏五月事也，擁立者爲鄭家昆季。是時漳、泉二郡，出而列禁近者，指不勝屈，余獨遲遲。會薦牘多及，乃補廣東嶺東道。疏辭，得請矣。適有言余用違其才，奉旨促余抵粵，而粵督已先題就近推用。部覆，乃改余光禄少卿，稍稍列禁近，則太宰張公肯堂採輿論而見及也。余疏辭，不允。部催屢下，始入福京陛見，逼臘矣。上以次年初六日移蹕，舟泊洪塘，未知余抵任也。

光禄卿林公銘鼎，莆人也，爲鄭姻親。憚隨征，乃於龍舟作老態跌仆狀，中官扶之起，因辭云：『老臣不能扈侍，少卿王忠孝已到，可代臣也。』上命禮部傳旨，著余隨征。時閣臣曾公櫻，留守福京，特疏留余共事，上不允。而余隨束裝從駕矣，蹕建寧。余雖陪卿寺，非言官，可不言時政。諸知交謂余新環召，不容緘默，遂謬陳六事，荷獎諭切當。會馬金失事，輔臣黄道周陷没，定虜侯偕諸鎮退屯仙霞、二渡間。上震怒，謂其喪師入關。又外傳兵民交訌，遂命余巡兩關，賜劍印，特勅便宜行事。召見，面諭速行。余力辭劍印，以書生無兵權，提劍入軍中，恐隕越簡書，惟單騎往宣諭耳。上以爲然，就原勅御批云：『王忠孝著先去安戢兵民，賜劍續發。』余次日北發，亦不謁閣部授方略。聞有訝余徑率者，不顧也。行至浦城，上仙霞及江右、永豐二渡關，逐一宣諭安戢。所至邑居，煙火如故，惟村落居民挈家入山谷，留丁壯看家，蓋怵虜，亦避兵也。而是時行在稱關兵淫掠狀，洶洶駭聽聞。余旋朝，據實以聞。謂有遷徙，而無掠害；但兵甲鈍弱，未可言戰，因并及戰守佈置。上頗以爲然，而終疑兵無掠害一語，則先入之言也。方余仙霞未旋時，上又命輔臣路公振飛往，以爲閣臣權重，軍中可便宜行事也。路公至浦，密出勅書相示。余曰：『此間一二將逗怯，按法應誅。刻下虜與我師相望，見我扼險而守，未敢輕犯。而此曹各擁千兵在握，聞上意有所重創，移足而北，闕以内誰禦者？』路公曰：『然則當若何？』余曰：『公不如以聖意語定虜。渠以爲可，呼罪將入營議事，豫令人統其軍，則束手受縛耳。如以爲未可，定虜當馳疏請寬嚴。公進退綽綽矣』。路公深以爲然。次辰貽書相及，謂晤商適中機宜，恨相見晚也。路公向與定虜不相得，日以近事往還，稍撤形跡，將相略豫附矣。余歸，守光禄如故。

會上再移延平，從行者紛紛爭舟，建安、甌寧二令不能應。余出民價自募兩舟，一坐隨駕，一裝左右。典簿亦兩舟，一裝御膳，皆私募也。典簿韓廷銓，稱老文學，上初登基，輒有披陳，指斥時事，當上意。將置言語，有訝其戇者，僅擬先禄典簿。供職惟謹，戇亦自若。適楊龍友自浙來，馬貴陽士英姻也，請閣老欲詢浙事，留閣中共飲。韓爭之，謂政府非留客地，不肯備席。上亦先偵知之，大怒，鎖閣門，竅而傳餐。余甚嗔韓典簿之過執，失綸扉體，而閣中不能無憾矣。建安令猝難應舟，知廷銓前事，向閣中訴稱光禄寺擄船十隻，何以支應。不指余名，亦不指廷銓，意余必卸罪於廷銓也。閣中以聞，上怒甚，著錦衣衛從河干察明，旨甚嚴切。察僅四舟，皆出私募。余疏詳剖，亦不歸咎建安。而建安令惶甚，從中貴斡旋，以十舟移於内供給。上亦不之罪也。然而知余之孤孑寡援矣。是時，百司多躐轉，掌銓路公語余曰：『借公嘗少，平流而進，爲浮捷作榜樣，非抑公也。』疏入，上語路公曰：『王忠孝資俸俱深，且有巡關之勞，應另擢。』遂抹去『少』字。命下，始知出上意也。

時粵東監司湯公來賀，運三十萬餉入行在，上喜甚，擢湯爲少司農。同余廷謝，湯執余手而言曰：『余資淺於公十餘年，公又從謫籍起，迄今猶淹小九列，而余乃踞公上，深自踧踖。』遂疏請讓秩於余。上優詔報可，有『湯來賀惟賢知賢，王忠孝該部優擢』之旨。而余守俸嘗如故。駿奔俎豆間，頻侍天顔，每有所下問，頗見屬意。

一日，議移蹕江右，列余隨駕。因請假治裝，上輒報可，御批云：『王忠孝清貞之品，簡在朕心，準給假二個月，依限前來。』旋擢余左副都御史，協理院事。余陛辭過里，則丙戌五月間事。

七月，將遵旨北發，值寒疾，延閣半閲月。上遣中貴人敦趣。同召者六人，惟余就道。八月抵福京，晤諸公，商榷時艱。望後登舟，溯流而上。距行在所僅二程，清騎已乘虚而入，賜姓公交鋒不利，率師南下，遇余於舟次，語余曰：『上已先四日行，劍南皆北騎，公將安之？』因拉余旋福京，訂舉事。而余從間道入山，貽書促妻孥出城，僻居祖里。甫一月，北騎抵泉，郡邑望風下。

郡守持一書一檄到余家，邀余出謁。兒答以從無抵舍，遂執兒去。有清道閲肅者，年家也，釋余兒歸。郡中派糧，諸紳以余貧不派及，而郡守令遂意消，且以閲寛余兒，不苛繩也。潛踪數月，鉤索益甚，余與郭介菴終不出謁，訂曰：『寧以纍囚見，不以遺紳見也。』

清法嚴，所至人無敢藏宿，姑削剃入空門，稍稍見人。因得與同志商舉事，鳩集五千餘人，遂建旗鼓。南與賜姓叔侄、郭介菴、張沖至相望，北與林自芳、林子野響應，而一時莆、惠蜂起。余師徒日盛，聲勢日振，莆、惠二城或内應，或自遁，皆復我明土矣。

賜姓公復同安，師圍南安，山中諸縣皆下。北人困守郡城，不敢出一騎。上游建寧爲新建郡王所復。義聲四布，計閩指日復也。不謂王靈在遠，事權不一。建國諱彩，在浙扶魯王爲盟主，舟泊浪崎；賜姓在泉南，叔侄競峙。命孝廉馮澄世入惠取餉，余一師介其間，事事棘手。有御史□□□者，與鄭通譜，亦樹一枝，日與余爲梗。則未暇問他，先防内訌矣。

時以興、泉俱復，我師居中，閑住無糧，與鄭議暫撤歸農，俟早熟有糧，方召集。鄭口唯唯，心懷搗虛。余不疑也。一日借題構難，率兵襲余營，奪餉界。余時兵難猝集，去而之莆，蓋余之部曲半在莆也。莆方新復，魯藩命楊興寧耿持檄收餉，堂堂親藩，莫敢爭執。而余於莆、惠竟無餉地，姑解散師徒，決計渡海，別圖興復。

會清兵南下，復者盡失。余時雖不解兵，亦將不敵。然嘆恨同舟者之自爲胡越也。私計自行師以來，不貪不殺，百姓安堵；事雖不集，挈家渡海，田產聽他籍去，毫無旁累；弟侄受他峻索，亦不遑卹，以是稍無愧於心耳。

自戊子秋，偕仲兄入鷺門，居鷺之曾安。兄嫂俱終於鷺，而幸皆歸葬。

庚寅年，今上永曆遣官賫勅，陞余兵部右侍郎，前後勅三四至。而楚粵道阻，不得前，疏辭新銜。奉旨：『王忠孝孤忠亮節，久鑒朕心。新銜未足示酬，尚宜祇受，以資聯絡。俟閩疆克奠，卿其馳赴行畿，用展壯猷。』捧讀之下，未嘗不抱慚報稱無地。

十三年移浯，住賢厝鄉，凡三年。隱於村落，耕漁自給，中間戒心者二。

辛卯三月，賜姓師入粵，清乘虚窺鷺。余挈家登舟，泊浯嶼觀望。而定國師從揭陽至，沿海焚清舟，截其往來。渠師困鷺城，乞哀弭首去。住舟一月，仍回故寓，親知無恙。惟曾二老以在城殉難，余募人出其遺體，殮於浯。

又，辛丑，清兵從海澄、同安港南北夾擊，謂投鞭可渡也。我師臨戰，東風一發，彼舟不支，北人浮屍蔽海，二島烽火不驚，將謂今而後彼不敢復問島矣。不謂賜姓移師臺灣，亡禄即世，同事諸公水火互爭，開清以隙，二島遂失，居民掠殺甚慘，癸卯十月十日也。

余知事不可爲，遣兒攜諸孫及老妻入山。余南下銅山，二老妾從焉，侍行者從姪孫亥、族姪環，及僕婢而已。至銅，借居於黄石齋先生祠宇，同年辜在公偕焉。居五閲月，無日不在風鶴中。將士叛者踵聞，因移舟而北。

時世藩將往東寧，泊舟料羅，招余及在公同行。而余年家子陳復甫、姻友洪忠振，俱贊余決，遂與俱東。甲辰三月初十晚開洋，次晨到澎湖。是夜風浪震撼，浪兼天湧，余偕在公借坐洪鍾特舟，眷屬仍坐自舟，中流發漏，幾於沉溺，幸無事。晨後舟亦至澎湖，稍稍憩息。

澎，晉江末都也。泊一月，意卜居焉，借棲無地。四月初八日，再移於東，聞有甘吉洋，風濤似澎。是日幸風恬浪静，四更自澎開棹，午刻抵東寧。初十日登岸，宿陳復甫舊寓。鷦棲寄食，荏苒又經年矣。行年七十三，疾病侵尋，不審後來作何狀。自信此生，罔敢失節，因憶銓次，以誌顛末。倘得中興好音，生還故里，望闕焚祝，没齒無餘憾矣。其他居族居鄉細行，不具贅。《王忠孝公集》卷二《自狀》

公諱忠孝，字長孺，別號愧兩。其先光州固始人，閩王審知之後也。居惠安之沙格鄉。少穎異，日異千言。母苦痰疾，不時作，昏懵不省人事。公稺年蓬垢侍醫藥，鄉里嗟異。及歿，哀毁若成人。父卒，公纔弱冠，嘔血數升，與仲兄治喪祭，易戚備至，必敦必均，不以少貧自假。

戊午，督學爲檇李岳公石梁，録高等。丙寅，督學使葛公寅亮，拔第一，食餼。丁卯，領鄉薦。戊辰，第進士，授戶部河南清吏司主事。己巳冬，虜警急，各司分管九門，公守永定門。門即勤王師營屯，嘗卒索芻豆軍裝，咆哮無時，動欲以軍興法入告。公因時制宜，接應無懈，曉夜風雪坐臥，睥睨間四閲月。庚午二月解嚴，大司農題薦督運大通橋，奉旨有『勤勞獨瘁』褒語。覃恩授承德郎，封贈父母並妻。

萬曆以來，漕政寬弛，盜竊稽遲，宿弊滋甚。公設法更革，數承溫旨。運糧必資車騾，歲以百二十戶領之。虜警急，富者跳之；廠衛、戚畹所餘，畜斃軸折，猶占名部籍。公力請倉書，題增運價，裁其陋規，匀其勞役，民咸便之。然權貴閹閹，亦以是多側目公。大司農復題總督薊西糧儲。公至鎮，悉心平核，宿弊一清，條悉抵光，歲省五萬金，而兵民欣悅，請以爲例。經略曹文衡撫掌曰：『此何異管、葛耶？』

時朝廷頗不右文吏，寄膂內璫。薊監視璫鄧希詔者，炎張甚。奴視監司，第憚公名，未敢干，佯爲款洽。未幾，希詔議設標兵，就部司措餉。薊督下公議，實委也。公曰：『內臣備邊，觀軍容也。有事則諸鎮兵皆得同督撫調發，若自置兵設餉，當請上旨。』希詔曰：『庚不有耗羨耶？』公正色曰：『耗羨皆編正額，若額外升斗，是横徵矣。吾戴吾頭來也，豈以升斗易吾頭哉。』

希詔又欲新其廨宇，欲動支折環。公不許。正旦朝賀，文武畢集，希詔爭位次，語侵薊督。公徐起以勑書折之。希詔大沮，恨公刺骨，遂密疏陷公。大相希璫意，擬旨下錦衣衛緹騎逮之。緹帥王世盛，以事干考究，擇大手校之謹願者，密囑至鎮，詳詷以報。校居外數日，所見皆憤璫虐而譽公。

入見，公拜命畢，曰：『吾久遲諸君來也，行矣。第主人不能具一飯，奈何？』校曰：『公居官良苦，下走輩已不辨作衣食計，公事終白。』乃盡去其鋃鐺，得具輿幔。故事，緹騎所至，視千百如草芥，稍不厭，則楚毒隨之。公解銀帶贈之，校曰：『以代吾輩槖饘可也。』京師相傳，以爲異事。

入獄置對，無所得實。大司農畢自嚴，經略曹文衡、兵備馮師孔，皆疏救。希詔又疏，誣公受差役翁九進餽送，贓私萬計；再詆誣在鎮諸臣，共相掩飾，以欺君父。經略曹文衡復疏辯，兵備道馮遂疏列不法十餘事，而兵科吳甘來、掛印都督祖大壽、尤世威及薊鎮各總兵，合疏論救。南京刑部曹荃，以入賀陳甚激烈，上雖不聽，亦不深罪也。同籍中，諸葛羲爲具資斧，護其妻子歸；劉若宰、劉夢桂、梁雲構、姜應甲、張□□等，爲籌畫槖饘，藉以無困。

希詔誶運官陳述職，使誣證贓，五毒備下，煅煉萬方，述職瀕死，終無所抵承。希詔密賄之曰：『第指數事，不惟脫辜，且得厚賞。否則立死矣。』述職曰：『吾非不知，天地鬼神在，不可誣也。』於是希詔亦窘。乃行金部胥，別求罅隙，有可以羅織此獄者，皆曰：『王公，鐵甕城也。』使者求不已，有一老猾吏曰：『容吾思之。』數日，曰：『能與我百金，雖鐵甕城，破之必矣。』如數與之。老猾吏曰：『倉有腳價，爲收放搬運之用，餘爲公費，不入奏銷册。薊鎮儲三百萬，腳價千餘兩，今折依京鞘對兑，本就運官支領，則腳價可無所用矣。彼雖一塵不染，此項萬無存留。事關錢糧，十金以上皆贓，況千百乎？足以死矣。』

回報，希詔大喜，補疏如猾吏教。緹帥私憂曰：『王先生敗矣，此不可爲矣。』及對簿，公曰：『腳價舊無開銷，然絲毫皆朝廷物，某何敢私？除用過詳堂在案，存六百餘金密雲庫，令希詔自到庫察存可也。』緹帥撫几嘆曰：『公廉潔至此耶？吾亦何惜一官。』遂白於庭。有旨切責，鐫二秩。緹帥曰：『吾上不負朝廷，下無得罪士大夫，鐫秩幸矣。』

都御史王志道上疏，內云：『王忠孝被逮之日，不能具一餐一環。』上覽奏大怒。明日御平臺召對，面責志道曰：『王忠孝不能具一餐一環，汝何得知？』志道曰：『內外臣僚皆知之，京師百萬口能言之，不獨臣也。』上怒起，然遂有貸公意，改刑部繫。尚書胡應召、侍郎程註擬徒，續駁。擬戍福建建州衛，得旨。在繫計二十八月。明年，希詔贓私狼藉，大璫恐爲外庭所藉口，疏參逮詔獄論斬，而公名亦遂登啓事。是年，上特旨下吏部：『遣戍各官，俱將得罪緣由，詳列來看。』選郎吳羽文，就開列中薦二十餘人，公居首。上怒其市恩，吳下獄論戍去。其後部舉清恬，公復與焉。然終以不通京貴人，事竟寢。

甲申聞變，曰：『吾罪臣也，其哭於野乎。』弘光立，閣部史可法特疏首舉，以忤馬士英，調紹興守。復遣璫選中宮於嘉、紹二郡，以公向忤璫，欲復以璫迫公。公入浙界，即以疾歸。

隆武立，起嶺東參議，改光禄寺少卿。時在廷主親征之議，公陛見，即有扈駕之命。上『慎用人、審布置、核額餉、汰將領、清言語、實圖治』六事，上皆嘉納之。

馬金嶺之失，首輔黄道周全軍陷，定虜侯鄭鴻逵偕諸將退扼仙霞關。上命公巡察守關將，賜劍印，特勅便宜行事。公奏：『臣巡關耳，將有不法者，回奏請旨逮治之。書生提劍入軍門，恐隕越簡書。』上然之。遂單騎。所至與其守將申款曲，嚴飭勵，務使兵民輯睦，聯絡救應，諸將皆唯唯。然後出仙霞關，晤定虜侯，痛談時事。公泣，鄭亦泣。因教令疏參失律將士，回奏稱旨。

當公未旋時，上復遣輔臣路振飛，欲就軍中斬罪將黄光輝。至浦城遇公，出密勑相商。公曰：『今入人之軍，呼其大將斬之，猝有他虞，不變生俄傾耶？公不如以功罪責大帥，生殺還朝廷，公進退綽綽矣。』定虜侯果囚光輝詣行在，上亦卒赦之。凡所建言，皆切中時弊。久之，進太常卿，旋擢都察院協理院事左副都御史。

上鋭意出贛，公力諫不可，疏留中不下。鄭鴻逵亦切諫。上曰：『與廷臣議之。』時大學士蔣公、路公、何公、少司農湯公暨行在諸公俱集。鴻逵指畫關門險要，置烽增壘，星羅棋布，爲『十可守，百不可出』之議。公與蔣公云：『所不與共心力者，有如此水。』乃共規派兵衛參置文武，鴻逵與其姪賜國姓成功，分域嚴備，諸公則督餉督師。凡數日，頗有頭緒，合奏。上意堅不可挽，鴻逵曰：『吾赴東海死耳。』遂削髮繳印勑去。關門守禦俱弛，而有輸款清朝矣。

公歸，斥賣田園，以爲行資。上曰：『速之，遲則不能侍矣。』及公至，上已出蒞劍州。北岸皆毳帳，獨成功一軍未動。公望北哭，成功執公手曰：『先生何之？吾叔姪在，捲土重來，未可知也，且歸再計。』公從間道入山。清法嚴，所至人無敢藏匿，姑削髮入空門。因得與同志商舉事，遂鳩集師徒。丁亥夏，與鴻逵、成功及光禄卿諸葛倬、都憲沈佺期、職方郎張正聲、禮科郭符甲、翰林林垐、御史林蘭友，同時舉事，收復郡邑，義聲大振。已而糧竭勢分，事權不一。

會永曆皇帝駐蹕端州，公上封事，賜旨褒嘉，晉兵部右侍郎，兼官如故。辛卯，清帥馬得功俔延平王在粵，遂襲島。閣部曾公妻子問渡，公僅一舟，曰：『事急矣，安可使吾家獨完，而置曾眷於殆。』趣舟先獲之。公妻子入小漁艇，泊磯下，幾壞者屢。及曾公殉節陷城中，莫敢過問。公募僧人得其遺體，而出其壽器殮之。與沈佺期昏夜過鴻逵舟取綿帛，相去數里，風雨驟至，舟人大恐，及岸，乃嘆曰：『頃不歸，吾兩人且以魚腹爲殮，尚欲殮曾公耶？』大司馬盧若騰、光禄卿諸葛倬等，皆來視殮，復爲權厝於浯。

公居鷺島之曾安，兄嫂俱終於鷺，而幸皆歸葬。於鄭氏叔姪，凡軍國大事，有所籌策，亦多所匡救。鴻逵駐師碧沙，余居浯島，公與沈佺期每扁舟過訪，同陟太僊山，酌蟹眼泉，爲文記其事，形諸咏歌，靡不以君親爲念。後移居浯島，住賢厝鄉，日與盧若騰、華亭徐孚遠、沈佺期及余數人揚搉古今，校訂書史，有終焉之意。

延平王既定臺灣，書邀公。公遣人具牛種，爲五畝計。癸卯，清克兩島，公遣妻子歸守墳墓，獨往臺灣。與寧靖王術桂、禮科辜朝薦，日相過往，賦詩著書，以盡餘年。所著有《四書語録》、《易經測略》、《詩經語略》、《孝經解》、《四居録》及奏議、詩文若干卷，俱未梓行世。丙午四月二十八日，卒於臺灣，享年七十有四。宗藩勳舊皆來視殮，莫不墮淚。癸丑年，東人送公柩歸里，葬於惠北松亭之原。公性復節儉，而好施與。延平王父子既雅重公，饋遺無虚日。公悉推惠其親黨，傾貲不吝，其輟己之食以濟人云。是爲傳。洪旭《王忠孝傳》，載《王忠孝公集》卷一二

王氏譜系，自宋入惠，卜居蟹谷仙塘沙堤。傳十四世。愧兩公，諱長孺，官章忠孝，別號愧兩，乳名

改，一字世茂。濱泉公三子。戊午年，同族兄一舉、弟光前同時入泮。丙寅年，葛寅亮首拔食餼。天啓丁卯科，以《詩經》中式鄉試第四十名。崇禎戊辰聯捷會試第一百三十八名，殿試二甲第三十二名。觀大理寺政，即授戶部河南清吏司主事。題守正陽永定門，應變合宜，奉旨紀録。庚午，督理大通橋，日運三萬石，奉旨有『勤勞獨瘁』褒語。覃恩授承德郎，封贈父母並妻。旋改授總理密雲糧儲，任最煩劇。時奸璫鄧希詔以司禮監視三協，炎張甚。公用勅書平行不少屈。適指揮陳述職運糧到，濕三百石，例應斬。公憐之，分配各營曬曝。希詔偵知，遂誣奏逮繫詔獄。時論救者，總制曹文衡、戶尚畢自嚴、都憲王志道、緹帥王世盛等，俱被革職。密雲兵民，群投櫃赴京訴冤，改繫刑部獄三載。與黃石齋、王淪初、王思任、馬思理等同繫，時號六君子。甲戌，謫戍建陽驛，回籍。旋部舉海內清恬，起復紹興知府，改嶺東道，俱未任。擢爲光禄寺少卿，覃恩誥贈父母及妻。時陳六事稱旨，特勅巡關，賜尚方劍，安戢軍民。陞太常寺正卿，封贈祖父母、父母及妻。未幾，晉都察院左副都御史協理院事，再晉兵部右侍郎，恩蔭一子入監讀書。戊子，鳩一旅建義，遭時艱，挈眷避地，與同志曾櫻閣部、辜朝薦〔一〕給諫寄寓於金門鷺島，佃漁自給。後遂棄家，全膚髮渡重洋，遠居於臺。丙午年，得正而没，享年七十有四。生平事實，載《福建省人物志》及《臺灣府志》、《惠安縣志》、《惠邑人物風土考》。著有《四居録》、《孝經解》、《易經測略》、《四書語録》及詩集文集等書，未梓行世。其没之夕，內地有貢生材之豸，死而復甦，云見公與石齋黃先生接任爲

〔一〕辜朝薦，原脱『薦』字，據洪旭《王忠孝傳》補。

閻羅，著有《廻生記》。事屬近誕，然綱目有『生爲上柱國，死作閻羅王』之語，著於鑑史，似亦非誣。娶梅峰鋪林内鄉陳氏，初封安人，再封宜人，累封淑人。公生於萬曆癸巳年六月廿三日卯時，卒於永曆丙午年四月廿八日辰時。妣生於萬曆壬辰年十一月廿四日戌時，卒於永曆丁未年七月廿九日未時。與司馬公及子孔仁同葬在梅峰鋪上亭山前陳鄉邊。穴是虎形，坐坤向艮，兼申寅分金。辛未、辛丑。現載《惠安縣志》卷三十四《塋坟》：『兵部郎中王忠孝墓，在縣北梅峰鋪前亭。』置有田園，所租業充在仙邑香連里沙溪楊寨。承天莊寺、梅嶺廟等處崇祀。王孔仁《王氏譜系》，載《王忠孝公集》卷一二

按，據謝正光《明遺民傳記資料索引》，《國朝耆獻類徵初編》卷三四五亦收録王忠孝傳記資料。然《國朝耆獻類徵初編》所載之王忠孝，已是康熙間事，當非一人。

王氏著作，據王忠孝《遺囑》（一）自稱及王孔仁《王氏譜系》、洪旭《王忠孝傳》，知王忠孝嘗著有《四書語録》、《易經測略》、《詩經語略》、《孝經解》、《四居録》及奏議、詩文若干卷，均未刊刻。目前僅見存詩文抄本十二卷，原題爲《惠安王忠孝公全集》，有福建師範大學圖書館藏抄本等。二〇〇〇年《福建叢書》據以影印出版，二〇一〇年《八閩文獻叢刊》據以點校出版。

王繼褒

王繼褒，字洞簫，侯官諸生。好學有才，兼通釋典，嚴交遊，士論重之。變革後方壯年，即棄青衿，不面貴顯。常言：『從來統議衆矣，獨方正學謂三代以下惟漢、唐、宋及我明爲正統，若篡弑女后亂華，皆屬

變統，猶詩有變風、變雅。立言俊偉，可謂發前人所未發。夫宋積弱，徽、欽以下，遠徙南服，有臣無君，不足復道。漢遭王莽中厄，光武崛起徒步，揭還故鼎；唐變遭安史，肅宗即位靈武，任李、郭，恢舊業，俱延數百年宗社。況昭代凡事遠過漢唐，斷無中絶之理，矧漳浦易數方駕康節，載在簡端者屢。祇恐天不假年，弗及重見漢官威儀也，豈不痛哉。』無奈浮沉人間，對同志則引滿談心，爰及秘笈内典；即逢俗子，亦未常立異。後沾微恙卒，僅躋下壽。去今二十餘年，同儕言及，猶重爲悼惜。繼褒詩文雅馴，著有《歷漫草》若干卷。《節義録》卷下

按，王繼褒傳，省府縣志未載。道光《重纂福建通志》卷六八《經籍志》：『《代歷漫草》，王繼褒撰。《青門節義録》：繼褒字洞簫，崇禎末諸生。』與《節義録》本傳所載不同。

丘　義

明丘義，字明大，寧化諸生。少慧敏，輒折其塾師，既師族諸生邱根。根偕之謁其師同邑李世熊，世熊奇之，引爲忘年交。隆武帝建號設科，義謂世熊曰：『此時以八比進身，譬操蘆葦代犁鋤，墾闢無日矣。』閩敗，清命學使者試汀，父强之就試。義文入『宗廟丘墟，鼎社遷改』、『荼毒攢心，無天可訴』等語，盛觸忌諱，免責除名。先是乙酉歲，田仰兵潰，掠寧化，義妻謝氏駡賊死。順治間，邑令鄒某將請旌，義力卻之。父故嗜飲，家益落，義能曲承之，善事後母，以撫輯諸弟。子四人，皆課讀經史，顧不許其應試，曰：『讀書所以立身，試則鬻身。吾雖貧，不鬻其子也。』嘗題壁曰：『久懸松膽辭春媚，獨愛梅花感雪恩。』

年未五十而卒。孫靜菴《明遺民録》卷一

丘義，字明大，寧化諸生。少慧敏，輒折其塾師，既師族諸生邱根。根偕之謁其師同邑李世熊，世熊奇之，引爲忘年交。隆武帝建號設科，義謂世熊曰：『此時以八比進身，譬操蘆葦代犁鋤，墾闢無日矣。』闖敗，我大清命學使者試汀，父强之就試。義文入『宗廟邱墟，鼎社遷改』、『荼毒攢心，無天可訴』等語，盛觸忌諱，免責除名。先是乙酉歲，田仰兵潰，掠寧化，義妻謝氏駡賊死。順治間，邑令鄒某將請旌於朝，義力卻之。父故嗜飲，家益落，義能曲承之，善事後母，以撫輯諸弟。子四人，皆課讀經史，顧不許其應試，曰：『讀書所以立身，試則鬻身。吾雖貧，不鬻其子也。』嘗題壁曰：『久懸松膽辭春媚，獨愛梅花感雪恩。』年未五十而卒。《小腆紀傳》卷五八

丘義，字明大，邱坊人。少慧敏，讀書數行俱下，汎覽無佚，聱牙如《盤誥》，碎澁如《月令》、《内則》，皆成誦如流水。即絃奕、醫卜、星相之類，亦悉闇解。長補弟子員，學益淵博，議論英發，抽繹不窮。未幾，明鼎革，清遺學使試汀士，義執意不往。父詰之，則曰：『世代既變，人心亦變，即文字亦變。以前文應今試，徒取黜辱，無益也。』父曰：『不謂遇合，功令嚴耳。』義乃就試。試題曰《之其所哀矜而辟焉》。義之文曰：『當可哀可矜之世，必無不哀不矜之人。世有辟於哀矜之人，必世有不勝哀矜之事也。今夫無怙無恃，哀之至也。乃至宗廟邱墟，鼎社遷改，哀又過之。《詩》所謂「哀恫中國，具贅卒荒」是也。鰥寡孤獨，矜之至也。更取父母之遺體而毁傷之，取聖王之冠裳而滅裂之，哀哉，維今之人，不尚有舊哉。鰥寡孤獨，矜之至也。乃至天潢溝壑，宫壼泥塗，矜百倍之。《詩》所謂「爰及矜人，哀此鰥寡」抑末矣。更取匹耦而穢

亂之，夫鰥而妻不寡；取耄倪而隸僕之，父獨而子不孤。哀哉，「倬彼昊天，寧不我矜」哉。乃哀未畢也，而和悅繼之，髡鉗之不爲辱，呼蹙之不爲憤，即屠門覆祀，不敢仇也。矜未畢也，而安樂繼之，謂他人父而忘其孤，謂他人夫而忘其寡，他人不子不妻而奴婢之，不悔其賤也。此之謂失其本心。故曰：「哀莫大於心死，而形死次之。」吾哀夫當哀而不知哀者，又哀夫已不自哀而反哀他人之哀者，又哀夫已不哀而反禁人之哀者，又哀夫恣胸行臆、擠人於可哀可矜而自爲暢快者，又哀夫助虐相淫、陷萬衆於可哀可矜而僅奉一人懽笑者。蓋至此而荼毒攢心，無天可訴，徒飲痛唧恤而已，豈非「之其所哀矜而辟」乎？』督學閔某閱牘，判曰：『文心如此，何必應試。除名免責。』榜揭，而諸生譁然，謂名士特黜，事必有異。搜索原卷讀之，爭相傳寫，汀爲紙貴。義以罷諸生而名益噪云。先是，弘光乙酉間，田仰潰卒間道寧之泉上下，居民駭竄。妻謝氏遇騎，卒目其豔，欲擁之上馬，謝據地痛罵，騎取佩刀刺之，不殊也，謝竟投林援柯自縊死。清順治間，邑令鄒某徵其事，欲爲請旌。義力卻之，其詞略曰：『昔聞冒刃全姑，脫夫完節，孝義並盡，智勇兼全，關係重大，華袞宜先。今亡妻義激一時，僅了身事，匹婦之諒，窮簷實多。若復旌此遺彼，豈不獨倖爲慙？又謝氏存日，井臼惟甘；一旦捐殉，尸饔累母，死若有靈，必以不終養爲恫，豈以邀旌表爲榮？凡此幽衷，懇祈原鑒。』鄒意乃寢。義父以汎交疏檢，又好爲長夜飲，晚年家益落。義曲承父志，將順後母，撫安諸弟，皆非人所堪，然絕口不言家事。每遇知交，高談廣譬，欣慨交集，充然自足，初不知其瓶無儲粟也。子四人，皆課讀經史，敏而通務，特不許其應試，曰：『讀書所以立身，應試則鬻其身矣。』嘗題壁曰：『久懸松膽辭春媚，獨愛梅花感雪恩。』孤高絕物，不可攀躋，矯矯乎雲中之鶴矣。民國《寧化

縣志》卷一六《明獨行傳》

丘義，字明大，寧化丘坊人。父萬斛，輕貲結客，凡藝文、方術皆納之，又勸購書籍，積卷盈萬。義少而慧敏，讀書數行俱下，汎覽無佚。聱牙如《盤誥》，碎澁如《月令》、《內則》，皆成誦如流水。亦嘗嬉遨諸客間，觀所作劇，即絃奕、醫卜、星相之類，皆闇解大意，顧非意所好也。習舉子業，又數辨折其蒙師，蒙師嘗媿遜之。族有諸生丘根者，默而好深沉之思，又好參禪。一日爲義講『學而時習』章，義喟然曰：『是可師也。』遂服事根終身。根嘗從遊于熊，義因以謁交熊。熊長義二十年，爰其風調爽拔，引爲忘年交。及補弟子員，學益淵博，議論英發，抽繹不窮。熊竟把臂並行，不復齒年矣。未幾國變，隆武建天興，彙較閩士。義謂熊曰：『此時以八比進身，譬操蘆葦代犁鋤，墾闢無日矣。』熊曰：『然。』既天興覆，大清遺學使試汀士，義執意不往。父詰之，則曰：『世代既變，人心亦變，即文字亦變。以前文應今試，徒取黜辱，無益也。』父曰：『不謂遇合，功令嚴耳。』義乃就試。試題曰《之其所哀矜而辟焉》。義之文曰：『當可哀可矜之世，必無不哀不矜之人。世有辟于哀矜之人，必世有不勝哀矜之事也。今夫無怙無恃，哀之至也。乃至宗廟丘墟，鼎社遷改，哀又過之。《詩》所謂「哀恫中國，具贅卒荒」是也。更取父母之遺體而毀傷之，取聖王之冠裳而滅裂之，哀哉，維今之人，不尚有舊哉。鰥寡孤獨，矜之至也。乃至天潢溝壑，宮壺泥塗，矜百倍之。《詩》所謂「爰及矜人，哀此鰥寡」抑末矣。更取匹耦而穢亂之，夫鰥而妻不寡；取耄倪而僕隸之，父獨而子不孤。哀哉，「倬彼昊天，寧不我矜」哉。乃哀未畢也，而和悅繼之，髡鉗之不爲辱，呼蹙之不爲憤，即屠門覆祀，不敢仇也。矜未畢也，而安樂繼之，謂他人父而忘其孤，謂他人夫而忘其寡，他人不子不妻而奴婢之，不悔其賤也。此之謂失其本心。故曰：「哀莫大於心死，而形死次之。」吾哀夫當哀而不知哀者，又哀夫已不自哀而反哀他人之哀者，又哀夫已不哀而反禁人之哀者，又哀夫恣胸行臆、擠人于可哀可矜而自爲暢快者，又哀夫助虐相淫、陷萬家于可哀可矜而僅奉一人懽笑者。蓋至此而荼毒攢心，無天可訴，徒飲痛啣恤而已，豈非「之其所哀矜而辟」乎？』督學閔公閱牘而判曰：『文心如此，何必應試。除名免責。』榜揭，而諸生譁然，謂名士特黜，事必有異。搜索原卷讀之，爭相傳寫，汀爲紙貴。義以罷諸生而名益噪云。先是，乙酉間，田仰率潰兵間道走寧之泉上下，居民駭竄。義妻謝氏遇騎，卒目其艶，欲擁之上馬，謝據地痛罵，騎取佩刀刺之，不殊也，謝竟投林援柯自縊死。順治間，邑令鄒某徵其事，下教有『勁節淩霄，碧血淪地，松到天而不屈，蘭無人而自馨』語，欲爲請旌。義力卻之，其詞略曰：『昔聞冒刃全姑，脱夫完節，孝義並盡，智勇兼全，關係重大，華衮宜先。今亡妻義激一時，僅了身事，匹婦之諒，窮簷實多。若復旌此遺彼，豈不獨倖爲慚？又謝氏存日，井臼惟甘；一旦捐殉，尸饔使母，死若有靈，必以不終養爲恫，豈以邀旌表爲榮？凡此幽衷，懇祈原鑒。』鄒意乃寢。義父以汎交疏檢，又好爲長夜飲，晚年家益落。義曲承父志，將順後母，撫安諸弟，皆非人所堪，然絶口不言及家事。每遇知交，高談廣譬，欣慨交集，充然自足，初不知其瓶無儲粟也。常徒步二十里，月必三數就世熊，歸則掩戶披書，無他酬接。子四人，皆課讀經史，敏而通務，特不許其應試。或訊其故，則曰：『讀書所以立身，應試則鬻其身矣。吾雖貧，不願鬻其子也。』或怪其言，不究問。嘗題壁曰：『久懸松胆辭春媚，獨愛梅花感雪恩。』年僅五十而卒。嗚乎，人愛春陽而義嫌其媚，雪摧萬物而義誦之曰恩，涼涼落落，斯其爲義也歟？李世熊曰：義文條暢，浩汗長于辨難。至其《自序》，磊砢不減司馬《報任安》也。然卒以詭激之文自褫其衿爲快，烈婦宜旌而不以爲榮，令子宜用世而若浼其身，似滿目塗炭思蟬脱另建世界者，志不遂而頓死，不亦悲乎。李世熊《寒支二集》卷六《丘明大傳》

按，李世熊謂『熊長義二十年』，李氏生於明萬曆三十年（一六〇二），據此推算，丘義當生於明天啓二年（一六二二）。李世熊言其『年僅五十而卒』，則當卒於清康熙十年（一六七一）。丘義著述今無考。

丘嘉彩

丘嘉彩，字白夫，泰寧人。崇禎舉人。國亡，奉母入山，不至城市者二十餘年。工書畫，標其所作曰『兼山丘園』。《皇明遺民傳》卷六

丘嘉彩，字白夫，泰寧人。丙子鄉薦。丙戌後挈家奉母竄入深山，將父遺田盡付兄子，足跡不至城市二十餘年。工書畫，標其款曰『丘園』。康熙《福建通志》卷四九《人物》

丘嘉彩，字白夫。負用世志，凡天文、地理、鹽鐵、河渠、兵法、數學、九邊要害有關國家大計者，皆殫究之。崇禎丙子，舉於鄉。十七年春，與客遊於郡之熙春山，嘉彩仰視日色，遽大哭。座中驚問故，嘉彩曰：『氛蒸陽烏，君父其有難也。今閩雖安堵，天下兵起，國家大變，此其時乎？吾宜以身殉國，徒以有母在耳。』遂罷飲歸，覓肖巖奉母避地。及聞變國，徬徨慟哭。既而閣部傅冠軍至郡，以書聘嘉彩。進謁，

留飲奏樂，嘉彩蹙然辭歸，謂人曰：『今臥薪嘗膽，事尚未可爲，乃飲酒奏樂耶？』遂隱居肖巖，採松枝、摘野蔬自給。製竹籃，令僕下山易米，人見之曰：『此丘公手製也。』爭以米易之。自署其園曰『丘園』。道光《重纂福建通志》卷二一七《明忠節·泰寧縣》

丘嘉彩，字白夫，崇禎丙子舉人，崇祀鄉賢教諭丘秉忠之次子。器宇不凡，姿性敏異，以綱常名教自任，凡事有關於國家之大者，莫不殫究。若邑有議興革可貽久安者，皆侃侃不辭。乙酉年應監軍閣部傅冠之召。歸，遂挈家奉母於白水漈之肖岩。岩極陡峻，題曰：『尺地可安，幸妻孥能偕隱；高天堪問，與日月以爭光。』採枯枝、摘埜蔬以度活。庚戌秋〔一〕，將父遺田宅盡付侄萬瑛，因授詩曰：『余自嘗窮厄，含悲鼎汝賢。傷時遭不偶，惜節暗相憐。澗藻逾秋潔，山松更晚妍。寸心珍重在，日月佇高懸。』足跡不入城市者二十餘年。所著有《易經安測》、《三師友志》、《悲秋》等集。標字畫之欵曰『兼山丘園』。邑令洪詩曰：『季世功名薄，所遇隨遭逢。苟圖抒壯行，但言俱在公。赫赫擔圭爵，堂堂秩保宫。徒然耀金紫，大義等飄風。丘生邁世雄，感慨心忡忡。讀書淹六經，胡乃數奇窮。願挈妻孥隱，尺地且韜躬。綱常名教責，暗自傷癡聾。家世亦云驁，田宅頗云豐。一旦付伊侄，等之若毛鴻。高天不可問，素心乃轉恫。守雌今已矣，浩歎兼山翁。』康熙《邵武府續志》卷八《明隱逸》

丘嘉彩，字白夫，泰寧人。崇禎九年舉人。性敏異，工詩，兼善書畫。乙酉應閣部傅冠之召，不合歸。

〔一〕『庚戌』，乾隆《泰寧縣志》作『庚寅』。

以父遺田宅盡付兄子萬瑛，賦詩見志。余自當窮厄，含悲鼎汝賢。傷時遭不偶，惜節暗相憐。澗藻逾秋潔，山松更晚妍。寸心珍重在，日月佇高懸。而自挈家奉母棲於白水漈之肖巖，足跡不入城市，採松枝、摘野蔬自給。製竹籃，令僕下山易米，山下人見之曰：『此丘齋公手製也。』爭以米易之。所著有《易經妄測》、《三師友志》、《悲秋集》。乾隆《邵武府志》卷一七《明鄉賢》

丘嘉彩，字白夫，秉忠次子。崇禎丙子舉人。器宇不凡，姿性敏異，以綱常名教自任，凡事關國家之大者，莫不殫究。邑有議興革可貽久安者，皆侃侃不辭。乙酉年，應督輔傳冠之召。歸，遂挈家奉母於白水漈之肖嵒。嵒極陡峻，題曰：『尺地可安，幸妻孥能偕隱；高天堪問，與日月以爭光。』採枯枝、摘埜蔬自給。庚寅秋，盡以父遺田宅付猶子萬瑛，因授詩曰：『余自當窮厄，含悲鼎汝賢。傷時遭不偶，惜節暗相憐。澗藻逾秋潔，山松更晚妍。寸心珍重在，日月佇高懸。』足跡不入城市者二十餘年。所著有《易經妄測》、《三師友志》、《悲秋》等集。標字畫之欵曰『兼山丘園』。乾隆《泰寧縣志》卷九《人物志·明隱逸傳》

按，丘嘉彩傳，民國《福建通志》重收，一見於總卷四一分卷一〇《明忠節傳》，一見於總卷四三分卷四《明高士傳》，內容均與道光志同。光緒《重纂邵武府志》卷二二《明忠節》所録大同小異。其著述《易經妄測》、《三師友志》、《悲秋集》，今不可考。

丘夢彩

丘夢彩，字熊生。上杭諸生。聞國變，時時失聲哭。一日，携書數卷，飄然出門，不知所終。其從兄士麟，國變後遂屏居深山，親知罕覯其面，鬱鬱發病死。道光《重纂福建通志》卷二二三《明隱逸·汀州府》

丘夢彩，字熊生。上杭庠生。崇禎甲申，聞闖寇之變，時時失聲哭。一日，携書數卷，飄然出門，不知所終。其從兄諸生士麟，與同邑諸生溫夢良，皆遯跡荒山，抑鬱發病死。乾隆《汀州府志》卷三〇《明人物》

丘夢彩，字熊生，嗜古能文。崇禎甲申春，羅邑侯萬藻拔童子第一，入邑庠。聞闖寇之變，時時失聲哭。一日，携書數卷，飄然出門，家人迄不知踪跡。其從兄士麟，幼有文譽，年十五補邑庠第二名，再試高等。甲申後廢書不讀，嘗太息曰：『時事如此，忍復與諸生試哉。』遂屏居深山，親知罕覯其面，鬱鬱發病死。又溫夢良，性沉摯，事繼母如所生，十三歲爲諸生，研窮性理之學，執經問字者履相接。甲申後，棄舉子業，多所著述，皆憂國救時之論，亦遯跡荒山，抑欝而死。古稱逸民，此殆其流亞歟？康熙《上杭縣志》卷九《人物志·明德業》

按，溫夢良傳另見。

甘惟燦

甘惟燦，字君及，六都人。崇禎元年進士，選漢中府南定知縣，有善政。擢貴州道監察御史，巡按直隸長蘆鹽課、河道，皆以清慎著聲。轉廣東糧儲道副使，尋内陞太僕寺少卿，轉左僉都御史，遂致仕歸。鄭芝龍奉唐王於閩，杜門不出。卒年六十有八。乾隆《海澄縣志》卷一二《人物·明列傳》

石魁 附劉沂春傳後

石鏡

石鏡，字可日，福清人。幼孤而貧，母寡，績紡授鏡書。舉明經。後隱於江陰島中，自稱石道人。性放達，喜佳山水，日徜徉嘯詠其間。與僧幻來、白漁子爲方外交。嗣病篤，誦《南華經》，笑而卒。康熙《福建通志》卷四五《人物》

石鏡，字可日。幼孤，母績紡授鏡書。弱冠補侯官諸生。唐王入閩，以恩貢生廷試，授翰林院萃士。萃士者，唐王所設官，即庶吉士也。既閩事漸不支，人或言及，鏡怒髮上指，告曰：『君輩不敢知，吾不降辱以負所學必矣。』唐王敗，攜家歸故里江陰，祝髮爲僧，授徒資朝夕，自稱蜀道人〔一〕。終日與人言忠孝事，偕僧幻來、白漁子爲方外遊。山巔水涯，靡所不窮。親故贈遺不受。偶患腰病，治不效。臨歿歎曰：

〔一〕『蜀』，康熙《福建通志》作『石』。

『此身應死久矣。隱忍至今者，以老母故。今已矣。』笑誦《南華經》卒。道光《重纂福建通志》卷二二三《明隱逸・福州府》

石鏡，福清人也，字可日。生十歲而孤，有志向學。寡母徐氏賢，紡績資以成立。弱冠補侯邑弟子員，食廩餼。乙酉隆武元年，應本學恩貢，廷試授翰林院萃士，服色同庶吉士。時江北無一片乾淨土，南都、浙江、湖廣、江西凶信日聞，閩中局寢不支。人或言及，鏡怒髮上指，告曰：『我二祖開天闢地，驅殘元，兩儀煥乎重光，事事高出百王。繼而聖聖相承，仁、宣、孝三宗，仁厚英明，尤遠超前古。若論國祚，宜過商、周綿永，孰意一旦淪胥至此，豈真夢夢之天不可復問耶？君輩固不敢知，吾自有退步，斷不至虧體辱親，以負所學。』抵丙戌秋，攜眷歸故里江陰，祝髮同沙門，授徒資朝夕。終日與人子言孝，與人臣言忠。偕同志爲方外遊，山巔水涯，靡不窮其杖履，飲酒賦詩待時。偶染腰疾，荒村屢治不效，親故贈遺不受。著《污草》見志。凡歷六寒暑，客至則留，有招必赴，或杖或輿，輿致飄飄，莫測其際。甲午春三月，臨危，始浩嘆曰：『此身應死久矣。自丙戌以後，何不可捐？所以隱忍至今，尚不能忘此殘喘者，以堂上有垂白老母故也。於今已矣。』含笑口喃喃誦《南華經》以卒。《節義録》卷下

按，石鏡傳，乾隆《福州府志》卷六三《明隱逸傳》亦收録，同康熙《福建通志》。

任元忠

任元忠，字上界。諸生。尚氣節，淹通經史，尤精《周易》、《洪範》。明亡，潛隱於家，不通賓客。最

後知府張琦聘修郡志，卒不赴。道光《重纂福建通志》卷二二三《明隱逸傳·建寧府》

按，任元忠富於著述，道光《重纂福建通志》卷七六《經籍志》著録《易鏡》、《明紀全録》、《天文考》等。民國《建甌縣志》卷一二《藝文》又著録《邊志》一種。均未見。

伊勳

伊勳，字無功。寧化諸生。下筆數千言，能弓馬，旁及書畫琴奕。明亡，棄諸生，斷葷酒，入鼓山謁永覺禪師，受其鉗錘，即運水肩柴，不苦也。兄志可，字有之。弱冠補諸生，有文名。與莆田朱繼祚善，弘光時繼祚薦爲溫州通判，不赴。明亡終隱，顔其居曰『懶佛』。同時棄諸生者有伍行、黄戴玄、伍日望。日望事別見。行制行清苦，爲文穴幽穿險，隱遁後其子爲菜傭以給爨。戴玄以義俠自許，數條陳邑利弊，如義田、疏獄、解散長關諸策，皆以古義傳時事，而有司以爲迂緩，不果行。道光《重纂福建通志》卷二二三《明隱逸傳》

按，伊勳傳，康熙《寧化縣志》卷四《逸行》附賴道寄傳後，另見。

伍行 附賴道寄傳後

伍日望

伍日望，崇禎三年副榜貢生。善事繼母陰。陰有心疾，喜怒不常。日望百計承順，務得其懽。喪妻，不復娶，慮不能事母致觸其疾也。道光《重纂福建通志》卷二二〇《明孝義·寧化縣》

按，伍日望傳，乾隆《汀州府志》卷三〇《孝義傳》收録，傳同通志所載。康熙《寧化縣志·賴道寄傳》（另見）載『寧化復有棄諸生而高蹈者』五人，伍日望即其一。可知伍氏非僅以孝義聞，故收録。

伍福綏 附雷元明傳後

朱　山

朱山，字初昆，與朱繼祚、黄起有、林尊賓往來倡和。閫帥聞其名，累辟不就。道光《重纂福建通志》卷二二三《明隱逸·興化府》

朱　贇 附華師傳後

朱國漢

朱國漢，字爲章，晚號獨醒居士。少孤，事母以孝聞。崇禎甲申變作，狂走登故越王臺址，北向號慟，累日夜不休。悉焚棄素業，託於賈人以自晦。歷吳越，涉荆豫，往來燕趙、齊魯，與僮僕傭儈，共甘苦以雜作。所至遇古忠臣名賢祠廟墟墓，擲石泉，摘山花，俯伏拜奠，歌詩憑弔，有騷人之遺意。《皇明遺民傳》卷六

明朱國漢，字爲章，明宗室也，晚號獨醒居士。少孤，事母以孝聞。崇禎甲申變作，狂走登故越王臺址，北向號慟，累日夜不休。悉焚棄其素業，託於賈人以自晦。歷吳越，涉荆豫，往來燕趙、齊魯，與僮僕傭儈共甘苦，權子母。所至遇古忠臣名賢祠廟墟墓，擲石泉，摘山花，俯伏拜奠，歌詩憑弔，有騷人之遺意。五言句若『烽火夷陵道，冰霜息壤城』，《荆門道上》。『綠蒲畲客飯，紅葉女郎樵』，《新羅道中》。『鋤芝沿鹿去，拾橡伴狙歸』。《田居秋興》。七言句若『無情漳水流何極，垂死姦雄意可憐』，《銅雀臺故址》。『烟霞滅没三山外，江海蒼茫一氣中』，《金山晚眺》。『九秋雁帶斜陽雨，一路鴉啼濁浪河』。《寓樓》。詞意皆極鍛煉，而一種蒼涼抑鬱、惓懷故國之思想，尤可於言外得之。孫静菴《明遺民録》卷一九

朱國漢，字爲章，建寧人。少孤，事母以孝聞。甲申聞變，狂走登故越王臺址，北向慟哭。焚素業，挾貲遊吴越、燕趙、荆豫，與傭儈共甘苦。所至遇古忠臣名賢祠廟墟墓，歌詩憑弔，有騷人之遺意。與同邑丁之賢有《綏安二布衣詩鈔》，蕭山毛奇齡爲之序云。《小腆紀傳》卷五八

朱國漢，字爲章。少孤，事母以孝聞。崇禎甲申聞變，狂走登越王臺址，北向號慟，累日夜不休。悉焚素業，託跡賈人，歷吴越、燕趙、荆豫。嘗登金山，得句朗吟『烟霞滅没三山外，江海蒼茫一氣中』。有貴人聞而擊節，欲與言詩。歎曰：『吾賈人子，安知詩？偶有所記憶耳。』其自韜晦如此。所至遇古忠臣名賢祠廟墟墓，俯伏拜奠，歌詩憑弔，有騷人之遺意。五言尤極鍛鍊，與同邑丁之賢齊名，有《綏安二布衣詩鈔》，國朝毛奇齡爲之序。道光《重纂福建通志》卷二一四《明文苑傳·泰寧縣》

朱國漢，字爲章，建寧人。卓犖負大略，奮欲有所建立。崇禎甲申聞變，狂走登故越王臺址，北向號慟，累日夜不休。悉焚素業，託跡賈人，歷吴越、燕趙、荆豫。嘗登金山，得句朗吟『烟霞滅没三山外，江海蒼茫一氣中』。有貴人聞而擊節，欲與言詩。歎曰：『吾賈人子，安知詩？偶有所記憶耳。』其自韜晦如此。所至遇古忠臣名賢祠廟墟墓，拜奠憑弔，賦詩見志，格在香山、劍南之間，五言尤極鍛鍊。與同邑丁之賢齊名，有《綏安二布衣詩鈔》，毛奇齡爲之序。民國《福建通志》總卷三九分卷七《清文苑傳》

朱國漢，字爲章，建寧人，自號獨醒居士。少孤，孝事其母。明末棄舉子業，挾策遊江湖間，足跡半天下。所至輒流覽古跡，慷慨悲歌。及年老倦遊，其詩滿篋，皆可誦。同時有丁之賢者，字德舉，亦刻意爲詩，間涉獵《左氏》，孫、吴兵法。初遊秦中，無所遇。已歸，客長汀鎮幕，貧老以死。邑人何梅從其家破簏中及曆日背上拾得殘稿若干首，合國漢詩刻爲《綏安二布衣集》傳之。乾隆《邵武府志》卷一八《清鄉賢》

朱國漢，字爲章。少孤，事母以孝聞。崇禎甲申聞變，狂走登故越王臺址，北向號慟，累日夜不休。悉焚素業，託跡賈人，歷吴越、燕趙、荆豫。嘗登金山，得句朗吟云：『烟霞滅没三山外，江海蒼茫一氣中。』有貴人聞而擊節，欲與言詩。歎曰：『吾賈人子，安知詩？偶有所記憶耳。』其自韜晦如此。所至遇古忠臣名賢祠廟墟墓，俯伏拜奠，歌詩憑弔，有騷人之遺意，五言尤極鍛鍊。與同邑丁之賢齊名，有《綏安二布衣詩鈔》。光緒《重纂邵武府志》卷二一《明文苑》

朱國漢，字爲章，獨醒居士其自號也。生七歲爲孤兒，事母范，竭力承歡，邑里中有孝童之目。及長，丁勝國末造，悉焚棄故所理舉子業，挾筴行遯，足跡遍天下。所至輒有吟詠，多悲歌弔古之什，識者知其有水雲、晞髪之思焉。慷慨好施，親族待舉火者甚衆。負金不歸者，則招之破券；逋賦鬻子者，則爲之完稅，富田油陂；橋圮，則獨力成之；歲祲，則減租以畀農，復不苛其值。凡周恤之事，行之唯日不足。太守魏公遺以詩曰：『耆碩從來出德門，依然古道至今存。奇探山水吟雙屐，變閱滄田酒一樽。望比彥方風亦美，論傳公叔意彌敦。黃金散盡留青史，默示心期階下孫。』兵科給事廖公長齡，製匾贈之，謂爲草莽完人云。所著有《醒翁詩集》，藏於家。孫霞，邑庠生；霦，壬午科鄉榜。康熙《續纂建寧縣志·人物志·隱逸》

朱國漢，字爲章，自號獨醒居士。少孤，事母范以孝聞。明末棄舉子業，挾筴遨遊，足跡遍天下。所至之地輒有吟詠，多悲歌弔古之作。著有《布衣集》行世。乾隆《建寧縣志》卷二一《國朝隱逸》

布衣名國漢，字爲章，晚自號獨醒居士。邑北鄉楊林人。少孤，事母以孝聞。弱冠讀書爲文，尤長于五七字。性卓犖，負大略，奮欲有所建立於時。會崇禎甲申變聞，狂走登故越王臺址，北向號慟，累日夜不休，鄉里人多竊笑之，布衣不顧也。鼎革後，悉焚其素所理舉子業，賦詩見志，託於賈人以自晦。歷吳越，涉荆豫，往來燕趙、齊魯郊，與僮僕傭儈共甘苦，權子母，往往垂橐而出，稇載而返，然卒非其志也。所至遇古忠臣名賢祠廟墟墓，掬石泉，摘山花，俯伏拜奠，歌詩憑吊。或字句有未工穩處，鮀頭鷀尾，舉手作敲推勢，同行者不知其爲作詩。即布衣詩成，亦不以示同行人。嘗附一貴人舟渡江，貴人登金山遊覽，布衣尾之同上。日暮偕反，貴人方據舷苦吟，布衣在旁忽高唱其『烟霞滅没三山外，江海蒼茫一氣中』之句，貴人不覺嘆服，以爲佳句，得未曾有也。急呼與語，布衣詭辭以對曰：『偶有所記憶耳。吾賈人子，安知詩？』其寄託深遠，厚自晦藏，不欲以姓名見知於世類如是。中年倦游里居，數以其贏餘爲德於鄉。歲時伏臘，父老子弟，杯酒過從，詠歌送日，意忻忻如也。識者謂布衣詩不多作、不苟作，其步趨在香山、劍南之間，而激昂淒婉，每每寫難狀之景如在目前，留不盡之意見於言外，其有合于風騷之遺意多矣。昔鍾嶸評淵明先生詩爲古今隱逸詩人之宗，若布衣者，非所謂奮乎百世之下而興起者耶？今布衣墓木拱矣，適予輩有徵刻《綏安存雅》之役，布衣孫明經君天錦、孝廉君雨蒼，從敗簏遺篋中搜得其藏稿見示，予亟慫恿合丁山人詩另梓之，爲《綏安兩布衣詩鈔》。丁山人名之賢，字德舉，亦以布衣能詩鳴於時者。

何梅《朱布衣小傳》，載《朱布衣詩鈔》卷首

按，朱國漢傳，或入明文苑，或入清文苑，或入清隱逸，不一而足。朱國漢籍貫，謝正光《明遺民傳記資料索引》誤作漳浦，辨見『丁之賢』條。朱國漢詩作，《明詩紀事》、《明代千遺民詩詠初編》等均收録。

江　上

江上，字達卿，廷楠子。補弟子員。孝友醇樸，淹通經史，事父曲盡誠敬。母早逝，繪像哭拜，至老不倦。廬墓三年，猿鳥馴集，人稱純孝。寓榕城，受業皆名下士。鼎革初，隱遯鯉湖，食貧樂道。著有《四書心要》三卷，《易經融會》二卷，《偶軒醒世詩文》二卷，《山中吠言》一卷，闡朱程之奥旨，補經傳所不及，世多宗之。康熙《仙遊縣志》卷三四《文苑》

按，江上著述，道光《重纂福建通志》卷七一《經籍志》僅著録三種：《易經融會》二卷，《四書心要》三卷，《偶軒詩文》二卷。注云：『上，字數青，見《仙遊圖經》。』又案《閩詩選》：江上，閩縣布衣。』其里籍，或當如本傳所言，『寓榕城』而非閩縣人。

江于修 附王仍輅傳後

江兆興 江兆京附

江兆興，字廷起；弟兆京，俱泰寧諸生。鼎革後，奉母遁山中，後避寇，復入城。兆興題其壁曰：『抗志不回，城市有海濱之致；居心未淨，終南亦壠斷之行。』易名曰韜，字市濱。兆京易名曰遵，字道陵。道光《重纂福建通志》卷二二三《明隱逸·邵武府》

江兆興，字廷起，泰寧人。縣學生。鼎革後，與弟兆京奉母遁山中。題其壁曰：『抗志不回，城市有海濱之致；居心未淨，終南亦壠斷之行。』易名曰韜，字市濱。著有《四書隻眼》、《客窗問答》、《詩史》。兆京易名曰遵，字道陵。著有《草間人詩》。乾隆《邵武府志》卷一七《明鄉賢》

江兆興，字廷起，邑學生。讀書南郊，每晨必歸侍母膳。歲丙戌，率弟諸生兆京奉母入山，力耕養志。後避寇，復入城，勒於壁曰：『抗志不回，城市有海濱之致；居心未淨，終南亦壠斷之行。』變名曰韜，字市濱。歲貢期屆，學使者屢檄不出。所著有《四書隻眼》、《客窗問答》、《詩史》。兆京亦變名遵，字道陵。所著有《麟旨》、《草間人詩》。邑令洪濟贊曰：『遷名何事復更名，奉母歸農樂泌衡。怡情著作昆偕仲，抗志唯羞壠斷行。』乾隆《泰寧縣志》卷九《明隱逸》

艾　敏 附艾逢節傳後

艾如藻

艾如藻，明萬曆間由廩貢入太學。鼎革後歸隱於家，嘯傲林泉山水間，不求聞達。民國《建寧縣志》卷一八《清隱逸》

艾逢節 艾敏附

艾逢節，字際泰。崇禎末以歲貢生任福州訓導，遷國子監學録。淹洽博聞，聚書數千卷，晨夕手一編不輟。唐王時，辟爲國子司業，一見辭歸。晚年息影盧峰之下，以琴書自娛。子敏，杜門斂迹，克承父志。道光《重纂福建通志》卷二二三《明隱逸·建寧府》

艾逢節，字際泰。崇禎末以明經任福州府訓導，遷國子監學録。淹洽博聞，聚書數千卷，晨夕手一編不輟。唐藩辟爲國子司業，一見辭歸。晚年息影盧峰之下，以琴書自娛。年六十八終。子敏，杜門斂迹，克承父志，有詩集一卷。康熙《松溪縣志》卷九《明文苑》

按，艾逢節著述，道光《重纂福建通志》卷七八《經籍志》著録《艾際泰詩集》十卷。

何九雲

何九雲，字舅悌，晉江人，喬遠子。崇禎進士，選庶常，授編修。未第時，請所得恩廕讓與季弟。與黄道周、蔣德璟爲文章性命交。癸丑下第，過揚州，鹺使喬遠門人，馳書相問，淮商欲夤緣納賄，叱之曰：『奈何以不肖之行辱我故人乎？』後以貧故，就漳平學教諭，教育薰陶，士大興作。陞應天府教授。金陵士習矜尚意氣，每與當道爭，多方訓誨，士風丕變。捐修文廟，刻《宋名臣言行録》。既登第，或謂宜見政府，早爲地。謝曰：『某平生不敢喪其所守。』房師周文節聞之，曰：『何生真品也。』在翰林中未浹旬，而甲申變作，以死自誓。侍者曰：『司空未葬，子道猶虧。』乃即南歸，奉召編纂前後奏疏。九雲歸葬父畢，杜門不出，扁其軒曰『東湖閑史』，自附於龔生、范子之後。未幾卒。著有〔一〕。採何運亮撰志。乾隆《福建續志》卷四六《明人物》

九雲，字舅悌。崇禎癸未進士，選庶吉士。未第時，以所得恩廕讓其弟。嘗過揚州，鹺使爲父門生，馳書相問，淮商欲夤緣納賄，九雲曰：『奈何以不肖之行辱我乎？』由漳平教諭陞應天教授。南京士習尚意氣，喜與當道爭。九雲多方訓誨，士風爲變。又增祀鄉賢，中允景公暘以下十人。既登第，或謂宜見政府，謝曰：『某平生不敢喪其所守。』未幾甲申變作，南歸葬父畢，杜門不出。道光《重纂福建通志》卷二〇四《明列傳・晉江縣》何喬遠傳附

何九雲，字舅悌，號培所，晉江人，喬遠子。萬曆壬子舉人。崇禎癸未進士，選庶常，授編修。未第時，請所得恩廕讓與季弟。與黄道周、蔣德璟爲文章性命交。癸丑下第，過揚州，鹺使爲喬遠門徒，馳書相問，淮商欲夤緣納賄，叱之曰：『奈何以不肖之行辱我故人乎？』丁丑，以貧故就漳平學教諭。搆陳布衣祠，築講堂於東山寺，每釋奠，先期省視。凡四年，教育薰陶，士大興作。陞應天府教授。臨發，餞送溪滸不絶，相與俎豆之。金陵士習尚意氣，每與當道爭，多方訓誨，士風丕變。捐俸建文廟，刻《名臣言行録》，舉先朝未祀鄉賢中允景公暘以下十人。月課所首取，如司寇李敬、督學史允琦、司李王仕雲、給諫郭

〔一〕按，何九雲著述，或因曾遭禁燬，該處鏟去。

亮，皆名士。既登第，或謂宜見政府，早爲地。謝曰：『某平生不敢喪其所守。』房師周文節聞之，曰：『何生真品也。』在翰林中未浹旬，而甲申變作，以死自誓。侍者曰：『司空未葬，子道猶虧。』乃勉爾南歸。奉召編纂前後奏疏，既而有忌之者，復兼以鄧王府左史之任。九雲歸葬父畢，杜門不出，扁其軒曰『東湖閑史』，自附於龔生、范子之後。未幾卒，年六十。節何運亮撰《志》，參《漳平志》。乾隆《泉州府志》卷五四《明文苑》

何九雲，字舅悌，喬遠子。崇禎癸未進士，選庶常，授編修。未浹旬而甲申變作，以死自誓。侍者曰：『司空未葬，子道猶虧。』乃勉强南歸。葬父畢，杜門不出，匾其軒曰『東湖閑史』，自附於龔生、范子之後。未幾卒。乾隆《晉江縣志》卷一二《明文苑》

何九雲，字舅悌，晉江人。端嚴率士，綽有古風。嘗捐俸爲布衣先生搆專祠，且購廛税以供歲祀。又於東山寺側搆堂講學，皆有功名教之大者。每釋奠，先期出簠簋，令諸生盥滌陳設畢，必親視其豐潔與否而後安。前後居官者，鮮有如此誠敬也。後登癸未進士，官翰苑。平人至今思之。康熙《漳平縣志》卷三《明名宦》

按，何九雲傳，道光《重纂福建通志》卷一三八《明宦績》亦收録，係節略《漳平縣志·名宦》而成，茲從略。何九雲著有《衆山皆響圖説》、《荷墅存稿》等。《荷墅存稿》，又作《荷墅集》，道光《重纂福建通志》卷七二《經籍志》作《荷野集》，當誤。又，何九雲《衆山皆響圖説》、《荷墅存稿》，清乾隆間均遭禁燬。

何其偉

明何其偉，字梧子，福清人。中隆武丙戌舉人。明亡，隱居教授，足跡不入城市，自稱「逋民」。著有《濤園別集》。孫静菴《明遺民録》卷一六

何其偉，字梧子，福清人。中隆武丙戌舉人。明亡，隱居教授，足跡不入城市，自稱「逋民」。著有《濤園別集》。《小腆紀傳》卷五八

何其偉，字梧子，自號鼎石山人。隆武開科，中式鄉榜。唐王敗，流寓連江。僧帽道帔，隱居教授，自稱「逋民」。暇則抱甕灌園，足跡不入城市。道光《重纂福建通志》卷二二三《明隱逸·福州府》

何其偉，字梧子，福清人。丙戌舉人，流寓連江。明亡，僧帽道帔，隱居教授，自稱「逋民」。暇則抱甕灌園，足跡不入城市。所種蔬菜，鬻金自給外，間以餉人，不自知其貧也。著有《濤園別集》。乾隆《福州府志》卷六三《明隱逸》

何其偉，字梧子。其先福清龍田人。父古銘，遷居邑之伏沙，故學者稱其偉曰「白沙先生」云。少讀書有心得，每超筌蹄之外。嘗受知於錢希聲。錢殉國死琅崎，其偉慟哭弔之，遂隱不復出。負奇氣，雖不得志，而時露神鋒。從人寄食，不久恒齟齬去之。好以樹藝自娛。徙於白鶴，作草堂以居，短垣一帶，偏莳花草。或有所得，則發之於詩。詩成，每過訪陳元登、黄士舉，互商得失，往復不厭，爲求羊二仲之知。居常惟緇黄冠服，狀貌鄙樸，不可物色。種蔬給食，不知爲貧。所著有《濤園文集》四卷，《濤園

詩》、《白鶴草堂詩》若干卷，《胡諍》一卷，皆行於世。乾隆《連江縣志》卷八《寓賢》

按，何其偉傳，民國《福建通志》總卷四三分卷四《明高士傳》亦收録，作『閩縣人』；民國《閩侯縣志》卷九一所收，均同道光志。何氏籍貫，或作福清，或作連江，或作閩縣，當以《連江縣志》所載『其先福清』爲是，父輩遷居連江，連江遂爲里籍。何其偉著述，乾隆《連江縣志》本傳有『《濤園文集》四卷，《濤園詩》、《白鶴草堂詩》若干卷、《胡諍》一卷』。道光《重纂福建通志》卷六九《經籍志》著録《春秋胡諍》二卷、《濤園别集》三卷。《中國古籍善本書目》著録上海圖書館藏何其偉撰、清趙逢源批稿本《書田近稿》一卷《幹山草堂續稿》一卷《三稿》一卷。福建師範大學圖書館藏《濤園别集》抄本，前有辛酉秋陳元登撰《序》，首題：『濤園别集，閩中何其偉梧子著。』收録五言古詩二十三首，七言古詩十八首，五言律詩一百四十五首，五言排律四首，五言絶句七首，七言律詩三十八首，七言絶句二十首，後有《連江東湖遊記》文一篇（署『鼎石山人何其偉著』）。未知是否全帙。《春秋胡諍》等書，均未見。

何師亮

何師亮，字以寅，福清人。諸生。明亡，削髮居祖父墓側，稱無庵居士。子源匯，字聚九。初從父偕隱，及父母繼歿，哀毁不欲生。歲時祭祀，必慟哭。弟漢陽，早卒。撫二從子若己子。播遷後，卒衆困苦，源匯多方周卹，存活者衆。道光《重纂福建通志》卷二二三《明隱逸·福州府》

何師亮，字以寅，時和里龍田人。爲邑諸生，尚行誼，持己峻潔。迨明末造，閩中士取青紫若拾芥，亮竟棄諸生去。及閩入版圖，已復大擾，或以告亮，亮曰：『非智氏之臣、田横之客，此攘攘者何爲？無益，徒滋亂耳。』遂緇髠，徙居祖父墓側，自稱無菴居士。與邑紳嚴通以詩酒遊雙髻、五嶼間，曰：『如是以報古聖賢足矣。』既平，終隱不出。所著有《無菴集》三卷以見志。康熙《福清縣志》卷七《明隱逸》

按，何師亮傳，民國《福建通志》總卷四三分卷四《明高士傳》亦收録。《無菴集》，未見。

余颺

明余颺，字賡之，莆田人。崇禎丁丑進士。其制義與同年夏允彝、陳子龍齊名。知宣城縣。分校鄉闈，所取士如王亦臨、方以智，俱知名士。弘光時，擢吏部文選司。未幾歸，杜門不出。丁亥，魯監國召爲左都御史，亦不赴。著有《蘆中詩文集》、《蘆蜡史論》、《識小録》。孫静菴《明遺民録》卷二九

余颺，字賡之，莆田人。崇禎丁丑進士。其制義與同年夏允彝、陳子龍齊名。知宣城縣。分校鄉闈，所取士如王亦臨、方以智，俱知名士。弘光時，擢吏部文選司。未幾歸，杜門不出。丁亥，魯監國召爲左都御史，亦不赴。著有《蘆中詩文集》、《蘆蜡史論》、《識小録》。《小腆紀傳》卷五七

余颺，字賡之，光弟，與兄相師友。登崇禎丁丑進士。知宣城縣，日與邑諸生講藝，視簿牘渺不介意。凡所爲詩若文，皆典雅可誦。自號蘆中人。著有《蘆中集》。康熙《福建通志》卷四八《人物》

余颺，字賡之，以制舉業與同年夏允彝、陳子龍齊名。崇禎丁丑進士，知宣城縣。善折獄，有數年不

決者，爲之一清。蝗起，禱於神，忽大風吹，蝗盡入南湖，歲以大稔。分校江南鄉試，方以智出其門。宣城人祀之。調寶應，又遷上虞。時土賊竊發，猝入城，颺率勇士巷戰格退之，所擒獲即斃杖下。及得賊籍，弗展視即燔之。福王時，遷吏部主事，歷郎中，出爲廣東按察副使。其詩，古體發源漢魏，近體間出宋元，可與鄭善夫、曹學佺鼎峙。道光《重纂福建通志》卷二〇八《明良吏·莆田縣》

余颺，字賡之，崇禎丁丑進士。知宣城縣，善折獄，有數年不決者，爲之一清。調寶應，又遷上虞。時土賊竊發，猝入城，颺率勇士巷戰格退之，所擒獲即斃杖下。及得賊籍，弗展視即燔之。福王時，遷吏部主事，歷郎中，出爲廣東按察副使。民國《福建通志》總卷三六分卷四《明循吏》

余颺，字賡之，崇禎丁丑進士。以制舉業與同年生夏允彝、陳子龍齊名，海内爭傳誦之。授宣城知縣，禮士愛民。江南俗多健訟，四院批發，積案如山，有數十年不決者。颺詳銷杜督三策，巡按陳起龍依請施行，案牘爲之一清，遂以未考滿膺首薦。戊寅六月，大蝗。颺倣古捕捉法，復虔禱于城隍，忽大風起，蝗盡捲入南湖，歲以大稔。上司廉知其事，膺入薦剡。乙卯，分校鄉闈，所取士如王亦臨、方以智，皆知名士。庚辰，丁外艱，貧不能具行李，邑人投櫃致賻，乃立生祠祀之。服闋，補上虞縣。未幾，賦歸，杜門著書。刻有《蘆中詩文集》四十卷，《蘆蜡史論》、《識小録》各若干卷。颺天性孝友，事伯兄光，愛敬特至，白首廣衆之中言必稱名。光，字希之，郡諸生，有文名，鏃厲名節，湛心著述，所著有《春秋存俟》、《李賀詩注》及《耐庵集》十卷。康熙《興化府莆田縣志》卷二二《明文苑》

余颺，字賡之，崇禎丁丑進士，以制舉業與同年夏允彝、陳子龍齊名。授宣城知縣。江南俗多健訟，四院擬發，積案如山，有數十年不決者。颺詳銷杜督三策，巡按陳起龍依請施行，案牘一清。遂以未考滿膺首薦。戊寅六月，大蝗。颺倣古捕捉法，復禱于城隍，忽大風起，蝗盡捲入南湖，歲以大稔。上司廉其事，謄入薦剡〔一〕。乙卯，分校鄉闈，所取士如王亦臨、方以智，皆知名士。庚辰，丁外艱，不能具行李，邑人投櫃致賻，乃立生祠祀之。服闋，補上虞縣。歷知寶應縣，陞吏部考功司郎中，廣東按察副使。隆武帝即位福州，授都御史。從朱繼祚起兵，事敗被執，禁獄中踰年，得釋歸。晚製鐵笛，自號老鐵，蓋以楊廉夫自況云。著有《蘆中詩文集》四十卷，《蘆蜡史論》、《識小録》各若干卷。其詩發源漢魏，歸宿李杜，近體間出宋元别調。陳伯璣稱其才可與少谷、石倉鼎足而三。颺兄余光，字希之，郡諸生，鏃厲名節，著有《春秋存俟》、《李賀詩注》及《耐庵集》十卷。颺事之極愛敬，白首在兄前必稱名。民國《莆田縣志》卷二九《明文苑》

按，以上諸傳，余颺入清後事跡多減省。又乾隆《興化府莆田縣志》卷二二本傳删『方以智』名，謂『王亦臨輩皆知名士』，蓋避諱故也。又乾隆《莆田縣志·藝文志》載《蘆中詩文集》，引鄭王臣《蘭陔詩話》云：『季蘆從朱孕（一作永）岡起兵，被執禁獄中，踰年得釋歸。晚製鐵笛，自稱老鐵，蓋以楊廉夫自況。』又民國《福建通志》總卷四一分卷五《忠節傳》林嵋傳云『魯王入閩，（嵋）官給事中，偕余颺、朱繼祚起事。及清兵再破興化，嵋居獄中，與颺倡和』云云。可知余颺曾起兵抗清，兵敗後被執

〔一〕 謄，原作『騰』，據康熙《興化府莆田縣志》卷二二《明文苑》改。

繫獄，後幸得脱。此或爲民國《莆田縣志》所本，而康熙、乾隆《莆田縣志》本傳均不載。余颺著作以縣志本傳所載爲詳，有《蘆中詩文集》四十卷、《蘆蜡史論》、《識小録》各若干卷。民國《福建通志·藝文志》皆著録，惟《識小録》作《識小集》，云：『案舊《通志》録此以「識小集」、「蘆蜡」相連，而書義不可解。』蓋指道光《重纂福建通志》以《蘆蜡史論》、《識小録》爲一書，誤作《蘆蜡史論識小録》。又《清人别集總目》著録中國科學院圖書館藏《蘆中全集》□卷，清康熙刻本，存六卷；中國國家圖書館藏《蘆中全集》□卷，清余氏文來閣抄本。

余懷

余懷，字澹心，莆田人，僑寓吴門。亂後專意詩學，清芬絶俗，中邊皆甘。卒於康熙乙亥，壽八十有二。黄容《明遺民録》卷九

余懷，字澹心，號鬘持老人，又稱鬘叟，福建莆田人。國亡，流寓白下，頗事聲伎，過江風流推以爲領袖。常賦《金陵懷古》詩，論者謂不減劉禹錫。有《味外軒集》。《皇明遺民傳》卷五

余懷，字澹心，福建莆田人，僑居江寧。才情豔逸，工詩。生明季亂離之際，詞多淒麗。嘗賦《金陵懷古》詩，王士禛以爲不減劉禹錫。與杜濬、白夢鼐齊名，時號『余杜白』，金陵市語轉爲『魚肚白』。詞藻豔輕俊，爲吴偉業、龔鼎孳所賞。晚隱居吴門，徜徉支硎、靈岩間，徵歌選曲，有如少年，年八十餘矣。嘗撰《板橋雜記》三卷，記狹邪事，哀感頑豔，亦唐人《北里志》之類。又有硯癖，蓄硯最多，既老，分與

内外諸孫，著《硯林》一卷。後竟以客死。著有《味外軒文稾》、《研山堂集》、《秋雪詞》一卷、《宫閨小名後録》一卷。《清史列傳》卷七〇

余懷，字澹心，莆田人。博學，工詩詞。北遊建康，賦《金陵懷古》詩，一時名流傳誦，謂不減唐劉賓客。乾隆《福建續志》卷五三《國朝文苑》

余懷，字澹心，一字無懷，自號曼翁，又號曼持老人。崇禎中布衣，寓居江寧。才情豔逸，傷板蕩，閔流離，詞多悽麗。嘗賦《金陵懷古》詩，一時名流傳誦。國朝王士禛稱其不減唐劉禹錫，選其詩入《感舊集》，又贈之詩云：『千載秦淮水，東流繞舊京。江南戎馬後，愁絶庾蘭成。』『鐘阜蔣侯祠，清溪江令宅。傳得石城詩，腸斷蕪城客。』閻若璩嘗言：『父執余澹心詩，今人不能到。』鄧漢儀亦謂：『懷詩純以氣象勝，是初唐沈、宋之遺。』懷又嘗作《板橋雜記》，記述曲中事甚悉，自比《夢華録》。後隱居吴中，徜徉支硎、靈岩間。及卒，尤侗輓以詩云：『贏得人呼魚肚白，夜臺同看黨人碑。』『魚肚白』者，江寧市語，染名也。懷與杜濬、白夢鼐齊名，號『余杜白』，故云。子賓碩，以淹博聞。道光《重纂福建通志》卷二一三《明文苑傳·莆田縣》

余懷，字澹心，一字廣霞，又字無懷，别號鬘持老人，莆田人。流寓金陵，徵歌選曲，儼如年少。閔明之所以亡，著《板橋雜記》，備載亡國之俗，自比《夢華録》。作《金陵懷古》六十詠，始《舊内》，終《大本堂》，皆有所寄意，王士禛以爲不減劉賓客，周亮工、陳維崧序之。與杜濬、白夢鼐齊名，時號『余杜白』。後隱居吴中，徜徉支硎、靈岩間。卒，長洲尤侗弔之曰：『贏得人呼魚肚白，夜臺同哭黨人碑。』『魚

肚白』，市語染名，寓三人姓也。所著又有《味外軒稿》、《曼翁文集》、《秋雪詞》、《研山草堂詩》。子賓碩，以淹博聞。《遺民詩》、《漁洋詩話》、《本事詩》、《茶餘客話》、《顏氏尺牘·姓名考》、同治《上江兩縣志》）》。民國《福建通志》總卷三九分卷七《清文苑》

余懷，字澹心，一字無懷，又號曼持老人。崇禎中布衣，寓居江寧。才情豔逸，傷板蕩流離，詞多悽麗。在太學與杜濬、白夢鼐齊名，人號『余肚白』。『魚肚白』，金陵市語，染色名也。嘗賦《金陵懷古》卅詩，一時名流殆誦殆遍。漁洋王士禛稱其不減唐劉禹錫，選其詩入《感舊集》，又贈詩云：『千載秦淮水，東流繞舊京。江南戎馬後，愁絶庾蘭成。』『鐘阜蔣侯祠，清溪江令宅。傳得石城詩，腸斷江南客。』閻若璩嘗言：『父執余澹心詩，今人不能到。』鄧漢儀亦謂：『詩純以氣象勝，是初唐沈、宋之遺。』懷嘗作《板橋雜記》，述曲中事甚悉，以徵歌選曲寓黍離麥秀之思，自比《夢華録》。後隱居吴中，徜徉靈岩、支硎間。終寓居下邳，年八十餘而卒。所著有《玉琴齋詞》四卷，祭酒吴偉業、尤侗序而傳之；詩集四卷，《東山談苑》八卷，《四蓮華齋雜抄》八卷，《余子説史》八卷，《硯林小引》一卷，《茶史補》一卷。民國《莆田縣志》卷二九《清文苑》

按，余懷傳，或入明文苑，或入清文苑。《感舊集》、《感舊集小傳拾遺》、《顏氏家藏尺牘·姓氏考》以及《國朝耆獻類徵初編》、《文獻徵存録》、《明詩紀事》、《明詩别裁集》、《雪橋詩話》、《雪橋詩話續集》等均收録，從略。余懷生平著述數十種，多已散佚。其撰《幽夢影序》，自稱：『余於詠詩撰文之暇，筆録古軼事、今新聞，自少至老，雜著數十種。如：《説史》、《説詩》、《黨鑑》、《盈鑑》、《東山談苑》、

《汗青餘語》、《硯林》、《不妄語述》、《茶史補》、《四蓮花齋雜録》、《曼翁漫録》、《禪林漫録》、《讀史浮白集》、《古今書字辨訛》、《秋雪叢談》、《金陵野抄》之類，雖未雕版問世，而友人借抄，幾遍東南諸郡，直可傲子雲而睨君山矣。』筆者與方寶川教授曾撰《余懷及其著述》一文加以稽考，考其傳世著作有：《甲申集》七卷、《江山集》不分卷、《三吴遊覽志》不分卷、《七歌》不分卷、《楓江酒船詩》不分卷、《玉琴齋詞》不分卷、《余子説史》十卷、《四蓮華齋雜録》八卷、《東山談苑》八卷、《硯林》一卷、《茶史補》一卷及《味外軒拾零》不分卷、《味外軒詩輯》不分卷、《板橋雜記》三卷、《宫閨小名後録》一卷、《味外軒集•看花詩》一卷、《詠懷古跡》一卷、《王翠翹傳》不分卷、《婦人鞋襪考》不分卷、《平原吟稿》一卷、《南朝金粉》二卷等二十一種。未見或亡佚著作，除《幽夢影序》中言及《説詩》、《黨鑑》、《盈鑑》、《汗青餘語》、《不妄語述》、《曼翁漫録》、《禪林漫録》、《讀史浮白集》、《古今書字辨訛》、《秋雪叢談》、《金陵野抄》等十一種外，散見於其他著述記載的余懷作品至少還有《古今精義抉録》、《曼翁詩》、《茶苑》、《鴛鴦湖傳奇》、《集翠裘》、《研山詞》、《研山草堂文集》、《生平蕭瑟詩》、《梅花詩》、《味外軒稿》等十種。此外還有相當一部分余懷題辭、序跋、批語、尺牘以及散見詩詞等。

又，余懷子余賓碩，字鴻客，著有《金陵覽古》。該書有清乾隆萬玉山房刻本，《瓜蒂庵藏明清掌故叢刊》據以影印。前有周亮工、尤侗、陳維崧序。首題『黄石余賓碩鴻客著，白門張惚僧持閲』。收録金陵咏古詩六十首。

余思復

思復字不遠，福建將樂人，亦逸民。與魏禧友善。《皇明遺民傳》卷四

余思復，字不遠，將樂人，同時（與羅如奎）以高尚見志。道光《重纂福建通志》卷二二三《明隱逸·延平府》

余思復，字不遠，晚號中郵，將樂人。故明諸生。初名有成，明亡棄諸生，改今名。少篤學，尤好韓吏部書，日取考亭舊本，反覆吟諷，至忘寢食。出交桐城錢澄之、寧都魏禧、寧化李世熊輩，咸推重之。思復絶意進取，放浪山水間，所言天下事，多世人所訕笑，而不以人言屑意。康熙己酉出遊，御史笪重光奇其文，因見之。施閏章、王時敏皆恨相見晚。寧都魏禧嘗稱其詩甚古，奇崛不馴之氣皆出之本然，自是古人佳處。時敏子爲刻其《吳遊草》。蓋流落久之乃歸，卒年八十矣。生平不事蓄積，囊中少有時，留賓濟人急，至金盡乃已。嘗有所往，有攘其行李以去者，若無事然，終身不言其姓名。與人飲，盡其歡，竟夕不亂。或問之詩文，隨其意答之，未嘗不簡而可思也。書法似董文敏。嘗至太倉，寓隆福寺，流傳楮墨甚多。卒之前數日，爲癸酉元旦，命僕具衣冠，肅拜其先祖。蓋其平居所習爲常者，不以垂死廢也。民國《福建通志》總卷四三分卷五《清高士傳》

余思復，將樂庠生。當明壬午、癸未，見社稷將墟，又多盜亂，遂棄舉子業，居西鄉，不入城市二十餘年。國朝丁未遊江南，爲施愚山所重。歸，卒於家，年八十有四。所著有《吳遊集》。乾隆《延平府志》卷

二七《國朝文苑》

余思復，字不遠。明諸生。幼篤學，嗜韓吏部書，日取考亭舊本，反覆吟諷，至忘寢食。爲詩清真曠遠，以王、孟爲宗。益工書法。寧都魏叔子、桐城錢飲光，並推重之。客遊江南，笪在辛一見奇其文，爲延譽施愚山、王煙客諸名士，恨相見晚。遊十八年，人爲刻其《吳遊草》，力贊之歸。歸後，立從兄之子士樸爲後，婚娶畢，復遊。生平不事產業，好施與，雖澀囊，肯周人乏，一日盡數金無難色。嘗有所往，有攘其行李以去者，竟泰然無忤。《報李元仲書》中所謂『行至高淳，忽逢暴客，今欲再往，苦不能行』是也。卒前數日，肅衣冠，拜其先祖，猶莊敬無斁。所著有《山居集》、《中郵逸稿》、《吳遊草》，識者仰爲鄉國之士云。乾隆《將樂縣志》卷九《大清·文學》

先生姓余氏，名思復，字不遠，故明時諸生也。初名有成，明亡棄諸生，改今名。晚遊吳越歸，因指其所居之儒源號中郵也。先生幼篤學，尤好韓吏部書，日取考亭舊本，反覆吟諷，至忘寢食，蓋其生平所得力者。爲詩清真曠遠，以王、孟爲宗。桐城錢飲光、寧都魏冰叔、寧化李元仲咸推重之。明運既去，絕意進取，放浪山水間。所言天下事，多世人所訕笑，而先生不以人言屑意。康熙己酉出遊，御史笪公在辛奇其文，因見之施公愚山、王公煙客，皆恨相見晚。越十有八年，王公之子太史藻如，爲刻其《吳遊草》，力贊之歸。歸後，立從兄之子士朴爲後，爲娶泰寧江太僕日彩公女孫。庚午又去，去三年乃歸。卒，蓋年八十矣。生平不事產業，當囊少有時，留賓客，濟人急乏，一日盡數金無難色。嘗有所往，有攘其行李以去者，先生泰然，終身不言其姓名。與人飲，盡其歡，竟夕不亂。或問之詩文，隨其意答之，未嘗不簡而可思也。書法晚年益進。閱其大父敬吾公墨蹟，曰：『吾少時謂先祖書易耳，今知其難也。』卒之前數日，爲癸酉元旦，命僕具衣冠，肅拜其先祖。蓋其平居所習爲常者，不以垂死而廢也。正模少誦先生《山居集》詩及其文，心慕之。比先生歸，相得如舊友。今其卒也，南平施田間走三百里，糾同人往祭其墳，謂正模曰：『子向者序先生之《逸稿》以傳矣。墓文傳志，先生生所托，延陵掛劍之義，子其忘諸？』自惟譾劣不足以傳先生，顧念先生生僻壤，名不出吴越，不爲之傳，懼後世有讀其書而愛慕者，莫知其出處大凡也，乃不辭其請爲之。贊曰：予至京師，交一時名士，歸而益重先生，蓋先生於古作者之意，實有所窺，韓吏部所謂『有司馬相如、太史公、揚雄、劉向之徒出，必自於此』者也。嗚乎，先生其直鄉國之士也哉。蕭正模《後知堂文集》卷二六《余中郇先生傳》

按，余思復，省府縣志或入明隱逸傳，或入明文苑傳，或入清高士傳。據蕭正模《余中郇先生傳》言，余思復『康熙己酉（一六六九）出遊』，而蕭正模『少先生三十九歲，先生遊吴時，吾年十七』（《中郇逸稾序》），即康熙八年（一六六九）余思復以五十六之齡出遊。據此上推，余思復生於萬曆四十二年（一六一四）。傳言『卒，蓋年八十矣』，則當卒於康熙三十二年（一六九三）。乾隆《延平府志》本傳作卒年八十有四，或另有所據，然似以蕭正模所作傳更爲可信。

余思復著作，有《山居集》、《吴遊集》、《中郇逸稿》等。《山居集》未見，《吴遊集》、《中郇逸稿》今存。《吴遊集》二卷，所見福建省圖書館藏清康熙刻本前有清康熙甲子（一六八四）王煒撰《吴遊詩序》，首題『將樂余思復不遠藁，寧都曾燦青藜、桐城錢澄之飲光、歙縣王煒不菴同訂』。收録各體詩二百二十餘首。該本係福州鳳光書院舊藏，鈐有『鳳光書院藏書監院張閲』印。《中郇逸稾》二卷，清康熙余士朴刻本。余士朴，余思復從子。前附蕭正模撰《余中郇先生傳》，有康熙壬申（一六九二）蕭正模序。卷端首題『李元仲、魏叔子二先生鑒定，同里蕭益謙吉、蕭隨正孚、族子士傑惟興輯，泰寧江六瑞首山、同學鄧拔萃未有、蕭正模端木、南平施中田間訂，男士朴初文發刊』。收録各體文四十餘篇。《四庫未收書輯刊》據以影印。

吴楷

閩縣吴公楷，字子方。性樸直，不容人，過輒謾駡。爲諸生，至丙戌當爲歲貢，聞閩將不守，自榕城移鼓山，爲終隱計。是冬閩亡，乃祝髪稱冒僧。鼓山固名勝，距郭三十里，逸人韻士載酒遊，則訪冒僧。冒僧與語極歡，間有所錯愕，必唾駡乃已。或貴人至，則謝不與通。永和尚者，開堂鼓山禪院，爲天下僧俗敬禮，時接見護法諸貴人，冒僧不悦，駡永和尚。永和尚亦輒謝，戒其徒毋犯冒僧。孫靜菴《明遺民録》卷二三

吴楷，字子方，閩縣人。始爲郡諸生，有文名。後隱鼓山湧泉寺側，祝髪稱冒僧，鬻豆腐爲生。朋舊載酒遊湧泉者，則訪冒僧，冒僧與飲不郄。或貴人至，則弗與通。齎志以歿。時侯官高士侣，字汝齊，爲諸生，有聲。後高隱不出，與楷並重於時云。康熙《福建通志》卷四五《人物》

吴楷，字子方。諸生，有文名。唐王敗後，隱鼓山湧泉寺側，祝髪稱冒僧。魯王入閩，鄉兵起，有僧石

田者擁萬人入鼓山，號義師，恣剽掠。楷怒罵曰：『如是則何謂義矣。』石田縛致堂下，刃脅之。復罵，石田益怒。會得解逸去。既魯王敗，楷終不出。朋舊載酒遊湧泉，則訪冒僧，與飲不郤。或貴人至，則弗與通。其友王蘭仙爲置田十餘畝，楷與子同耕作，婦爲釀，賣以自給。終身不入城市。道光《重纂福建通志》

卷二二三《明隱逸·福州府》

吳楷，字子方，閩縣人。性端嚴，喜誦讀，名聲籍籍黌序中，雖同社密交，對之咸凜然。丙戌秋，退居鼓山麓。朋儕以其貧，積餼當貢，咸勸稍委蛇，得一官免困苦。楷嘆曰：『吾見世人終日皇皇，不復知有羞恥事，但爲一身溫飽計。孰知名義至重，豐嗇總身外物。且吾常奉教於君子矣，讀《易》有年，豈不聞見險而止耶？』遂圓頂爲僧。次年丁亥，義旅遍林丘。有僧號石田，浙東人，擁兵數萬，營近鼓山，人莫敢犯。楷視之蔑如。次年烽火息，巍然安節，足跡不進城郭。往來盡屬聲氣，對飲雄談，登峰臨流，鮮倦容。若寡廉鮮恥、脂韋勢利輩同座，不屑交一語。其妻某氏，諳義理，偕隱甘淡泊，簞瓢茅屋，怡然自得，終其身。《節義録》卷下

閩縣吳公楷，字子方。性樸直，惡苛禮，不容人，過輒漫罵。始爲郡諸生，積餼至丙戌，當爲歲貢生，聞閩將不守，遂不試去，自榕城移鼓山，爲終隱計。是冬關果撤，乃祝髮稱冒僧。明年督學以歲貢徵，不就。于是有僧石田者，擁萬入鼓山，號義師，恣剽掠。冒僧怒且罵曰：『必如是，則何謂義矣？』石田縛致堂下，刃脅之。復大罵，石田益怒。會得解逸去。及石田敗走，冒僧歸鼓山。鼓山固名勝，距郭三十里，逸人韻士載酒遊，則訪冒僧。冒僧與語極歡，間有所錯愕，必唾罵乃已。或貴人至，則謝不與通。永

和尚者，開堂鼓山禪院，爲天下僧俗敬禮。時接見護法諸貴人，冐僧不悦，罵永和尚，永和尚亦輒謝，戒其徒毋犯冐僧云。冐僧嗜賭，或曰：僧賭則去。不復賭。家弗備饔飧，恥于人。其友王蘭仙爲置田十餘畝，冐僧與子同耕作，婦爲釀，賣以自給。至乙未卒，凡九年不跡城市。薛鎔《南窗存草》卷四《石公吴公述》

按，吴楷傳，乾隆《福州府志》卷六三《明隱逸》收録，同康熙《福建通志》。民國《福建通志》總卷四三分卷四《明高士傳》、民國《閩侯縣志》卷九一《明隱逸》收録，同道光《重纂福建通志》。此外《國朝書畫家筆録》、《國朝書人輯略》、《明代千遺民詩詠初編》等亦有小傳，無出上文所輯，從略。以上諸傳，以《南窗存草》、《節義録》所載最詳，蓋去時未遠也，然諸傳均未言有著作傳世。又，高士侶傳另見。

吴一瀚

吴一瀚，字若子，沙縣人。崇禎間貢生。有文名，尤工詩，有中晚唐風致。家有勺園，植花木，與同社諸人嘯詠其中，詩益進。鼎革後，隱遯以終。同邑陳希瑾，字若懷，諸生，閉戶經年不出，市中罕見其面。道光《重纂福建通志》卷二二三《明隱逸・延平府》

吴一瀚，字若子，沙縣人，應雷之孫。崇禎貢生，滄桑後不仕。最工詩，有中晚風致。時與同社蘇石長、林友月輩倡和見志。家有勺園，植花木數種，參差掩映。其最曰『品梅』，色香雙絶。一瀚嘯咏其中，詩致益清。其《園中感興》詩曰：『小園家咫尺，日涉趣偏奢。種菊晨澆水，培蘭夕潤茶。弄聲鶯睍睆，學舞燕欹斜。遮莫炎如許，翻疑薄似紗。何以經殘劫，生涯幾卷書。課兒聊究究，尚友謾于于。學易年思假，觀騷眼自舒。卻忘貧與病，樂此未曾踈。隱處從吾拙，棲遲允在茲。閑臨逸少帖，靜玩放翁詩。風定蟬聲咽，日斜竹影移。浮生誠夢幻，富貴復何時。新竹壓簷櫳，階前響夏蟲。百年已强半，萬事總成空。酒量愁翻減，詩情老欲工。簞瓢差可樂，聊以固吾窮。每企高人迹，衡茅日掩門。親朋絶來往，蔬水佐饔飧。怪石與爲伴，幽禽聊晤言。紛紛塵世事，褎耳不欣聞。』臨卒作歌。有《勺園詩集》藏於家。乾隆《延平府志》卷三〇《明隱逸》

吴一瀚，字若子，應雷之孫。崇禎末以歲貢作恩選，滄桑後不仕。最工詩，有中晚風致。時與同社蘇石長、林友月輩倡和見志。家有勺園，植花木數種，參差掩映。其最曰『品梅』，幹横地而枝特出，花百葉而實三台，色香雙絶。一瀚嘯咏其中，詩致益清。其《園中感興》詩曰：『小園家咫尺，日涉趣偏奢。種菊晨澆水，陪蘭夕潤茶。弄聲鶯睍睆，學舞燕欹斜。遮莫炎如許，翻疑薄似紗。何以經殘劫，生涯幾卷書。課兒聊究究，尚友謾于于。學易年思假，觀騷眼自舒。卻忘貧與病，樂此未曾踈。隱處從吾拙，棲遲允在茲。閑臨逸少帖，靜玩放翁詩。風定蟬聲咽，日斜竹影移。浮生誠夢幻，富貴復何時。新竹壓簷櫳，階前響夏蟲。百年已强半，萬事總成空。酒量愁翻減，詩情老欲工。簞瓢差可樂，聊以固吾窮。每企高人迹，衡茅日掩門。親朋絶來往，蔬水佐饔飧。怪石與爲伴，幽禽聊晤言。紛紛塵世事，褎耳不欣聞。』觀此，可以想其生平。臨卒作歌。有《勺園詩集》藏於家。康熙《沙縣志》卷一〇《人物志·明隱逸》

吴之蘭

吴之蘭，字九畹。崇禎癸酉武舉人。以將材累官參將。嘗倣戚繼光遺法製戰艦火器，破海寇劉香老於廣東。又剿江西天井賊，單騎入寨，招降葉定國等二萬人。其後湖湘燕子窩諸賊横行，之蘭奉檄往征，陣擒賊帥僞浙王等數人以歸。之蘭用兵，常躬冒鋒鏑，設奇制勝，所向有功。明亡，歸隱九龍山，不復出。道光《重纂福建通志》卷二一七《明忠節・邵武縣》

吴之蘭，字九畹，邵武人。勇敢有謀略，中崇禎癸酉科武舉，以將材用，累官至督標中權營參將。嘗倣戚繼光遺法製戰艦火器，破海寇劉香老於嶺南。又剿江西天井賊，單騎入寨，招降葉定國等二萬人。其後湖湘燕子窩諸賊横行，之蘭奉檄往征，陣擒賊帥僞浙王等數人以歸。捷聞，特晉階一級。之蘭用兵，常躬冒鋒鏑，設奇制勝，故群寇讋服，所向有功。乙酉，歸隱九龍山，不復出。乾隆《邵武府志》卷一七《明鄉賢》

按，吴之蘭傳，民國《福建通志》總卷四一分卷一〇《明忠節》、民國《邵武縣志》卷二六《明宦績》亦收録，同以上二傳。

吴公布

吴公布，字大生。幼孤力學，工詩文，善書。補邑弟子員，屢試鄉闈，被薦不遇。崇禎壬午恩貢。甲申後，隱於北溪鑪伴山，與天定、方進爲方外遊，世號『鑪山三逸』。所著有《江蒨居集詩》，天定序之。其詩淋漓激宕，善寫胸臆，極鑱刻之思，而歸於沉雄，比之謝臯羽、鄭所南云。光緒《漳州府志》卷三一《人物四》

按，吴公布傳，道光《重纂福建通志》卷二〇六《明列傳》附陳天定傳後。《江蒨居集詩》，未見。

吴孔錡

吴孔錡，字奇生。少孤，篤學。明亡，奉母隱於岱雲山，品題花卉，寫詠寄託，有『徒寄餘生蔚倚閭』之句，因自號寄餘子。道光《重纂福建通志》卷六九《明經籍》

吴孔錡，字奇生。少孤，篤學，蔚有時名。以舉子業應試，常爲宗工所器。明祚移，奉母偕隱岱雲山。賦詩有『徒寄餘生蔚倚閭』之句，因自稱寄餘子。時前明閣臣熊汝霖、浙帥鄭遵謙等從魯藩浮海入閩，大帥託擁衛，擅權横，不可制。汝霖與樞臣錢肅樂聞孔錡才名，徵之。孔錡知必無成，婉辭以謝。無何，帥果誘殺遵謙，夜劫汝霖舟，屠其家，肅樂憤鬱死。孔錡沉幾養晦值時，平日蒔花卉，品題爲譜，著述寫詠，寄託遥深。甲寅變起，檄州縣羅致耆宿。孔錡吟詩云：『乾別西風幾葉秋，巍巍六郡亦王侯。漢家鹽鐵徒敲髓，周制衣冠漫出頭。坐井裏鼃空自大，處堂中燕豈知憂。即今杞慮天將壓，土偶何堪水漂流。』卒以計自脱。論者謂其識力堅定，加迂節士一等云。乾隆《連江縣志》卷八《國朝逸行》

按，吴孔錡，道光《重纂福建通志》未立傳，附見《經籍志》。乾隆《連江縣志》入清逸行傳，嘉慶

《連江縣志》載入清隱逸傳，民國《連江縣志》則列入明獨行傳，僅一二字句不同。吳孔錡著述，有《明史約》六卷，《連江縣志》十六卷，《鹿園花品譜》一卷，《寄餘草》六卷，《偶録》三十卷。未見。

巫日如 附雷元明傳後

卷二

李世熊 李向旻附

寒支，本姓李，名世熊，字元仲，福建寧化人。蚤歲知名，九躓場屋，以恩貢。廷臣交薦，以翰館相待，引疾不就。亂後遂爲僧。著《寒支初集》行世。黄容《明遺民録》卷一〇

李世熊，字元仲，號媿庵，閩寧化泉人。顔所居之齋曰『但月』，築書舍名曰『檀河』，皆其志也。少有奇氣，更危險以死不渝。喜讀異書，二十中辛酉副榜。既遭甲申之變，自號寒支道人，屏居但月齋中，屢徵固辭不起。隆武初，用大學士黄道周、都察院何楷、禮部侍郎曹學佺等薦徵，拜翰林學士，亦不就。世熊以大節自任，而審於機事，故動静不失其正。東南之亂，耿氏數見徵迫，世熊曰：『王審知輩固不足道，然今正未易得也。』遂堅卧不顧。晚與程山謝文洊、甘京，寧都彭士望、魏禧、禮善。少豪於酒，老則沈默，稍耽禪悦。鄉里屢被寇亂，輒設方略。卒年八十五。著有《寒支集》、《錢神志》、《史感》、《物感》、《狗馬史記》、《本行録》、《經正録》。國變，世熊常戚戚。母曰：『汝亦官耶？』對曰：『然。兒弱冠食餼，歲糜朝廷金錢十餘兩，金以百計者三，朝廷久豢養，無所於用，能不慘痛乎？』嘗抵書士望曰：『某痛憤是真痛憤，慚媿是真慚媿，愛敬是真愛敬，涕淚是真涕淚。』《皇明遺民傳》卷五

明李世熊，字元仲，自號曰寒支子，寧化人。諸生。自經史子集，以及秦漢唐宋近代百家，靡所不覽，

獨好韓非、屈原、韓愈之書，故其爲文沈深峭刻，雄偉凄麗，奥博離奇。雖非盛世和平之音，蓋自稱其所遇也。時當天啓、崇禎間，若預知有甲申以後事者。每論古今興亡、儒生出處，及江南北利害，備兵、屯田、水利諸大要，未嘗不慷慨欷歔，惓惓有所屬望。久困諸生。隆武時大學士黄道周、都御史何楷、禮部侍郎曹學佺，交章薦其尚志博學。帝命府縣官趨赴廷試，寒支疏辭曰：『臣奉旨顫悸，背汗流踵。臣髫年在泮，九躓場屋，鼯鼠之技，敗露盡矣。非有秘韜潛德遲久，俟今乃彰也。陛下徇三臣之過舉，意僮傭爲異才，是恃薦舉爲得烏之羅也。臣愚以爲，薦舉匪人，臣其一也；由臣例之，滔滔皆是也。敢爲陛下歷陳之，可乎？陛下登極，恩詔一款，每縣舉真才三人。臣謂天下中人多而異才寡，鄧、馮、寇、賈，天下無二三也，況一邑乎？若鄉曲愿人，無裨緩急，何取每縣三人，充斥仕路哉？自臣所見，郡邑舉士，蓋有目不識『六籍』，而冒以宏博之科；夢未見『七書』，而奬以孫、吴之略者。學官以頹墮之年，識趣卑污；士子以蠅蟻之情，夤膻走竇。其整身方潔，骨氣冰棱，守令聞名而不識面者，雖老死牖下，無縁登薦剡也。如是，則舉者不才，才者不舉，臣以爲郡邑薦舉可廢矣。至於藩王、閣部、院寺、臺省、監司方面，各有薦士，非瑣瑣姻婭則紈褲子弟也，非眯目素封則走室神棍也。今仕籍自欽授特簡外，文臣如試主事，試中書、司務、博士，試推官、通判、知縣，不下數百人；武臣如總副、參遊、都司、守備，不下數百人。此千數百人，爲陛下撫流民、核軍實者誰乎？爲陛下靖山海、清畿甸者誰乎？是千數百人，如虚無人也。紛紛差遣，徒耀飾輿馬，煩苦驛卒；大字名刺，投謁姻鄰，誇炫市里而已。自奉命以迄復命，逐塵途者，臣不知所行何事也，亦苟完套格耳。原若輩之始進也，酬薦主有例，酬部覆有例，千數百人，非數十萬賂不濟也。則是朝廷失數十萬金錢之實，而得千數百無用之蠹也。虧損國靈，孰踰於此乎？且非徒損國靈也，又壞人心。爲士者，習見故所等夷，猥瑣庸闒，胸不能知古今成敗，口不能道當世利弊，一旦冠蓋赫然，易如反掌，於是富者由徑納賂，貧者違言上策，盡棄本業，而囂然有掇拾軒冕之思，蓋自是士不安爲士矣。爲民者，習見屠酤、僕隸、訟師、優卒、遊手失業之徒，手不挽强，股不跨鞍，目不識丁，一旦被服金紫，頭角頓異，以爲錦繡猶斂襚也，亦各盡棄本業，而囂然有攘竊節鉞之意，蓋自是民不安爲民矣。士不安爲士，則士不可治也；民不安爲民，則民不可理也。下犯上，賤陵貴，利破義滅，良心泯喪，蕩檢踰閑，則此官爲之俑也。且非徒壞中人之心，又以絶豪傑之路。夫鯢鰍所餌，蛟龍不染其綸；鴟鳶所嗜，鵷雛不嚇其臭。尾瑣者冒進而破毁廉隅，俊雅者必迴翔而護持方隅也。不識廉隅，雖狗竇容身以爲榮；自負方隅，即一歲九遷以爲辱也。昔者崔浩欲屈眭夸爲中郎，夸曰：「桃簡已爲司徒，何足以此煩國士哉？國士之不忍俯同世士也。」雖以崔浩之才，眭夸猶羞與爲伍也。臣安知丘隴之下，無泥塗軒冕之士乎？夫圭璧所以寶者，爲採之甚難，售之甚鉅也。若圭璧與瓦礫同致，無爲寶圭璧矣。軒冕所以榮者，爲責任甚重大、賢才甚希貴也。令軒冕與草屩同掇，無爲貴軒冕矣。今陛下有網絡英雄之事，而諸臣爲杜拒英雄之事，則薦舉之名爲奸貪藉口也。牛驥同廐，朱粉雜糅，欲使奇士策杖，攀附翼鱗，猶以敝冠招由、光，蹠財享曾、史也。他不具論，臣舉其大者。永寧王招降闔總，屬立戰功，及糧匱援絶，身陷敵營，生死之義備矣。陛下追念前勳，錫以茅土，誓如山河，足瞑忠魂。至其逃將潰卒，如謝某、舒某，各保首領，鼠竄偷生。自去年除夜，主臣相失，至今二三月，尚不知藩主存亡何似？臣謂此數人者，皆永寧之僇人也。軍法：隊長戰没，通伍皆斬。況失封疆、陷主將，尚敢哆口恢復，偃然自敘其功乎？陛下即委曲使過，貸其誅夷，必俟少立微功，仍酬官職，然亦及其身而已。今乃呼朋引類，每潰將一疏，輒題叙多人，此何爲乎？且題叙之人，果係同患同仇，猶可言也。今所援引者，非無賴之青衿，即市井之錢虜，夙昔無澤袍之義，因緣藉使鬼之錢，不加考課，逕叙清華，臣以爲賞罰倒置，斯爲極矣。昔館陶公主爲子求郎，漢明帝不與，而賜錢千萬。以戚主爲子乞郎而不得，以逃將爲市奸乞清華而得之，何古人名器之重而今獨輕乎？如謂假章服之虛榮，爲招徠之實策，臣愚以爲戀棧而來者必非駿馬，鑽穴而從者必無佳士。即使人才甚乏，邊疆甚迫，當旁求耿介特立、廉幹有識之士而用之，奈何使譸張無信、進身不端者連茵引蘖，以穢朝廷乎？臣又舉其大者：古者三公不備惟其人，高皇帝罷設丞相，閣臣不得稱相也。仁、宣之代，猶與卿並。自天順之隆，而相端萌矣。嘉靖入紹，歸政内閣，三輔鼎承，百辟風偃，蓋自是儼然宰相矣。今猶昔也，然卒未有綸扉之地，得參十數席者。今陛下龍飛一載，而内閣已三十人。後此萬年無疆，兩京光復，時會方來，英雄踵至，枚卜殆將踰於今者。是一代之間，宰輔幾百人矣。書之史册，將爲駭怪。夫王者設官，上法乾象，今三台六星，上相次相四星，即位十五星，亦王官所取儀矣。宰輔下天子一等，宰輔尊而後天子亦尊。若以調燮陰陽之司，下同錢穀刑獄之瑣，則三台斗柄，亦已陵遲矣，何以爲巍巍帝座乎？田千秋一言取相，而夷狄以爲笑譏；公孫弘曲學阿世，而淮南比之蒙落，蓋相臣之難稱任久矣。是以公孫涕泣不受詔，李鄘引疾不視事，誠知責任重大，受禄易誣也。今陛下聖神文武，贊協殊難，而諸臣受爵不疑，有如一德，然卒未進於古方、召、張、吉之流，爲陛下歌《江漢》、《常武》者，是草茅所竊疑也。臣聞敷陳以言，明試以功，車服以庸，此聖帝明王磨礪天下之善物也。明試言功，則僥倖車服者息；輕褻車服，則誕慢言功者來。臣無遠引聖隆，魏武亦近古之豪也，功如荀彧，封不過亭侯；愛如倉舒，贈不過別部。司馬永嘉之末，遷王導輔國將軍，導曰：「今天官混雜，朝野頹毀，導不能崇峻山海而開道亂流，謹送還鼓蓋加崇之物。」元帝從之。陶侃既平襄陽，拜大將軍，劍履上殿，侃固讓曰：「群醜雖芟，大敵未殄，有如仗國威靈，梟雄斬勒，則又何以加？」曹彬已下江南，宋祖曰：「本授卿使相，但劉繼恩未下，姑少待之。」惟賜錢五十萬。假如有荀彧、王導、陶侃、曹彬者，陛下當以何官酬之乎？鄧禹杖策從龍，最先諸傑，天下粗定，乃封高密。馬援遨遊二帝，側足輕重，及米圖山谷，勸帝伐蜀，猶未拜將軍也。假令從龍以飛者勳如高密，越疆而歸者智如伏波，陛下又以何官寵之乎？李泌有言：「以官賞功者有二患：非才則廢事，權重則難制。」天官以賞功，尚猶有患，況於一籌莫展、尺土未恢，而宰輔連肩、侯伯接踵？他日有折衝千里之留、鄴，恢復兩京之郭、李，不知陛下又何以待之？是又草茅所竊疑也。臣聞人主之職，務在知人而已。任各當才，雖不親細務，大功可成；用違其器，雖衡石程書，無益於治也。夫治國，猶治家然。主一家者，必有亞伯旅疆，耕以責奴，織以責婢，而後一家之事集。主天下者，必有心腹股肱，内參機密，外戡禍亂，而後天下之業成。今爲陛下心腹者有乎？股肱者有乎？相不敢望管、葛，庶幾王導、謝安、李綱、趙鼎之儔；將不敢言韓、岳，庶幾劉錡、孟珙之輩。臣微賤狂瞽，何敢輕量天下士。但觀登黜人才，區畫戰守之間，未知於前人何如耳？宋儒有言：「邊帥之才，即不可得，當於縉紳廉幹有識中求之。」又云：「直言敢諫之士，即仗節死義之臣。」斯兩言者，亦觀人之要論矣。臣觀諸他途營進、負鼎翹關者，必荏苒僉人，非骨鯁魁壘之端士也。諸論持兩端、應機不斷、視蔭拱默者，必蓄縮憒夫，非駿雄制變之實臣也。若夫頭角誇誕，類於剛武；銳口縱橫，類於智略；撫膺灑泣，類於忠誠；而推測星緯、妄談吉凶、搖惑視聽者，又類於神明不測。臣觀諸險躁浮遊、性無關鑰、語無歸宿者，誤天下蒼生必是人，而易於聳動人主亦是人也。李綱曰：「用人如用藥，必知其術業可以已病，乃可使之進藥而責成功。」今不知其術業而姑試之，雖日易一醫，無補於病，徒加疾而已。今臣自知駑劣迂疏，無濟緩急；而薦臣者以爲可用，陛下亦信爲可用，是不知臣之術業不能已病也。臣妄意陛下以過信臣者，過信天下之將相紳衿也。故不敢避斧鉞，連類妄言之。伏乞免臣廷試，長擯草茅。臣韋索茹草，甘同鼎鑊。若冒靦嗜進，顛蹶隨之。惟陛下許臣幽棲，以塞倖竇焉。』辛未，大學士黃道周募兵江西，以圖恢復。議者謂當日天下大勢，十去八九，爲閩疆君臣者，惟有保境息民，繕兵積穀，聯絡楚豫江上之師，以觀釁而動，庶乎其有當也。而乃以新募不教之兵，驅群羊而鬥猛虎，搶枋雀以逐蒼鷹，況乎文武不和，糧餉不給，參商訌於朝右，庚癸呼於首山，而於安內攘外、先後緩急之序，又倒置焉，危敗立至矣。世態乃上書道周曰：『竊惟國運絕續之交，天人傾定之際，賴祖宗神靈，名世挺生，雖創丕基，如立冰上。內則百寮瞻其風裁，外則敵仇覘其舉措，下則草澤英雄察其氣勢以赴風雲。夫以師相聞望之隆，天地祖宗付託之重，意必啓沃德心，定謀帷幄，俟規模粗定，然後聲聞不庭耳。乃頓徹坐論之席，鑿凶秉鉞而出，遠近聳愕，以爲廟算宏深，非可臆測。不肖則主筆之人耳，見不出於里巷，就里巷事例之。譬故家新破，田宅半割於巨豪；區區別宅，僅存者苟且盤據。垣墉之綢繆未盡固，義從之服役未盡力，水旱之儲蓄未盡裕，爲家督者置此不問，囂然與巨豪叛族詰責侵沒之餘產，不亦輕遽失序乎？幼讀書，見諸葛亮自比管、樂。管仲學術，備見《管子》書，勿論。若樂毅，則亦謹慎好謀之人而已。其爲燕圖齊，不敢圖齊也，必曰與天下圖之。且不敢曰與天下圖之，必曰徑於結趙。又不敢恃趙，而别使楚、魏，以淮宋地委之，於是五國合而齊舉矣。其慎密也如是。若諸葛之出師，亦未敢出師也，必曰南方已定，甲兵已足，乃獎帥三軍，北定中原。即如是，又必付託得人。宫中之事，悉咨郭攸之、費禕、董允等，謂必能裨補闕漏也；營中之事，悉咨向寵，謂必能和穆行陣也。將相分任，宫府肅固，諸葛乃可拜表行矣。先生之旗指江右，而毅不返顧也。宫中有郭、費、董否？營中有向寵否？外有趙、魏、韓、楚之夾助否？若不然者，直若家督諉現在之貲産不治，而先責問未必可復之資産也。夫人之敢於作逆，據主人之貲産，而公然與爲抗，且眈眈欲併主人之餘貲而得之，彼亦自有作逆之才具氣勢也。家督誠欲一朝翦除之，非才具氣勢倍於作逆者不勝。乃今所聞，大可異也。先生之行也，召募市人纔三千耳，餉不給於國帑，而資於門生故友之捐助，此一時之義激慷慨耳。朝廷纔給空名劄百十道以爲行餦，兵事歲月未可解，義助能歲月例輸乎？空劄可當衣食、易死命乎？就令士馬飽騰，人人致命，三千未教之卒，可枝拄諸道分進數十萬方張之寇乎？今夫尋丈之艇、八翼之楫，雖有狂飈怒濤，每凌而渡之；嘗試置滄溟之濱，洪湧如山，浪及而艇化漚沫矣。長河之決也，摧城郭，蕩山陵，呼吸改天日，僅僅投璧馬，負石束薪，祈禱而闕之，庸有濟乎？或且積精誠，稱天命，簪笏鞠躬，以身試其衝，委命而戰河伯，則近愚矣。設若有濟，則是宋襄之仁義誠有效，而《孝經》之退賊果可必也。徐夫人匕首以試人，血濡縷立死；若以薄擊柱石，非折則缺，可立見矣。古之猛鷙莫如秦，善用兵莫如王翦，其破楚也，必六十萬。以至仁伐至不仁，莫如周武與商辛。周師之興，革車三百兩，虎賁三千人。古者一車之卒百計，人當三萬矣。千夫百夫之長不在是，而尚有友邦冢君，庸、蜀、羌、髳、微、盧、彭、濮人爲羽翼，其用衆如此。今敵衆數十萬，氣勢非但楚也；而吾不及周師者十之一。謂永勝、閣總之師足策應乎？魯國吉、虔之師可牽掣乎？是數者，非同心同德，難語於羌、髳、微、濮人，不待智者決也。徒以孑然一軍，欲爲王翦、呂尚、周武所不能爲之事，此天下所共惑矣。今夫閩關之外，皆豺狼所曾蹂踐而榛蕪之區也。誓師出關，事有進而無退。苟進無破竹之勢，退安所得磐石之基？不幾進退無據乎？則何不暫駐關內，近爲永勝、閣總之綰轂，遠爲魯國吉、虔之表晷，既可招募建、撫流散之兵，訓練以實行伍，亦可收拾附近荒蕪之地，耕屯以充行餉。信使往來，諸軍如指臂並運，急緩相需，庶幾氣勢完整，合力以攻所必爭乎。此固尋常所共及，或秘略不必出此，則不敢知。若謂明德雖衰，天命未改，名世聲靈，久被遐陬，人心之思漢可用，至誠之動物有徵，或不戰而屈，或因壘而降，亦古來萬或一有之事，斯固愚蒙所不能信，而先生亦決不邀此幸也。』其後，道周被執就義。是時國勢大壞，文告不通，道周死已閲月，通政司鄭鳳來猶駁云：『未有確報。』世熊乃上《請褒卹孤忠疏》，表出師之苦衷，折盈廷之浮議，情詞懇至，上爲之震慟。疏云：『臣聞天下非兵食單匱、邊疆蹙迫之爲憂，而人情頑弊、偷生忍死之可畏。何則？兵食亦有裕足之方，邊疆亦有恢擴之策，獨衣冠鄙薄，名節陵遲，則雖士馬飽騰，日闢百里，猶之藉寇而資敵，此臣所用憂也。臣竊見輔臣黄道周，孤師抗敵，義無返顧，身陷敵營，絶粒就死，史冊所書，於今爲烈。竊意朝野震悼，慕義無窮。而百僚歛聲，寂無彰闡。臣謂人情頑弊，不知死義爲榮矣。陛下更不顯拔孤忠，形諸僉鄙，恐日月逾邁，頹靡相沿，無復有言裹革請纓之事者。陛下即撫有函夏，亦用何道以激勸臣民乎？且臣所私憂，猶未至此。今士大夫既無有頌輔臣之烈，以祈帷蓋之恩，將來必有搆輔臣之短，以熒日月之照。一則曰輔臣懵不知兵，迂愚自用；一則曰輔臣失律輕生，無補於國。夫兵何容易？管夷吾、諸葛亮，今古所共才也，夷吾亦曰：「平原廣囿，車不結軌，士不旋踵，鼓之而三軍視死如歸者，臣不如王子成甫。」陳壽則云：「應變將略，非諸葛所長，街亭之挫，弟子輿屍。」而當時後世，不以此病管、葛者，諒人素所蓄積而已。假令有孫臏、吳起、穰苴、王翦之徒，而狡詭退託，中懷二心，陛下胡用此知兵者爲哉？若夫全軀而降竄，與捐軀而慷慨，均與國無益也，陛下與其竄降而全軀者乎？抑寧而慷慨與捐軀者乎？況輔臣之捐生，不在孤師失律之日，亦在離朝去國之日也。驅市人而戰，數不滿二千，量形不足於穤，節腹不足於食，孤危蕭颯，臂指無援，徒恃忠信爲餱糧，仁義爲干櫓，此實難矣。蓋自史冊以來，未有大臣視師，部署單薄如此者。雖使孫、吳董此以抗狂鋒，臣知纖芒薄柱可立碎也。故曰輔臣辭朝之日，是畢命之日也。若謂輔臣破冒國餉，徒捐威靈，則尤不可。昔西夏之變，韓琦師出環慶，不協鄜延，遂有好水川之敗，士卒招魂，慟哭震野。琦掩泣駐馬不前，上章引罪而已，韓公之威名不因此遂損也。紹興之初，張浚合關陝之兵三十餘萬，符離之敗，國家宿積兵財，掃地無餘。及其卒也，孝宗震悼輟朝，謚曰忠獻。良以士馬破傷，可生聚而復；寶臣殄喪，不可倉卒而求。宋之君臣，則猶識大體也。今輔臣所損，無魏公萬分之一，原草初膏，身名遂燼，臣實傷之。陽門之介夫死，而子罕哭之哀，晉人以爲宋未可伐。仲尼曰：「善哉，覘國乎？」輔臣直節清風，播聞夷裔，何但陽門之介夫？四方蠢動，窺伺國靈，多於晉人之覘宋；而同官等越人之視朋舊，無子罕之哀，臣恐天下有以亮朝廷矣。死敵者無褒，則是降北者無罰也。

名臣遇難，而士大夫不加哀，則具臣失節，而士夫不爲辱也。烏知敵國無人，不以發蒙振落，輕笑朝士乎？今無論輔臣塗腦疆場，餘風凜烈，不可湮没，即使壽考令終，猶當俎豆千禩。何者？輔臣學宗天道，以《易》、《詩》、《春秋》爲符，參兩掛揲，窮變極賾。今陛下於占雲候氣之言，前席而商，至囊括天人之學，則表章缺然；陛下憑弔前古忠烈之事，則感泣欷歔，親見執義盡節之臣，則褒卹不及。臣以陛下徇名而失實，賤目而貴耳矣。夫陛下於輔臣，元首股肱，疾痛相關，況於死喪？昔賈復創傷，光武驚怛，至以子女婚姻，許其腹孕，於是天下歸之。輔臣郭田不饘，兩孤方齔，誠宜特錫廟謚，寵其遺系，使遠近慕義，奮激以就功名。不然，墮豪傑之心，塞報禮之路，遠遜光武之仁，近爲覘國者所笑。臣雖微賤，敢代抉朝賢之口，爲國家昭布義聲。惟陛下垂察。』未幾，閩疆旋陷，世熊自是杜門，絶跡城市。有齮齕於清帥某者，某遣人移書逼之，世熊覆之曰：『天下無官者十九，豈盡高士？來書謂「不出山，慮有不測之禍」。夫死生有命，余年四十八矣。諸葛瘁躬之日，僅少一年；文山盡節之辰，已多一歲。何能抑情違性，重取羞辱哉？』時蜚語沸騰，勢洶洶不測，世熊矢死不爲動，疑謗亦釋。世熊既以文章氣節著，一時名聲大振。辛卯、壬辰間，建昌潰兵黄希孕剽掠，過泉上里，有卒摘寒支園中一橘，希孕立鞭之，駐馬園側，視卒過盡乃行。粤兵至，燔民屋，火及寒支園。其魁劉大勝遣卒撲救，曰：『奈何壞李公居室？』是時，天下人雖盜賊亦知有寒支矣。乙卯，耿精忠之亂，遣使敦聘，絡繹踵門。世熊嚴拒之，自春徂冬，堅卧不起，乃得免。世熊自甲申以後，山居十餘年，鄉人宗之。晚號媿庵，顔其齋曰『但月』。年八十五，以疾卒於家。著有《寒支集》、《寧化縣志》、《錢神志》、《史感》、《物感》、《本行録》、《經正録》各若干卷。孫靜菴《明遺李世熊，字元仲，寧化人。明諸生。少負奇氣，植大節，更危險，死生弗渝。篤交遊，敢任難事。生平喜讀異書，博聞强記。年八十，讀書恒至夜分始休。六經、諸子百家靡不貫究，然獨好韓非、屈原、韓愈之書。其爲文，沉深峭刻，奥博離奇。悲憤之音，稱其所遇。縱論古今興亡、儒生出處，及江南北利害，備兵、屯田、水利諸大政，輒慷慨欷歔，涔涔泣下不止。年十六，補弟子員，旋中天啓元年副榜，以興化司李佘昌祚得其文，爭元於主司弗得，袖其卷去，曰：『須後作元也。』典閩試者，爭欲物色之爲重。甲申後，自號寒支道人，屏居不見客。徵書累下，固謝卻之。凡守、令、監司、鎮將至其門者，罕能一識面。閩中擁唐王監國，用大學士黄道周、禮部侍郎曹學佺、都察院何楷薦，徵拜翰林博士，辭不赴。嘗上書道周，感憤時事。及道周殉節，走福州請褒卹，時卹問其孤嫠。順治初，師入閩，有齮齕於郡帥者，帥遣某生移書逼入都，且言：『不出山，禍不測。』世熊復之曰：『死生有命，豈遂懸於要津之手？且某年四十八矣，諸葛瘁躬之日，僅少一年；文山盡節之辰，已多一歲。何能抑情違性，重取羞辱哉。』時蜚語騰沸，世熊矢死不爲動，疑謗旋亦釋。世熊既以文章氣節著一時，名大震。辛卯、壬辰間，建昌潰賊黄希孕剽掠過寧化，有卒摘其園中二橘，希孕立鞭之，駐馬園側，視卒盡過乃行。粤寇至，燔民屋，火及其園，賊魁劉大勝遣卒撲救之，曰：『奈何壞李公居？』當時雖匹夫匹婦，無不知有寒支子者。世熊積壘塊胸中，每放浪山水，以寫其牢騷不平之概。嘗詣西江，交魏禧、魏禮、彭士望諸子，相與泛彭蠡、登廬山絶頂。追維闖賊横行時事，痛悼如絶，淚下如泉湧，不能禁也。耿精忠反，遣僞使敦聘，世熊嚴拒之。自春徂冬，堅卧不起，乃得免。世熊山居四十餘年，鄉人宗之，爭趨決事。有爲不善者，曰：『不使李公知也。』晚自號媿菴，顔其齋曰『但月』。所著有《寒支集》、《寧化縣志》、《本行録》、《經正録》、《狗馬史記》等。年八十五，卒於家。世熊有三弟，早世，遺子女，撫育裝遣之。饋遺其親戚終身。又獨建祖祠，修祖墓，編述九世以來宗譜。凡祭祀，必親必謹。父母忌日，則減餐絶宴會。元旦，展先人遺像，則泣下沾襟，拜伏不能起，蓋其孝友出於天性云。《清史稿·列傳》卷二八八《遺逸二》

李世熊，字元仲，寧化諸生。性穎悟，博極群書，目數行而下，凡墳典經史以及釋典、道書、醫卜、星緯之學，靡不淹貫。著有《寧化縣志》，新裁獨抒，爲通儒所稱。雍正《福建通志》卷五一《明文苑》

李世熊，字元仲，寧化人。性穎異，博極群書，目數行俱下，凡經史以及醫卜、星緯、釋道之學，靡不淹貫。少籍諸生，年二十應天啓元年鄉試。興化推官佘昌祚爲同考官，奇其文，欲以爲解首，主司不可。昌祚負氣，泚筆署其卷曰：『將子無怒，秋以爲期。』顧主司曰：『安知此生再舉不第一耶？』袖卷竟出，遂不第。歷九試，皆冠其曹。時典閩試者，莫不物色李生爲重，而世熊終不得舉。所與游者曾異撰、董謙吉、陳燕翼、劉廷標、陳士奇、何楷輩，皆一時志節士。唐王入閩，楷及黄道周、曹學佺交疏薦世熊尚志博學，授翰林博士。及大兵下汀州，有齮齕世熊於鎮將者，謂其懷二心。親知勸詣庭謝，事可立解。世熊爲書答所知曰：『甲申以來，名雖挂諸生，儒巾儒衫久歸敗蠹。今日解弢釋縛，正如鹿返長林。若復伏謁强顔，其戕性刳心，何殊殺戮？僕年已四十有八矣，去諸葛瘁躬之日僅少一年，視文山盡節之辰已多一載。請爲婉謝當途，若蒙假借，冥報爲期。』鎮將終以其名高置之。粤寇至泉上，焚民居，火及世熊廬，其魁劉文勝者遣卒撲救，曰：『奈何壞李公居室？』自是終隱居泉上四十餘年，足跡未嘗一出里門。中間惟一詣江西，泛彭蠡，登廬山絶頂而已。世熊文奇偉悽麗，長於推測情變，層見疊出。少時獨好韓非、屈原、韓愈之書，故其造就咸有根柢。或謂其得秦文氣多，漢文氣少，世熊每誦爲知言。道光《重纂福建通志》卷二二三《明隱逸·汀州府》

李世熊，字元仲，自號寒支子。寧化人。晚號媿菴。所築之室曰檀河、曰但月。但月者，離合兩字，隱寓爲『明一人』也。天下習其初字，咸稱元仲先生。少豪宕不羈，視天下人讀書無當意者。自經史子集以及秦漢唐宋近代百家，靡所不覽，獨好韓非、屈原、韓愈之書。故其所爲文，如悲如憤，如哭如笑，如寒泉烈日，如暴風雷雨。時當天啓、崇禎間，若預知有甲申以後事者，每論古今興亡、儒生出處，及江南北利害，備兵、屯田、水利諸大要，未嘗不慷慨欷歔，拳拳有所屬望。所與遊若曾異撰、董謙吉、陳燕翼、劉廷標、陳士奇、何楷輩，皆一時志節之士。年二十應辛酉鄉舉，興化李官佘昌祚爲同考，奇其文，與主司爭元再三，弗合。佘負氣，竟袖卷而退，曰：『安知此生來科不第一耶？』遂不第。魏季子集以爲中副榜爲諸生，歷九試皆冠其曹。每鄉試出闈，八郡士咸趨視其文。世熊不勝劇，揭其文于寓廬之牆，于是讙闐雜沓，畢至牆下如觀榜，日晻嗌，猶聞咿唔聲，涉旬始衰。凡來典閩試者，莫不欲物色李生爲重，而竟不得。隆武稱制閩中，大學士黄道周、都御史何楷、禮部侍郎曹學佺並薦世熊『尚志博學』，徵拜翰林博士，固辭不赴。反復上書與道周，悲憤時事。及道周死義，走福州請褒卹。時問其孤嫠存没，廬舍完燬，輒嗚咽。丙戌，大師下汀州，有齮齕世熊于鎮將者，謂世熊懷二心，勢洶洶不測。親知勸詣一謝，事可立解。世熊爲書答所知曰：『甲申以來，名雖挂諸生，儒巾儒衫久歸敗蠹。今日解弢釋縛，正如鹿返長林。若復伏謁强顔，其戕性刳心，何殊殺戮？古之處士，含酖飲刃者史冊相望。僕年已四十有八矣，去諸葛瘁躬之日僅少一年，視文山盡節之辰已多一載。請爲婉謝當途，若蒙假借，冥報爲期。』詞倨而理直，鎮將終憚其名高，無能挫抑。自是鄉居泉上，四十餘年未嘗一出里門。中間惟一詣江西，泛彭蠡，登廬山絶頂，追惟獻闖横行事，痛悼欲絶。辛卯、壬辰間，建昌潰賊黃希孕剽掠泉上里，有卒摘世熊園中二橘，希孕立鞭之，駐馬園側，視卒盡過乃行。粤寇至，燔民屋，火及世熊園，其魁劉大勝遣卒撲救，曰：『奈何壞李公居室？』當時雖匹夫匹婦，無不知有寒支子者。乙卯，耿精忠反，遣僞使敦聘，絡繹踵門。世熊嚴拒之，自春徂冬，堅臥不起，乃得免。以書告魏禮曰：『王審知輩固不足道，然今正未易得也。』晚節好南豐謝文洊、甘京，寧都彭士望、魏禧、魏禮，四方士歸往者如水之朝宗。老自弢晦，稍耽禪悅，然其鄉人及旁鄉人凛之，趨決事如官府焉。世熊能用其鄉族，更先後亂，輒率等輩設方略，而或虔劉之；築土堡若城，俾宗人、鄉人保芘其間。故諸鄉落多殘毁，而其鄉獨完。有司以世熊故，亦恒薄其鄉人徭賦。所著《寒支初集》八卷，《錢神志》二十卷，《史感》、《物感》各一卷，《狗馬史記》若干卷，《寧化縣志》七卷，《本行録》三卷，《經正録》三卷。楚中馮之圖謂世熊『得秦文氣多，漢文氣少』，世熊以爲知言。手評《左》、《國》、子、史及古今人文集甚備。于古文，賞心其門人長汀黎有綱，有綱兄子道、士弘。魏禮初遇世熊，輒屬脱一義士難，後又屬全一友人天倫，皆不遺餘力。國變後，常戚戚。母曰：『汝官耶？』對曰：『然。兒弱冠食餼，歲糜朝廷金錢十餘兩，今金以百計者三。朝廷久豢養，無所於用，能無慚痛乎？』嘗還書彭士望曰：『某痛憤是真痛憤，慚媿是真慚媿，愛敬是真愛敬，涕淚是真涕淚。』士望評識《寒支集》，以爲『超群而絕類，《心史》、《晞髮》可置廢』。相傳世熊嘗師黃道周，故文字奇崛相似云。《魏季子文集》、《託素齋文集》、《鹿洲初集》。民國《福建通志》總卷四三分卷四《明高士傳》

李世熊，字元仲，寧化諸生。性穎悟，博極群書，目數行俱下，凡墳典經史以及釋典、道書、醫卜、星緯之學，靡不淹貫。明亡，遁跡深山，四十年不入城市。著有《寒支集》、《寒支二集》行世。又修《寧化縣志》，新裁獨抒，爲通儒所稱。乾隆《汀州府志》卷三〇《明人物》

李世熊，字元仲，號寒支。性穎異，豪宕不羈。博極群書，目數行俱下，凡經史子集唐宋近代百家以及醫卜、星緯、釋道之學，靡不淹貫，而獨好韓非、屈原、韓愈之書，故其造就咸有根柢。爲文沉深峭刻，雄偉淒麗，奧博奇離，長於推測情變，層見疊出，如悲如憤，如哭如笑，如寒泉烈日，如暴風雷雨，雖非盛世和平之音，蓋自稱其所遇也。楚中馮之圖謂其『得秦文氣多，漢文氣少』，世熊每誦爲知言。少籍諸生，年二十應天啓元年鄉試。興化推官佘昌祚爲同考官，奇其文，欲以爲解首，主司不可。昌祚負氣，泚筆署其卷曰：『將子無怒，秋以爲期。』顧主司曰：『安知此生再舉不第一耶？』袖卷竟出，遂不第。時當天啓、崇禎間，金甌未缺，世熊乃若預知甲申以後事者，無論古今興亡、儒生出處，及南北利害、備兵、屯田、水利諸大要，未嘗不慷慨欷歔，惓惓有所屬望。奈數奇，困頓諸生。凡試官同列典闈闈者，莫不欲物色李生爲重，而世熊終不得舉。學使按汀，歷九試皆冠諸生。所與游者曾異撰、董謙吉、陳燕翼、劉廷標、陳士奇、何楷，皆一時志節士。崇禎甲申，粵寇蕭聲、陳丹剽掠虔州，逼汀郡。把總林深、鄭熊戰死。平遠寇張恩選聚衆欲與蕭、陳合，郡邑告急。世熊見邑令于華玉曰：『賊二黨不附，可離而破之。今張肯堂撫軍提師蒞汀，公必監紀軍事，首當招撫張寇。張寇降，蕭、陳雖不即滅，可破而走矣。』乙酉春，張肯堂果以于令監紀。于用世熊言，而張寇果招撫。蕭、陳勢孤，遁入贛州。隆武元年，粤寇由上杭、連城至嵩溪逼泉上，世熊率兵數千爲守禦計。寇知整暇不可嚮，乃趨歸化。官軍援歸化，敗績，世熊復與武進士邱雋率鄉兵繼之，賊知援師至，乃逸去。是時大學士黃道周、都御史何楷、禮部侍郎曹學佺並薦世熊於唐王，稱其『尚志博學』，授翰林博士，辭不赴。反復上書與道周，悲憤時事。及道周死義廣信，世熊走福州，上疏請褒卹；問其孤嫠存没、廬舍完毁，輒嗚咽不置。順治四年，清師入閩，唐王陷於汀州，世熊自是隱入山，絶跡城市。有齮齕於總戎于永綬者，謂其明室舊人，懷二心。永綬遣同邑生賴朝會移書逼入郡，令親知交勸，謂詣庭一謝，事可立解。世熊爲書復之，略曰：『甲申以來，名雖挂諸生，儒巾儒衫久歸敗蠹。今日解弢釋縛，正如鱗縱巨壑，鹿返長林。若復伏謁强顔，其戕性刳心，痛苦何殊殺戮？且余年四十八矣，諸葛瘁躬之日僅少一年，文山盡節之辰已多一歲，何能抑情違性，重取羞辱哉？』時蜚語騰沸，勢洶洶不測，世熊矢死不爲動。永綬終懾其名高，置之，疑謗亦釋。順治辛卯、壬辰間，建昌潰賊黄希孕剽掠過泉上，有卒摘世熊園中二橘，希孕立鞭之，駐馬園側，視卒過盡乃行，秋毫不犯。粤寇至，燔民屋，火及世熊園，其魁劉大勝遣卒撲救，曰：『奈何壞李公居室？』蓋天下人雖盜賊亦知有世熊矣。時清人初基，土寇蠭舉，官兵藉端株累，所至騷擾，獨於泉上則恒以世熊故，約束其部不爲害。世熊倡建土堡於泉上之麻布崗，以備寇警。寸木塊石，皆目歷指畫。又連合數十鄉力行保甲，寇頗憚之。康熙甲寅，耿精忠叛於閩，遣使敦聘，絡繹踵門，世熊嚴拒之。耿藩發劄募兵，深山窮谷，各舍耒操矛。世熊立會申約，專禁鄉人從軍及鈎引外寇。部署周密，察治簡嚴，自此匪類潛踪。商賈遠方有戒心者，一入泉上便開懷抱，無復疑畏。人以爲徐無之田疇、禹山之庾衮也。世熊自崇禎甲申後，自以明人義不受清室羈縻，山居四十餘年，足絶州府，未嘗一出里門，鄉人宗之。有爲不善者，曰無使李公知也。晚號媿菴，顔其齋曰但月。卒年八十五。所著有《奉行録》三卷、《經正録》三卷、《史感》一卷、《物感》一卷、《錢神志》七卷、《寒支初集》十卷、《寒支二集》四卷、《福建通志》五十卷。又修《寧化縣志》，心裁獨抒，爲通儒所稱。漳浦藍鼎元曰：『使世熊早年得志，癸未、甲申間必有可觀者。一腔熱血，付之清冷之鄉，悲夫。文章如韓，心事如屈，志節之清高與管幼安伯仲矣。』知言矣乎。民國《寧化縣志》卷一四《明列傳》

李世熊，字元仲，寧化縣泉上人。力學勵行，垂髫補弟子員，食餼。辛酉歲大比，世熊方弱冠。房考興化府司李佘昌祚得卷，擊節嘆賞，因爭元於大考官，不得，遂袖卷退。是科僅中副榜，世熊毫無介意。益博極經史，大肆力於文章，歷考咸冠軍。當日天下莫不知寧化縣有李世熊者。凡典試來閩者，皆願得物色李生，爲棘闈光。孰意竟慳一第，□當世僅以其才也。然世熊褆躬方嚴，處家庭孝友，交朋友信義，則又似視雕蟲爲末技。歲乙酉，天興改元，序應恩貢，以病力辭。在廷交薦，世熊堅臥不起。未幾改革，世熊遂杜門掃軌，足跡不入城市。時有讒於汀州鎮將者，以其心懷叵測。親知僉從臾謂『止造門一見，立可冰解』。世熊作書以答，略云：『甲申以來，雖名掛學冊，儒巾儒衫，久不可問。今得解條釋縛，正如鹿返長林。若復伏謁强顔，則戕性刳心，何殊殺戮？古來處士舍酖飲刃者，史冊相望。僕年已四十八，去諸葛瘁躬日僅少一年，視文山盡節時已多一載，請爲婉謝』云云。鎮將固武人，廉世熊家清望重，不敢孟浪侵加。從是，長日衹與管城墨卿作緣，交盡方外，非聲氣中，欲覩眉宇亦不可得。常言：『昔黄叔度、徐孺子、管寧、薛方諸君子，非不知肥馬輕裘、建功立業爲盛事。苟非其時，則官爵與節義，輕重判若白黑。況名教中自有樂地，往往甘貧賤而匪悔。』此確有所見，非苟焉而已也。丁亥、戊子後，緑林遞起。世熊集泉上人民築堡以居，凡經過者相戒勿犯，則平日之誠能動物，可以概見。優悠暮景，竟以丙寅菊月下浣謝世，享壽八十有五。生平著述最富，如《寒支初集》、《二集》，《狗馬史記》，《錢神論》。晚年脩《寧化縣志》，强半未付剞劂。將來與《鐵函》、《晞髮》傳，是使忠臣義士，處平處亂，無一可者也，可不爲大哀哉。《節義録》補遺

閩寧化泉上里有文行奇偉士，曰李君元仲，諱世熊，别號媿庵。顏其所居之齋曰『但月』；去所居一里許，築書舍名曰『檀河』，皆其志也，遠近士因稱『檀河先生』云。爲人少負奇氣，植大節，更危險，死生弗渝。篤交友之義，敢任難事，其才力足相副。生平喜讀異書，聞有所在，雖千里必多方購借之。君强記强力，年八十餘，讀書至夜分始休。于是六經、諸子百家之言，靡不貫究而發諸其古今之文，都盛名於海内者六十餘年。嗚呼，豈不偉哉。君九歲出就童子試，爲有司所器許。十六補弟子員，二十中辛酉副榜。蓋以興化司李佘公昌祚得君文，爭元于主司弗得，佘袖其卷去，曰：『須後作元也。』甲子餼于庠，凡冠諸生者九。往君同筆研友多才士，皆俯下于君。如佘公颺、曾君異撰輩，先後得科名，而君乃不第。然吾聞君每赴鄉試闈，出入郡士咸來趨視君文；君不勝劇，揭其文于寓廬之牆，于是讙闐雜襲，畢至牆下

如觀榜，日㟤嵫猶聞咿唔聲，涉旬始衰息焉。君之當國變也，自號『寒支道人』，屏居『但月』中不見客。徵書累下，固謝卻之。凡守令、監司、鎮將至其門者，罕能一識面。而隆武監國時，用大學士黄公道周、都察院何公楷、禮部侍郎曹公學佺薦，徵拜翰林博士。君曰：『不可爲也。』亦竟不就。葢君以大節定力自持，而審于機事，故動静不失其正。東南之亂，耿氏數徵迫君，君以書來，言曰：『王審知輩固不足道，然今正未易得也。』遂堅臥勿顧。君晚節好南豐程山謝秋水文洊、甘健齋京，甯都易堂彭躬庵士望、家叔子冰叔禧，及吾廬魏禮，而于躬庵、予尤篤。四方士歸往君者，如水之朝宗，君終未嘗以先躬庵與予也。君父恬庵公，倜儻任俠，豪于酒，喜急人患困，產遂中落。而君少亦豪于酒，常爲予述其事，即想見其才氣横潰，力所必到處。老則自沈竗，稍耽禪悦，然其鄉人及旁鄉人凛君，趨決事如官府焉。君能用其鄉族，更先後亂，輒率等輩設方略禦，而或虔劉之。而賊之過君里者，相戒曰：『毋壞李公居室。』往往顧護其廬物去。君乃築土堡若城，俾宗人、鄉人保芘其間。故諸鄉落多殘毁，而君之鄉獨完。有司以君故，亦恒薄其鄉人徭賦。予嘗謂兒曹曰：『李先生真萬曆時人，非二百餘年承平積厚之氣不產是也。』君生明萬曆壬寅九月二十日辰時。配邱氏，年七十四先君卒。側室賴氏。丈夫子三：長日堯，亦先君卒；次日堂〔一〕，俱邱出；季向旻，賴出。三子皆娶邱氏。而日堯有簉謝氏、楊氏，子六人：琳奇，謝出；琳彦，邱出，皆早

〔一〕『日堂』，黎士弘《前徵君泉上李先生墓表》作『日唐』。

卒；琳音、琳歆，謝出；琳環，楊出〔一〕。三子亦娶邱氏，惟奇娶周，彦娶黄，奎娶於陳。向旻一子：琳髧。琳奇之子：枝分、枝佃、枝俟。彦子：枝佳、枝傅。歆子枝侗。奎子枝偉。女子一人，適同里某。丙寅冬，得君訃帖，以九月二十八日丑時卒。予方患瘍痏困甚，且病脾，不得急奔哭君，廢食而泣。十二月，聞君將葬，乃强疾往泉上，拊棺再慟。遂於二十三日祔葬君于本里白沙坳一世祖墓傍，首坤趾艮。享年八十有五。而是春正月，君方與予書，言姚羹湖注《昌谷集》佳處，且索《綏寇紀略》、先叔兄《左傳經世》去。將卒，乃簡二書，命季以歸于予。所著詩古文有：《寒支初集》、《二集》、《錢神志》二十卷，《史感》、《物感》各一卷，《狗馬史記》若干卷，《寧化志書》七卷，編輯《本行録》三卷、《經正録》三卷，手評《左》、《國》、子、史及古今人文集甚備。今文有《聞文集》、《抗談齋集》。君往于今古文賞心其門人長汀黎振三有綱，有綱兄子慶遠道、媿曾士弘，隱若一敵國云。君之八十也，予往壽君。君急逆諸門外，注視予，執手涕下，曰：『鬢髮遽如是白也。』翌日，命其季子拜，君親持掖予，使勿答。及歸，送一里許，揮涕曰：『知能再相見耶？』不謂遂竟别君。予之初過君『但月』，輒屬君脱義士難，君欣然不遺餘力爲之。後又屬君全一友人天倫，君多方營捄，竟得完。大抵君遇人忠孝事，好之揚之，如出自己，其天性然也。戊己間，嘗侍恬菴公飲，公問：『汝若早得志，亦能官乎？』對曰：『不能。』公曰：『云何？』曰：『美官莫如翰林、臺省。翰林須醇默，習宰相度，兒不能雌守檢柙，必出位言，則轉瞬外調矣。諫官多

〔一〕前言『子六人』，此僅五人。合下文『奎』爲六。

爲黨人鷹犬，兒必挺身持大義，招尤府怨，不兩月敗矣。惟縣令得親民瘼，郡守可倡率群屬，令兵備、屯田、水利、督學、道職一事，足展其能。然守令苦于奉上官，何由得至方面？真無可如何。』公曰：『汝真不能官矣。且盡飲此酒。』因舉杯大笑。國變後，君常戚戚。母曰：『汝亦官耶？』對曰：『然。兒弱冠食餼，歲糜朝廷金錢十餘兩，今金以百計者三。朝廷久豢養，無所于用，能無慚痛乎？』君三弟早世，遺子女，悉君撫育裝遣之，饋遺其親戚終身。又獨建祖祠，修祖墓，編述九世以來宗譜。凡祭祀必親必謹，父母忌日則減餐絶宴會。元旦展先人遺像，則泣下沾襟，拜伏不能起。丁卯六月大旱暍，君季子向旻奉狀來山中請銘。曰：『予與尊君交誼，豈待子請哉？予知君，又豈待狀哉？』君二子存者，日堂清淨尚浮屠；向旻務繼父志，勤敏克自立。或曰君宜稱徵君。予應之曰：『非君志也，惡得以徵君稱？』銘曰：

君還書彭躬菴曰：『某痛憤是真痛憤，慚媿是真慚媿，愛敬是真愛敬，涕淚是真涕淚。』躬菴評識《寒支集》，以爲超群而絶類，《心史》、《晞髮》可置廢。當世名宿謂，君合經傳、秦漢子史、詞賦而爲制舉藝。曾弗人稱曰：『似屈原、韓愈之氣味。』黄石齋、曹能始謂：『君異才博學，當今無輩。』黎媿曾與官公璧廷植書謂：『君没，未見有其替。』魏禮曰：『屈原自謂奇懷，忠孝是也；人謂君奇才，審斯義也。』申以歌曰：『四真以居天之晦，用晦而明人之志。君爲拏雲問上帝，會桑暾日通幽闕，千秋萬歲光裔裔。

魏禮《魏季子文集》卷一四《李君元仲墓誌銘》

嗚呼，天生才顧不難哉。世際昇平，措置無關輕重。至於流離喪亂，天若一一有以相之。賢者殉社稷，力者角疆場，而必留三數逋民遺老於殘山剩水之間。此數人不必盡皆通顯，又往往爲當世所指目，卒之刀鋸鼎鑊無所得加，使其老且壽，徊翔歲月，得正而終，而一代興亡之局始畢。如今泉上先生，其一也。先生李姓，名世熊，字元仲，世居寧化泉上里。晚號媿庵。所築之室曰檀河、曰但月。天下習其初字，咸稱元仲先生也。先生少籍諸生，年二十應辛酉鄉舉。興化李官佘公昌祚爲同考，奇先生文，與主司爭元再三，弗合。佘負氣，竟袖卷而退，曰：『安知此生來科不第一耶？』先生遂不第。歷九試皆冠諸生，凡來典閩試者，莫不欲場中一物色李生爲重，而先生亦竟不得。乙酉，弘光建號，制下，畿省郡縣各貢選一人。時督學爲揭陽郭公之奇。郭公固雅重先生，視一貢如攜取。忽試前三日，郭公挂飛章註籍。值後學使素不習先生，特置先生弗録。其遭逢遇合，詭得而數奇若此。繼遷延變亂，先生亦已遂厭棄諸生。隆武稱制閩中，大學士黄公道周、都御史何公楷、禮部侍郎曹公學佺，各尉薦先生『尚志博學』，徵拜翰林博士，先生固辭不赴。丙戌，大師下汀州，有齮齕先生於鎮將者，謂先生懷二心，勢洶洶不測。親知咸交勸，謂止詣庭一謝，事可立解。先生爲書答所知曰：『甲申以來，名雖挂諸生，儒巾儒衫久歸敗蠹。今日解弢釋縛，正如鹿返長林。若復伏謁强顏，其戕性刳心，何殊殺戮？古之處士含酖飲刃者，史冊相望。僕年已四十八矣，去諸葛瘁躬之日，僅少一年；視文山盡節之辰，已多一載。請爲婉謝當途，若蒙假借，冥報爲期。』詞倨而理直，鎮將終懾先生名高，無能有所挫抑。自是住泉上四十餘年，足絶州府，未嘗一出里門。中間惟一詣西江，泛彭蠡，登廬山絶頂而已。所著《寒支初集》八卷，《錢神志》二十卷，《史感》、《物感》各一卷，《狗馬史記》若干卷，《寧化縣志》七卷，《本行録》三卷，《經正録》三卷。先生文奇偉凄麗，長於推測情變，層見疊出，雖百家無不窺。少獨好韓非、屈原、韓愈之書，故其造就咸有根柢。昔楚中馮公之圖謂先生得秦文氣多，漢文氣少，先生每誦爲知言。先生之生，爲明萬曆壬寅九月二十日，歿於大清丙寅九月二十八日。父恬庵公，母丘氏。先生娶於丘，生子曰堯、曰唐。丘與曰堯皆先卒。側室賴，生向旻。孫、曾十四人。先生困頓諸生者三十年，進退出處，輒若有物陰爲裁量。乃徵書屢下，先生復審奪時勢，不妄爲附緣。使蚤得通顯，上爲侍從文學；即不然，乘亭守障，一遇險阻，先生又豈肯偷生求活者。丙丁之際，禍亂多門，而卒不能死，先生必至八十五年然後歸全正命而死，則余所謂『天必留三數人於殘山剩水之間以爲逋民遺老，完一代興亡之局』，豈曰阿所好哉？先生葬本里白沙坳，寧都魏和公禮誌其墓。和公爲先生晚年交，先生又篤好其文，故向旻奉遺命以請。而弟子長汀黎士弘不揣而爲之表。和公云，稱徵君恐非先生志。余援陶淵明有『晉徵士』書法，身歿興朝，號仍前代，後之讀其碑者，其庶有所觀感乎？黎士弘《託素齋文集》卷四《前徵君泉上李先生墓表》

先生李姓，勝國諸生也，寧化泉上里人。名世熊，字元仲，自號曰寒支子。少豪宕不羈，視天下人讀書無足當意者。自經史子集以及秦漢唐宋近代百家，靡所不覽，獨好韓非、屈原、韓愈之書。故其爲文沉深峭刻，雄偉淒麗，奧博離奇，如悲如憤，如哭如笑，如寒泉烈日，如暴風雷雨，雖非盛世和平之音，蓋自稱其所遇也。時當天啓、崇禎間，金甌未缺，若預知有甲申以後事者。每論古今興亡、儒生出處，及江南北利害，備兵、屯田、水利諸大要，未嘗不慷慨欷歔，惓惓有所屬望。奈數奇，困頓諸生，九試冠同列，典閩闈者莫不欲一物色李生爲重，竟不可得。大清定鼎，閩中尚擁唐王，未歸命，故大學士黃道周、何楷並薦寒支

『尚志博學』，徵拜翰林博士，辭不赴。反復上書與道周，悲憤時事。及道周死義，走福州，請褒卹，時問其孤嫠存没、廬舍完燬，輒嗚咽不置。丁亥，王師入閩，序應歲貢，辭。自是杜門，絶跡城市。有齮齕於郡帥者，帥遣某生移書，逼入郡。寒支復之曰：『天下人無官者十九，豈盡高士？來書謂「不出山，慮有不測之禍」，夫死生有命，寧遂懸於要津。且余年四十八矣，諸葛瘁躬之日，僅少一年；文山盡節之辰，已多一歲。何能抑情違性，重取羞辱哉。』時蜚語騰沸，勢洶洶不測。寒支矢死不爲動，疑謗亦釋。寒支既以文章、氣節著。一時名聲大震。辛卯、壬辰間，建昌潰賊黄希孕剽掠過泉上里，有卒摘寒支園中一橘，希孕立鞭之，駐馬園側，視卒盡過乃行。是時，天下人雖盗賊亦知有寒支矣。粤寇至，燔民屋，火及寒支園，其魁劉大勝遣卒撲救，曰：『奈何壞李公居室？』是時，天下人雖盗賊亦知有寒支矣。寒支積有壘磈於胸中，每放浪山水，以寫其牢騷不平之概。嘗詣西江，泛彭蠡，登廬山絶頂，追維闖、獻横行事，痛悼欲絶，淚下如泉湧，不能禁也。乙卯，耿精忠反，遣僞使敦聘，絡繹踵門，寒支嚴拒之。自春徂冬，堅臥不起，乃得免。寒支自甲申以後，山居四十餘年，鄉人宗之。有爲不善者，曰：『無使李公知也。』晚號媿菴，顔其齋曰『但月』。所著《寒支集》、《寧化縣志》、《錢神志》、《史感》、《物感》、《本行録》、《經正録》各若干卷。年八十五，以疾卒於家。

論曰：余聞先生少時，嘗單車走泉州、出安海，潛觀鄭芝龍，其意念深矣。及唐王據閩，明數已終，日月出矣，爝火不容於不息，宜先生之不應聘也。使先生早年得志，癸未、甲申間，必有可觀者。一腔熱血，付之清泠之鄉，悲夫。文章如韓，心事如屈，志節之清高與管幼安伯仲矣。寒支勝朝遺士，目覩闖、獻交馳，京師盗覆，不能不盡然傷心。其不應唐藩之聘，是知明數已終，天命有在，不復爲無益之跋涉，亦識時務者也。至不從耿逆，則稍有人心者能之，豈足爲寒支異乎？竊怪懷宗未造，需才孔亟如此，人而棄置草莽，亦獨何哉？　藍鼎元《鹿洲初集》卷七《寒支先生傳》

憶余辛卯秋讀《寒支集》，爲元仲先生立傳時，向汀友問檀河後人，寧化陰君琫素爲余言：『先生令子求可公有父風，閉戶讀父書，屏跡城市。』心韙之。丙申遊汀，偕琫素之泉上，始得見求可公。時公年六十有七，老矣。翼日，余登茶窠山拜李先生墓，公命子琳甡暨諸孫從。離檀河可里許，樹木鬱蒼，山岡環抱，天然一安樂窩。墳前搆饗堂數椽，頗幽雅。蔬畦曲沼，皆潔淨有致。余顧謂琫素曰：『求可公之葬其親也，能子矣。』琫素曰：『公天性至孝，事先生極盡子道。嫡母邱孺人病且死，委頓床席者累月，衣襦數澣，公以手承其惡，藥餌必親，不假婢僕。是墳先葬白沙坳，族人所贈先生壽域者，有水患，公乃改葬此。經營布置，極苦心焉。』余徘徊睇審不忍去。左臂有墳，昂然稍異，趨視所鐫石，大驚曰：『嗚呼，此吾故友上杭劉先生龕石也。曷越五百里而來葬于茲？』再拜畢，與琫素諸君席地坐，始知劉之尊人嘗師事李先生，劉尤爲先生所器重。癸巳五月五日客檀河，病篤，求可公舁諸家中，爲易簀以没，衣衾棺槨皆公所備欲自用者。復遣使周其孤嫠，葬之先生墓側，春秋祭掃如禮。余爲劉痛心潸焉涙落，感公古道高義，謂真不媿李先生子也。琫素曰：『公見義無不爲，恐恐然慮弗克繼父志。四方遊客及君子之至於斯者，必誠敬欵留，致其歡以去。去則酌人品高下遠近，量餽以贐，一如先生在時。父執交遊有晚景不如意者，尤慇懃遺使問遺不倦。楚人劉某，遭亂爲兵所掠，父子祖孫離散者久之，友人述其事，公拮据多方斡旋，俾其骨肉復聚，未嘗有德色。至於待宗族、解紛難、處兄弟、著友恭、據苦辭甘、推財讓産，又公平日尋常事。令名籍籍里黨間，以爲必有後福者。』琳牲曰：『家君言，爲德非以倖福併，非以邀譽也，但行吾心之所安與力所得爲而已。』余曰：『嗟乎，此有道君子之言，世人安得聞之。』日將晡，偕諸君下山歸，目覩檀河精舍，琴書卷軸，花石亭池，皆守先生之舊，有增新，無廢失；家廟、土堡、廬井、橋梁，先生所建置者，咸井然不墜。余益嘆公爲能子。而公悽然以悲，謂丁亥冬不戒于火，土堡所藏書籍器物頓盡，先人手澤，灰燼傷心。余以先生生平心血全在著述，公既次第登棗梨，傳播海内，他長物何足繫懷？信宿公家，公之仲孫倓，以所爲文相質。余嘉倓之爲令器，且喜公之子若孫皆不類尋常也。盡歡而别。己亥嘉平，復會琫素於粤中，則言公已没，甚痛之。念茲哲人有裨風化，思著其美，以勵頽俗。而琳牲奉公遺命，以庚子秋七月携公狀造余，屬爲文以志其墓。嗚呼，余安敢辭而安忍辭哉。公諱向旻，字允懷，後更名子權，字求可。世居寧化之泉上。父前朝徵君諱世熊，即元仲先生。生子三人，公其季也。幼力學，諸子百家皆研究。稍長，隨先生遊豫章、泛鄱湖、登匡廬五老諸峰，謁天下遺逸名宿，咸以國士期之。弱冠補弟子員。戊午，以貢入國雍，例當授職，辭不就。其生平大致如此，諸懿行芳規未易更僕，鄉之人能道之。余特就丙申所目見耳聞於公生前最確者，叙述其事，而其餘槩從闕焉，不欲多爲諛詞傳信也。公生于順治庚寅九月三日，卒於康熙己亥八月朔日，俱亥時，享年七十。元配邱氏，年六十四先卒。側室陳氏。子三人：長琳牲，邱出也，娶於母族；次是恒，娶張氏；次葆光，聘張氏，陳出也。女七人：長適陰承天，邱出；次適陰承德，即琫素長男也；次適邱夢陽；次適將樂伍其元；次適歸化馮廷楷；次許字清流雷超士；次許字清流鄧登龍，俱陳出。孫五人：俍，娶陰氏；倓，娶楊氏；俅，聘張氏；侅，聘邱氏，俱琳牲出；

倕，幼未聘，是恒出。孫女四人：一適伊肇炳，一適張豐，一適歸化葉國撫，一適清流王雲鳳，俱琳甡出。曾孫三人：長壆、長壁，俍出；長榮，倓出。曾孫女四人：俍出者二，一未字，一許字清流曾聯芳；倓出者二，一許字將樂伍開天，一未字。某年某月某日，奉公柩葬于某里曾坑山，坐某向某。銘曰：檀河水，清且漣，彼君子兮能承先。孝友道義無欠闕，曾坑抔土隴岡阡。昌厥後，非偶然。藍鼎元《鹿洲初集》卷二〇《李求可墓誌銘》

按，李世熊傳記資料，魏禮、黎士弘、藍鼎元等人所作墓誌銘、墓表、傳，以及謝杲《節義録》所載甚詳，可徵考者亦多。其餘如《小腆紀年》、《小腆紀傳》、《國朝先正事略》以及總集或詩話如《清詩紀事初編》、《結鄰集》、《明詩綜》、《明詩紀事》、《薈蕞編》、《雪橋詩話餘集》、《明代千遺民詩詠（初編）》等所載，暫不録。李世熊著作，友人魏禮所舉有：《寒支初集》、《二集》，《錢神志》二十卷，《史感》、《物感》各一卷，《狗馬史記》若干卷，《寧化志書》七卷，編輯《本行録》三卷、《經正録》三卷，以及今文有《聞文集》、《抗談齋集》等。又嘗修《福建通志》，未見成書。今存《寒支初集》十卷、《二集》六卷，《錢神志》七卷，《史感》一卷，《物感》一卷，《狗馬史記》不分卷，《寧化縣志》七卷等。《本行録》三卷、《經正録》三卷，已佚。

又按，李世熊子李向旻，閉戶讀父書，屏跡城市，《遺民録》雖不載，但其事跡有可傳誦者，特附藍鼎元所撰墓誌銘於後。

李先春 附李躍龍傳後

李向旻 附李世態傳後

李向奎 附李尚奎傳後

李廷熙 附陳重器傳後

李尚奎 一作李向奎

同邑諸生李尚奎，字聚仲，有文名。明亡，挈家隱瑞溪之蓮巖，易名曰游，字敖民。以吟咏終其身。道光《重纂福建通志》卷二二三《明隱逸·邵武府》江兆興傳附

李尚奎，字聚仲，泰寧庠生，有文名。崇禎甲申後，挈家隱瑞溪之蓮巖，易名曰游，字敖民，以吟咏爲事。著有《粲花園集》、《七臺游草》、《山居次韻》、《一斕草》行世。乾隆《邵武府志》卷一七《明鄉賢》

李向奎，字聚仲，邑學生。姿瑋才俊，慧啖迸出。幼即噪聲藝林，屢見器於當道，有青錢萬選之目。甲申後，挈家隱瑞溪之蓮巖。門填落葉，嘯越奇峰，以謝疊山作元之游民自況，變名曰游，敖民其字也。

有答友詩曰：『遵時養晦耐幽棲，九九書成望轉迷。一掌蓮山薇所寄，首陽原不累夷齊。』所著有《粲花園集》、《七臺游草》、《山居次韻》、《一巒草》行世。乾隆《泰寧縣志》卷九《明隱逸》

按，李尚奎，一作李向奎，未知孰是。以上各傳外，道光《重纂福建通志·經籍志》著録《七臺游草》等，作『李向奎撰』；光緒《邵武府志》本傳亦作李向奎，並稱『舊志作尚奎』云云。

李茂春

明李茂春，字正青，龍溪人。隆武丙戌舉人。風神秀整，跣足岸幘，旁若無人。壬寅，清兵破廈門，偕盧若騰、郭貞一渡臺灣。題其茅亭曰『夢蝶處』。日誦佛經，人稱『李菩薩』云。孫靜菴《明遺民録》卷五

李茂春，字正青，龍溪人。隆武丙戌舉人。風神秀整，跣足岸幘，旁若無人。壬寅，王師克廈門，偕盧若騰、郭貞一渡臺灣。題其茅亭曰『夢蝶處』。日誦佛經，人稱『李菩薩』云。《小腆紀傳》卷五八

李茂春，字正青，漳州府龍溪人。登明隆武丙戌科鄉榜。遯跡至臺，僞藩延以教其子經。其爲人好吟詠，喜著述，日自放于山水間，跣足岸幘，旁若無人。知經非令器，素不加禮。構一禪宇，扁曰『夢蝶處』，與住僧禮誦經文爲娱，自號『李菩薩』。卒于臺，因葬焉。康熙《臺灣府志》卷九《人物·縉紳流寓》

李茂春，字正青，漳州龍溪人。隆武舉人。遯跡來臺。喜著述。仙風道骨，跣足岸幘，旁若無人。構茅亭於永康里以居，名曰『夢蝶處』。與住僧誦經自娱，人稱謂『李菩薩』云。康熙《臺灣縣志》卷八《人物·明寓賢》

李茂春，字正青，龍溪人。領明末鄉薦，寓居廈門，富著述。風神秀整，跣足岸幘，旁若無人。甲辰，同盧若騰、郭貞一諸鄉紳扁舟渡臺。居永康里，題其茅亭曰『夢蝶處』。日誦佛經自娱，人稱『李菩薩』云。《臺灣府志》，參《東平紀略》。　道光《廈門志》卷一三《明寓賢》

按，李茂春，《漳州府志》、《龍溪縣志》無傳。乾隆《重修臺灣縣志》卷一五《雜紀·古蹟》『夢蝶園』條下有陳永華所撰《夢蝶處記》，紀李茂春軼事，録此以供參考：

昔莊周爲漆園吏，夢而化爲蝴蝶，栩栩然蝶也。人皆謂莊生善寐，余獨謂不然。夫心閑則意適，達生可以觀化，故處山林而不寂，入朝市而不棼，醒何必不夢，夢何必不蝶哉？吾友正青善寐，而喜莊氏書。晚年能自解脱，擇地於州治之東，伐茅闢圃，臨流而坐，日與二三小童植蔬種竹，滋藥弄卉，卜處其中，而求名於余。夫正青曠者也，其胸懷瀟灑，無物者也。無物，則無不物。故雖郊邑烟火之所比鄰，遊客樵夫之所闐咽，而翛然自遠，竹籬茅舍，若在世外。閑花野草，時供枕席，則君真栩栩然蝶矣。不夢，夢也；夢，尤夢也。余慕其景而未能自脱，且羡君之先得，因名其室曰『夢蝶處』而爲文記之。

李瑞和

明李瑞和，字寶弓，漳浦人。崇禎中進士。官松江推官，訟獄多平反，松江人塑像生祀之。尋擢御史，視鹺兩浙。丁艱歸，家居四十四載，竟不出。黄道周爲序其《牆東集》。國變後十二年而卒。孫静菴《明遺民録》卷三一李瑞和，字寶弓，漳浦人。崇禎中進士。官松江推官，訟獄多平反，松江人塑像生祀之。尋擢御史，視鹺兩浙。丁艱歸，家居四十四載，竟不出。黃道周爲序其《牆東集》。國變後十二年而卒。《小腆紀傳》卷五七

李瑞和，字寶弓，漳浦人。崇禎進士。淹博豪邁，不修邊幅。爲治蕩滌煩苛，簡易近民。初任松江司理，時知府方岳貢政尚嚴肅，瑞和濟之以寬，訟獄多所平反。然才識明敏，人亦莫能眩也。松人塑像生祀之。見《松江府志·名宦傳》。尋拜監察御史，巡視中城，奉讞陳新甲獄，稱旨。視鹺兩浙，革除夙弊。丁外艱歸，家居四十四載，竟不出。每歲歉，輒平糴濟荒，且周其貧乏，浦人德之。所著有《墻東集》、《學夫詩》，黃道周爲之序。《縣志》。乾隆《福建續志》卷四七《人物七》

李瑞和，字寶弓，漳浦人。崇禎甲戌進士。淹博豪邁，不修邊幅。爲治蕩滌煩苛，簡易近民。初任松江司理，時知府方岳貢政尚嚴肅，瑞和濟之以寬，訟獄多所平反。然才識明敏，人亦莫能眩也。在郡七年，松人塑像生祀之。見《松江府志·名宦傳》。尋拜監察御史，巡視中城，奉讞陳新甲獄，稱旨。視鹺兩浙，革除夙弊。丁外艱歸，家居四十四載，竟不出。每歲歉，輒平糴濟荒，且周其貧乏，浦人德之。所著有《墻東集》、《學夫詩》，黃道周爲之序。康熙《漳州府志》卷二二《明列傳·循良》

李瑞和，字寶弓，號頑菴。崇禎七年進士。授松江府理刑，蕩滌煩苛，寬嚴互濟。屬漕運愆期，故事，理刑督兑。瑞和至，政令一新，弁卒奉約束毋敢犯，踐更不困。宗伯董其昌、徵君陳繼儒立傳載其事。拜御史，巡閱中城，奉命讞陳新甲獄，稱旨。視鹺兩浙，革除夙弊，吏商畏服。丁外艱歸。國朝定鼎，世子王

入閩，即家拜御史。有司趣就道，以母老辭不赴。居常麤衣糲糗，薄治一廛，閉門學《易》。歲凶平糴賑饑，鄉人賴以全活。架上書籤盈萬，甲夜秉燭不倦，其天性然也。年八十以壽終。祀松江名宦。所著《學夫詩》、《莫猶居集》，黄道周爲之序。後祀鄉賢。康熙《漳浦縣志》卷一五《人物志上·明縉紳》

李瑞和，字寶弓，漳浦人。崇禎七年進士，授松江推官。其爲治蕩滌煩苛，簡易近民。時知府方岳貢政尚嚴肅，瑞和劑之以寛。常言『吏道去泰甚，焉用多設科條?』然其才識明敏，人亦莫能眩也。初漕運愆期，議以推官督兑。瑞和請於督撫，得以軍法從事，弁卒奉約束惟謹，踐更者不困。其攝縣時，催科不擾，有去後思。在郡七年，徵拜監察御史。嘉慶《松江府志》卷四二《明名宦傳三》

按，據以上各傳，李瑞和『國變後十二年而卒』，則當卒於清順治十二年（一六五五）。『年八十以壽終』，據此上推，當生於明萬曆四年（一五七六）。李瑞和撰有《莫猶居集》、《墻東集》、《學夫詩》等書，僅見《墻東集》二卷、《續集》一卷，清康熙刻本。《墻東集》前有黄道周《李寶弓詩》云：『李賀顧況杳不做，琳宫銀管雕寂寞。雲間使君甗新聲，小語龍啼玄鶴驚。與君隔籬未得面，雷車扃邊閃赤電。燒煤破凍抄君詩，不知右手如枯枝。九粱弄珠滄海奪，腐儒失精那得活。天青莽莽愁無才，此人何處横飛來。刳麟屠鳳謝上帝，斯文幸未委平地。百斤舉鼎千石弓，安能鼻頭爭斤風。』署『同里黄道周壬午冬書於金臺雙河菴』。《續集》前有《自敘》一篇。各傳所載『《學夫詩》、《莫猶居集》，黄道周爲之序』，則未見。

李維垣

李維垣，字微甫，中衛人。世襲千戶。幼有大志，好擊劍，能讀書。明亡，變名遁，字支公，傭書趙、燕、魯間。歸，閉門終老焉。道光《重纂福建通志》卷二一五《明忠節・附縣貫無考》

按，李維垣，福州府人，縣籍未詳，道光《重纂福建通志》附於福州府『縣貫無考』之下。民國《福建通志》總卷四一分卷四《明忠節》、總卷四三分卷四《明高士傳》兩收，傳同。道光《重纂福建通志・經籍志》著録其著作二種：《青門集》二卷，《感懷詩》一卷。

李樹官

李樹官，字石臣，同安人。偕阮旻錫築館於城南廢圃，屏絶人事，取先儒傳注、語録與有明二百餘年紀載及先輩評訂者，沉酣浸漬，數年業大就。博極群書，尤工古文詞。素慷慨，負奇節，嶽嶽不可下。諸貴介頗願納交，皆叱而遠之，以故布衣蔬食，終其身困厄。年四十有四而歿。乾隆《泉州府志》卷六二《隱逸》

按，李樹官傳，康熙《同安縣志》未載；嘉慶《同安縣志》卷二三《清隱逸》收録，與乾隆《泉州府志》同，民國《同安縣志》因之。

李躍龍 李先春附

明李躍龍，字鱗伯，福安諸生，劉中藻之妹夫也。隆武時，授兵科掌印給事中。偕中藻攻福寧州，州民閉門拒守，躍龍單騎至城下，諭以勤王大義，民開門迎降。後卒於天台之紫微宫。子先春，字茂初，亦諸生，授監紀理刑。有志節，明亡不仕。孫静菴《明遺民録》卷三五

李躍龍，字鱗伯，福安諸生，劉中藻之妹夫也。隆武時，授兵科掌印給事中。偕中藻攻福寧州，州民閉門拒守，躍龍單騎至城下，諭以勤王大義，民開門迎降。後卒於天台之紫微宫。子先春，字茂初，亦諸生，授監紀理刑，有志節。《小腆紀傳》卷五七

李躍龍者，字鱗伯，中藻妹夫也。爲邑諸生。偕中藻起事，唐王授以兵科給事中。方中藻攻福寧州時，躍龍單騎馳城下，諭士民。後率兵至桐山，上天台嶺，卒於紫微宫。道光《重纂福建通志》卷二一八《明忠節・福安縣》劉中藻傳後附

李躍龍，字鱗伯，號竹谿，陽頭人，大奎子，劉中藻妹夫也。爲邑諸生。偕中藻舉事，唐王授以兵科給事中。時兵攻福寧州，州民恐，閉門拒守。躍龍單騎赴城下，諭以勤王大義，州民意解，開門迎師，百姓安堵如故。後兵至桐山，上天台嶺，卒於紫微宫，輿櫬以歸。子先春，字茂初，邑諸生，授督監軍紀理刑。有志節。光緒《福安縣志》卷二三《明孝義》

按，劉中藻，字薦叔，崇禎庚辰進士，授行人，奉使犒師遼東。後李自成陷京師，中藻被搒掠。李自成

敗後，南還。唐王稱號閩中，以左都御史何楷疏薦，授兵部給事中，終兵部尚書兼東閣大學士。清順治五年（一六四八），據福安城抗清，知勢不可挽，吞金死，以換一城百姓之安居。清乾隆四十一年（一七七六），賜烈愍。參見《明史》卷二七六《列傳第一六四》、道光《重纂福建通志》卷二一八《明忠節》。

沈佺期

明沈佺期，字雲又，南安人。崇禎癸未進士，授吏部郎中。隆武時，擢右副都御史。閩亡，隨朱成功起兵泉州之桃花山。晚入臺灣，以醫藥濟人。壬戌卒。孫靜菴《明遺民録》卷三三

沈佺期，字雲又，南安人。崇禎癸未進士，授吏部郎中。隆武時，擢右副都御史。閩亡，隨朱成功起兵泉州之桃花山。晚入臺灣，以醫藥濟人。壬戌卒。《小腆紀傳》卷五七

沈佺期，字雲祐，號鶴齋，泉州府南安縣人。登進士第，官諫議。明亡，絶意進取。後至廈門，杜門謝客。後又抵臺，以醫術濟臺人，凡富家貴族，相延輒往；即貧寠者，亦不自貴重。壬戌秋，卒於臺，時年七十有五。平生著作，其子孫輯而藏之。康熙《臺灣府志》卷九《人物・縉紳流寓》

沈佺期，字雲又，號復齋，南安人，晉江籍。崇禎癸未聯捷進士，累官吏部郎中。唐王時，召爲都察院右副都御史。大清兵入閩，佺期遯跡廈門。旋往臺灣，閉戶謝客，累徵不就。常以醫藥濟人，全活無算。爲古文詞，安詳融練，卓然名家。居二十餘年卒。《臺灣府志》。乾隆《泉州府志》卷五四《明文苑》

沈佺期，字雲又，號復齋，泉州南安人。明崇禎癸未進士，官至右副都御史。明祚亡，絶意進取，寄跡

臺灣，閉戶謝客，以醫藥濟人。壬戌年卒。康熙《臺灣縣志》卷八《人物·明流寓》

沈佺期，字雲右，號復齋，雄山后園村人。其母陳氏，偕媵勵志守節，捍外侮，撫孤兒，有鳲鳩之均、熊膽之教。佺期自幼讀書能刻苦自樹立，崇禎壬午、癸未聯捷進士，累官吏部郎中。唐王時，召爲都察院右副都御史。清師入閩，佺期不肯投誠，遯跡廈島。與徐孚遠、王忠孝諸人以名節相勵，共登臨海外山水，嘯詠爲樂。累徵不就。旋往臺灣，閉戶謝客，以文史自娛。時以醫藥濟人，全活無數。爲古文詞，安詳融練，卓然名家；詩歌清婉絶倫。居二十餘年卒。採泉州、臺灣《府志》。民國《南安縣志》卷二五《明忠節》

按，據以上各傳所載，沈佺期卒於壬戌秋，即清康熙二十一年（一六八二）。『時年七十有五』，據此上推，當生於明萬曆三十六年（一六〇八）。沈佺期號復齋，康熙《臺灣府志》作『鶴齋』。平生著作，省府縣志藝文志著録有《沈復齋詩文集》，均無卷數，存佚未詳。

阮旻錫

明阮文錫，字疇生，同安人，功臣某之後也。世居海上。幼孤，泛海學賈以養母。母歿，躬負土石，與父合葬鷺門。甲申國變，文錫方弱冠，慨然謝舉子業。師事峽江曾櫻，傳心性之學。又講習風雅，旁及道藏、釋典、兵法、醫卜、方伎之書，靡不淹貫。出覽名山大川，北抵東華，託處十餘年。後乃逃於釋氏，名超全。以教授生徒自給。論者謂是鄭所南、謝皋羽之流。著有《夕陽寮存稿》。年八十餘卒。孫靜菴《明遺民録》卷一阮文錫，字疇生，同安人，功臣某之後也。世居海上。幼孤，泛海學賈以養母。母歿，躬負土石，與父合葬鷺門。甲申國變，文錫方弱冠，慨然謝舉子業。師事峽江曾櫻，傳心性之學。又講習風雅，旁及道藏、釋典、兵法、醫卜、方伎之書，靡不淹貫。出覽名山大川，北抵東華，託處十餘年。後乃逃於釋氏，名超全。以教授生徒自給。論者謂是鄭所南、謝皋羽之流。著有《夕陽寮存稿》。年八十餘卒。《小腆紀傳》卷五八

阮旻錫，字疇生，爲明功臣某之後也。從峽江曾櫻遊，傳心性之學。又講習風雅，旁及道藏釋典、諸子百家、兵法戰陣、醫卜方伎之書，無不博洽淹貫。鼎革後，棄舉子業，遊歷吳越、齊魯、燕趙，以詩自娛。學者稱『輪山先生』。著有存稿。《府志》。乾隆《福建續志》卷五四《文苑二》

阮旻錫，字疇生，同安人，明世襲次千戶後裔。闖賊陷京，旻錫方弱冠，慨然謝平時業。夙居島外，師事曾公櫻，傳性理學，患難與共。又得曹石倉所遊之友楊能元、池直夫，聞其緒論，講習風雅，如是者十六七年。出覽名山大川，北抵京華，託處十數載。後乃逃於釋氏，止教授生徒自給，實鄭所南、謝皋羽之流亞。三山林氏佶謂其詩沖微澹遠，一以正始爲宗，他日列《文苑》，其平生志節必有表而傳之者。年八十餘終。丁雁水、林吉人序略。乾隆《泉州府志》卷六二《國朝隱逸》

阮旻錫，字疇生。生明世，襲次千戶後裔。闖賊陷京，旻錫方弱冠，慨然謝舉子業。夙居島外，師事曾櫻，傳性理學，患難與共。又得友曹石倉所遊之友楊能元、池直夫，聞其緒論，講習風雅，如是者十六七年。出覽名山大川，北抵京華，託處十數載。後乃逃於釋氏，以教授生徒自給，實鄭所南、謝皋羽之流亞。

三山林氏佶謂其詩沖微澹遠，一以正始爲宗，他日列《文苑》，其生平志節必有表而傳之者。年八十餘終。嘉慶《同安縣志》卷二三《人物・國朝・隱逸》

阮旻錫，字疇生。父伯宗，字一峰，世襲千戶裔，世居海上。幼孤，泛海學賈以養母。母没，躬負土石，與父合葬鷺門。甲申國變，旻錫方弱冠，慨然謝舉子業。師事曾櫻，傳性理學，患難與共。又得友曹石倉之友楊能元、池直夫，聞其緒論，講習風雅。旁及道藏釋典、諸子百家、兵法戰陣、醫卜方技之書，無不淹貫。出覽名山大川，北抵京華，託處十數載。後乃逃於釋氏，名超全，以教授生徒自給，實鄭所南、謝皐羽之流。著有《夕陽寮詩集》、《詩論》行世。林佶謂其詩沖微澹遠，一以正始爲宗。年八十餘卒。民國《同安縣志》卷三二參丁雁水、林吉人序略，孫靜庵《明遺民録》。《通志》列文苑，舊志列清之隱逸，未合。

阮文錫，字疇生。父伯宗，字一峰，世襲千戶裔，夙居海上。幼孤，泛海求贏餘以養母。母没，躬負土石，與父合葬鷺門。生平寡言笑，絶交遊，取與不苟。一裘三十年，一履五年，終身不衣帛。值峽江曾櫻之喪，傾囊助之。闖賊陷京師，文錫方弱冠，慨然謝舉子業。師事曾櫻，傳性理學，患難與共。又得友曹石倉之友楊能元、池直夫，聞其緒論，講習風雅。旁及道藏釋典、諸子百家、兵法戰陣、醫卜方技之書，無不淹貫。出覽名山大川，北抵京華，託處十數載。後乃逃於釋氏，名超全，以教授生徒自給，實鄭所南、謝皐羽之流。著有《夕陽寮詩集》、《詩論》、《詩韻》行世。林佶謂其詩沖微澹遠，一以正始爲宗。年八十餘卒。府縣志，參丁雁水、林吉人序略。《通志》列文苑。道光《廈門志》卷一三《明隱逸》《明獨行》

古之爲詩者，不甚滯聲響筆墨間，至唐而諸體始嚴密，然皆根於情，寓於境，不必以爲雕鏤綺繢也。故其時以詩名者，往往多山林抗浪之士，不則挫於下僚，鬱於勢會，而以其奇怪瑰卓者散寄於篇什之中，情之所至，時代不足以限之矣。然則天下之詩人，皆天下之深情人也。而世之論者，方且遺本而飾貌，踵事而增華，不已淺乎？鷺島峰巒竦秀，煙垂雲接，異人多棲托其中。余僑居島上已五載，諸友人有言阮子雋敏善詩歌者，予心識之。既而阮子出《嘯草》相示，羅羅清疎，言必稱乎情，如詠鄭所南《心史》及贈陳白雲、和王百穀諸作皆峭出，無世俗雕鏤綺繢之習，然則阮子其瑰偉懷感慨而有以自振者歟？阮子年甚少，思甚鋭，由是而造焉，其以追於古不難。然吾聞孫登之在宜陽山也，阮籍訪之，作嘯聲，求與俱出，登竟不應。予迂且鈍且，隱耕遯釣，世事闊絶，以自託於古之無用者。阮子他日名當益盛，尚能訪我深崖篁竹間，作嚮人聲否也？紀許國《嘯草序》，載道光《廈門志》卷九《藝文略》

往讀阮嗣宗、陶元亮詩，輒不禁歎興曰：『詩以言志，亶其然乎。嗣宗繫心魏朝，元亮不忘晉室，故其拒司馬氏之婚，託諸六十日之醉。義熙禪革，遂終不仕，其志皆可知矣。志有鬱鬱不能徑達，見之一二行事，使人識其中之所存，而又恐時更世異，事或湮没不彰，復即言詞之間，寓其憂愁拂逆之旨。如《詠懷》之八十餘篇，《停雲》、《飲酒》諸作，益足令後之君子生知人論世之感云。阮君疇生，予同里也，爲明功臣世襲千戶侯後裔。勝國亡於李寇，疇生時方弱冠，慨然謝平時業，避居島外，師事遜荒士大夫曾公二雲，傳性理學。又得曹石倉所遊之友池直夫，朝夕往還，講習風雅，如是者十七八年。出覽名山大川，北抵京華，託處十餘載。後乃皈于釋氏之門。當其之燕也，正朝廷招徠田横之日，高官顯爵，例有可得。疇生不爲也，止以教授生徒自給。及其館於鄉之勳爵侯若伯皆北面之，詩名振京師。關東鉅公咸欲爲築碣石之宮，又概謝之。直至厓門舟覆，海波不揚，遂決入於緇流白足中。此其志何如耶？予又竊怪嗣宗居步兵而不能去，元亮與僧者遊而不爲僧，疇生尤有甚焉。意其爲詩，必且激昂發洩，以視《咏懷》、《停雲》等作，更『慨當以慷者』，何以乃獨盛大音勝和平旨多也耶？蓋疇生之爲人也，於君親師友間，無所不至其情；平日所學，窮經論史，考物析類，無不研極源流。詩自漢魏而下，元明而上，無不代辨其風尚，人究其異同，綜百家之要妙，爲一己之取裁，故其諧聲叶律有如此耳。噫，方疇生甫至燕，予獨知其詩於衆未共知之日，數借正所不逮。迨予出官于外，疇生亦即離燕，先後數千里之虔之楚，與予相見。居楚二年，同予經鄂之亂。至予歷嘗風波患難，遭謫以行，疇生猶共依依不忍舍去，其果爲空門中人也哉？日者疇生語予曰：『昔陳白雲溷跡織屨，以詩示林古度，每讀一章，必自嗚嗚涕泣。後伯敬於古度架帙中，得其殘集傳之。』夫予與疇生計有二十二年之交，居恒酷愛其詩，不啻如鍾於陳。疇生之詩，非予傳之而誰傳之？顧傳疇生之詩，必取其志而俱傳之，亦冀自今以至後日知有疇生之志，庶幾其詩之傳亦如嗣宗、元亮之不朽焉，尤予之願也夫。

魏和公曰：疇生，天下奇男子也。非先生知之深，不能序得如此淋漓痛快。比之嗣宗、元亮，所謂擬人必於其倫者，惟疇生可以無愧，亦惟先生無愧爲疇生作序文耳。

張夏鍾曰：『嗣宗居步兵而不能去，元亮與僧遊而不爲僧，疇生尤有甚焉』數句，可以定疇生之人，可以慰疇生之心。通篇歷落慷慨，而其聲情又何搖曳而紆回也，當在廬陵、眉山之間。丁煒《問山

文集》卷一《阮疇生詩集序》

文者，載道之器。道在人心而散見於事物，故有一事不知、一物不名，而欲操觚爲文者，吾未見其可也。近世論文家崇秦漢而薄唐宋，尚唐宋則迂秦漢，此徒在膚貌之間而不得神理者也。古人胸有所蘊，發而爲言，左、史有左、史之文，韓、歐有韓、歐之文，雖未嘗不相師，而豈相沿襲也哉？予寓京師久，同阮子晨夕談詩論文素矣，阮深究性理，默契六經，自道藏釋典、諸子百家以致兵法戰陣、醫卜方技，下及稗官野乘之書，無所不覽，而採其精華，去其糟粕，故自成一家言。昔人評《史記》只一『潔』字，阮子之文足以當之。夙歲阮子至濟上，予與藩司黄公德臣欲爲刻其藏稿，阮子方且遊，不遑少待。近臬司丁公雁水，已刻其詩於金陵，阮子將應靖海將軍鄉山之請，文方授梓，予亟分清俸以速其成。昔蔡中郎得王充《論衡》，秘之枕中不以示人。予故不能爾爾，而丁、黄二公公好之誠，卓乎其不可掩，且以見阮子放浪江湖，徜徉山水，萬里辭家，平生所遇知己固亦不一而足也。陳俞侯《夕陽寮序》，載道光《廈門志》卷九《藝文略》

自變亂三十餘載，雄偉非常之士，隨地多有，而功業鮮有聞者。蓋義無所用其能，往往竄伏於深山幽澗之中。博覽史傳，廣遊天下形勢地，心誌其要害，間發爲詩歌古文辭，以自舒其鬱結，此不得志於時者之所爲。阮先生疇生，固其人也。先生生於閩，嘗師事峽江曾公櫻。曾公死於義，先生遂不事制舉業。頻年遠遊，抵吴越，達中州，涉齊魯、燕趙之鄉。其山水詩文之興，與予家大人有同然也。庚申夏，先生携其《涉江》、《燕山紀遊詩》來訪家大人於翠微。家大人適養疴他山，儼乃令童子持往家大人所，還示曰：『讀其詩，有心人也。』即欲出山見先生，而先生已棹發贛江矣。既先生復來寧都，家大人相與語甚歡，因屬家大人序其集。儼復敬書其後曰：孔子曰：『言之不文，行之不遠。』蓋言既有其本，而行遠之不可無文也。先生於君父師友既敦篤其大倫，則本既立矣。是雖不工於詩文，猶將傳於後世，况其工者乎。儼嘗讀先生之詩，愉於心而喜於色，然又不能不悲之也。歐陽子曰：『非詩之能窮人，殆窮者而後工。』先生於詩既工之矣，則其窮也無疑。然而先生得其窮，將必得其達。語曰『時窮而窮，時達而達』，吾計先生將必得其達之時矣。是其窮也，得詩文之工；而其達也，致乎知本之用。先生之自處其窮達，本末殆兼得矣乎。先生將又與當世雄偉非常士播樂章、刻金石，歌誦朝廷盛德，而遠追商周魯《頌》之篇，使曾公焜耀於地下，家大人從旁掀髯而笑。更序次其後，爲勝觀也。魏世儼《魏敬士文集》卷三《阮疇生詩集序》

予於癸卯秋從鷺島涉江，棲止無定。戊申，舍弟輩移居邑東夕陽山下。山有夕陽寺，唐宣宗爲沙彌時遊息處也。庚申，返自京師，葬二親於山麓。念欲歸隱此山，守先人丘壟，有懷未遂。癸亥，予在燕山依古槐老人剃髮，從此故鄉亦不復思返矣。戊辰，訪廉使丁雁水于武昌，遭叛兵之難，廉使以他累調姚安守，臨行留草堂資。明年，予至金陵，賈屋城南青溪之上，都閫參軍傳介如爲予修葺。於時寒雨初晴，夕陽在樹，詠鄭所南『天下皆秋雨，山中自夕陽』之句，淒然有舊山之感。棲霞楚公爲予扁曰『夕陽寮』，因成四律寄諸同社。阮旻錫《夕陽寮詩稿》卷九《夕陽寮詩四首并序》

鷺島經年別，螺江獨夜思。孤蹤來嶺嶠，夙夢到溪湄。仙樂鄉仍在，官榮跡尚遺。陸秀夫勒『官榮』二字于島石，合之乃『宋』字也。金盆羅几案，玉笏拄階墀。蓮坂荷舒葉，篔簹竹瀉枝。五峰岩上下，萬石洞參差。鼓浪高浮嶼，層灣曲遶碕。天低日月峽，潮漲鳳凰陂。以上皆島中之景。井竈紛如繡，田園畫若棋。

花饒蘭與桂，果茂橘兼梨。大火荔枝熟，輕霜柿子垂。江魚嘉入志，土芋爛充糜。市市餘鱸鱖，家家賤蛤蜊。香秔供酒醴，吉貝代蠶絲。問俗安淳厚，觀風遠鄙俚。隋唐初辟地，陳薛首開基。（唐陳黯、薛令之居此島，稱『南陳北薛』。）鋤棘尋荒址，捫苔認斷碑。雲深太保廟，木老王公祠。（祠王審知也。）卒自明朝戍，民從固始移。（島民皆光州固始縣人。）幾曾聞理亂，不復論興衰。吊古空成恨，感懷良在茲。伊予生長日，值世盛平時。邊海波濤息，中原珠玉馳。派承昭毅裔，（予祖居金陵，洪武年間以軍功襲百戶，移屯中左所。）居傍里仁坻。隆萬衣冠樸，朱陳嫁娶宜。少年慚穎慧，僻性愛遊嬉。督責煩親友，提攜賴父師。粗能通魯論，頗會誦毛詩。舊史閑中駁，殘經解後疑。窮冬常矻矻，繼晷復孜孜。稍習雕蟲巧，爭誇刻楮奇。正言遵董賈，雄辯鄙秦儀。漫倚穿楊技，徒矜脫穎錐。遭逢偏不偶，淪落竟堪悲。雨雪埋書劍，風霜換鬢眉。言從軍旅後，暫與簡編辭。河漢圖清濯，雲霄擬暗窺。未傳黃石略，姑試博浪椎。泛泛波間楫，悠悠岸上旗。壯猷終莫展，弩刀亦奚爲。淺濼趨鳧鶩，豐林臥鹿麋。徐收鷙鳥擊，陡兔驊騮羈。濟世雖無術，謀生幸有資。閑園重草創，陋室蓋茅茨。翠幙因風卷，衡門帶雨欹。藤蘿懸峭壁，杞菊間疎籬。曲折芙蓉徑，周遭荇菜池。柳橋斜系艇，花塢密張幃。引睡書連屋，消愁酒滿卮。西郊招逸客，北里聚歌姬。狼藉醒還醉，喧呼巷及逵。纏頭分次第，賦手定妍媸。不覺韶光轉，難將樂事追。天陰愁霧合，月望怨雲虧。涸轍憐魚泣，投羅歎雉危。三更聞畫角，廿□走天涯。濁浪蛟宮徙，狂飄颶母吹。焚巢驚燕雀，搜穴竄狐狸。殺氣青山暝，哭聲流水嘶。攜笻呼老父，荷擔挈嬌兒。文圃聊因樹，清溪復采芝。（癸卯秋，予渡江寓文圃山中孚村。明年春，移寓清溪坂頭。）才堪蘇喘息，未暇痛瘡痍。囊澀頻防盜，年荒數苦饑。舌耕微自給，肺渴久難支。遇汲賒修綆，逢春失短犁。所嗟嘗苦藥，反類飽甘薺。一病過三月，百憂銷寸肌。村巫憑祭鬼，田叟勸求醫。漸喜形神爽，終傷氣力疲。身癯同野鶴，頸縮似泥龜。不死方知命，貪生始悟癡。輕煙迷潤芷，零雨浥江蘺。中澤哀鴻雁，空山叫子規。隱衷仍惻惻，行道正遲遲。出晝懷三宿，奔吳憶五噫。窮秋長跋涉，逆旅乍追隨。別館侵星發，扁舟向晚維。綠波沖杳渺，青嶂陟逶迤。聊爾因人熱，猶然哭路歧。城東廬舍定，垣內草萊披。勁節培叢竹，貞心種露葵。噆膚驅蚍蝻，逐臭遠蠅蚔。兩弟同流寓，全家免別離。甲辰秋，予同黃訥園客長樂。九月，舍弟輩自清溪攜眷同住。芳鄰分夜燭，健婦理晨炊。叩戶言辭拙，依人顔色卑。撫膺增感慨，反袂更嗟咨。劫運丁陽九，征途歷險巇。滄桑多變易，禾黍總淒其。今昔終非我，行藏欲語誰？金純憑鍛煉，玉潔任磷緇。處世羞脂葦，登場賊喔咿。恥貧正足議，安分又何訾？甘以不才棄，無爲好爵縻。勳名長已矣，窮達且由之。丘壑容棲遯，林泉得悅怡。一竿歸舊隱，斗酒勞新菑。聽傴參黃蘗，遊仙訪武夷。竺書方衲寄，丹藥道人貽。物役勞當息，心齋靜可期。江湖看浩蕩，惟有白鷗知。阮旻錫《夕陽寮詩稿》卷一〇《旅懷一百韻》

按，阮旻錫，志書或作『文錫』，據現存著述所題，當作『旻錫』。阮旻錫著作，道光《重纂福建通志·經籍志》著録有《讀易闕疑》、《四書測》、《粵滇紀略》、《海上見聞録》二卷、《談道録》、《金剛經說》、《續佛法金湯》、《清源會詩篇》、《慧庵唱和集》、《同和東坡韻詩》、《唐人雅音集》、《唐七言律式》、《韻選》、《夕陽寮詩稿》二卷、《幔亭遊草》、《燕山紀遊》、《輪山詩稿》、《杜詩三評》、《夢庵長短句》等。今僅見《海上見聞録》、《清源會詩篇》及《夕陽寮詩稿》等，餘待考。

又，阮旻錫《夕阳寮诗稿》中《夕陽寮詩四首并序》之序言、《旅懷一百韻》，多可稽考詩人之行跡，并録存於上，以供參考。

周廷鑨

周廷鑨，字元立，晉江人。崇禎庚午分校南闈，婁東吴偉業駿公出其門。廷鑨沖懷貞澹，靜氣端凝，推當代靈光，望其豐采，有若卿景。著作甚富，有《樸園全集》行世。黄容《明遺民録》卷二

周廷鑨，字芮公，晉江人。天啓乙丑進士。授鎮江司理，舉卓異。考選吏部，驗封司，歷考功、稽勳、文選員外。以題革內監冠軍及疏駁陳啓新廢科目，忤上意，遂議謫外。廷鑨即引罪歸，不出。年六十卒。有詩集行世。康熙《福建通志》卷四六《人物》

周廷鑨，字元立，一字芮公，晉江人。天啓乙丑進士，授鎮江推官，年甫弱冠。至郡即誓於神曰：『異日持地方一錢者，有如江水。』分校應天鄉試，吴偉業出其門。擢吏部主事。時題授冠帶多冒濫，廷鑨力陳其失，報可。中貴銜之，遷員外郎。題革內監練軍及疏駁陳啓新請廢科目、罷推知行取之謬，事得寢，而政府及中貴索瘢中之，遂乞疾歸。唐王時起原官，進詹事兼侍讀學士、太常少卿，不赴。廷鑨工詩文，儒雅風流，爲時所重。道光《重纂福建通志》卷二〇四《明列傳·晉江縣》

周廷鑨，字元立，號芮公。所居第側別業，有樸樹連蜷，因自稱樸園居士。晉江人。良寅子。天啓甲

摘伏子、乙丑聯第進士，年甫二十。初授鎮江府推官，至則誓於神曰：『異日持地方一錢歸者，有如日』。兩分校棘闈，所得士，吴雪冤，罔不明允。至事關軍國大計如漕河鹽屯、議防議援，侃侃指畫，當事韙之。以卓異擢吏部驗封司中如吴偉業、葛樞，山左如張懋煒等，皆名流。署丹陽縣事，盡革耗羨，宿弊一清。轉考功、稽勳二司員外，主事。時題授冠帶多冒濫，抗疏力陳其失，奉旨飭行。自是貂璫及殿閣皆啣之。晋文選郎中。鑑空衡平，清慎如一。有陳啓新者，以武舉妄陳政務，驟膺帝眷，添註吏垣，議廢科目，罷推知行取。廷鑨疏駁其謬，事竟得寢，而政府及中貴索瘢隂中之，遂引疾乞終養歸。唐王入閩，起原官，晋詹事兼翰林院侍讀學士、太常寺少卿、提督四譯館。知時事不可爲，仍告歸。廷鑨工詩文，儒雅風流，菁華霞舉。爲詩殫美極妍，稽詞清俊，阮旨遙深，兼擅其妙，人分其牙後，尚有餘芬。晚樂與方外遊，息機關楗，視金紫如贅疣。年六十六，卒於家。所著有《兩都》、《三餘篇》、《三山草》、《去來草》、《頤園草》，復彙而刻之，曰《樸園詩歷》，分前後集。又有《水經注鈔》。《通志》，參《江南通志》、《瘦松集》、《詩歷》各序。　乾隆《泉州府志》卷五四《明文苑》

周廷鑨，字元立。天啓乙丑聯第進士，年甫二十。初授鎮江府推官，兩校棘闈，署丹陽縣事，以卓異擢吏部驗封司主事，轉考功、稽勳二司員外，晋文選郎中。鑑空衡平，清慎如一。有陳啓新者，以武舉妄陳政務，驟膺帝眷，添註吏垣，議廢科目。廷鑨疏駁其謬，事得寢。引疾乞歸。唐王入閩，起用。知時事不可爲，仍告歸。廷鑨工詩文，儒雅風流，菁華霞舉，爲詩殫美極妍。年六十六卒於家。著有《兩都》、《三餘篇》諸書。乾隆《晋江縣志》卷一二《明文苑》

先生姓周，諱廷鑨，字元立，號芮公。所居第側别業，有樸樹連蜷偃蹇，先生晚歲曰『是類我』，因自稱樸園居士。先生銀臺台石先生仲子，年十九膺鄉薦，明年成進士。繇鎮江推官擢吏部驗封主事，歷文選郎中，以終養引退。復起爲舊官，晉詹事府詹事，兼翰林院侍讀學士、太常寺少卿、提督四夷館本寺少卿。予告，春秋六十有六，考終于私第。先生神穎天授，風度凝遠。髫齔之年，銀臺公即知爲國器。妙齡登第，瑠炎方虐，不願拜官。烈廟飛龍，始爲潤州司李，摘伏雪寃，罔不明允。至事關國大計，如漕河鹽屯，議防議援，侃侃碩畫，當道韙之。兩分較棘闈，所得士，吴中如吴公偉業、葛公樞，青齊如張公懋熺等，皆英俊名流，海内服其藻鑑。公初擢驗封，思澄清銓地，時題授冠帶，冒濫特甚，公抗疏力陳其失，蒙旨褒諭飭行。然冠帶請托，恒因貂璫；殿閣給劄，多屬沐猴。亦以此失當事意，繇封司歷掌選，鑑空衡平，清慎始終如一。有陳啓新者，以武舉妄陳政務，驟膺帝眷，添註吏垣，議廢科目、罷推知行取，公痛駁其謬，事竟得寢。而中貴權輔，以公素不詭隨，索瘢陰中，因引疾求終養歸，旋奉温旨，而公歸志已浩然矣。逮都城傾覆，烈廟升遐，南都淪陷，隆武帝立閩中，時在草昧，典故莫稽，輿推論公，以原官晉秩起用。公勉赴新命，絶竿牘，抑競進，不以造次稍玷平生。然時政出多門，事多齟齬，乃疏乞閑秩，得予告還里，而閩疆已不可爲矣。公烈廟予告時，銀臺公尚無恙，衣錦承歡，鄉里羨爲盛事。世變後，銀臺公捐館，已躋八秩，哀號如孺子，撫諸孤侄如己出，蓋孝友其天性也。公才識明練，敷奏指畫，動中機宜。至於一觴一詠，文雅風流，連章累帙，菁華霞舉，分其牙後，尚有餘芬。使得盡行其志，當在謝太傅、李鄴侯伯仲間。而長才短馭，則時之爲也。晚年至心白業，樂與方外道人法喜之遊。二十餘年，息機關楗，視金紫如疣贅。屬纊之辰，恬然怛化，則所養可知矣。公二子，皆英姿俊發，文藻陸離，教卒有時名。將以某年月日，葬公于郡治附郭東羊角山。完滉以某久從先生遊，晚益相得，其窆也，不請銘於名公鉅筆，命朽衲爲之誌，意先生地下不以爲嫌，某愧其非任，義不敢辭。銘曰：圭璧尹孚天廟器，干鏌游刃别犀利。宅以仁慈清嘉肺，衡平鑑空弊六計。驊騮遷迴絀短轡，陽鳥彈隕天地閉，攀髯無階潛湝涕。嘉遯自貞丘園賁，灰心寂莫從所憩。倏然長往玄扃閟，亹亹慶源垂後裔。釋如幻《雪峰如幻禪師瘦松集》石部《宫詹樸園周先生墓誌銘》

按，據以上各傳，周廷鑨進士及第時年二十，以天啓乙丑（一六二五）上推二十年，其生年當爲萬曆三十四年（一六〇六）。年六十六卒，則卒年當爲清康熙十年（一六七一）。周廷鑨著作，據府縣志等傳及藝文志著録，有《兩都篇》、《三餘篇》、《三山稿》、《去來草》、《頣園草》等，合稱《樸園詩歷》（或即《福建藝文志》著録之《樸園詩草》十卷）。又有《水經注鈔》。均未見。

周鼎臣

周鼎臣，字允輔，諸生。甲申後，未與賓興，卜築屏山之下，扁曰修竹人家。乾隆《古田縣志》卷七《國朝隱逸》

按，周鼎臣傳，又見民國《古田縣志》卷二九《明隱逸傳》。周鼎臣著作，道光《重纂福建通志》卷六九《經籍志》著録有《竹庵集》。

周鳴鐸

周鳴鐸，字木生。崇禎丙子舉人。甲申後屢徵不起，築一草亭，以詩文自娱。里人敬而頌之，有『人間高士宅，天上少微星』之句。其從子偉，歲貢，亦能詩。民國《古田縣志》卷二九《明隱逸》

按，周鳴鐸有《一草亭集》，道光《重纂福建通志》卷六九《經籍志》著録。

林炅

明林炅，字孟炅，仙遊人，尚書蘭友從子也。博極群書，而不與試。嘗割股愈親疾。有問及尚書當時事者，輒悲涕不置對，因自號曰默齋。孫静菴《明遺民録》卷二三

林炅，字孟炅，仙遊人，尚書蘭友從子也。博極群書，而不與試。嘗割股愈親疾。有問及尚書當時事者，輒悲涕不置對，因自號曰默齋。《小腆紀傳》卷五八

林炅，字孟炅，仙遊人，御史蘭友姪。博極群書，從不與試。親老家貧，課徒以養。親病，醫未效，繼以割股。嘗曰：『山林吾樂也，如願足矣。』有問及御史當時事，輒悲涕，亦不爲置對，因自號曰嘿齋。《縣志》。乾隆《福建續志》卷五七《國朝隱逸》

林炅，字孟炅，御史蘭友從子。博極群書，從不與試。親老家貧，課徒以養。親病，醫未效，繼以割股。嘗曰：『山林吾樂也，如願足矣。』有問及御史當時事，輒悲涕不爲置對，因自號曰嘿齋。道光《重纂

福建通志》卷二四七《國朝隱逸·興化府》

林炅，字孟炅，仙遊人。博極群書，從不與試。親老家貧，課徒以養。親病，醫未效，繼以割股。嘗曰：『山林吾樂也，如願足矣。』自號曰嘿齋。道光《舊志》。

林炅，字孟炅，御史藺友姪。博極群書，從不與試。親老家貧，課徒以養。病醫未效，繼以割股。嘗曰：『山林吾樂也，如願足矣。』有問及御史當時事，輒悲涕，亦不爲置對焉，因自號曰嘿齋。卒葬本里西明寺龍岡之上。乾隆己巳《僊遊縣志》卷二七《人物志·明隱逸》民國《福建通志》總卷四三分卷五《清高士傳》

林　泓 一作林浤

林澹若，閩人。眉宇廓落，有奇氣。善詩賦文詞，旁及青烏、岐黄、壬遁之學，鑑别書畫、金石。不得志，就武舉，舉於鄉。上策長安，三見擯。至甲申，李賊陷全秦，逼畿甸，舉朝結胸絡口，無爲發憤者，澹若疾口痛心，叩閽上疏曰：『爲國家用武三十年，曾無一人知兵，能操分合之變者。臣愚謂：當急掣三邊近鎮精鋭，合爲虎旅，直擣賊窟。擇知兵之將，一軍軍臨清要地爲犄角，以護糧道；一軍軍太原要地爲批擣，以遮雲谷之項脊。大兵所嚮，賊憚窺河，仍掣東西二軍，併力犁掃。臣願假一旅，隨地觀變，出奇衝突，使賊情跧跛，我勢率然。』疏既上，天子壯之，急下兵部議，部臣格不行。未踰月，燕京陷，澹若雜作傭保，絶口不言天下事。閩大疫，市藥治方，存活者無算。黄容《明遺民録》卷四

明林浤，字澹若，閩人。性任俠，於詩畫、六壬、遁甲之學靡不究心。甲申以武舉入都，上請纓疏，部

議格不行。未逾月而北都陷。歸，以岐黄術隱於市。孫靜菴《明遺民録》卷一五

林浤，字澹若，閩人。性任俠，於詩畫、六壬、遁甲之學靡不究心。甲申以武舉入都，上疏請纓，部議格不行。未逾月而北都亡。歸，以歧黄術隱於市。《小腆紀傳》卷五八

林泓，字澹若，其初建陽人。輕財任俠，凡詩賦書畫、六壬遁甲之學，罔不究心。癸酉捷武闈。入都，遇闖賊起，上請纓疏，加副總兵。以阨於權貴，乞休。研窮岐黄術。康熙《福建通志》卷四五《人物》

林浤，字澹若。輕財任俠，凡詩賦書畫、六壬遁甲之學，罔不究心。癸酉舉武闈。甲申入都，遇闖賊起，上請纓疏，時論壯之。部議格不行。未逾月，明亡。歸，浮沉詩酒，研窮岐黄術以濟人。舊《福建通志》參《大事記》。乾隆《福州府志》卷六二《明人物·孝義》

林浤，字澹若，徙居福州。廓落負奇氣，精壬遁家言，旁及青烏、岐黄，鑑别書畫、金石。崇禎六年，曾異撰、李世熊鄉試報罷，二人露不平色。浤慨然曰：『丈夫何恨於此？即捷兩闈、魁天下，不循格例，即阻門籬。候得志乘權，而天下事去矣。丈夫挾尺劍囊矢伏闕下，片言移人主意，即長萬夫灑多壘之辱，與天下更始。功成身退，尋故水故丘，釣遊以老，斯可哉？』浤即以是年應武試，舉於鄉。三應會試不第。十七年，流寇陷全秦，逼畿甸。浤叩閽上疏曰：『臣昧死，痛國家用武三十年，曾無一人知兵能操分合之變者。名州大郡，畫疆雌守，後不救前，左不顧右，使賊常合而我分，賊主攻而我守，備多力分，無戰而屈。今不反此，幾幸堅壁以待賊衰，是肉誘豺狼而祝其飽僵也。今賊志驕滿，竊據城邑，復深入中原，東欲牽我邊勁，南欲阻我飛輪，則賊不得不分而我勢固可得合。臣愚謂：當急掣三邊近鎮精鋭，合爲虎旅，直搗

臣一軍軍太原要地爲批擣，以遮雲谷之項脊。臣一軍軍臨清要地爲犄角，以護糧道；賊窟。擇知兵之將，臨時集兵，願假一旅，隨地觀變，出奇衝突，使賊情詟跋，我勢率然。舍此不爲，直俟寇黨渡河，烽交畿甸，臨時集兵以禦之，則旁午披露，事不忍言。』疏上，帝壯之，下部議，格不行。未踰月而都城陷。泫歸，乃絶口不言天下事。會兵燹之餘，閩大苦疫，泫市藥治方，躬自診視，存活者無算。以此終老。道光《重纂福建通志》

卷二二三《明隱逸·建寧府》

天下賢豪之難意度者，未有如吾友林澹若者也。始崇禎庚午，予因曾子弗人識澹若。望其眉宇，廓落有奇氣，汪然無涘也。間談詩賦文詞，則以爲文人矣。既乃精論法書、名畫，鑑别三代漢秦以來金石銘識，則又以爲韻人矣。次乃及青烏岐黄、遁奇壬乙之學，則又以爲博通多材之人矣。所交自孤狷凉狂、儒緩通俠之士，異調而同諧。每過從，必傾尊烹茗、雅歌投壺，不則選石聽泉、問竹移花，從老衲話閑候月，終無細碎市闤事得掛吻眉者，則又以爲歷落澹淡之人矣。家居與令子克弢雅談，溫藹如佳賓良友；遇僮僕無踰辭失色，則又以爲柔謹冲和之人矣。久之，交澹若益洽，稍覺有嶽壘其胸而鬱確其氣者，則又疑其有隱讐幽恨、屈伏伺時爲雪除兇恥之事者矣。審察之，非是也。幾以澹若無相也。迄癸酉予文戰不利，憤恨露不平，澹若於是慨然曰：『丈夫何恨於此？此即捷兩闈、魁天下，不循格例，即阻門籬。俟得志乘權，而天下事去矣。貴爲丈夫者，挾尺劍囊矢伏闕下，片言移人主意，即長萬夫横域内，馘取中外叛人頭，獻俘太廟，灑多壘蹙疆之辱，乃後洗濯汙殘，與天下吏民更始。功成身退，尋故水故丘，釣遊以老，斯可哉？』予時心壯其言，涣然不覺坎壈之釋也。是年，澹若果就武試，舉於鄉。上策長安，三見擯。至甲申而闖賊陷全秦，逼畿甸，舉朝絡胸結口，無爲發憤者。澹若獨疾首痛心，叩閽上疏曰：『臣昧死，痛國家用武三十年，曾無一人知兵能操分合之變者。名州大郡，畫疆雌守，後不救前，左不顧右，使賊常合而我分，賊主攻而我守，備多力分，無戰而屈。今不反此，幾幸堅壁以待賊衰，是肉豢豺狼而祝其飽僵也。賊不自衰，且虛聲恫喝，詭張三方布置之形，牽疑我前後，臣愚以爲此滅賊之時矣。賊向不據城，東西漂蕩，故勢常得合而守者得分。今賊志驕滿，竊據城邑，復深入中原，東欲牽我邊勁，南欲阻我飛輸，則賊不得不分而我勢因可得合。臣愚謂：急當掣三邊近鎮精鋭，合爲虎旅，直擣賊窟。擇知兵之將，一軍軍臨清要地爲犄角，以護糧道；一軍軍太原要地爲批擣，以遮雲谷之項脊。大兵所向，賊憚窺河，仍掣東西二軍併力犁掃。臣願假一旅，隨地觀變，出奇衝突，使賊情疐跋，我勢率然。舍此不爲，直俟寇黨渡河，烽交畿甸，臨時集兵以禦之，則旁午披露，事不忍言。』疏既上，天子壯之，急下兵部議，而部臣竟寢格不行。未踰月而燕京陷。向使明主不格於鬻釜，朝臣動色於繫桑，金墉竇鼎，豈三日而裂哉？澹若既感天子知己之言，矢報無路，則浮沉酒肆，雜作傭保，絶口不言天下事。既而兵寇沸訌，閩大苦疫，乃市藥治方，躬自診視，所存活者無算。或謂澹若隱約醫自晦耳，夫澹若則猶行其初志也。古之大有志行者，每言『不爲相則爲將』，又曰『不爲宰相，則爲良醫』。澹若志爲將者也。萬旅司命於將，萬靈司命於醫，其道一也。將者，圖變於將變，鋤毒而衛良，乃壽人國無騫崩；醫者，察病於將病，逐邪而養正，乃壽人命無夭枉，其道又一也。嚮者，澹若請纓之疏，則亦結筋搦髓、召魂復命之方矣。秦越人懸鍼設飲以進虢太子，而國人阻格不爲通，太子寧有生理哉？唐有賣藥翁者，數十年不改其少容。及至長安，餘藥一丸，竟無買者，翁自吞之而騰空去。世無售澹若之丸者，則其自吞之而遐舉也宜哉。世遂以神仙爲英雄之退步，吾又何以測澹若年壽之所屆乎。故於澹若七十之辰，忭躍而進一觴，以識予交澹若三十年，今始窺其涯際也。李世熊《寒支初集》卷五《林澹若七十壽序》

按，史志所載，林浤或作林泓。

林　英

明林英，字雲又，福清人。崇禎中，以歲貢知昆明縣，有神明稱。永曆時，官兵部司務。明亡，祝髮爲僧。由滇遁入臺灣，卒。孫静菴《明遺民録》卷三三

林英，字雲又，福清人。崇禎中，以歲貢知昆明縣，有神明稱。永曆時，官兵部司務。明亡，祝髮爲僧。由滇遁入臺灣，卒。《小腆紀傳》卷五七

林英，字雲夫，福清人。崇禎歲貢，積學醇厚，夙負文名。任昆明令。滇俗多輕生圖賴，英嚴反坐之禁，澆風以戢。有藩司吏苟體乾，手斃僕，置古井，捏他人以償。英突至乾家，執其稚子，詰得其實，置乾于辟，人服有神明。康熙《福建通志》卷四五《人物》

林英，字雲夫，福清人。崇禎歲貢，積學負文名。任昆明令。俗多輕生，英嚴反坐之禁，澆風以戢。有藩司吏苟體乾，手斃僕，置古井，誣他人以償。英突至其家，執其稚子，詰得其實，置乾于辟，人服有神明。舊《福建通志》。乾隆《福建續志》卷四一《人物》

林英，字雲又，福清人。崇禎歲貢。積學負文名。任昆明令，有神明之稱。永明王時，爲兵部司務。壬寅削髮爲僧，從雲南遁至廈島，旋入臺灣。《東平紀略》。 道光《廈門志》卷一三《明寓賢》

按，《明遺民傳記資料索引》著録，『林英，（字）章叔，雲又』。林英字章叔者，另有其人，號劍溪，福建古田人，《福建通志》有傳。《索引》混同一人。以上諸傳，《福建通志》均載其字『雲夫』（康熙、乾隆《福清縣志·選舉志》同），其餘各傳作『雲又』。各傳多作『崇禎』歲貢，康熙《福清縣志》卷五《選舉志》：『林英，雲夫。天啓府學貢，昆明知縣。』乾隆《福清縣志》卷九《選舉志》『天啓間貢』下載：『林英，雲夫，府學貢，知昆明縣。』是又作天啓間貢生。又《廈門志》載林英於『壬寅（清康熙元年，一六六二）削髮爲僧』，爲他書所未載。

林迪

（林先春）子迪，字惠子。唐王時，以恩貢候除。王敗，迪隱居授徒以卒。道光《重纂福建通志》卷一九六《明列傳》林先春傳附

林迪，字惠子，閩縣人也。父先春，天啓乙丑進士。官浙江嘉善知縣，抑强扶弱，作興士類，寒素莫不頌德。時吏科都給事魏大中被魏忠賢陷死，尚誣贓三千兩，行縣追比。先春憫其廉宦，一貧如洗，爲之委曲設法得完。後竟以忤權要，賁于丘園。迪自幼負奇嗜古，弱冠補弟子員，食餼，乙酉年充本學恩貢候選。丙戌後，屏迹掃軌，講業授徒，蓬蓽樂飢，怡然自得。博綜墳典，蘊忠孝大旨，著有《杞窗讀史》及

《秋詠》等詩。歲己酉疾革，正襟危坐，語友曰：『吾輩不幸生於末俗，不必大用於天下，只期無媿於天下，非義富貴，豈足以動有志士哉？』并未言及後事而卒。《節義録》卷下

林 浤 見林泓

林 嵋

林少眉，福建莆田人。崇禎癸未進士。才甚儁異，隱居著述。義伉直，死獄中，與余賡之同難。著《蟛蜞集》十卷。《皇明遺民傳》卷六

嵋，字小眉，繼祚同邑人。由進士爲吴江知縣。蘇州失，歸仕唐王。至是自縊死。《明史》卷二七六《列傳第一六四》朱繼祚傳附

林嵋，字小眉，莆田人。崇禎中進士。制義文奇逸。詩原本漢魏，於唐獨宗李白，外此不屑也。闖賊犯闕，嵋間道渡江，上書閣部史可法言賊中事，可法奏留之。隆武時授兵科給事中，魯監國亦授吏部郎中。大學士朱繼祚之舉兵興化也，嵋與其事。城陷，賦《絶命詩》三章，嘔血死。嵋磊落負奇節，見時事已非，輒寄悲憤於詩。著《蟛蜞集》十二卷。《小腆紀傳》二四

林嵋，字小眉，莆田人。由進士爲吴江知縣。蘇州失，歸事唐王，官御史，《小腆紀年》云授給事中。復事魯王，爲吏科給事中。《勝朝殉節諸臣録》云一作禮部精膳司員外郎。興化破，自縊死。國朝賜謚節愍。

《海東逸史》卷一五

林嵋，字小眉，莆田人。文筆雋麗。崇禎十六年進士。明年知吴江，年甚少，案無留事。南都政亂，罷郡邑童子試，令輸貲徑達學使者。嵋捐俸代輸，而拔寒畯以應。南都亡，江以南諸郡皆不守，嵋懷印歸閩。閩中立，君以嵋爲工部都水司主事，改禮部精膳司，遷員外郎。閩事敗，遯跡荒江，一節自矢，故人當路者求一見不可得。居數年，莆中有海警，嵋與余吏部颺同繫獄。有解之者，颺得釋，而嵋發憤嘔血死獄中，年三十八。所著有《蟛蜞集》，多《哀郢》、《天問》之辭，人讀而悲之。潘檉章《松陵文獻》卷一五

林嵋，字小眉，簡弟。崇禎癸未進士。弱冠負才名，於人少當意，惟文章友與爲性命。甲申以來，杜門謝客，多取忌怨，後竟陷獄，卒年三十七。著有《蟛蜞集》十卷。康熙《福建通志》卷四八《人物》

林嵋，字小眉，莆田人。登崇禎進士。所作制義奇逸。詩原本漢魏，於唐獨宗李白，外此夷然不屑也。甲申，李自成犯闕，嵋間道渡江，上書閣部史可法，首言賊中事甚悉，可法奏留之。嵋磊落負奇節，既登第，欲自表見，會時事已非，乃益肆力於詩，所作多悲憤語。後賦《絶命辭》三章，嘔血數升卒。嵋以詩文殉君父，以性命殉詩文。著有《蟛蜞集》十二卷。《縣志》。乾隆《福建續志》卷五三《明文苑》

林嵋，字小眉。少隨父長茂宦鎮江，與兄簡以文謁金壇張明弼，一見傾倒，有聖童之譽。晉江黄景昉謂其所作文『僊蹤佛跡，隱見人間』，傳誦海内。詩原本漢魏，於唐獨宗李白。弱冠登崇禎癸未進士。李自成犯闕，嵋微服毁形，間道渡江，上書樞部史可法，言賊中事甚悉，可法奏留用，爲吴江知縣。蘇州失，乃歸。益大肆力於詩，時作悲憤語。魯王入閩，官給事中，偕余颺、朱繼祚起事。及大兵再破興化，嵋羈

獄中，與颺倡和。嵋草《絶命詞》三章，嘔血數升，自縊死，年三十八。乾隆四十一年賜謚節愍。道光《重纂福建通志》卷二一六《明忠節・莆田縣》

林嵋，字小眉，莆田人。崇禎十六年進士。明年知吴江，年甚少，案無留事。南都政亂，罷郡邑童子試，令輸貲徑達學使者。嵋捐俸代輸，而拔寒畯以應。南都亡，江南諸郡皆不守，嵋懷印歸閩。閩中立，君以嵋爲工部都水司主事，改禮部精膳司，遷員外郎，又遷給事中。興化城破，自縊死。國朝乾隆四十一年，賜通謚節愍。《松陵文獻》，參《南疆繹史・卹謚考》。案：《松陵文獻》謂閩事敗，遯迹數年。莆中有海警，嵋與余吏部颺同繫獄。有解之者，颺得釋，嵋發憤嘔血死。蓋未得實。同治《蘇州府志》卷七二《名宦》

林嵋，字小眉，廷陞曾孫。少隨父長茂宦鎮江，與兄簡以文謁金沙張明弼，一見傾倒，有聖童之譽。弱冠登崇禎癸未進士。所作制舉業，相國黄景昉謂其『僊蹤佛跡，隱見人間』，傳誦海内。詩原本漢魏，於唐獨宗李白，外此夷然不屑也。甲申，李自成犯闕，嵋不屈賊庭，微服毁形，間道渡江，上書樞部史可法，首言賊中事甚悉，可法奏留用之。嵋磊落負奇節，既登第，方欲得一當以自表見，會時事已非，益大肆力於詩。時時著作多悲憤語，每念及國亡主死，輒流涕哽咽。忌者竟藉是中之。難作，憤益甚，草《絶命詞》三章，嘔血數升，卒年三十八。嵋以詩文殉君父，以性命殉詩文。其没也，聞者莫不悼惜之。所著《蟛蜞集》十二卷。康熙《興化府莆田縣志》卷二二《人物・文苑》

嗚乎，此吾亡叔小眉之詩也。小眉存日，一時諸公多爲序其詩，終無有當其意者，以故集中皆不存。

獨屢謂予曰：『子當爲文以序我。』予逡巡謝不敏。及就逮上車時，又謂予曰：『非子無以名吾詩，其序之毋辭。』予悲不能仰視，然已心許之矣。至是詩校梓已成，一日夜呼燈讀之至終卷，乃嘆曰：『嗚乎，小眉之知我至矣。』自古大人知己唱和，孰有如吾兩人者哉？蓋自先叔棄官來，十年之中，長榻短檠，一吟一詠，兩人必商榷評騭而後出。今其詩具在，其作者之隱衷託意，及肆力淵源、刻苦擬議之處，淋漓得意之態，當時詩成相示，予所抉出而擊節者，小眉每嘆服不能自匿，相對仰天大笑，復唏噓不能自禁，皆宛然如見，又安忍不一名之哉？憶小眉中蜚語，爲忌者挾置城樓，方危疑不測，戈戟鋋梃，森列左右，敵聲一撼，城中屋瓦皆動。予冒險就視之，小眉方手此集，點竄數處，與余談笑酬詠，無異於歌妃侍側、卷軸在旁之日。防守弁卒，皆愕眙竊嘆，以爲異人，而忌者反不知也。蓋小眉平日曠達絕人，視其身若飄梗斷蓬，偶然處造化人世之中，方且爲風車，爲野馬蜉蝣，旦夕百年而不自戀，故人望之似傲慢。其於詩則才高而就束，氣大而就斂，數變始成，若蟬之不飲食以思蛻也。其漢魏迄唐明諸家，手慕心追，若仙道之鍊鉛汞，蠙蚌之采方諸，融結靈液，得其神明，而遺棄夫一切方藥廛苴之具，非若世人之貌襲膚取也。夫小眉之輕視其身也如此，而忌者必欲殺之。其重視此詩也，方將若驪之於珠，嬰之於湩，而忌者反不之知也。嗚乎，段簡之殺陳子昂也，猶知惡其詩。彼殺小眉者，豈知小眉之詩哉？然使忌之亦不能没也。夫斯文之在天地，真如寶劍金玉之珍，雖泥掩沙蝕之，其光氣顧可掩乎哉？當小眉取司馬長卿逸事以名其詩，是詩也，小眉固已自名之矣。方長卿未遇，其文章已自發爲精怪，以入於故人痟寐，而相遇逆旅郵亭之中。故在己則爲揚雄之夢鳳凰，在人則爲王吉之夢蟛蜞，皆文章之力所自爲也。生死，夢覺耳。世之人安足以知

之？而予又安能名之？林向哲《甌離子集·蟛蜞集序》

吾叔奚道先生歿之七年，冢君中子以行狀屬予。予受至三閲月，不能下一詞，蓋悲之至也。然予知先生最深，又誼不得謝，因勉爲狀云。先生諱嵋，字小眉，别字蔬齋，著書稱奚道先生。先世由中州徙閩。閩中工文詞舉科第，自唐先刺史兄弟始，而江陵、邵州列忠義、文苑傳。入明舉進士爲儋州守文範公，九傳至先生，皆仕於朝，冠蓋蟬聯。而先生高祖南崧公，官至都轉運；曾祖師南公，官至觀察，以軍功晉三品服俸，仕尤顯。父諸有公，以貢爲鎮江衛參軍。先生産於金陵，幼從父宦遊三吴中。崇禎初，三吴方盛修文社，聲氣最盛。先生與兄子山，以文贄諸公，諸公皆倒屣迎之。子山年十六，先生年十二，大動江南，爭相謂曰：『一時頓有兩玉人，今再見矣。』而金沙張公亮尤傾倒之，每謂人曰：『小眉，晉名士也。』歸鄉，所交盡閩中知名，咸遜謝不及。以文上銅山夫子，以詩謁黄東崖相國，二公皆盛稱之。會孝感楊賨長來爲莆令，東崖門下士也，楊公亦自知先生，舉童子科，及録莆士，俱置冠軍。壬午，粤中郭正夫來督學閩中，閲先生文，大驚賞之。是年入闈，舉禮經第二人。癸未成進士，房師爲太史汪公長源。時銅山夫子以讜去，東崖、八公二相亦請告歸籍，九卿如倪鴻寶、凌茗柯諸公，皆先生舊識。方爲當國所目，遂不得預館選。甲申之變，登仕籍者一時俱陷賊庭，先生倉卒微服，變姓名，得逸出關。道中聞倪、凌、汪公諸人皆死難，當國者或降或囚，因感慨賦詩，所謂『二十四忠半生平』也。至舊京，以書上史道隣督師，而馬、阮諸人爭物色之，先生疏請改職，不許。會余賡之先生司銓部，知奚道才，授吴江令。吴江號劇繁，先生少年精吏事如神明，宿猾大胥皆憚之。踰半載，棄官歸。時唐藩即位閩中，改工部主事。未幾，轉禮部員外，復改吏科給事中。清師入，先生潔身島上。太公春秋高，方在城中，迫先生歸。先生志大才敏，少有操修。既登第，方欲得一自見，會時事已非，乃浮沉里巷，豪誕任達，頹然自放，惟大肆力於詩，與予輩楗戶分賦。當道諸公車騎到門，謝不見，去亦無報謁，卒以此得罪。先生雖才過人，至論詩乃折節下交於余。十年之中，所著一字必以相商；于論三百篇、漢魏至有唐、昭代諸家，亦以余言爲定，異同者十不能一二耳。嘗語余曰：『近代詩人當以君方北地，予其在何、徐間乎？』其高自位置如此，予愧不能及。然後世能知先生詩者，猶以爲過之。先生既不得志於時，時時著詩，多悲憤語，至於語及國亡主死之際，流涕哽咽輒失聲。海內聞先生名，傳其詩，以不得一見顏色爲恨。乙未，郡城圍急，有妄男子蜚語當事者，修舊隙，遂中先生及余公賡之，坐二人送獄。獄具，先生詞色不屈。讞者惜先生才，方爲白之，先生竟憤悒病，草絕命詞三章，一夕慷慨搏膺嘔血數升卒。省中林孔碩、徐存永諸君，爲襄後事。先是先生語予，夢邵康節以宗子集相授，謂『子大數盡於六六』，因嘆謂予曰：『吾明年三十六，其不免乎？然待詩成必逝，逝當不在妻子床寢間。』于是出入編次《蟛蜞集》，凡一年餘，集成而禍作，至是果驗，亦足異矣。歿時年三十七，時方盛暑，及就斂，顏色不變，圜觀者數百人，咸爲泣下。先生眉目疎秀，體羸而風神玉立，望之爲神仙中人。所著衣冠，人爭倣之。家貧壁立，怡然自得。棄官後，客至不能具酒脯，恒貰隣酤。又好法書名畫，不能得者，寢食俱廢。圍城時，饔飧不給，列玉斗卷軸古鼎彝于旁，喜見顏色。得千金，一日揮之立盡。性傲物，亦復坦夷，爲人所賣，不問亦不爲怪。所作制舉業，天下傳誦殆遍，老師宿儒，始笑而終服之。或因以取科第，而俗人嫉之如仇，爭欲殺之。乃其少時立異，非名流不交，而古文詩賦爲之禍階也。先生以詩文殉君父，以性命殉詩文，他日文苑、忠義傳中，當不得遺斯人矣。中子名人中，郡博士弟子，爲五七言諸體，得家學。林向哲《甌離子集·明賜進士出身奉直大夫禮部員外郎特簡吏科給事中從叔奚道先生行狀》

嗟乎，故明崇禎壬午、癸未間，闖賊爲逆，秦晉騷然，朝議沸如蜩螗，國勢危於纍卵，人人有土崩瓦解之慮。顧在廷諸臣，文恬武嬉，率皆蒙頭保妻子，釀成陽九百六之禍。而其時之舉進士者，往往有英挺傑立、磊落激揚之士，如禮部員外郎林公是已。公諱嵋，字小眉，别號蘗齋，系出唐端州刺史葦後，世居莆田，爲著姓。父封員外郎，諱某，以貢授鎮江衛經歷。母楊宜人。初，公之生也，宜人夢太華雙炬燭天，遂誕公與公之兄明經某。公生而眉目疎秀，體羸玉立。少負奇姿，屢著異徵。年十二隨父宦京口，金沙張明弼一見傾倒，有聖童之譽。弱冠以詩文受知於黄晉江、漳浦兩相國。聯登壬午、癸未鄉會榜。九卿如倪文正公、凌忠清公，皆引爲忘年交。甲申之變，公微服南返，上書閣部史公可法，言賊中事甚悉。南中大僚，多物色之。出知吴江縣事。吴江財賦甲天下，繁劇難理。公年少精敏，宿猾姦胥憚之若神。時國用匱乏，罷郡邑童子試，令輸貲徑達學使者。公謂非朝廷求賢意，捐俸代納，仍試其甲乙，所拔皆單寒士，人多稱之。未幾，王師渡江，金陵失守，京口以南，無不望風内附。公遂懷縣印歸閩。唐王即位福州，授工部都水司主事，監造皮甲。報竣，調禮部精膳司主事，晉員外郎。時大帥鄭芝龍桀驁擅權，朝貴皆出其門。公抗直不肯趨附，遂奉敕往祀霍童、太姥，而王師已踰仙霞矣。公潔身高蹈，浮沉自晦，益肆力於詩古文。自撫軍以下，車騎造請，咸謝不見，去亦無所報謁。卒以此得罪，與前吏部余公颺，偕送三山獄。

獄具，當事者重公之節而惜其才，方力白之，公竟慷慨拊膺，草《絶命辭》三章，嘔血數升而卒。時順治乙未年六月某日也，卒年三十有八。同郡余吏部颺爲公立傳，稱：『小眉爲人骯髒多大節，幼慕劉文成，其所著書亦曰「犁眉」。常欲得一當以自表見，而遭逢不偶，僅以詩文崛起當代。樂府歌行本漢魏，五七言近體本唐人，於近世王、李七子則中駟目之。』又稱：『明興三百年，長沙倡於前，北地、信陽繼於後，邇來雲間、海虞復大振其業，而吾莆之掉鞅蹈厲、含英咀華，以金鐘玉衡之才，發朱絃清廟之響，惟小眉一人。』其所稱道之者如此。噫，吾知非公意也。當崇禎、弘光時，以門戶水火之釁，中以盜賊四海横流，不可救藥。其時策名新進諸臣如公者，實欲抗節致命，效虞彬父、文履善之所爲，豈徒區區於標擅風雅，爲藝林、文苑之選也哉？今讀公所撰《蟛蜞集》，猶覺鬚眉宛在，謦欬如生。弔碧血於曩時，激丹心於終古。從凋傷殄瘁之餘，幽憂愁思，而發爲悲憤激越之言，斯則公之所爲詩若文，亦即公之所以爲公也乎？猶記公之尹吴江也，余甫九齡，先贈君與先兄輩，俱以諸生爲公所賞識。及乎陵谷變遷以後，先君每向余追述公治行經術爲吴中第一。今忽忽五十餘年，余以舊史官放歸，值公之令子人中，謂余與公有兩世通家之誼，遂以其狀來，泣而請銘於余。余因思天荒地老，劫盡灰飛，追遡數十年前之事，不覺爲之俛仰太息。論其世，悲其志，而痛公所遭之不辰也。公配張氏，封宜人。男一人，即人中，郡學生；孫男一人，元之，俱能世其家學，有文名。人中以康熙某年月日葬公於紫帽山之麓。銘曰：目公文人，公不自居。天方喪亂，其國已墟。公雖挺生，勢亦莫支。芒屩方袍，黄冠斯託。憂憤羈囚，艱貞中舉。故國纍臣，魂飛夢噩。讀公遺文，涕泗漣洏。鬱鬱松楸，千載於斯。駕霓驂螭，公其庶幾。徐釚《南州草堂集》卷二九《前明禮部精

膳司員外郎林公墓誌銘》

按，以上省府志各傳，或作興化城破自縊死，或作與余颺、朱繼祚起事兵敗被執繫獄嘔血死，甚或作獄中『嘔血數升，自縊死』。同治《蘇州府志》則辨而未明，徒增混淆。林向哲《明賜進士出身奉直大夫禮部員外郎特簡吏科給事中從叔奚道先生行狀》、徐鈗《前明禮部精膳司員外郎林公墓誌銘》，皆指其中蜚語而繫獄，惜詳情不得而知，蓋有所隱晦故。又，余颺《獄中夜坐贈林小眉二首》（《明詩紀事》辛籤卷二〇），時二人同繫獄，非城破時死可知。又，關於林嵋世壽，或曰卒年三十七，或曰卒年三十八。林向哲所撰行狀，言乙未被逮，次年盛暑歿，年三十七。徐鈗撰墓誌銘，則言林嵋卒於清順治乙未（一六五五），年三十八。不知孰是。又，《皇明遺民傳》作林少眉，『少』當爲『小』之訛。林嵋著作《蟛蜞集》，《莆田縣志》本傳作十二卷；《福建藝文志》作三卷，并云一作十卷。中國科學院圖書館、清華大學圖書館藏有《蟛蜞集》十卷《附録》一卷，清初求野堂刻本。

林　雍

林雍，邑廩生。隆武間，曾領兵圖恢復，兵陷後，隱金粟寺山後。其《西山題壁》詩云：『世計從今一筆勾，西山此地可優游。但知水竹堪供眼，管甚功名不到頭。春服既成偕出沐，濁醪初熟便相酬。憑君莫話英雄事，陌上風花水上漚。』今禹步蹟林姓，皆其子孫。道光《羅源縣志》卷二〇《人物下·明隱逸》

按，林雍傳，道光《重纂福建通志》附鄭國佐傳後，另見。

林 潭

林潭，字二恥，崇禎末諸生。明亡，棄舉子業，攜家隱大象山中。山寇大疤掌作亂，盡室被虜。妻子陳氏有殊色，不受辱，駡賊寸磔死。潭終身不再娶，寄居文殊寺僧房，以終其身。自號二恥者，恥不忠不孝也。道光《重纂福建通志》卷六七《經籍志》

按，林潭，閩縣人，通志及府、縣志人物志均未立傳，賴道光《重纂福建通志·經籍志》以傳。

林 霍

明林霍，字子濩，號滄湄，亦同安人。好等韻之學。問詩於盧若騰、徐孚遠。自丙戌秋，往來虎溪、鶴嶺間，與紀許國稱莫逆交，欲師事之。許國曰：『某不敢擁臯比，如黄魯直之於子瞻、少游，足矣。』相期許如此。稱遺民終身。著有《雙聲譜》、《續閩書》、《滄湄文集》、《鷗亭詩草》。孫静菴《明遺民録》卷二七

林霍，字子濩，號滄湄，亦同安人。好等韻之學。問詩於盧若騰、徐孚遠。自丙戌秋，往來虎溪、鶴嶺間，與紀許國稱莫逆交，欲師事之。許國曰：『某不敢擁臯比，如黄魯直之於子瞻、少游，足矣。』相期許如此。稱遺民終身。著有《雙聲譜》、《續閩書》、《滄湄文集》、《鷗亭詩草》。《小腆紀傳》卷五八

霍，字子濩，號滄湄。博學工詩，究心等韻之學，著述頗富。道光《重纂福建通志》卷七三《經籍志》

林霍，字子濩，號滄湄。同安人。博學工詩，究心等韻之學，著述頗富。優游林壑。有《滄湄詩文集》及《雙聲譜》行世。《同安志》。　乾隆《泉州府志》卷五五《國朝文苑》

林霍，字子濩，號滄湄。博學工詩，究心聲韻之學，著述頗富。優游林壑。有《滄湄詩集》、《滄湄文集》及《雙聲譜》、《韻學》行世。嘉慶《同安縣志》卷二二《國朝文苑》

林霍，字子濩，號滄湄。橄欖樹人。生明季，食貧。讀書博洽能文，好結交當世名人，以氣節自期許。詩文著述甚多，尤究心聲韻之學。問詩於盧若騰、徐孚遠、姚翼明，亦推爲秀出。紀許國序其所著詩，謂『如空山發翠，馨香不絶，別留神韻於筆墨之外』。自丙戌秋，往來虎溪、鶴嶺間，與紀許國稱莫逆交，欲師事之。許國曰：『某不敢擁臯比，如黄魯直之於子瞻、少遊，足矣。』相期許如此。稱遺民終身。所著《續閩書》，皆鼎革時海内名流不肯失節者。又著有《雙聲譜》、《鷴亭詩草》、《滄湄文集》、《滄湄詩話》、《荷樓詩選》。《縣志》、《廈門志》、《紀氏藏稿》、《明遺民録》、《童蒙求》、《林子濩紀略》合纂。　民國《同安縣志》卷三二《人物録·獨行》

林霍，字子濩，號滄湄，同安欖里人。博洽能文，究心等韻之學。問詩於盧若騰、徐孚遠、姚翼明，亦推爲秀出。紀許國序其所著詩，謂『如空山發翠，馨香不絶，別留神韻於筆墨之外』。自丙戌秋，掃門箇跡，往來虎谿、鶴嶺間，與許國稱莫逆交，欲師事之。許國曰：『某不敢擁臯比，但得如黄魯直之於子瞻、少遊，足矣。』其雅重如此。稱遺民終身。著有《雙聲譜》、《鷴亭詩草》、《滄湄文集》、《滄湄詩話》、《荷樓詩選》、《續閩書》。《縣志》、《紀氏藏藁》合纂。　道光《廈門志》卷一三《明寓賢》

按，林霍著作，散佚不存。民國《金門縣志》卷二四《雜記》多徵引其《滄湄詩話》，可稽考。

林大乾

林大乾，字用始，尚書廷選曾孫也。郡諸生。喜讀書，能文善射。美鬚髯，狀貌魁梧，性骯髒。與李世熊、林逢經、張綸輩結文社，咸一時名流。崇禎壬午鄉試，落副榜，棄去。是年旋舉武科，同儕赴賀，大乾掀髯歎曰：『吾文士也，造物吝我一第，世受國恩，圖報念切，安能待黄河之清？借此階進，非得已，何賀爲？』唐王時，以薦授都察院經歷。會太常寺少卿嚴通奉命視師浙江，戒行有期而缺其副，僉謂非大乾不可。大乾慨然就道，諸參贊事，悉合機宜。魯王入閩，命署羅源縣事。潔己字民，雖軍興旁午，正供外一無所擾。尋遷職方主事。魯王敗，痛哭以歸。後數年卒。道光《重纂福建通志》卷二二三《明隱逸·福州府》

林大乾，字用始，尚書廷選曾孫也。爲郡諸生，讀書能文，旁及騎射。偉狀貌，美鬚髯。結立文社，所與遊者李元仲、林守一、張道羽輩，咸一時名流。崇禎壬午落副車，改雋武場。同儕赴賀，大乾掀髯歎曰：『吾文士也，世受皇恩，圖報念切。造物吝我一第，特借此爲進身階，非得已，何賀爲？』乙酉以薦授都察院經歷。會太常寺少卿嚴通奉命視師浙江，戒行有期而難其副，廷議非林用始不可。大乾慨然束裝就道，參贊機宜，卒不辱命。歸，居竹田祖里。丁亥，署羅源縣事，潔己字民，雖軍興旁午，正供外一無所擾。聽政之暇，浮白談文。旋擢兵部職方主事。迨監國揚帆，痛哭而歸，棲遲泉石，不聞時事。後數年卒。參謝杲《節義録》。同治《長樂縣志》卷一六《明節概》

林大乾，字用始，長樂人也。大王父廷選，官兵部尚書。大乾本府庠生，喜讀書，能文，旁及騎射。美鬚髯，狀貌魁梧，性骯髒，兼以詼諧。結立社，文起二會，李元仲、林守一、張道羽輩，咸一時名流。崇禎壬午，棘闈中落副榜，悵不售，即儁本年武場。同儕赴賀，大乾掀髯嘆曰：『吾文士也，造物吝我一第，世受皇恩，圖報念切，安能鬱鬱待黄河之清？借此爲進身階，非得已，何賀爲？』乙酉，以薦授都察院經歷。會太常寺少卿嚴通奉旨視師浙江，戒行有期，而難其副。在廷僉謂嚴奉常北行，事關宗社，副使非林用始不可。大乾慨然束裝就道，一路參贊，事合機宜，卒不辱命而回。有志未展，歸居竹田祖里。丁亥，署羅源縣事，潔己字民，雖軍興旁午，正供外一無所擾。聽政之暇，浮白談文。頃之，陞兵部職方主事。迨監國揚帆，痛哭而歸，棲遲泉石，衡泌樂飢，不聞時事。後數年卒。《節義録》卷下

按，林大乾傳，乾隆《長樂縣志》未收録。民國《福建通志》總卷三四分卷三〇《明列傳》、總卷四三分卷四《明高士傳》兩收；民國《閩侯縣志》卷九二《明隱逸》附『懷安』舊縣下，皆本道光《重纂福建通志》。

林之蕃

之蕃字孔碩。材素清介，於物無所好，獨寶一箕子鼎，歿以貽之蕃。巨室期得鼎不可，則探宏衍官逋挾之。之蕃償以所遺屋與田，俱不可。之蕃曰：『鼎受之先人，當告廟乃予。』期日，召巨室予鼎，之蕃抱鼎告曰：『孫之蕃不能守傳器，願與索鼎者同殉。』向巨室一擊，巨室踉蹌竄去。崇禎癸未第進士。與侯

官林垐少同學，舉於鄉、成進士又同，倪元璐並器之。及謁選，垐得海寧知縣，之蕃得嘉興，又同省，密邇也。邑有鹽商，恃巡按御史李梃，力奪故宦墓。之蕃溽暑走百里，驗山界具圖，竟坐商罪。梃怒，以計典罷之。唐王稱號，黄道周以之蕃與垐薦，同日拜御史。繼授之蕃考功郎中，垐文選郎中。唐王敗，之蕃隱居唐嶼，以畫自給。後夢陳子龍以冠服招之，疽發背卒。道光《重纂福建通志》卷一九六《明列傳·閩縣》林材傳附

有明遺臣涵齋林先生，諱之蕃，字孔碩，别號積翠山陀，又曰涵齋。登崇禎癸未進士。曾祖諱堪，舉孝廉，受邑令。祖諱材，號楚石，萬曆癸未進士。與先生同科名，同觀政，以忠諫建言國本，彈時相奪情戀位，謫戍邊方。光宗嗣位，一歲三遷，擢銓垣，擢通政，擢都御史，郡誌名臣。父弘衍，號得山，援忠諫蔭官，歷浙江副使，備兵溫台，政多平恕。閩人稱四世簪纓，忠孝、經術萃於一門者也。先生守清白，貧約自檢。楚石公最愛其靜默持重若老成，不以才學衒人。屬文之下，旁及山水墨蹟，方言禪理。楚石公清介，於物無所好，惟珍藏一彝鼎，篆『箕子受命』文，斑駁陸離，價重千金。公没，遺囑歸先生。先生泣受，每遇公諱辰，捧鼎焚香涕奠。有富室黠而暴者，索父得山公官逋〔一〕，探鼎爲質，往復百計威刼。先生償以所遺屋，不許；償以遺田，又不許。先生曰：『若窘我者，爲鼎故也。鼎可碎不可奪。』睨富人搥鼎，富人心戀鼎，退去。又使人諂進三百金，并破前券。先生曰：『彼以利誘我不得，必殺害我。留此身，不可以鼎

〔一〕『公』，原作『父』，據《藏山堂遺篇》改。

自戕。』召富人予鼎，陰紿之：『吾鼎受先資政，無輕予汝，待焚香廟告，令破券耳。』富人喜，心怦怦動。先生抱鼎，告曰：『孫蕃不能守傳器。』向富人一擊，頭幾碎，竄去。成進士，釋褐，授浙之嘉興令。一巨商挾重寶屬巡鹺李公門下，横恣奪清節故宦墳，且污衊其子孫。牒下嘉邑，囑訊抵罪。先生溽暑走百里，驗山界，圖畫井井，坐富商罪。李公怒，駁覆。瀝血誓辯，全故宦墳。會計典罷，先生無幾微怏悒，攜故劍遺琴，束裝就道，浙人賦《清風歸去辭》以贈。甲申變革，天傾地折，恨不即死以殉，痛哭不食數旬。與同譜子埜先生發大誓，終身斷葷，願世世生生報君父地下。家居不接人，時自歌哭，謂徒存食息，不可赧面玷人間。唐藩入閩，故相朱公繼祚、黄公道周造廬請共事，謝以勢無可爲。二公竟以銓曹舉薦，不數日，復以御史屬先生扶病强應，遂決意高隱。世居吳航唐嶼，出海門，江心流湍。有潭曰淠濟，元晦朱夫子避跡處也，日汲潭洗耳。牢騷感憤，咸於詩文發之。嘗作《悲秋》詩云：『吾道固應窮到底，青山不意肯相從。』又曰：『斷續遠聲哀北雁，蕭條落照怨西山。』又曰：『寒巖亦是長安月，獨少千家響暮砧。』又曰：『衰楊近遠孤臣骨，千載何人表墓門。』讀者如空山夜半聽哀猿啼鵑。其著述盈篋，不以示人，恒傷閩俗嫉善如讐，謂千載後自有知者。值海氛震蕩，不遂寄跡，返三山故廬。制府諸公謀以地方人材勸駕，先生驚愕，以老病白，咏《漁況》見志。其略曰：『自是老翁生計拙，風波未至把帆收。』又曰：『别港魚肥招不去，緑簑惟戀舊溪山。』諸公亦遂其高尚，不强致焉。日與方密之、金道隱、爲霖和尚精研禪理于鼓山白雲洞中，彌月不倦。所畫山水，筆力奇恣，方之王大癡、梅花道人，醉後潑墨，幽致淋漓，爲石田、雲林所不及。癸丑元夕，夢雲間卧子陳公，以故明冠服令主功曹，覺而嘆曰：『吾遇故人，獲故物，何先生以全閩風水持論，忤鄉之權貴，一時附者交訌。先歸根復命之速也。』是秋，岃崱峰頭有里民盜葬，先生以全閩風水持論，忤鄉之權貴，一時附者交訌。先生性烈積恨，一夕疽發背卒。林子曰：前輩言楚石公建言國本，抗疏於神宗榻前，衆訝激烈。觀涵齋先生碎彝鼎、忤鹺使，義形於色，其激烈頗相類。然楚石公能以黷章發揮忠藎，先生獨鬱鬱孤憤以終其身，時有不同也。至於持論忤鄉貴人，亦以激烈而死。語云：『千鈞之弩，不爲鼷鼠發機。』是不可以已乎？惟當群小附和獻媚之時，疾風勁草，有關於世道人心，則先生雖死，至今猶生矣。林涵春《塔江樓文鈔》卷一

公諱之蕃，號涵齋，崇禎癸未進士。授浙之嘉興令，因忤當路權貴，不數月即解組而歸。篇中所云『乞食孤蹤追五柳』者是也。居無何而甲申鼎革，懷宗升遐，所以有『招魂雙淚弔三閭』之句。隆武以帝室之胄稱制閩中，奄有閩浙，擢公監察御史，巡按浙江，兼銓部功曹。篇中所謂『層巖縱陰無非地』，殆指閩徼；『落日雖低不離天』，其稱隆武歟？既而王師進關，鄭芝龍航海，蔡方山、齊遜輩揭舉義竿，而卒無成。詩所道『蔓草詎能成遠志，殘雲無力起奇峰』，其謂是乎？厥後吾鄉諸當事率多公之同年僚友，屢爲公勸駕，公立志不移。所云『冥鴻自欲歸高漢』、『結網家家逐急流』，及『別港魚肥招不去』，『錯認漁燈作客星』、『分付李將軍，勿復多言說』，皆有所爲而言也。諸當事高公之節，餽問不絕，公多卻而不受。所以有『丈夫貴知止』、『市道固所恥』、『干人非本心』、『毋煩顧一老』，及『已饑奚足道』、『瘦骨由來耐得寒』等辭也。最慘周按臺荼毒生靈，先朝遺老多罹酷禍，而公安居無事。所言『野叟見幾早』、『不畏狂風吹』、『烈火縱能燒到玉』、『風波未至把帆收』，又自道其所以免禍如此。他如『同死

《明御史涵齋林先生傳》，又見《藏山堂遺篇》卷首

乃本心』、『志士心血熱』、『漢祚已如此』、『晉室使人愁』、『至性指中寫』、『望空淚空灑』，其牢騷不平之感，留連故主之忱，又往往於言外見之。公以勝國逋臣，放蕩山水，結廬於鼓山之積翠巖，自稱積翠頭陀，蒲團竹杖，以資俯仰，其所著述於此時尤多。余爲公猶子之子，生六歲而公即捐館。公之狀貌奇偉，岸然道範，余及今尚能髣髴而追憶之。至於公所著《藏山堂》諸集，邈乎其不得見矣。蓋公之嗣蔟、暄二叔，皆相繼蚤世；公之孫球、盛二弟，又夙遭夭殤；所幸存者公之曾登姪，今甫弱冠，未能深知先人之志，而且習尚雕蟲，以此道有妨舉子業，經生家皆絶口不談，不束之高閣，則付之川流矣。即欲求公之殘篇斷簡，將何自而得之？丁未春，有西峰里周生者，館余於家之東偏方壺亭之上。方夏，樹林陰翳，炎烝不侵，四牕開洞，塵氛掃盡。課誦之餘，思得名篇警句有關世道人心之文，披而讀之，以蕩滌襟胸，洗磨宿垢，四顧茫然，夐不可得。閑散庭除，適生手持一帙，問其何編，曰：『吾女弟手繕美人詩也。』展而視之，其編首乃吾先侍御《雪譜》十二詠，隔數篇得《漁況》七言絶十詠，又得《悲秋》七言律十首，其餘或《美人百詠》，或世俗雜詩，頗有倫次。噫，異哉。吾先侍御没，迄今五十餘載，其文集詩詞，縉紳先生、文人學士無有過而問之，茲何以玩味而珍惜之者乃在閨中之秀也？雖其中微詞寓意，巾幗未必盡曉其義，然非生質粹美，嗜學精深，何以能致此於斯也？抑亦公之精神不泯，而光鋩發越，自當表見於世耶？吾因之有感矣。自古仁人志士立德立言，而名或不彰於當世，數傳而後，聞風興慕者乃發其潛德之幽光焉。公之制行，當時君子有高其節義而欽仰之者矣，而文詞何以至今不傳也？將無尚有待於來茲，積愈久而流愈長歟？余生也晚，不獲躬承公之庭訓，而接公之芳規。嘗於先君子之旁，時得習聞公之嘉言，而悉公之懿行。其所以汲汲公之遺文，得窺一斑不啻百朋之錫者，以先君子先有以啓之也。噫，公之生平固不因文詞而顯，其文詞亦不待余言而始彰。而余獨區區於是者，蓋由私心愛慕之誠，又恐公之心事不白於天下，而表揚先德乃吾子姪輩之事，故不揣昏愚，而謬有是說焉。時雍正丁未夏六月既望，蒼崖亦逋□□□於西峰之方壺亭。林蒼崖《書藏山堂遺篇後》，載《藏山堂遺篇》卷末

先生諱之蕃，字孔碩，號涵齋，閩縣人。性行醇正，狀貌奇偉。曾士甲客生《閩詩傳》稱其人博通今古，明興廢之道。工詩文，《閩詩傳》云：詩文極多，不甚概見。陳軾靜機《道山堂集》有《妙峯寺和林涵齋》二律，集中無此元唱，可知散佚者多。善繪事。林垐子野《居易堂集》有《題孔碩畫卷》一古，中云『文心托筆墨，筆墨未落紙。』又徐鍾震器之《雪樵集》有《林涵齋畫扇贈別》一古，中云：『貽我雲樹圖，筆筆成絶技。藹然丘壑姿，出入情袖裏。』公之善繪即此可見。與侯官林垐子野善，曾與子野結廬於鼓山之積翠巖。詩文見《鼓山志》，今採入。公與子野同姓同師，公爲《子野傳後》云：『子野與余同受業司空董崇相先生。』鄉、會同年，又同觀政戶部，後同出爲浙令，公嘉興，子野海寧。復先後辭官歸。子野盡節，公亦不仕，居嵩山，《閩詩傳》稱：公退居嵩山，從容澹靜，不喜交接，好佛經，而《辯宗論》是爲達義之至，識正之深。年六十有二卒。公爲《子野傳後》云：『少子野六歲』。子野生於萬曆丙午，公當生於萬曆四十年壬子。林涵春奕善《塔江樓文鈔》有《林涵齋傳》。云：『公卒於癸丑。』癸丑，康熙十二年也。《招魂》自註又云：『公卒於辛亥。』若癸丑則年當六十有二，辛亥則僅六十。未知孰是，姑存以俟考。公崇禎六年癸酉舉於鄉，以生歲計之，時年當二十有二。癸未三甲進士。時年當三十有二。曾祖堪，嘉靖癸卯舉於鄉，入省志人物傳。祖材，號楚石，萬曆丙子舉人，癸未進士，選通政司，授右都。道山薛老庄有石刻七律一首。父弘

衍。號得山，授忠諫蔭官，歷浙江副使，備兵溫台，曾與徐𤊹興公同修《雪峰寺志》。子二：長㞩，次暄，早逝。孫二：長球，次盛，皆夭殤。曾孫登。俱詳亦逋子《後序》。道光己亥年花朝，侯官後學郭柏蒼兼秋謹記於天開圖畫樓。郭柏蒼《明御史林涵齋先生事略》，載《藏山堂遺篇》卷首

按，林之蕃傳，省府縣志均未獨立傳，僅附祖林材傳後。林之蕃有《藏山堂集》，清雍正間已散佚，詳林蒼崖《後序》。清道光十九年己亥（一八三九）郭柏蒼搜集遺詩文授梓，並於四十二年後將書版歸贈林家，詳郭柏蒼《後序》。今常見者爲清光緒八年（一八八二）補刻本，存詩五十餘首，文八篇。

林古度

林古度，字茂之，閩莆田人。父章，字初文，移家金陵。萬曆中，嘗詣闕上書論事，不報。古度少賦《撾鼓行》，爲屠隆所激賞，與曹學佺、鍾惺尤善。順治末，見之秦淮，年八十餘矣。自言故居近華林園，久廢爲馬廄。晚歲卜生壙於乳山，死即歸葬。嘗紉一萬曆錢於衣帶間。康熙初卒。黄容《明遺民録》卷五

林古度，字茂之，一字邦子，福建福清人。其父初文，嘗獻書闕下，不報，歸而卜居金陵。古度好爲歌詩，少爲東海屠隆所知。萬曆己酉間，與楚人鍾惺、譚元春泝江遊雲夢，憩景鈴者屢月。及崇禎末，天下大亂，石頭不守，古度流離得無恙。舊家華林園側，有亭榭池館之美，皆已圮廢，别卜數椽真珠橋南，陋巷掘門，蓬蒿蒙翳，彈琴誦詩不輟。常紉一萬曆錢於衣帶之間。自卜生壙於乳山，年九十餘卒。《皇明遺民傳》卷三

林古度，字茂之，福建福清人，寓居江寧。工詩，少賦《撾鼓行》，爲東海屠隆所知。與曹學佺相友善，所爲詩清綺婉縟，亦復相似。後楚人鍾惺、譚元春遊金陵，古度悅之，詩格一變。舊家華林園側，有亭榭池館之美，明亡，胥化爲車庫馬廄。别卜居真珠橋南，陋巷窟門，貧甚。暑無蚊幬，冬夜眠敗絮中，或遺之帷帳，則舉以易米。施閏章憐之，謂古度曰：『暑無幬，病於寒無氈，君能守之，當爲計。』古度笑謂：『願守之以虎。』客皆絶倒。乃製紵帳，書絶句其上，屬同志各題一詩以寄之，慮其不能守也。兒時一萬曆錢，終身佩之。嘗寓法水寺，詩人袁孟逸死，厝寄寺旁，古度吊之，取摺扇畫停棺敗室狀，題詩其上以授僧，卒爲募葬。晚年與王士禛唱和於紅橋、平山堂間，諸名流咸集。古度攜其詩稿，屬士禛曰：『千秋之事，一以付子。』士禛選其辛亥以前詩不入楚音者二卷，爲《茂之詩選》。又著有賦一卷。年八十七卒。

《清史列傳》卷七〇

古度，字茂之。篤孝友，重然諾，以布衣狎主騷壇。居南京，貧甚，冬夜眠敗絮中，夏無蚊幬，或遺之，則舉以易米。與曹學佺諸賢唱和，有六朝、初唐之風。年八十餘卒。初，詩人袁孟逸死，無子，夫婦寄棺於法水寺旁，上雨旁風，暴露者十年。古度寓寺，弔而悲之，取一摺扇畫兩棺敗室中，極荒凉慘淡之狀，又題詩其上。徽州程某見而慨然出錢，以庀窀穸，而古度題其碣。及古度卒，周亮工葬之鍾山下。道光《重纂福建通志》卷二一三《明文苑傳·福清縣》林章傳附

林古度，字茂之，福清人。少賦《撾鼓行》，爲東海屠隆所知。嘗物色白雲先生陳昂於市肆織屨之中。父初文，以孝廉獻書闕下，不報，歸卜居金陵。古度與兄君遷，出交當代名士，聲譽日起。時曹學佺

官南京大理評事，每春秋佳日，登臨賦詩，清綺婉縟。古度與相友善，詩亦似之。萬曆己酉、壬子間，楚人鍾惺、譚元春先後遊金陵，古度一見悅之，相與泝大江、過雲夢、憩景陵者累月，於是其詩一變爲楚音。又三四十年，天下大亂，金陵尤陵谷，古度獨無恙。舊家華林園側池館胥化灰燼，别卜數椽真珠橋南，陋巷掘門。海内士夫過金陵者必過訪，然浮慕而已，不能有所緩急。年八十餘，貧日益甚，又失明，冬夜眠敗絮中。順治中，王士禛爲揚州推官，數過金陵，日與游雨花臺、秦淮、青溪、靈谷寺諸名勝，悵惘久之。康熙丙午下世，其子貧不克葬，周侍郎亮工葬之鍾山。《蠶尾續文集》、《池北偶談》、同治《上江兩縣志》。民國《福建通志》總卷三九分卷七《清文苑》

勝國萬曆中，海内太平，文治熙洽。士大夫官中朝者，率皆優閑無事，退朝罷直，輒飲酒賦詩爲樂。金陵號爲南京，山川清麗，衣冠翕集，尤以風流文采相尚，布衣工文之士，多萃止焉。閩人曹學佺能始官南京大理評事，尤好山水，每春秋佳日，與諸名士登臨賦詩，詩多清綺婉縟，有陰、何、沈、謝之遺韻，至今金陵人猶能誦之。林翁古度，亦閩人也。少賦《撾鼓行》，爲東海屠隆所知。其父初文孝廉，嘗獻書闕下，不報，歸而卜居金陵。翁及其兄君遷皆好爲詩歌，又出交當代名士，聲譽日起。而翁尤與曹氏相友善，故其詩清綺婉縟，亦復似之。萬曆己酉、壬子間，楚人鍾惺伯敬、譚元春友夏先後游金陵，翁一見悅之，相與方舟泝大江、過雲夢、憩景陵者累月，於是其詩一變而爲楚音。又三四十年，天下大亂，事勢陵谷，永嘉南渡，石頭不守，曩時風流文采之盛，不復可蹤跡，而諸公亦零落老死無復存者矣。顧翁獨亡恙。舊家華林園側，有亭榭池館之美，胥化爲車庫馬廄。别卜數椽真珠橋南，陋巷掘門，蓬蒿蒙翳，彈琴讀書不輟，有所感激，尚時發之於詩。海內士大夫慕其名而幸其不死，過金陵者必停舟車訪焉。翁既貧窶，無復少壯時意氣，朝炊冬褐，不能不仰四方交游之力。顧世之士大夫多非雅故，或陽浮慕之而已，卒不能有所緩急，由是窮益日甚。順治中，士禛佐揚州，數過金陵，與翁登雨花臺，泛秦淮、青谿，遊靈谷、吉祥諸寺。翁輒爲指點陳蹟，夙昔與諸名勝賦詩高會之處，潸焉出涕。予亦悵惘久之。康熙甲辰，自攜其萬曆甲辰六十年之詩來廣陵，屬予删定。酒酣，喟然曰：『吾束髮交游，今年八十五，屈指平生師友，彫喪盡矣。卷中諸君子皆化異物，每開卷見其姓字，輒作數日惡。此數巨軸，雖更兵燹僅存，然庋閣飽鼠蠹者垂三十年矣。後世誰相知定吾文者？千秋之事，今以付子。』予受卒業，而復於翁曰：『翁少時能物色白雲先生陳昂於市肆織屨之中，翁即老且貧，然四方知翁者衆，小子度何能重翁哉。』既辭不獲，乃爲披揀而精擇之，僅存百數十篇。蓋嘗論之，翁少與曹氏游，發三山，來建康，上匡廬觀瀑布，遊陽羨探善權、玉女之奇，其詩清華省淨，具江左、初唐之體。逮壬子以還，一變而爲幽隱鉤棘之詞，如明妃遠嫁後，無復漢宮豐容靚飾、顧影裴回、光照殿中之態。今所録篇什，率皆辛亥以前之作，而世之浮慕翁者，或未必盡知之也。宣城施參議愚山過揚州，得是本讀之，歎翁真面目今日始出，因録副本以去。既而施官臨江，予官京師，翁遂以丙午下世，三歲不克葬。每念平生杯酒之語，耿耿於心，愧無以報翁地下。己酉奉使淮南，檢此本適在篋衍，謀爲雕布，所以瞑翁目者，或在此也。乃爲敘述之，俾讀翁詩者有考焉。王士禛《帶經堂集》卷七三《林翁茂之挂劍集序》

前序作於康熙庚戌，中間敘述翁平生交遊洎詩格之變備矣。序成，欲刻未果。今歲庚寅，日月不居，倏已四十年往，而予亦耄及之。因謀之廣陵故人，而程君哲聖跂與其弟嗚友聲遂力任之，不兩月而蔵事。嗟乎，友道之亡也久矣。翻雲覆雨，比比而是，使人欲廣絶交之論。乃二程子能成予挂劍之義於四十八年之後，高誼不可泯也。翁卒，其子貧不克葬，故戶部侍郎櫟園周公葬之鍾山，皆古人之誼，庸并記之。王士禛《帶經堂集》卷七三《林翁茂之挂劍集又序》

按，以上諸傳所載，林古度刻明莆陽陳昂《白雲集》外，又曾刻宋遺民鄭思肖《心史》，見明崇禎刻本《心史》書前林古度序。林古度著作，現存有《林茂之文草》不分卷、《林茂之賦草》不分卷（明崇禎刻本）及《林茂之詩選》二卷（王士禛選，清康熙程哲七略書堂刻本）。民國《福建通志·藝文志》卷六四：『《掛劍集》，福清林古度著。《石遺室書録》云，此本乃漁洋先生所録。康熙甲辰，茂之攜其六十年之詩屬漁洋刪定，漁洋序以爲少作具江左、初唐之體，後一變爲幽隱鉤棘之詞。今所録皆辛亥以前之作，僅存百數十首。施愚山歎真面目始出云，蓋漁洋論詩，喜清華而惡幽深故云爾也。』知《掛劍集》，即《林茂之詩選》。民國《福建通志·藝文志》卷六四又云：『《林茂之賦》一卷，林古度著。李本寧序云，茂之賦草，《九龍灘》爲甲，余讀之驚心動魄，他小賦皆有潘、謝之致。陳繼儒序云，醞釀風華，詞鋒景焕。』林氏著述，甚爲稀見，今《清代詩文集彙編》已影印。又，林古度曾與纂《溧水县志》十卷，有清顺治十三年（一六五六）刻本。

林向哲

林向哲，字君十。家貧幼孤，事寡母備極色養。少博極群書，性脱略，於時輩罕所推讓。與從叔嵋、從兄鳳儀相切劘，爲詩歌古文。嘗以詩謁銅山黄道周，道周歎爲絶倫，謂林嵋之有二姪，猶王之養矩、謝之覽舉也。向哲爲詩，操筆立就，骨格老蒼，學杜得其神似者。既而鬱鬱不樂，居諸生間，出遊燕蘇，詩益雄放。歸編其所著詩賦古文曰《玉巖閣》十二卷，從姪楨梓而傳之。鳳儀字少威，邑諸生。高傲違俗，詩賦擅場于時，與向哲有蘭水二難之目。所著有《嘐嘐堂詩》十卷，《樗軒賦》二卷。康熙《莆田縣志》卷二八《人物》

《甌離子集》者，吾君十之所著詩與文也。君十少負異才，能强記。自其先廷評槐庭公，逮司馬省吾公、司李石樓公、太守榕門公，累葉以來多著述，代有藏書甚富。君十貧而蚤孤，母周太君，賢且節，和丸畫荻，教其成立。君十能刻厲攻苦，於遺書靡不讀。雖爲諸生，不沾沾八股業。同宗中，與余及衡者、仲氏穆之遊最篤，蓋未嘗三日不聚，未嘗一日不以詩歌古文詞相劘切也。衡者嘗持數十萬言，入清漳謁黄石齋先生，君十亦繕百餘編附之就正。先生既奇衡者，而尤心折君十，謂衡者曰：『若歸與斯人遊，必更進。』君十聞之，則益奮發其所爲學。此三十年前事也。自後喪亂頻仍，舉目河山，君十恒悒悒不自得，鬱抑離憂，有『邦國殄瘁，哲人云亡』之感，益無意經生家言。間嘗一遊京國，歷吴、越、齊、魏、燕、趙之邦，歸寄傲於故里之東山、木蘭、南谿、石室諸名勝。其所過遺址舊墟，未嘗不爲之流連焉；所遇故老殘黎，未嘗不就而詢逸事焉；所見曩代之一物一玩，未嘗不撫而長歎息焉。所敦者，君親師友、家國人物之大；所留意者，雖微蟲小鳥、寸草纖花不遺焉。故退而修一郡文獻，以維世道人心于不滅。至發爲詩文日益多，而所交遊請益者日益衆。若吾鄉之黄聘侯，晉安之陳昌箕、高雲客、卞興書、家麗帙，霍童之崔五竺輩，皆久聯心氣。郡守許公堯文，折節延見，令子若孫皆執贄門下，居恒尤喜。予季獻十、族侄小幹二人之篤志善學，其追隨倡和爲最密。憶自衡者早逝，余謬入仕途，旋遭廢黜，潦倒顛躓，奔走風塵。後三十年中，不能與君十朝夕切礪，及登山涉水，一遊一詠，共唱酬如昔時狀。意者老就丘園，可相聚無間。迨歸，而君十已先二年與穆之同修文地下矣。其貧也，予無以資之；其死也，予不及見之。其喪殮諸事，悉出小幹之力。其平日詩文多散置不自檢，獻十時時掇拾之，手録而藏之。至是小幹復捐重貲而付之梓。梓成，屬序于余。余嘗觀君十之所以論古人之作者而得之，其於李、杜曰：學士家徒求之體制、格調、聲響，以爲若也飄逸，若也沉鬱，不知少陵得風人忠厚不忘君父之旨，太白從王風蔓草之日，思起大雅，二公所以獨高千古，則君十之自爲詩可知矣。其於司馬長卿諸人曰：紛引錯出，繁見雜陳，如絲組五彩，織爲文章，皆由積縷而成，然後服杼軸者之心手爲不可及，且於宏麗之中，獨見其憂愁寄託風喻之意，則君十之自爲騷賦可知矣。其於韓、歐曰：昌黎、廬陵，主於明道，無畔六經之旨，而於周秦以下能文之人，皆竭思網羅，鼓鑄鑪錘鎔冶而出之。又譬之欲興宫室，當求良工經營，用其規矩準繩，取材于山，運甓于陶，自能與建章爭雄麗。良工者，大家也；經營者，匠心也；規矩準繩者，法度也；竹木瓦甓者，經史百家也。則君十之自爲文可知矣。故君十之所以論詩賦古文詞，則知君十不爲李、杜、韓、歐、司馬長卿以下之人，知君十之不在李、杜、韓、歐、司馬長卿諸人以下，則知天下後世之所爲詩賦古文詞者，皆當如是也。斯集出，則濫觴者宜止，離畔者宜返，剽竊模倣者宜自失，而樹公安、竟陵之幟，操濟南、北地之戈者，亦無容置喙矣。獨惜其負逸群之才，讀先代之遺書，受賢母之慈訓，感鉅公之知己，而爲交游風雅之所宗，竟不獲一遇于時。至于感時濺淚，一往情深；平生蕭瑟，意致蒼涼，卒賫志以没，何其不幸也。雖然，使其詩與文亦散焉無收，湮没而不傳，海内士君子無由覩其著述、知其爲人，不亦重可傷乎？乃小幹既資其生前，身後且刻其遺集若干卷，此其誼有大過人者，而亦吾君十之尚有厚幸焉。春雨沉綿，挑燈丙夜，予爲之序以問世，且欲焚一道以告于冥冥之中，君十或鑒焉。康熙戊午花朝，兄容菴友王題。林友王《甌離子集序》，載《甌離子集》卷首

按，林向哲著述，尚有《續莆陽文獻》四卷、《汐香亭詩話》一卷，道光《重纂福建通志》卷七〇《經籍志》著録。該志又著録《甌離子集》十二卷，一作《玉巖閣》十二卷。據林友王《甌離子集序》，林向哲詩文由其從姪林小幹（楨）刻於身後，或即爲一書。今未見《甌離子集》刻本，僅見民國丁亥翁炳燊星樓抄本四册，不分卷，收録各體文及詩賦若干篇。末册後題『甌離子集選卷四終』，則非爲全帙可知。

林志遠

明林志遠，字致子，廈門人。崇禎癸未進士，授工部主事。假歸。甲申後，奉母結茅清溪仙峰嶺，不

復出。著有《歷代史白》。孫靜菴《明遺民録》卷二九

林志遠，字致子，廈門人。崇禎癸未進士，授工部主事。假歸。甲申後，奉母結茅清溪仙峰嶺，不復出。著有《歷代史白》。《小腆紀傳》卷五七

（林志遠）字致子，九赴會試，崇禎癸未成進士。授工部主事。假歸奉母，旋隱居清谿。人稱陶菴先生。道光《重纂福建通志》卷七三《經籍志》

林志遠，字致子，號陶菴，同安人。萬曆戊午年二十六，舉于鄉。力學博聞，勵志弗衰，九上公車，崇禎癸未始成進士。授工部主事，假歸。甲申後，奉母結茅清谿仙峰嶺，不復出。人稱陶菴先生。年七十二卒。著有《歷代史白》。《同安志》。乾隆《泉州府志》卷六二《國朝隱逸》

林志遠，字致子，年二十六舉于鄉。力學博聞，勵志弗衰，九上公車，始成進士。授工部主事。假歸，聞變，遂奉慈幃結茅清谿仙峰嶺。稱陶菴先生。著有《歷代史白》。年七十二卒。』康熙《同安縣志》卷六《人物志》

林志遠，字致子，號陶菴。萬曆戊午年二十六，舉於鄉。力學博聞，勵志弗衰，九上公車，崇禎癸未始成進士。授工部主事，假歸。甲申後，奉母結茅清谿仙峰嶺，不復出。人稱陶菴先生。年七十二卒。著有《歷代史白》。《舊志》。嘉慶《同安縣志》卷二三《人物·明隱逸》

林志遠，字致子，號陶菴，大梁孫，大梁傳在『宦績』。塔頭人。萬曆四十六年戊午年二十六，舉於鄉。力學博聞，九上公車，崇禎癸未始成進士。授工部主事，假歸。甲申後，奉母結茅清溪仙峰嶺，不復出。

人稱陶菴先生。年七十二卒。著有《歷代史白》。府縣志。道光《廈門志》卷一三《明隱逸》

按，據以上各傳，明萬曆四十六年（一六一八），二十六歲，據此上推，林志遠當生於明萬曆二十一年（一五九三）。『年七十二卒』，則當卒於清康熙三年（一六六四）。《歷代史白》，未見。

林佳璣

林佳璣，字衡者，莆田人。黄道周之高弟。工詩文，兼善篆籀。出遊吴越，阻不得歸。潦倒不平，時時見於詩歌。康熙癸丑卒，壽八十有五。黄容《明遺民録》卷六

（林嵋）從子佳璣，字衡者。爲人質樸修志行，詩文雅健，能世其家風。《皇明遺民傳》卷六

（林嵋）從子佳璣，字衡者。質樸修志行，詩文能世其家法云。《小腆紀傳》卷二四

林佳璣，字衡者，莆田人。爲郡諸生，常鬱鬱不樂，喜吟詩。值閩中擾亂，去遊吴越，與諸名士酬唱徊徊虎丘、林屋間。數年歸，客於連江，一日無疾卒。所著有《東山集》若干卷。康熙《福建通志》卷四八《人物》

林佳璣，字衡者，莆田人。爲人質樸，修志行。嘗布衣芒履，負其師黄道周詩古文詞數十卷，請序於吴偉業。詩文雅健有師法。其叔父小眉，以前進士隱居著述，衡者能世其家風。有《東山詩集》。《吴梅村集》、《漁洋感舊集》。民國《福建通志》總卷三九分卷七《清文苑》

同時有從弟佳璣，字衡者。隸郡庠，喜苦吟，著有《東山集》。值閩中擾亂，客遊吴越。祭酒吴偉業稱其『爲人質樸修志行，詩文雅健有師法』，蓋皆能世其叔父之家風，因贈以詩有『連江人去雁飛田』

句。後歸，客連江竟卒，人以爲詩讖云。康熙《莆田縣志》卷二八《人物》林向哲傳附

林佳璣，字衡者，向哲從弟。十歲能爲詩歌古文。十六補郡諸生。年二十一，聞黄石齋先生講學漳浦，持數十萬言走謁於榕壇之上，長揖曰：『天下以文章忠孝望先生，然王祥何曾救魏之敗，寧武子不能止晉醫之鴆，張華《博物》徒虚語耳。世之所望者，佳璣不以爲然。佳璣之所望者，文章忠孝之外也。』石齋異其人，爲申仁義之旨，佳璣持節受教。將歸，石齋贈之詩曰：『但道一丘吾自足，應分半畝與君居。』其見重如此。已，入南山讀書，悔其所作，盡焚之。甲申後，絶意仕進，移居壺公山下横塘村，與同里謝南、張成、王宗仁、家備友善，罕入城市。值閩中亂，客遊吴越，與陳言夏、陸桴亭友善。好言王霸大略，述前人節義之行，則慷慨涕泗，旁若無人。遇雖窮，不悔也。祭酒吴偉業稱其『爲人質樸修志行，詩文雅健有師法』，能世其叔父之家風。因贈以詩，有『連江人去雁飛田』句。後歸，客連江竟卒，人以爲詩讖云。所著有《東山集》若干卷。民國《莆田縣志》卷二九《文苑四》

閩爲天下僻壤，面山負海，士風淳厚，家禮樂而户詩書，人才常甲天下。而石齋黄先生以道德起漳南，忠孝大節，光顯於朝廷；而文章經術以教訓鄉里生徒，榕壇之下，巷舍嘗滿。閩士之盛，天下莫隆焉。閩於地既僻，而人才絶盛，其郡舉上計試於禮部者，過重山危棧，涉錢塘，入武林，取道於吴郡，而後繇江淮以達於京師。故雖以石齋之賢，海内望塵不及，獨於吾吴則山川歷覽，賓客從游，可指數而得也，况其子弟都講之至於斯哉。蓋是時天下太平，江南文事大振，如余者夙爲石齋所知，能推明其教，故舟車之通，聲氣之合，有如此也。自先生殉節以死，余卧病海濱，不與當世接；遠方之士徒步而過我者，亦已少

矣。今年，興化林衡者，布衣芒屩，負其詩古文詞十數卷，入門長揖曰：『吾石齋弟子也。先生没，吾黨抱其經書逃匿巖谷，蓋與天下絶矣。獨念通都廣邑之内、名山大河之間，人才輩出，耆舊猶存，今以絶意仕宦，不得復與之游，則何以論道取友、感發其志氣？於是累趼重繭，襆被而來，將繇此入白門，過廣陵，一覩中原之盛，而恐其糧盡以返也。』余聞其言，壯之。往者在長安，石齋曾以《易傳》授余及豫章楊機部。未及竟，石齋用言事得罪，相送出都城。機部慨然曰：『絶學當傳，大賢難遇，余兩人盍棄所居官，從石齋讀書鶴鳴山中，十年不出？』余心是其語，兩人者逡巡未得去。今機部後先授命，余靦顔苟活，先生之學遂以失傳。嗟乎，吾聞之，古人有辭親遠游，負笈求師，三年不得見者矣；有解去印綬，不通官閥，北面稱弟子者矣。此機部與余所不能爲者，而衡者爲之。衡者行，序其稿爲贈，所以明余之惰，著衡者之勤，以見閩士多賢，而石齋先生之學猶存於天下也。衡者名佳璣，興化之莆田人。爲人質樸修志行，詩文雅健有師法。其叔父小眉公以前進士隱居著述，衡者能世其家風云。吴偉業《梅村家藏稿》卷三五《送林衡者還閩序》

予於故友中，與昌持伯、衡者交最深。二子變聞，余倉皇至其家，索其詩稿，然後及其後事。乃欲爲二子作敘，輒慘然執筆不能下。然予知二子既深，顧世亦無復能知二子者，于是叙其交遊始終、死生離合之際，而文章數變，其天質之高，與夫用心之精勤，亦可見矣。衡者於予爲從兄弟，年齒復參差。童稚時喜作小詞，予贈之以詩，遂答予一首。衡者才大而思敏，下筆疾如風雨，自後遂成數十萬言。入漳，持謁黄石齋先生。先生曰：『子年少，不宜多作，多作則多悔。』衡者更出予附所作百餘篇求教，迺辱加奬識，且謂衡者曰：『是子之從昆耶？子歸，當與斯人切磋耳。』衡者氣岸然甚盛，先生故抑之。而愛其才，復爲詩以贈其行。予時自愧淺陋，不知先生何以過許誘進之如此也。衡者歸，頗不自得。一夕在山寺，有悟，盡焚其所著業，以書抵予，謂：『夫子最知兄，兄不可不感知已。弟平日倔强，今不敢以雁行進，當北面於兄矣。』予悚謝不敢，然亦盡棄其舊作，與衡者講求古人相倡和。衡者既不復師心，權衡體裁而出之，成《東山集》六卷。是時與衡者最善，群從則少威、二史、掞生、牧之、亨生，異姓則昌持伯、康君平兄弟。持伯性疏曠而有遠神，其爲詩亦相似。工小楷行草，而不能諧俗，傲慢一切，制舉業亦清刻可傳。卒不遇，窮以死。持伯既歿，諸人亦寥落星散。予與衡者稍疏，既而悔之。將游吴越，詣予告別，信宿，與握手訣于郊亭。遊踰載始歸，歸未踰載，值圍急，奔三山，歿于客中。予乃并其東山、横塘、吴越之作，與昌持伯《薇泉近稿》，校正選定，繕緝合編，亦成二子素志也。憶予與掞生、持伯、衡者爲竹幄之游，芳晨佳夕，輒携以從。嘗夜半登東山石上，席地而談，河漢已低，明星熒然垂松際，清露流葉間，淅淅有聲，聽北村唳鶴爲候。又嘗偕入南溪，宿文簡公別業，觀梅花霏霏濺瀑中相亂，賦詩酬倡。於彭司馬柳塘西園玩月，芙蓉池竟數畝，荷香襲巾屨皆徧，鷺鷥棲蓮葉下，咸可數。朗咏得意，偶拍橋闌，鷺鷥驚飛，戛戛鳴空，半起而復下者數四，諸人大爲笑樂。每一思之，如昨日耳。今東山樹木，童然無遺，城外名園，如南谿柳塘，蕩爲荒榛蔓草之地，昔日樓閣廻廊，不可復識。而二子雖化爲異物，其詩文遺篇佳者，尚當留於天地，不可得而澌滅者。雖然，以二子之才思心力，假之以年，充其變化，當有不能限其所至者。而竟止是，尤足悲夫。此余向者之所以遲遲執筆，慘然而不能下者也，世之人安足以知哉。林向哲《甌離子集·昌持伯衡者

合集序》

按，道光《重纂福建通志》卷七〇《經籍志》著録『《東山集》二卷』，提要云：『《蘭陔詩話》云，衡者少擅詩名，有「鸚鵡倚籠閑説夢，杜鵑對月憶前身」之句，爲人所傳誦。閩亂，遊吳越，間與姜如須、吳梅村、金孝章、朱錫鬯定交。梅村贈詩云：「夾漈草荒書滿屋，連江人去雁飛田。」後衡者客死連江，人以爲詩讖云。佳璣，字衡者，號履齋，順治間諸生。』以林佳璣爲清順治間諸生，則誤。林氏所著《東山集》，《福建通志》均作二卷，《莆田縣志》作若干卷，《甌離子集》作六卷，蓋亡佚已久。

林明順

林明順，字孝臣，海澄人。性剛介，人多憚之。登崇禎庚辰進士，授廣東翁源縣，調繁增城，署東莞，陋規革除殆盡，三邑民祠焉。東莞多盜，明順肩輿入賊壘，爲開諭禍福，賊留之三日，民誤以爲將危之也，輸金贖之，而賊已擁令輿至矣。乃以其金修學宫、整治橋梁。行取除御史，奉勅典試粤西，道經故治，父老歡迎擁道。鼎革後，隱郡北桃林不出。康熙《漳州府志》卷二二《明循良》

林明順，字孝臣，五都人。雙眸炯耀，性剛介。崇禎庚辰成進士，授廣東翁源縣，調繁增城，署東莞，摘伏如神，陋規革除殆盡，三邑民建遺愛祠凡七。莞故多盜，肩輿入賊壘，開諭禍福，賊爲感泣，留三日，民誤以爲賊將危之也，輸金贖之，一日間投櫃以萬計，而賊已擁令輿至矣。散金還民，不受，用以修學宫、整橋梁，墜廢一新。行取除御史，奉勅典試粤西，道經故治，父老歡迎擁路。同事太常陳天定嘆曰：『今乃知公德入人深也。』洎鼎革，隱郡北桃林，杜門教子，不入城市。御史霍達特薦，稱疾不應。卒年六十七。門人禮部主事柯顒、庠士羅耿辰爲詩弔之，有云：『疏枝老葉千尋栢，鉄骨冰心一樹梅。』又云：『便是霜天常履葛，縱非齋日少茹葷。』乾隆《海澄縣志》卷一二《明列傳》

林宗仁

林宗仁，字慈源，號銅溪。家貧力學，舉崇禎庚午科。庚辰，天下特用進士七十二人，宗仁與焉。尋選金華府武義縣。慈字百姓，庭無敲朴；立政簡恬，邑人便之。陞户部貴州司主事。將赴闕，行李蕭然。民爭投錢助之，一無所受。值國變歸，杜門著述，有《林氏説書》，藏于家。康熙《平和縣志》卷九《人物志·明縉紳》

林承霖 謝天駒附

林承霖，字雨可，莆田人。幼時爲諸生，即以古人自期。甲申京城失守，承霖謝諸生，入麥斜巖隱居，潛心理學。家貧，妻子藿藜不飽，絶不爲意。山中人皆呼曰林先生。與同郡謝天駒同彙次《莆陽四編》行世。天駒字山子，攜家入山，置書數千卷，吟詠編摩，於名利視之漠如也。康熙《福建通志》卷四八《人物》

林承霖，字雨可，幼時爲諸生，即以古人自期。甲申京城失守，承霖謝諸生，入麥斜巖隱居，潛心理學。家貧，妻子藜藿不飽，絶不爲意。山中人皆呼曰林先生。與同郡謝天駒同彙次《莆陽四編》行世。

天駒字山子，攜家入山，置書數千卷，吟詠編摩，於名利視之漠如也。康熙《莆田縣志》卷二六《人物志·明隱逸》

按，林承霖、謝天駒編《莆陽四編》，一名《莆陽全書》，清乾隆間纂修《四庫全書》時，曾遭禁燬。《清代禁燬書目·補遺一》著録『《莆陽全書》十四本』，并云：『查《莆陽全書》，明林承霖、謝天駒同編。凡文編十四卷、詩編十二卷、紀言一卷、紀游一卷。所録元以前詩文皆莆陽文獻及各家集中所有，不藉此書以傳。文編所録明人諸作，有悖妄之語，應請銷燬。』此外，林承霖有詩集，謝天駒有《謝山子詩集》，均不存。

林東向

林東向，字育我，有隱德，不仕，與高瑞伯、郭中夫定世外交。鄧九行稱其『不效商山叟，輕履漢家廷』。乾隆《古田縣志》卷七《國朝隱逸》

林衍培

明林衍培，字仲卿，莆田人。以貢生知興國縣。興爲吉、贛門戶，土寇閻總之亂，衍培練義勇自將之，屢挫賊鋒，邑恃以無恐。尋以母老歸養。國變後，屢徵不起。生平言笑不苟，終日危坐。年六十二卒。孫静菴《明遺民録》卷二九林衍培，字仲卿，莆田人。以貢生知興國縣。興爲吉、贛門戶，土寇閻總之亂，衍培練義勇自將之，屢挫賊鋒，邑恃以無恐。尋以母老歸養，屢徵不起。生平言笑不苟，終日危坐。年六十二卒。《小腆紀傳》卷五七

林衍培，字仲卿，莆田人。幼敏慧過人，博涉經史。崇禎己卯以貢入雍，文譽日起。值遴選雍貢准舉人用，衍培與其選，授江西興國知縣。每讞獄，片言折兩造，觀者咋舌。時土寇閻總躪吉、贛，興爲贛門戶，防守客兵不能禦寇而肆暴，邑民患之。衍培乃選城内外壯丁，以忠義激發，日夜訓練成精鋭，於是詳請盡撤客兵，而將所練義勇人自爲戰。衍培復身先士卒，臨危制勝，屢剉賊鋒，邑恃以無恐。當事異其才，薦授職方主事，仍管縣職。賊探知遷信，併力攻興之白羊坰。禦之，遁去。又突至良口，設策以禦，賊不敢犯而退。擢爲監軍僉事。念母吳氏年老，先以守土不敢請，至是堅請歸養。乃築室村居，蒔花種蔬，爲娱親計。母卒，哀毁盡禮。屢徵不起。衍培生平言笑不苟，終日危坐。子四人，皆克承家學。年六十二卒。蔡世遠撰傳。乾隆《福建續志》卷四三《人物三》

（林光庭）子衍培，字仲卿。崇禎間以貢入太學，官興國知縣。土寇閻總擾吉、贛，興國爲贛門戶，防守客兵不能禦寇，且肆掠。衍培乃選城内外壯丁，激以忠義，日夜訓練成精鋭，遂請撤客，復身先士卒，屢挫賊，邑恃以無恐。以薦授職方主事，仍筦縣事。賊聞衍培遷官，遂攻白羊埡，又突犯良口，衍培陰授將士策，破之，後遂不敢犯。以母老歸養，屢徵不起。道光《重纂福建通志》卷二〇八《明良吏・莆田縣》林光庭傳附

按，林衍培傳，《莆田縣志》附於其父林光庭傳後，僅言『（子）衍培，知縣』。乾隆《福建續志》據蔡世遠撰傳收録，今蔡氏文集未收。

林春芳

林春芳，字子實。諸生。能詩。明亡，以節自全。道光《重纂福建通志》卷二二三《明隱逸·福州府》

按，林春芳，古田人，道光《重纂福建通志》卷二二三《明隱逸》收録於福州府古田縣。民國《福建通志》總卷四三分卷四《明高士傳》亦收録。

林高駿

林高駿，崇禎己卯舉人。性孤峭，隱居窮巷以死。道光《重纂福建通志》卷二二三《明隱逸·泉州府》

林高駿，號山子，晉江人。崇禎己卯舉人。其學以沉潛爲宗，人莫測其涯際。胸中岸異，不可一世。鼎革後，不赴公車，亦不謁選，峭性孤衷，蕭然四壁，圖書之外無長物，卒守窮巷以餓死。同年蔡嗣襄爲之傳。節《汗漫篇》。乾隆《泉州府志》卷六二《國朝隱逸》

林高駿，崇禎己卯舉人。學以沉潛爲宗，人莫測其涯際。胸中岸異，不可一世。峭性孤衷，蕭然四壁，圖書之外無長物，卒守窮巷以死。乾隆《晉江縣志》卷一三《明隱逸》

林嘉采

林嘉采，字景則，應翔次子。中崇禎十五年壬午順天舉人。留心理學，國變韜晦。嘗謂其甥鄭得瀟曰：『士貴立品，與聖賢俎豆相映對，尋常青紫，不足黯也。』其品之高潔如此。《鷺江志》。道光《廈門志》卷一三《明隱逸》

按，林嘉采傳，民國《同安縣志》卷三二《獨行》所録，與道光《廈門志》同。

林邁佳

明林邁佳，字子篤，詔安人。潛心力學，從薛欽宇、黄道周遊。著《環中一貫圖説》，究論天人事物之蘊。薛以『一菴子』呼之。國變後，以學行舉，棲隱不出。孫靜菴《明遺民録》卷五

林邁佳，字子篤，詔安人。潛心力學，從薛欽宇、黄道周遊。著《環中一貫圖説》，究論天人事物之蘊。薛以『一菴子』呼之。晚歲以學行舉，棲隱不出。《小腆紀傳》卷五八

林邁佳，字子篤，詔安人。潛心力學，從薛欽宇、黄道周遊。著《環中一貫圖説》，究論天人事物之蘊。薛以『一菴子』呼之。晚歲以學行舉，終栖隱不出。《府志》。乾隆《福建續志》卷五七《明隱逸》

林邁佳，字子篤，詔安人。潛心力學，從薛欽宇、黄石齋二先生遊。著《環中一貫圖説》，究論天人事物之蘊。薛以『一庵子』呼之。晚歲張雨玉侍御疏舉學行，不出。年八十餘，猶與同志講《易》忘倦

林邁佳，字子篤，二都南陂人。世傳孝友義讓，潛心理學，從薛欽宇、黄石齋兩先生遊。所著《環中一貫圖說》，究論天人事物之藴。薛以『一庵子』呼之。屢賞於學使者。晚歲張雨玉侍御疏舉學行，堅隱不出。年八十餘，猶與同志講《易》，竟日忘倦。子時脩，義不附逆，賊萬禮以數萬衆攻堡重圍，能率勵族衆死守全其宗，尤佳之家學不墜也。康熙《漳州府志》卷二三《明隱逸》

林邁佳，字子篤，二都南陂人。聞周最早，初讀小學，即謂聖賢之事無不可爲。潛心理學，不以時藝分其性命之功。從黄道周、薛士彦遊，與張若化兄弟爲道義之交。所著《環中一貫圖說》，究論天人事物之藴。士彦以『一菴子』呼之。道周稱一貫圖與濂溪太極圖相似，可以並行不悖；評其《圖說本義》以爲醇粹如《通書》。萬曆戊午後，即不事應試。其後奉詔舉賢良，臺臣疏薦，堅臥不出。道周在京師，常萬里移書往商榷，主一無適之義。築龍山著室，攜子姪輩讀《易》其中，玩乾元一畫之精，究陰陽變合之幾，立中正仁義之極，破君子小人之分，於《易》直終身焉。著作等身。生平遵家禮，禁佛事，最惡形家日者之說，謂師巫中多異端，以禍福惑衆，流毒甚於洪水猛獸，著書辨其僞。年八十餘卒。子時脩，義不附逆，賊萬禮以數萬衆攻堡重圍，能率勵族衆死守全其宗，尤佳之家學不墜也。舊志疏略，兹採纂《一貫圖引》。民國《詔安縣志》卷一三《明列傳》

按，以上諸傳以民國《詔安縣志》最詳，蓋採自林邁佳《環中一貫圖說》書前序。《環中一貫圖說》，通志、府縣志均著録。今存有清康熙刻本及清光緒石印本等。據民國《詔安縣志》，林邁佳另有

云。續傳。康熙《漳州府志》卷二三《明隱逸》

《懲毖篇》、《風木傳》、《紹庭語録》、《葬説參同》、《萱堂日記編》、《家訓宗圖》、《紹芳世業》、《一六仰勞篇》等。

林轉亨

林轉亨，字宏標。崇禎間貢生。壬午特賜進士，授刑部主事。唐王時，官廉州知府。博學通經，嘗輯《書經纂疏便覽》以授生徒。或取之授梓，冠以己名，實轉亨作也。道光《重纂福建通志》卷七三《經籍志》

林轉亨，字宏標，號石岡，三都石坑人。以力學通經，授徒於郡城。手輯《書經纂疏便覽》以授生徒，一時學者奉爲指南。其東家取以授梓，冠以己名，實轉亨出也。崇禎己卯以恩貢廷試，時朝廷需才孔亟，壬午由薦試特賜進士出身一百七十名。授刑部主事，以執法忤上官，謫長沙掾司理。唐王朝授廣州守，監視合浦珠，斥貢供額贏珠，以買補食穀，廣民德之。鼎革後，挈家屬隱居吳川縣，不復出。今以石坑名其街。民國《南安縣志》卷三六《明隱逸》

林蘭友

林蘭友，字翰荃，仙遊人。崇禎辛未進士。擢南京御史，疏劾太學士張至發、薛國觀等，貶浙江按察司照磨。與何楷、黄道周、劉同升、趙士春稱『長安五諫』。遷光禄署丞。京師陷，薙髮自匿，爲賊所執，拷掠備至。賊敗，南還。隆武帝用爲太僕少卿，遷僉都御史。事敗，挈家遯海隅，十餘年卒。《皇明遺民傳》

明林蘭友字翰荃，號自芳，仙遊人。崇禎辛未進士。知臨桂縣，宗室、貴戚爲斂跡。行取南京御史，連疏劾輔臣張至發、薛國觀，冢臣田維嘉，樞臣楊嗣昌負國之罪，忤旨，禍且不測。詹事黃道周，翰林劉同升、趙士春，給事中何楷交章論救，謫浙江按察司照磨。時稱『長安五諫』。久之，起考功員外郎。北都陷，賊纍繫群臣，令降者立紅幟下、不降者立青幟下，蘭友竟立青幟下。賊暴之烈日中，有道士投以濡帕噀之，得不死。隆武時，起太僕少卿，晉兵部尚書、右副都御史，督師泉、漳。閩亡，奉老親遁之廈門，羈窮飄泊，凡十五載卒。孫靜菴《明遺民録》卷三一

林蘭友，字翰荃，仙遊人。崇禎四年進士，授臨桂知縣。擢南京御史，疏劾大學士張至發、薛國觀，吏部尚書田惟嘉等。因論嗣昌忠孝兩虧，貶浙江按察司照磨。與楷及黃道周、劉同升、趙士春稱『長安五諫』。遷光禄署丞。京師陷，薙髮自匿。爲賊所執，拷掠備至。賊敗，南還。唐王用爲太僕少卿，遷僉都御史。事敗，挈家遁海隅，十餘年卒。《明史》卷二七六《列傳第一六四》

林蘭友，字翰荃，號自芳，仙遊人。崇禎辛未進士。知臨桂縣，宗室、貴戚爲斂跡。行取南京御史，連疏劾輔臣張至發、薛國觀，冢臣田維嘉，樞臣楊嗣昌負國之罪，忤旨，禍且不測。詹事黃道周，翰林劉同升、趙士春，給事中何楷交章論救，謫浙江按察司照磨。時稱『長安五諫』。久之，起考功員外郎。北都陷，賊纍繫群臣，令降者立紅幟下、不降者立青幟下，蘭友竟立青幟下。賊暴之烈日中，有道士投以濡帕噀之，得不死。隆武時，起太僕少卿，晉兵部尚書、右副都御史，督師泉、漳。閩亡，奉老親遁之廈門，羈窮

飄泊，凡十五載卒。《小腆紀傳》卷五七

林蘭友，字翰荃，號自芳。仙遊人。崇禎進士。授知臨桂。縣故多宗室，猾法難治。蘭友與約，犯無赦，貴戚斂手。宗藩有謀奪嫡者，蘭友曉以禍福，刑其罪首，而藩嗣以定。欽取授南京、湖廣道御史。疏論輔臣張至發、薛國觀，冢臣田惟嘉，樞臣楊嗣昌負國之罪，忤旨。連三上，留中，禍且不測。詹事黃道周，翰林劉同升、趙士春，給事中何楷交章論救，謫浙江按察散員。直聲震京師，時有『五諫』之謠。既而荆襄師潰，上思言臣先見，特旨賜環，起爲光禄寺丞，轉南京考功司員外郎。北都失守，賊抄迫群臣，樹青紅二幟，令降者立紅幟，不降者立青幟。蘭友徑立青幟下，賊怒，縛曬之。有道士乘間以濡帕噤之，得不死。蘭友終不屈。賊遁，脱歸。唐王建號，起爲太僕少卿，陞兵部尚書、右副都御史，總理撫討軍務糧餉，督師泉、漳。蘭友歎曰：『此臣子疆埸致命日也。』丙戌九月，國朝大兵至，天下一統。蘭友奉老親挈妻子遯入海中，羈窮飄泊，凡十五載。尋臥病，預知死日，至期端坐而卒，年六十六。著有《迷迷草》等集。《縣志》。乾隆《福建續志》卷四三《人物三》

林蘭友，字翰荃。崇禎辛未進士，知桂林縣。縣宗室故多猾法，有司不能治。蘭友與之約，有犯國法者無赦。適宗藩謀奪嫡，交攻者彌月，大吏以諮蘭友。蘭友曰：『議長議親議賢，國有常憲。不聽朝廷處分而治黨相攻，是亂也。亂者有三尺法在，請受署。』遂躬詣陳金匱之規，曉以禍福。衆肅然解甲，藩嗣以定。擢南京御史，疏劾大學士張至發、吏部尚書田惟嘉，因論楊嗣昌主和議負國。曰：『揆席系天下安危，甚重任也。陛下破格而用外臣張至發，臣竊以爲必有若裴、狄、韓、范之品，可以宏濟時艱。乃三年輔政，半載秉衡，票擬幾誤，經畫無聞，則至發之負陛下也。又陛下破格而用田惟嘉，奪情而用楊嗣昌，惟嘉鬻權集賄，甘負陛下，誠可痛心；若嗣昌者，自拜命以來，選將而將不得人，辦賊而賊不能授首，一十二萬之兵類多空籍，二百八十餘萬之餉徒具虛糜，宣大告警，束手無策，忠孝俱無所據，則嗣昌之負陛下也。茲者枚卜方新，朝野想望，宜敕廷臣矢公矢慎，期得公清正直之品、閎深博達之才如中國相司馬，戒勿開邊釁者，以應陛下破格之求。夫惟揆席端，六曹乃無不清之政理；卿貳肅，天下乃無不舉之職司。』疏連三上，忤旨，貶浙江按察司照磨。與何楷、黃道周、劉同升、趙士春稱『長安五諫』。及嗣昌敗，帝思蘭友先見，起爲光禄寺丞，轉南京考功員外郎。未行，而闖賊陷都城。太僕寺丞申佳允投井殉，蘭友往哭曰：『我知公必死。公視我豈貪生保妻子者？特以老父在家，欲圖一見，繼當尋公地下。』索筆大書『大明殉國忠臣申公之靈』，大慟而去，薙髮自匿。既爲賊所執，縛曬日中，暍幾死，有道士乘間以濡帕投噤之。拷夾備至，乃書絶命詞並别老親詩於衣帶，遂投繯，爲守者覺，不得死。賊遁，脱歸。唐王稱號，起御史。巡按江西，招集流亡，勵以忠義，衆皆感泣。加太僕少卿，遷僉都御史。尋召回，擢兵部尚書、右副都御史，總理撫討軍務糧餉，督師泉、漳，與給事中林尊賓相犄角。及大兵至，蘭友倡率士兵，練卒措餉。踰年，力不支，乃挈家遁海隅，十餘年病卒。遺命墓碑書『罪臣林蘭友』，勿具官銜。知縣田浥歸其喪，葬之龍潭山。道光《重纂福建通志》卷二〇〇《明列傳·仙遊縣》

林蘭友，字翰荃，號自芳。天啓七年舉人。崇禎四年成進士，授知臨桂縣。桂故多宗室，猾法難治。蘭友謂『受天子命蒞茲土，河南河陽置不可問，令何强項爲也』。乃與約，犯無赦。貴戚斂手。宗藩有謀奪嫡者，發甲相攻，彌月不解。上官知其能，諮以畫策。蘭友曰：『議貴議長議親議賢，有國憲在。外此惟三尺法可繩之。』遂躬詣陳金匱之規，曉以禍福，刑其罪首，宗屬駭散，而藩嗣以定。入覲，奏最，舉卓異，宴清廉。復知臨桂，治績益彰。隨欽取赴京，臨軒召對，授南京、湖廣道監察御史。陛辭，疏論輔臣張至發、薛國觀，冢臣田惟嘉，樞臣楊嗣昌負國之罪，忤旨。連三上，留中，禍且不測。宫詹黄道周，翰林劉同升、趙士春，給諫何楷交章論救，謫浙江按察散員。直震京師，有『五諫』之謠。既而荆襄師潰，上思言臣先見，特旨賜環，起爲光禄寺丞，轉南京考功司員外郎。值闖賊狂躪，北都失守，賊抄迫群臣，樹青紅二幟，令降者立紅幟，不降者立青幟。蘭友徑立青幟下。賊怒，縛曬之，渴幾死。有道士乘間以濡帕投噤之，得不死。拷夾備至，蘭友竟不屈，乃書絶命詞于衣帶，並附别老親詩，有『天地一時亡其主，乾坤何處立孤臣』之句。引決投繯，爲守者覺，不得死。賊遁，脱歸。唐王建號晉安，起爲太僕寺少卿、山西道監察御史兼巡按督學江西。甫就道，旋奉命撤回，陞兵部尚書、右副都御史，總理撫討軍務糧餉，督師泉、漳。蘭友嘆曰：『此臣子疆場致命日也。』丙戌九月，國朝大師至，天下一統。蘭友奉老親挈妻子遯入海中，羈窮漂泊，凡十五載。薪鹽時不給，每揪髯抵掌，口稱萬死孤臣。遇風濤四起，海月初生，悲歌慟哭。尋臥病月餘，忽夜見吏役來迎，晨起謂家人曰：『五月朔日，逝將去汝矣。』至期，端坐而卒，年六十有六。竹床葦蓆，桐棺布被，寄櫬海澨。知縣田渻，召其孫繼昌扶葬於本里龍潭山，且爲之誌。著有《迷迷草》等集，見藝文。乾隆己巳《僊遊縣志》卷二三《人物·忠烈》

林蘭友，字自芳，仙遊人也。性樸直，從幼忠孝自命。登崇禎辛未進士，選廣西桂林知縣。烟瘴僻遠，向來選君皆以授鄉貢，未有甲榜宰其地者。蘭友笑曰：『既已委贄爲臣，便當夷險一視，何烟瘴足憚？』莅任，宣力出治，明敏果斷，偏壤歡若更生。滿六載，行取除試御史。時少詹事黄道周參內閣楊嗣昌奪情，召對平臺，忤旨，舉朝震懾。蘭友上言『大臣不知有父，安知有君？古云「求忠臣必於孝子之門」，嗣昌曾任中樞，寇酋交訌，一意伴食，半籌莫展。今又墨經而居端揆，尚可謂有人心乎』云云。疏奏，降三級，補光禄寺監事。甲申春二月，陞南京考功司主事。未行，逆闖犯闕，蘭友匿古刹，迨賊西竄，始徒步南旋。乙酉，福州改元，起監察御史，巡按江西。時州郡强半淪没，人心風鶴。蘭友正己率屬，招集流亡，一時地方賴以少安。有旨加太僕寺少卿。尋召回，掌河南道事。蘭友疏參閣臣曾纓，降三級。頃之，丙戌秋，福州局又壞。蘭友見平日垂紳搢笏、高談節義者，咸脂韋思全軀保妻子，喟然長吁曰：『國家養士三百年，時危，一技莫施，國亡尚持首鼠，生平所讀何書？吾今不能如袁粲、颜見遠，罪已擢髮難數，況渝志乎？』倡率同仇集義勇，大建旗鼓，練兵措餉，百凡艱辛，氣未少衰。至戊子秋，獨力難支，避居海上。時金門、廈門、湄州、海壇兵力尚健，蘭友知其志趣不振，飄然事外，遨遊諸島，括囊同寒蟬。未幾，卒。遺命：『殮只常服，畢即葬。墓碑但書「大明罪臣林蘭友」，不必官銜，勿令吾冥冥中負媿也可。』蘭友處海上，與王忠孝及某某交相砥礪，後或匿金夫，或亡命潛歸，惟忠孝、蘭友二人，巋然不欺其心。《節義録》卷上

林公蘭友，字自芳，仙遊人。性樸直，以忠孝自命。崇禎進士。初令桂林，擢御史。黄道周糾閣臣楊嗣昌奪情，忤旨，詔獄。蘭再疏，稱：『大臣不知有父，安知有君？以墨經居端揆，尚謂有人心乎？』南北

都陷，惟涕泣。逃海上，疾革，遺家人書『罪臣林蘭友遺骨』。雲林子曰：王新建謫戍龍陽，渡江隳水，詠云『生前許國身無補，死不忘親恨有餘』，公遺骨書『罪臣林蘭友』，蓋此志也。國家以忠孝禮義示天下，端揆墨經臨庶僚，内安既失，安問外攘。不至喪亡者幾希，宜公直詞侃侃也。《節義文章》卷一二

按，林蘭友生卒年，據《仙遊縣志》，『丙戌九月』，『蘭友奉老親挈妻子遯入海中，羈窮漂泊，凡十五載』云云，丙戌爲清順治三年（一六四六），此後十五年爲清順治十七年（一六六〇），是年林蘭友卒，年六十六歲。據此上推，當生於明萬曆二十三年（一五九五）。乾隆《仙遊縣志》卷三三《藝文志》有林蘭友《腐言引》一篇，作於崇禎甲申六月，自書『林蘭友砥菴自識』，砥菴當是林蘭友號。林蘭友著述，《福建藝文志》卷六三著録《迷迷草》，并言：『《仙遊圖經》云，蘭友與唐顯悦書，自言生平雜文擇其可垂示子孫者存之，餘悉焚棄。今世所傳詩文未及一卷，然其孤忠亮節，履危險而不渝，剛大之氣，露於楮墨，吉光片羽，虬龍寸甲，得之實逾珍寶矣。』《迷迷草》一書未見，林蘭友詩文現存除《腐言引》外，乾隆《仙遊縣志·藝文志》另有《論張至發薛國觀田惟嘉楊嗣昌疏》一篇及詩十餘首。

邵　璋

邵璋，字長似，侯官人也。本府庠生，璋爲孝廉景文胞弟。事親孝，奉兄嫂若嚴君。食貧，授生徒，門下所成就殊衆。丙戌時，與從子弼勛並壯年謝子衿，卜居山僻，舌耕自給。朝夕孜孜制藝，或疑所習非急務，璋曰：『吾身雖隱，不可負人子弟託，且待黄河之清。』逢勢利脂韋輩，輒昏昏欲睡。或同志過從，及

野老方外士，則煮酒焚香，談天寶遺事。交友以誠，不設城府。後卒於尤溪縣。《節義録》卷下

按，邵璋傳，省府縣志均未載。其兄邵景文，字長倩，與閩縣王奐、福清樊翎等『相切劘爲古文詩歌，恒撫時觸景以見志』，詳見康熙《福建通志》卷四五《人物》王奐傳。乾隆《延平府志》卷三二《列女》載：『某氏，不知姓名，明舉人邵景文媳，寓尤溪，福州人。幼習翰墨，工於著作，凡孝女烈女諸傳，悉訂一册，各有吟咏。順治五年，被郭賊執，藏匕首於袖，自刎死。』據此，邵氏後移家尤溪，或當在清順治三年至五年間。

卷三

洪思

明洪思，字阿士，龍溪人。年十三隨父遊黄道周之門，容止甚飭，道周器之。道周既歿，逃於敬身山，不入城市，詩歌自放。時買舟過江東，登鄴山，撫道周墓，哭而去。孫靜菴《明遺民録》卷二

洪思，字阿士，亦龍溪人。年十三，隨父遊黄道周之門，容止甚飭，道周器之。道周既歿，逃於敬身山，不入城市，詩歌自放。時買舟過江東，登鄴山，撫道周墓，哭而去。《小腆紀傳》卷五八

洪思，字阿士，龍溪人。年方舞勺，隨其父游黄道周之門，容止甚飭，道周器之。及道周出山，思稍長，乃自附於鄴山之徒。道周既没，逃於敬身山，不入城市，日以詩歌自放。時買舟過江東，登鄴山，撫石翁，哭而去。《縣志》。乾隆《福建續志》卷五七《明隱逸》

洪思，字浩士，龍溪人。父榜，字尊先，從遊於黄道周，思隨父同受業焉。道周殉難江寧，思與父偕隱山中，爲道士冠服，足跡不入城市。道周著述甚富，兵燹散失，十存二三。思收輯遺書，求之遠近士大夫家垂五十年，而遺書始全。思之講學，以存誠主敬爲本，致知力行爲要，蓋得諸父師居多。嘗念其師之學在《易》而行在《孝經》，遂述黄子《易》與《孝經》，謂之《洪圖》總十二部，自《敬身》始，皆爲救世

之書也。思匿山澤中，時或刺小舫詣鄴山，訪石齋講堂，上釣臺，乃放歌，歌竟慟哭。少時嘗慕謝翱、鄭所南爲人，故孤懷峻節亦似之。文章雄博似其師，而出以明快。好誘掖後進，質疑問難者，指示無隱。有司重其人，常造訪，皆避之而不見。妻戴名籲，字子戴，與思同作苦。嘗居圍城，糧不繼，啜水俟斃，而十日無恙也。思晚年家尤貧，恬然安之。子民貞，有父風。道光《重纂福建通志》卷二二三《明隱逸·漳州府》

洪思，字阿士，龍溪人。年方舞勺，隨其父從遊黄道周之門，容止甚飭，道周器之。及道周出山，思稍長，乃自附於鄴山之徒。道周既没，逃於敬身山，不入城市，日以詩歌自放。時買舟過江東，登鄴山，撫石翁，哭而去。末年憫其師文字散軼，乃出收文于江上，士大夫多重之。其詩激楚清越，不落時流。作章草甚佳。晚復入山而卒。著有《洪圖六經》、《洪圖六史》及《敬身録》。《續傳》。康熙《漳州府志》卷二三《明隱逸》

洪思，字阿士。少時隨其父從遊黄道周之門，容止甚飭，道周器之。稍長，乃自附於鄴山之徒。道周既没，隱於敬身山，日以詩歌自放。時買舟過江東，登鄴山，撫石翁，哭而去。末年憫其師文字散失，乃出收遺帙於江上，士大夫多重之。其詩激楚清越，不落時流。作章草甚佳。著有《洪圖六經》、《洪圖六史》及《敬身録》。乾隆《龍溪縣志》卷一六《人物·明隱逸》

洪思，字阿士，龍溪人。年方舞勺，隨其父遊黄道周之門，爲道周所器賞。道周既没，逃於敬身山，不入城市，日以詩歌自放。時買舟過江東，登鄴山，撫石齋墓，哭而去。同門友紀許國結茅吴莊，溯洄從之，虎谿夜月，相對忘言。晚復入山而卒。《通志》參《異人集》。道光《廈門志》卷一三《明寓賢》

石秋子姓洪，名思，字浩士，漳郡龍溪人。幼隨其父尊光先生名榜受業于漳浦石齋黄子。鼎革後，黄子殉難於金陵，石秋子與父偕隱山中，道冠道袍，剪髮不薙，足跡不至城中。當是時，漳上縉紳隱遯者，龍巖王司寇虞石，漳浦張進士蒼巒、次巒諸公，而石秋子父子以布衣隱，節更奇。黄子著述甚富，兵燹散失，十存二三。石秋子收輯遺書，求之遠近士大夫家垂五十年，而諸書略備，爲《石齋十二書》，凡四部，計六十有五卷。惟《謇騷》未得，嘗求之白下。至癸未夏，石秋子收文來自苦竹山，寓龍巖布衣祠下，與余談及，余取出家中抄本，石秋子喜甚，蓋《謇騷》得而黄子遺書始全。明季諸儒聚徒講學者十數家，而理學精邃莫如黄子。石秋子之學以存誠主敬爲本，致知力行爲要，蓋得諸父師居多。嘗念黄子之學在《易》而行在《孝經》，遂述黄子《易》與《孝經》，爲《易史》、《孝經行》，謂之《洪圖》，總十二部，自《敬身》始，皆今日救世之書也。石秋子自丙戌後，蓬頭匿山澤中，時或刺小舠詣鄴山，訪石齋講堂，上釣臺，乃放歌，歌竟慟哭。有『擬上西臺風雪作，楚歌如哭響空山』之句。少時嘗慕謝皐羽、鄭所南爲人，故孤懷峻節亦似之。好誘掖後進，質疑問業者指示無隱，獨不教人制舉文字。有司重其人，嘗造訪，皆避而不見。語及明季時事，輒欷歔太息。妻戴氏，出右族。于歸後，擯華飾，躬操作，與石秋子同甘苦。晚年家尤貧，恬然安之，有孟德曜、桓少君之風。石秋子作《迂婦傳》。子民貞，素有父風。鄭玟《洪石秋子傳》，載《石秋子敬身録》卷首

明師相黄道周既死國難，其弟子洪思抱遺經，悲鳴煩促，章皇于山澤之間五十餘年，負明衣冠，卒正其志，以發明黄子之所學。死之日，故人門生私謚爲文晦先生，而屬余小子爲傳。按思字阿士，世稱石秋

子，閩之龍溪人。少好古，已博極群書。每涉筆，繚戾寒凉，有騷人之心，而風性雅澹，不近流俗。常危坐終日，不見墮容，自喜爲儒益甚。方思陵間。道周講學于鄴山，一時彬彬，禮明樂作，倣古賦詩贈答之例，選弟子秀者，依鹿鳴之聲，習而歌之。時思父尊光故在黄門，思爲童子隸縣間。一日侍道周出峽，受《孝經》行以歸，慨然有得于敬身之旨，以明經復古爲己任。及明亡，道周被執以死，思蓬頭匿跡，不勝其哀。與所善楊履園爲人外之遊，每同舟過樂性堂，未嘗不吊數峰也，相持而哭移日，信信于江不能去。居無何，履園死于義，思獨遊無所向，乃負書荷畚鍤隱于竹川以自偉。廢垣枯甃，家無擔石之儲。歲饑，連不爨，或疑其已死，思方泊如忘其憊頓，益危坐。草《洪圖》，作五教之圖以爲經，三極之圖以爲史，始于《孝經》而終于《易》，以宣究道周之指趣。久之，或覯諸翁以客授爲業。時士者方急利禄，工帖括爲進取之資，思獨發六藝之藴，明三代之學，必本于仁義中正而歸之太和，故游其門者，有『唫風弄月，吾與點也』之意。然而，憤世懷賢，亦浩不可禦。所《過銅駝》、《秋風》、《故宫》、《夜雨》〔一〕，莫不忼慨悲歌，動成太息。與諸生談明事及明興亡之故，欷歔煩醒，天地改色，有沉湘蹈海之風。嘗一日筮《易》，遇坤之師，顧余而嘆曰：『四七九九，久爲夢囈，詩書無徵，則卜洛爲過。』余蓋不能答也。始思入竹川時，與妻戴同鑿敬身屏。戴亦能貧，有婦行，所謂『勞迂小戴』乃是也。既生子民，甫六歲，戴且死，思益浪跡。晚愛苦竹山山水，復鑿敬身屏而居焉，時以收文出。漳上弟子爲築王導之園，復閉戶。因道周文以著書

〔一〕『所』字後，疑脱『作』字。

述其言,爲《黄子講問》二十有九篇;述其行,爲《黄子譜》二十有三篇,然後道周之書稍稍畢集。而思所著《洪圖》十二部,廑成十之七八,卷帙頗繁,或不能就矣。甲申七月,余著道周《履圜傳》成,請正于思,思爲援筆更定數語,作而嘆曰:『我死,或以本傳累君,然身隱而名露,是先師之所惡也,退志其道而已。』後一月,微病而卒于收文之行阿,諸弟子爲奉喪,窆于紫雲巖之麓,虞而歸苦竹山,祠于文明廟之左廡。余悲夫所知淪没,灑涕中野,與昔之宋玉、景差爲《大招》以哀其師者,愴烈何異?若廼寥落空山,松幽自實,抱義懷仁,隤然而道盡,則頑廉懦立矣。因叙其生平出處大致。哀其遺文,在者《敬身録》八卷;《孔子譜》二卷,《朱子譜》二卷,《黄子譜》二卷;《求仁篇》四卷;《文刪》十卷;《詩刪》八卷;《月史》、《歲史》各四卷;《山居帖》一卷;曰《孝經行》、曰《論語學》、曰《詩家》、曰《禮家》、曰《孟子性》、曰《春秋志》,爲《洪圖六經》,凡八百四十二圖;曰《易史》、曰《天史》、曰《地史》、曰《王史》、曰《儒史》、曰《孝史》,爲《洪圖六史》,凡四百二十一圖。而《禮家》、《春秋志》、《易史》、《天史》,頗未脱稿。白麓鄭亦鄒。

論曰:『余讀石秋子書,已論其行事,恢恢乎意不足而道有餘,非先王之法服不敢服,非先王之法言不敢道,非先王之德行不敢行,施之于今,誠無所用之。然而孔子、孟氏之家法,粗在于是。《易》曰:「碩果不食。」《詩》曰:「雖無老成人,尚有典刑。」言道之未墜也。而世之論者,見其多感善懷,于君臣師友之間,翔回躕躕,不能自禁,猶以爲憶翁、皐父也。鄭亦鄒《石秋子傳》,載《石秋子敬身録》卷首

按,以上各傳所載,洪思字阿士,或作浩士,本鄭玟、鄭亦鄒所作傳。洪思著作,鄭亦鄒《石秋子傳》

記載最詳。《福建通志》、《漳州府志》、《龍溪縣志》藝文志均載《石秋子詩集》一種，爲各傳未載；又《石秋子敬身録》三卷，與各傳所載卷數不同。現存者有《黄子年譜》一卷，清道光二十四年（一八四四）曾省林廣邁刻本，《續修四庫全書》據以影印；《石秋子敬身録》四卷，清抄本，《四庫禁燬書叢刊》據以影印。

洪承畯

明洪承畯，南安諸生，承疇之季弟也。工詩文。善草書，蜿蜒遒縱，時人目爲龍蛇字。國變後，授以官，屢辭不赴，承疇不能强也。孫静菴《明遺民録》卷二八

洪承畯，南安諸生，我太傅承疇之季弟也。工詩文。善草書，蜿蜒遒縱，時人目爲龍蛇字。我朝授以官，屢辭不赴，承疇不能强也。《小腆紀傳》卷五八

洪承畯，號紫農山人，太傅承疇季弟。爲諸生，有逸才，博涉書史，工詩文，尤喜臨池。行草書蜿蜒遒縱，時人目之曰龍蛇字。國朝定鼎後，將授以官，辭不赴。康熙初年又欲官之，固辭如初。時承疇方貴盛，承畯偃蹇巖壑，夷然自放，以書翰篇什自娱，其兄不能强也。乾隆《福建續志》卷五七《國朝隱逸》

洪承畯，字彦灝，自號紫農山人，南安人，太傅承疇季弟。爲諸生，有逸才，博涉書史，工詩文。尤喜臨池，行草書蜿蜒遒縱，如驚蛇入草、古藤挂壁，時人目之曰龍蛇字。明祚既亡，本朝定鼎，將授以官，辭不赴。康熙初年又欲官之，固辭如初。時承疇方貴盛，畯偃蹇巖壑，夷然自放，以書翰篇什自娱，其兄不

能强也。生平以救人利物爲心，聞民間有冤抑事，輒向有司白其狀，然不免爲家僮影射，人亦知而諒之。乾隆《泉州府志》卷六二《國朝隱逸》

洪承畯，字彦灝，南安人，移居晉江。大學士承疇弟。爲諸生，工詩文；尤善草書，蜿蜒遒縱如龍蛇。康熙初年，屢徵固辭。承疇方貴盛，畯獨偃蹇巖壑，夷然物外，自號業農山人，以書翰篇什爲娱，其兄不能强焉。乾隆《晉江縣志》卷一三《國朝隱逸》

洪承畯，字彦灝，前明諸生，太傅文襄公季弟也。少有逸才，博涉書史，工詩文。尤精行草，筆勢蜿蜒遒勁，時人目之曰龍蛇字。明社既覆，清廷兩授以官，皆辭不赴。有别業在紫帽山之麓，自稱紫農山人。方伯氏隆盛時，獨偃蹇巖壑，夷然自放，以詩翰自娱，其兄不能强之。承畯以兄事清，心不韙之。文襄在郡城通天築府第，承畯於第側建雙忠廟，額曰『忠烈祠』，蓋隱諷之。又西隅有佛寺，承畯大書『大無蓮心』四字額於寺門。官音『蓮』與『良』近，指其兄也。後人因名寺曰『蓮心菴』。兄弟之間，心術不同，出處迥異，議者見文襄之崇動而益嘆承畯之高遯也。民國《南安縣志》卷三六《清隱逸》

按，民國《福建通志·藝文志》著録洪承畯有《紫農山人詩文集》，不題卷數，未見；《泉州府志·藝文志》僅云有詩文集。

紀文疇

紀文疇，字南書，同安人。爲諸生，有聲。與泉道王猷館之署，焚香讀《易》，口不及官府事。與子許國從黄道周於鄴山。隆武時，道周薦其博學多才，授中書舍人，擢翰林院待詔，纂《聖安實録》。閩亡，挈家渡海，從朱成功復同安。城陷，以勞瘁死。所著《史匀》三卷，道周謂：『其論核古昔上下三千年疑難反正，盡之矣』。華亭徐孚遠序其《湄龍詩文集》，以黄、紀比歐、蘇，以許國兄弟比文忠、文定，時人謂不愧云。孫静菴《明遺民録》卷一四

紀文疇，字南書，同安人。爲諸生，有聲。興泉道王猷館之署，焚香讀《易》，口不及官府事。與子許國從黄道周於鄴山。隆武時，道周薦其博學多才，授中書舍人，擢翰林院待詔，纂《聖安實録》。閩亡，挈家渡海，從朱成功復同安。城陷，以勞瘁死。所著《史匀》三卷，道周謂：『其論核古昔上下三千年疑難反正，盡之矣』。華亭徐孚遠序其《湄龍詩文集》，以黄、紀比歐、蘇，以許國兄弟比文忠、文定，時人謂不愧云。《小腆紀傳》卷五五

紀文疇，同安人。餼於庠，博學有名。與子許國並遊黄道周之門，稱高弟。著《復書》、《史匀》等書。卒海島。《同安志》。乾隆《泉州府志》卷五五《明向學》

紀文疇，博學有名，與子許國並遊黄道周之門，稱高弟。著《復書》、《史匀》等書。卒海島。嘉慶《同安縣志》卷二二《明文苑》

紀文疇，字南書，一字元昉，同安後廍人。年少爲諸生，有上下千古之意。議論、識力不隨人俯仰，輒爲人所搆毁。興泉道王猷館之署，焚香讀《易》，口不慁官府。閉晚衙，與之商天下事。所交遊皆一時俊傑。後師黄忠端道周，與子許國從之鄴山。所著《史匀》三卷，忠端爲之序。潮州唐時序其詩。後忠端

薦其博學多才，唐王徵詣行在，授中書舍人。後以陳燕翼薦，擢翰林院待詔，纂《聖安弘光廟號實録》。所疏陳皆諤諤切時艱。以母老假歸。未幾而閩潰，陰集里中壯士，謀舉義。丁亥，挈家渡海居鷺島。與鄭成功復同安，城破，以勞瘁死。初家居湄龍，所遺詩文集即以湄龍名。華亭徐孚遠爲之序，以黃、紀比歐、蘇，以許國兄弟比之文忠、文定，當時稱爲不愧云。摘林霍《續閩書》及《湄龍堂集》各序。道光《廈門志》卷一三《明寓賢》

黃石齋公卓然爲一代儒宗，尋以直諫顯，歷弘光、隆武，忠烈丕著，殆與日月爭光。後進從遊之士如林，紀南書其一也。南書諱文疇，號貞默，一字玄防。先由高陽徙吳，國初遷同安。至贈君立，吾公折節攻書，稍種植自給，瓜瓞始盛。南書其次子也。君幼而聰慧，讀書不治章句。年少爲諸生，便磊磊然有上下千古之志。爲人負氣節，不避權貴，遇事慷慨發憤。作爲文章，極陳今古成敗得失，以指切當世是是非非，無所忌諱。自天啓初年迄崇禎季，御史臺、督學、郡守以下賞識者皆海内名公，尤爲湖州唐宜之所推許，聲振閩嶠。然九試棘闈皆不遇，又以正直不合流俗，自放於山水之間。嘗遊九漈，登歷石竺巖諸名勝，晨起雨甚，祝山靈，雨忽而霽。夫能霽石竺之雨，而不能邀一遇，文章憎命，自古歎之矣。余丙子六月曾物色君於文字間，君亦諒予砸介而喜與余遊也。所敬事者同郡李宗謙、何鏡山、蔡敬夫諸賢，最後師黃石齋公。癸未春，謁公於北山，燈前聽講，以爲聞所未聞。石齋公亦有『君史才匹子長，談理超郭象，詩歌似元結，氣誼似杜牧、陳亮』之稱許。明年，攜令子石青聽講焦桐山。又明年，隆武改元，石齋公疏薦君『多才博學，宜居帷幄』，主上徵詣行在。八月十六日上封事，十九日召對，復親試論一道，刻燭立就，上大稱獎，御批授中書舍人。九月，侍講陳仲謀復疏薦擢翰林院待詔。尋命獨纂《弘光實録》，兼與記注。凡兩閱月，所疏陳皆諤諤切時務。天子方思盡其才，而君以母老給假歸。未幾，石齋公抗不屈死，閩關陷八都，君悲憤益甚。家在湄龍東津，去邑城才十里，君率石青昆季守義不辱，以死自矢。縣官迫見，不出。余讀其義檄，詞氣壯烈，所云誦淡庵諫書，布溫嶠討檄，足以媿對人臣而懷二心者矣。丁亥元年，遂挈家渡鷺島，號召壯士。時熊雨殷先生南來，義師漸起。國姓公進兵攻同安，君督義師與偕，不避矢石。初，君勞瘁軍事已得病，君不顧，至是病革。公生萬曆戊戌年十二月初六日寅時，卒永曆戊子年四月初七日未時，享壽五十有一。子八。方幸其志之稍遂，而孰知運之不留也。自爲諸生以來，所著詩文有《史勺》、《蓄山》、《湄堂》諸集。甲申春有《復書》，丙戌秋有《尚華集》，又命纂《弘光實録》十二卷。其詞光明俊偉，無一毫纖靡態。其刻意勵行，違俗獨立，人或迂之。然君子觀其言，察其所用心，而益見其學之不苟也。令子石青，負異才，志苦而行堅，向與君同襄義舉。余接其人，如見君焉。競君之志，將於是乎在。以今年己丑二月十八日葬君於嘉禾之蓮潯山，負丁揖癸。以故鄉擾擾，獨禾島衣冠劍履，煒然有光，窆於此，從君志也。其葬也，請銘于余，余誼不得辭。銘曰：遇而不遇，身隱名彰，哲人之常。慨然慕義，與其坎傷。不倦且止，乃學之方。報君信友，出險臨戎，何德之光。我考其跡，勒諸墓石，表微闡幽，振古林風。明大學士曾櫻撰。曾櫻《徵翰林院待詔加一級纂修國史分直記注前試中書舍人南書紀公墓誌銘》，載何丙仲、吴鶴立編纂《廈門墓誌銘匯粹録》

按，曾櫻所撰《墓誌銘》，原載《龍安紀姓大族譜》，《廈門墓誌銘匯粹》據以轉録。紀文疇著述，除以上傳記中所及《聖安實録》十二卷、《史勺》三卷、《復書》（道光《重纂福建通志·經籍志》作二卷），《蓄山》、《尚華集》及《湄龍詩文集》外，道光《重纂福建通志·經籍志》另著録有《史勺補》二卷，《詠莊》及《清山集》二十四卷。道光《重纂福建通志·經籍志》所載黄道周撰《復書書後》，道光《廈門志》卷一三本傳後所附黄道周《史勺敘》、徐孚遠《湄龍詩文集序》等，均足資參考。

紀保國

明紀保國，字安卿，文疇季子。幼隨父兄避居廈門。及長，取父兄所著書，閉戶編輯。既乃僧裝遊五岳，不知所終。孫静菴《明遺民録》卷四

保國，字安卿，文疇季子。幼隨父兄避居廈門。及長，取父兄所著書，閉戶編輯。既乃僧裝遊五岳，不知所終。《小腆紀傳》卷五五

紀保國，字安卿，文疇季子。幼隨父兄避居廈門。及長，日取父兄所著遺書，閉戶編輯。落髮披緇，攜一瓢出遊五岳。林霍爲序以送其行，並序其詩。詩尤清雋絶俗，飄飄如其人。《續閩書》、《明遺民録》。民國《同安縣志》卷三二《明獨行》

紀保國，字安卿，文疇季子。幼隨父兄浮家鷺島。及長，日取父兄所著遺書，閉戶編輯。落髮披緇，攜一瓢出遊五岳。林霍爲序以送其行，並序其詩。詩尤清雋絶俗，飄飄如其人。《續閩書》。道光《廈門志》卷一三《明寓賢》

陟華登岱，而意見乃別，余有志遐覽久矣。顧學業荒陋，不足論交海内岩穴之士；兼困貧久，山裝莫具，擕袂無從。即丹霞名勝有黄公之講壇在焉，企其人，讀其書，淑其教，而不得一憑弔其處，況武彝、霍童、天台、鴈蕩，與夫吳、蜀、周、秦之墟耶？吾友紀子安卿，與余同志，每以是爲嘆。嘗慨然欲投跡空門，以一瓢遊五岳。余心奇之，而難其事。蓋君年少，名家子也。當太史公揚旌梓里，齎志以没，君猶在懷間。及從儀部公遁鷺洲上，當余庚寅歲與公論業倡酬，君猶未知學。距今曾幾何年，而儀部公亦逝矣。君欲以師伯氏者轉而師余。余愧君之知，竊喜太史公之有後，淵源有自，信不誣也。余所以難君者，以太夫人在上耳。且有偕隱之歌，能不眷然於懷耶？君曰：『吾上有諸兄，高堂菽水，不憂侍奉。吾之托空門，亦猶徒步千里，櫛風沐雨以尋師也。與竺僧度、鄭雲叟之事異。』嗟乎，君一年少耳，而所存已如是。自滄桑以來，山川朋友不復一致，有能砥行於閭巷，難矣，而況欲絶跡飛騫於風塵外乎？余於是益嘆安卿爲畸士也。然予嘗聞世外高人，即松扉岩徑中亦寥寥不易得，君其慎所投哉。若太史公及伯氏交滿天下，有真聲氣者，安卿共訪之，余亦將躡屩以從君後。林霍序，載道光《廈門志》卷一三《明寓賢》附紀保國本傳

按，紀保國，府志、通志均無傳。又，林霍序言：『當太史公揚旌梓里，齎志以没，君猶在懷間。』太史公指紀文疇，其卒於永曆戊子年四月初七日，當清順治五年（一六四八），是時紀保國年幼在懷。林霍又言：『及從儀部公遁鷺洲上，當余庚寅歲與公論業倡酬，君猶未知學。』庚寅即順治七年（一六五〇），紀保國尚『未知學』。故知其約生於順治初。曾櫻撰紀文疇傳謂『丁亥元年，遂挈家渡鷺島』，志傳言『幼隨父兄避居廈門』、『幼隨父兄浮家鷺島』云云，則紀保國當生於永曆元年即順治四年（一六四七）以前。

紀許國

明紀許國，字石青，文疇長子。年十六爲諸生。從父聽講鄴山，弟子二百餘人，許國最少。黄道周許以掉臂獨行，贈之詩曰：『蒼茫千古留石青，不與世界爭零星。』著有《丁史》、《焦書》數卷。崇禎壬午舉於鄉，爲臨川揭重熙所得士。與同榜莆田林説、林尊賓，有三異人目，著有《同岑草》一帙。北都變，有《望燕吟》一卷。後從其父避居廈門。沈宸荃薦於魯監國，授禮科給事中，不就。路振飛薦于永曆帝，以道阻不果行。朱成功欲致之幕府，亦不就。與流寓諸公，脱粟烹薯芋，相對欷歔，爲詩文以傳之。所遺《吾浩堂詩文集》，皆同里林霍爲之序。孫静菴《明遺民録》卷一四

許國字石青，文疇長子。年十六爲諸生。從父聽講鄴山，弟子二百餘人，許國最少。黄道周許以掉臂獨行，贈之詩曰：『蒼茫千古留石青，不與世界爭零星。』著有《丁史》、《焦書》數卷。崇禎壬午舉於鄉，爲臨川揭重熙所得士。與同榜林説、林尊賓，有三異人目，著有《同岑草》一帙。北都變，有《望燕吟》一卷。後從父避居廈門。沈宸荃薦於魯監國，授禮科給事中，不就。路振飛薦之永曆帝，以道阻不果行。朱成功欲致之幕府，亦不屈。與流寓諸公，脱粟烹薯芋，相對欷歔，爲詩文以傳之。所遺《吾浩堂詩文集》，同里林霍爲之序。《小腆紀傳》卷五五

紀許國，字石青，爲黄道周高弟子。舉崇禎壬午鄉薦。與莆田林説、林尊賓稱壬午三異人。道光《重纂福建通志》卷二一四《明文苑傳·同安縣》

紀許國，字石青，同安人。與父文疇並受業於黃道周，弟子數百，許國最少，掉臂獨行。崇禎壬午鄉薦，時年方二十二，退隱不仕。著有《广史》、《焦書》、《名山集》、《拂塵集》。與莆中林說傅公、尊賓燕公，稱壬午三異人。近紀曾實合刻其遺稿行焉。《同安志》。乾隆《泉州府志》卷六二《明隱逸》

紀許國，字石青。與父文疇並受業於黃道周，弟子數百，許國最少，掉臂獨行。崇禎壬午鄉薦，時年方二十，退隱不仕。著有《广史》、《焦書》、《名山集》、《拂塵集》。與莆中林說傅公、尊賓燕公，稱壬午三異人。近紀曾實合刻其遺稿行焉。嘉慶《同安縣志》卷二三《人物・明隱逸》

紀許國，字石青，文疇長子也。年十六爲諸生。從父聽講鄴山，弟子二百餘人，許國最少。黃道周許以掉臂獨行，又贈之詩，曰：『蒼蒼千古留石青，不與世界爭零星。』著有《丁史》、《焦書》、《名山集》、《拂塵集》數卷。崇禎壬午舉於鄉，爲臨川揭重熙所得士。與同榜莆田林說、林尊賓，有三異人目，著有《同岑草》一帙。北都變，有《望燕吟》一卷。復從其父舉義，避地鷺島廈門。四明沈宸荃薦於魯監國，授禮科給事中，不就。廣平路振飛薦於永曆帝，以道阻不果行。鄭成功欲致之幕府，亦不就。與諸遺老脫粟烹薯芋，相對欷歔，爲詩文以傳之。所著《吾浩堂詩文集》，同里林霍爲之序。《縣志》、《廈門志》《續閩書》、《異人集》、《明遺民録》合纂。民國《同安縣志》卷三二《明獨行》

紀許國，字石青，文疇長子也。年十六，爲諸生。從父講學鄴山，弟子二百餘人，許國最少。黃忠端許以掉臂獨行，又贈之詩，曰：『蒼芒千古留石青，不與世界爭零星。』著有《丁史》、《焦書》數卷。崇禎十五年壬午舉於鄉，爲臨川揭重熙所取士。與同榜莆田林說、林尊賓，有三異人目，著有《同岑草》一帙。明年，計偕北上，以所著書投宮允馬世奇，大奇之。北都變，有《望燕吟》一卷。後從其父舉義，避地鷺島。四明沈宸荃薦於魯監國，授禮科給事中，不就職。廣平路振飛薦於永明王，以道阻不果行，留滯島上。鄭成功欲致之幕府，竟不能屈。所居曰吴庄，閉門著述，與流寓諸公相交善。客至，出脱粟飯，烹薯芋，相對欷歔。每歲孟冬既望之二日，具巾袍入普陀寺，南望遥拜，淒絶而返。或登山眺海，四顧潸然。忠憤憂愁之意，一寓於詩文，而流寓諸賢之志跡，皆藉許國以不泯也。居十五年而卒，年四十有一。所遺《吾浩堂詩文集》，皆同里林霍爲之序。《縣志》、《續閩書》、《異人集》合纂。道光《廈門志》卷一三《明寓賢》

公諱許國，字石青，姓紀氏，泉州府同安縣人。父文疇，邑廩生，負文名，以文成黄公疏薦，徵爲翰林院待詔，纂修國史。母葉氏，生公兄弟八人，公居長。年十六補邑庠生。二十二舉於鄉，爲臨川揭公重熙所賞識。丙戌，虜入閩，公與太史義不受薙，偽令危鉗劫之，不爲動。丁亥，挈家渡鷺門，與太史公同舉義旗。未幾，太史公歿，公謝兵事。以兵侍郎沈公宸荃薦，監國魯王徵公爲禮給事，不拜。永曆皇帝正寶位，公上疏行在。閣輔路振飛疏薦，詔徵公爲禮主事，督義師。公疏謝。以永曆辛丑春三月二十三日終於鷺門。終始全膚髮，爲明室全人矣。公生天啓辛酉年二月十一日，享年四十有一。娶葉氏，生天啓甲子年十一月十四日，卒于永曆辛丑年四月十二日。爲公毁甚，故繼公、從公也。公賦質孤騫，生平酷嗜學，樂名師勝友，昵就之。其於流俗人意，望望然離也。爲文章，舒卷古今人。少壯著《广史》、《焦書》，文成黄公讀之，贈以詩曰：『合眼相君得仙骨，餐服備非人間物。不知周孔開賓筵，果有龍鱗佐清齡。』其卒章曰：『還君史，還君經，還君淡薄稱獨醒。和平簡至鬼神聽，蒼茫千古留石青。』其推許公如此。居鷺島，著《浯浩》、《弗塵》二集，華亭徐公孚遠序之曰：『紀子之文，始也奧邃，倘僅若先秦諸子之言，已出入于唐宋大家，皆理要之詞也。』可謂能言公文心矣。余序之曰：『文章節義，公終身言之，終身行之，可爲天下萬世師矣。』公遭大亂，歿時子琮幼，權厝於浦源鄉。琮念風水弗臧，泣請於世藩殿下賜吉壤，坐樸厝鄉，爲壙二，左奉公，右葉安人。墓坐亥向巳。殿下以公文字交，爲營葬事，以永曆三十一年丁巳十一月二十八日窆焉。長男琮也，現任承宣司知事，娶洪氏；次瑚，殤；三璉，未娶。銘曰：

文章造化之寶玉，以人寸心爲之璞。郢匠巧手恣雕刻，既有異人不失質。以寫古聖之精血，鬼神讀之喪其魄。縱有忌者妒不得，秦漢以下推典則。韓歐蘇柳各造極，先生筆陣納風雲。始從諸子領清芬，出入唐宋卓不群。行當破壁懸國門，足以百世享子孫。峨峨者山忠義墳，俗死松楸恥不文。

丁巳漢臘吉旦，莆社弟布衣鄭郊頓首拜撰。鄭郊《明鄉進士禮部祠祭清吏司主事石青紀先生暨配慈懿安人葉氏合葬墓誌銘》，載何丙仲、吴鶴立編纂《廈門墓誌銘匯粹録》

按，鄭郊撰墓誌銘，《廈門墓誌銘匯粹録》原注：『該墓誌銘二〇〇七年出土於同安區西柯鎮龍窟東村。黑色葉岩質，高六十一厘米，寬三十六厘米，厚二厘米，楷書陰刻。現狀完好。現由紀氏後人捐贈給廈門鄭成功紀念館。銘文與《龍安紀姓大族譜》相較，有個別字不一致。』嘉慶《同安縣志》本傳『崇禎壬午鄉薦，時年方二十』，據墓誌當作『二十二』。紀許國著述，綜合各傳及方志藝文志所載，有《广史》（《明遺民録》、民國《同安縣志》、《小腆紀傳》均作《丁史》，據墓誌當作《广史》）三卷、《焦書》二卷、《吾浩堂詩文集》四卷及《名山集》、《拂塵集》、《同岑草》等。道光《重纂福建通志》卷七三

《經籍志》，《焦書》條下注：『案，首卷自《至治》至《耕野》，凡十七篇；次卷自《鴻口》至《察幾》凡十六篇，文頗似《莊》、《列》。』則大略可見《焦書》之内容體例。

胡元琚 附陳有度傳後

胡克己

胡克己，宋文定公安國十五世孫，萬曆庚申進士。自登州漂至朝鮮之鳳山郡，因流落北關。好文章，曉天文、地理、醫藥、卜筮之術。其孫斗弼，英宗乙巳上書，請守護華陽洞萬東祠。初，尤庵宋先生時烈託門人黄江權尚夏建草舍於華陽洞，以祭神宗、毅宗兩皇帝，又取我宣祖『萬折必東』之教扁以萬東祠，斗弼之言以此也。王仍給斗弼禄，録其族有才者，親書克己姓名於萬東廟之屏。《皇明遺民傳》卷七

按，胡克己傳，未見志傳載録。《皇明遺民傳》言胡克己爲萬曆庚申進士，查明萬曆無『庚申』科。《明清進士題名碑録索引》，亦未收録胡克己之名。朝鮮英宗乙巳年，當清雍正三年（一七二五），時胡克己已卒。

胡舜發

胡舜發，字起聖，豐下人。明崇禎間爲諸生，潛心力學，嘗以筆墨作花鳥自娱。至闖賊陷京師，烈皇

革命，公輒謝世務，挈家隱於山鄉，足跡不履公門。以上道光舊志。民國《福建通志》總卷四四分卷二《藝術傳》

胡舜發，字起聖。邑諸生。力學，善詩歌，兼工花鳥。與國佐友善。章令簡嘗聘修邑志。明亡，謝世故，挈家隱深山，不入城市。卒年九十二。道光《羅源縣志》卷二〇《人物志下·明隱逸》

按，胡舜發傳，道光《重纂福建通志》附鄭國佐傳後，另見。民國《福建通志》胡舜發傳，與康熙《羅源縣志》卷七《隱逸》同，或本於此。

唐復思

唐復思，不知其出處，或言閩人。明亡，託於浮屠以自隱，往來嚴州之淳安、遂安諸山寺。康熙十九年，客有游遂安者，見僧舍郵亭有唐復思題壁，書法老縱，詩怨悱孤放而不自容，知其爲高隱者也。明年，客復至遂安，一日過故友程廷周家，見席中一老人豪飲，而巨額豐頤，長目顧眄。程更出圖畫十許幅，請老人南向坐而題詠。老人則執筆崛然起，視之則真七尺古丈夫。署紙尾則曰『唐復思題』，客始驚即唐復思也。爲人巖立不倚，惟放廢於酒。遂安之人言，其初入縣南門也，已沉緬矣，僧伽帽插花，袒臂欹倚歌道中，而人既閩產，鳥言嘵嘵。時山谷猶多警，門者以故縛之。縣令則隱察其非常僧，而陽以爲醉僧也，笑釋之。由是，常游食於淳、遂之諸山寺。至甲寅，滇、閩大亂，而淳、遂之地年餘不見唐復思跡。及歸，乃云自秦中來。縉紳之徒因疑其志異，稍稍謝絶之。客自程廷周家識復思後，明日過訪之。往還既數，而思復有攜杖童子，漸與習熟，因微以思復事跡叩之。童子曰：『我不知吾先生，但常見其中夜起視星氣，有時或哭。而其枕匣有大銅章一，常啓匣手弄。秘之，不知何爲者。』客意童子未睹官司符篆耳。然則復思固先朝仕宦者耶？一日復思病暴作，心痛，瞠目，曰：『復思死矣，恐死而世不我知。然復思非我名，唐則我外家姓也。余爲烈皇帝御覽進士。』言至此則淚。又曰：『後仕弘光。』語未絶而適痛稍差，遂不復言。人有固問其姓名，亦終不答。復思病愈，乃去遂而之淳。康熙二十九年，思復又在臨安。

孫静菴《明遺民録》卷一

唐復思，閩人也，不知其出處。常往來嚴州之淳安、遂安諸山寺。康熙間，有宋和者，嘗游遂安，見僧舍郵亭多有唐復思題壁，書法老縱，詩怨悱孤放而不自容，知其爲高隱者。一日，於讌席上見一老人豪飲，而巨顙豐頤，長目顧盼。主人出圖畫十餘幅，請老人南向坐而題詠。老人則執筆崛然起，視之則真七尺古丈夫。署紙尾則曰『唐復思題』，始驚即復思也。爲人巖立不倚，惟放廢於酒。遂人言，其初入縣南門也，已沉緬矣，僧伽帽插花，袒臂欹倚歌道中，而人既閩產，鳥言嘵嘵。時山谷猶多警，門者以故縛之。縣令則陰察其非常僧，而陽以爲醉僧也，笑釋之。由是，常游食於淳、遂諸山寺。至甲寅，滇、閩大亂，年餘不見唐復思跡。及歸，乃云自秦中來。縉紳之徒因疑其志異，稍稍謝絶之。宋和既於席上識復思，明日過訪之。往還既數，思復有攜杖童子，漸與習熟，因微叩以事跡。童子曰：『我不知吾先生，但常見其中夜起視星氣，有時或哭。而其枕匣有大銅章一，間嘗啓匣手弄。秘之，不知何爲者。』和意童子未睹官司符篆耳。然則復思固前朝官者耶？又一日過復思，復思病暴作，心痛。見和至，瞠目而視曰：『復思死

『後矣，恐死而世不我知。復思非我名，唐則我外家姓也。余爲烈皇帝御覽進士。』言至此則淚。又曰：仕弘光。』語未絶而適痛稍差，遂不復言。固問其姓名，亦終不答。病愈，乃去遂而之淳。二十九年，又在臨安。臨安之廣文某謂，即莆田之進士林鐸云。宋和《雪晴軒集》。民國《福建通志》總卷四三分卷四《明高士傳》

唐復思，閩人也，不知其出處，國初往來嚴州之淳安、遂安諸山寺。康熙十九年，余嘗遊遂安，見僧舍郵亭多有唐復思題壁，書法老縱，詩怨悱孤放而不自容，知其爲高隱者矣。明年，余復至遂安。一日，過同鄉程廷周家，見席中一老人豪飲，而巨額豐頤，長目顧盼。程更出圖畫十許幅，請老人南向坐而題詠。老人則執筆崛然起，視之則真七尺古丈夫。署紙尾則曰『唐復思題』，余始驚即復思也。爲人巖立不倚，惟放廢於酒。遂人言，其初入縣南門也，已沉緬矣，僧伽帽插花，袒臂欹倚歌道中，而人既閩產，鳥言嘵嘵。時遂安雖已入版圖，而山谷猶多警，門者以故縛之。縣令則隱察其非常僧，而陽以爲醉僧也，笑釋之。由是遂常遊食於淳、遂諸山寺。至甲寅，滇、閩大亂，而淳、遂之地年餘不見唐復思跡。及歸，乃云自秦中來。縉紳之徒因疑其志異，稍稍謝絶之。然復思雖往來於遂最久，其出處終匿不與人知。而閩中遭甲寅之亂，閩人多流寓於遂。或有知復思者，言復思不姓唐，國初家產親屬皆破滅。然年遠事湮，晚進小生言甚略，終未有知先生者。余自程廷周家識先生後，明日過訪之。往還既數，而先生有攜杖童子，漸與余習熟，因微以先生事跡之。童子曰：『我則不知吾先生，但常見其中夜起視星氣，有時或哭。而其枕匣有大銅章一，間嘗啓匣手弄。秘之，不知何爲者。』余意童子未睹官司符篆耳。然則先生固先朝仕宦者耶？往往如蜀中補鍋、治篾匠之流，皆深自匿而不肯與人知。然既國亡家破而又不即於死，寧甘身同傭保之賤，可慨也已。又一日過先生，病更暴作，心痛。見余至，瞠目而視曰：『復思死矣，恐死而世不我知。然復思非我名，唐則我外家姓也。余爲烈皇帝御覽進士。』言至此則淚。又曰：『後仕弘光。』語未絶而適痛稍差，遂不復言。固問其姓名，亦終不答。病愈，乃去遂而之淳。二十九年，有胡晳公者，吾友也，見先生又在臨安。言臨安之廣文某謂，復思即莆田之御覽進士林鐸云。

宋子曰：悲乎哉，先生僅烈皇帝之一御覽進士也，然天下既更姓改玉矣，而乃深自匿其名以貴重其身也如此。宋和《唐復思傳》，載《國朝文匯》卷五五

按，宋和撰傳，閔爾昌《碑傳集補》卷三五、俞樾《薈蕞編》卷九亦收録。或言唐復思『即莆田之御覽進士林鐸』，亦傳言而已。林鐸著有《葵園草》，清康熙間刻本。目録葉署『閩古莆葵園林鐸英生氏著』。詩集所收各體詩以撰寫先後編次，始康熙十九年終四十三年。前有《詩草總評》，鄭子明謂『葵園社兄以烏衣貴介掠去豪華，騰譽詞翰。今老矣，或託於仙，或託於佛，或託於酒人絲竹，皆寓意於物而不爲物所留。其于詩也亦然』。其行徑似與唐復思不合。

唐徊惓唐朗恒附

唐徊惓，字子膺，大章子。邑諸生。少從陳濂遊，能闡大章之學。唐王時，以翰林博士徵，終隱香潭。爲人坦易宕達，嗜酒自放。喜著述，於經書皆有論辨，有《香潭》諸稿。弟朗恒，明亡棄諸生，隱於九座

龍潭爲僧，稱十生禪師。乾隆己巳《僊遊縣志》卷二五《人物志·明文苑》

按，唐㒰惓、唐朗恒傳，道光《重纂福建通志》附唐顯悅傳後，另見。唐㒰惓著述，道光《重纂福建通志》卷七一《經籍志》著録《易經合疏》、《書經考證》、《詩贊餘旨》、《禮記删存》、《春秋十二公明辨》、《香潭集》等。又辨其《易經合疏》云：『《仙遊圖經》、黄虞稷《千頃堂書目》以此書爲唐大章撰，不知大章乃《易參》，非《合疏》也。』另著録唐焕㢠《知味解》及《唐焕㢠詩》，謂『焕㢠仕履未詳，當是顯悅、㒰惓昆弟』。

唐朗恒 附唐㒰惓傳後

唐顯悅

唐顯悅，字子安，仙遊人。天啓壬戌進士。崇禎時，知襄陽府，遷下江兵備副使，守麻城有功，尋被劾歸。起蒼梧道，轉嶺南巡道，丁母憂歸。隆武帝召爲右通政，以兵部右侍郎致仕。全家渡廈門。朱成功子經之妻唐氏，顯悅女孫也，而不禮於經，顯悅銜之。經亂弟之乳母陳氏而生子，詭以妻出報。顯悅致書成功，謂：『乳母居八母之一，狎而生子，家不正。何以治國？』成功怒，欲誅經，令不行，遂憤懣成疾卒。而顯悅竟以壽終。《小腆紀傳》卷五七

唐顯悅，字子安，仙遊人，大章仲子。天啓二年成進士，授諸暨縣，有賢聲。有巨犯托勢豪求解，不

納，因忤當道，改湖州教授。轉國子助教，陞南京户部主事。調兵部，陞員外郎，補襄陽知府。歲饑，出倉穀賑濟，民賴以活。會陝賊渡河突入襄陽，顯悦防守策應兩閲月，賊不敢犯。後鄖陽、荆州郡多殘破，襄屬獨全。事聞，遷下江兵備副使，駐蘄州。時鳳陽既破，流賊蝎子塊等千餘人入楚，圍麻城。麻係全楚咽喉，乃檄顯悦移鎮。至則守禦備至，賊往來七次，不得近。陞襄陽巡道參政，并署監軍。有奉招滇兵八千道荆州，大被擾害，顯悦單騎諭降之。尋被劾歸。起補蒼梧道，奉敕會剿湖廣藍臨、陳朝龍等猺賊。迫賊巢，而軍斬獲甚衆，救回難民七百餘口。凡三閲月而賊平。陞海北道副使，開屯田千餘畝。轉清軍驛傳嶺南巡道。内艱歸。未幾，寇陷京師，懷宗死社稷。唐王建號閩中，陞右通政，以兵部右侍郎致仕。歸隱於雲頂巖，自號雲納子。以壽終。著有《亭亭居》等集。《縣志》。

乾隆《福建續志》卷四三《人物三》

唐顯悦，字子安。父大章，天啓間貢生，讀王守仁書，悟聖人可學而至，遂閉門精討良知宗旨，絶意仕進，與同邑陳濂講學金石山。於《易》則主圖象，《詩》主小序，《書》主伏生，《春秋》主屬辭比事而尊經以駁傳，《禮記》則分内外雜篇。授徒二十餘年，卒。顯悦第天啓壬戌進士。知諸暨縣，有賢聲。罪人託勢豪求解，不納，因忤當道，改湖州教授。轉國子助教，遷南京户部主事。榷揚州關，減船税什一。歷兵部員外郎，出知襄陽府。流寇自陝西渡河突入境，顯悦防守策應兩閲月，賊不敢犯。遷下江兵備副使，駐蘄州。時鳳陽既破，賊蝎子塊等千餘人入楚，圍麻城。麻城，全楚咽喉，乃檄顯悦移鎮其地。至則守禦備至，賊往來者七，不得近。陞參政，分守襄陽，并署監軍。有奉招滇兵八千道荆州，大擾害，顯悦單騎諭解之。尋奉敕會剿湖廣藍臨、陳朝龍等賊，平。改廣東海北副使，開屯田千餘畝。以憂歸。未幾，京師陷。及唐王建號閩中，以爲右通政，遷兵部侍郎。催粵餉，道惠州，留參將敖柱收惠潮諸寇，道途無梗。時福州方缺餉，顯悅以粵餉二十八萬至，王嘉獎之。尋被讒致仕。唐王亡，顯悅隱於雲頂巖，自號雲納子。既入海島，變姓名曰陶無逸。弟洞倦，字子膺，邑諸生。少從陳濂遊，能闡其父學。唐王以國子博士徵，不就。終隱香潭。洞倦弟朗恆，棄諸生爲僧，稱十生禪師。道光《重纂福建通志》卷二〇〇《明列傳・仙遊縣》

唐顯悅，字子安，大章子也。萬曆四十六年以禮經舉于鄉，天啓二年進士。授諸暨縣，有賢聲。有巨犯托勢豪求解，不納，因忤當道，改湖州教授。轉國子助教，陞南京戶部主事。管揚州鈔關，顯悅減船稅什之一，往來德之。調南京兵部主事，陞員外郎，出補襄陽知府。歲饑，出倉穀賑濟，民賴以活。會陝賊渡河突入襄陽，顯悅防守策應兩閱月，賊不敢犯。後鄖陽、荊川州郡多殘破，襄屬獨全。事聞，遷下江兵備副使，駐蘄州。時鳳陽既破，流賊蝎子塊等千餘人入楚，圍麻城。麻係全楚咽喉，麻城舉則湖南北勢如瓦解，乃檄顯悅移鎮。至則守禦備至，賊往來七次，不得近。陞襄陽巡道參政，并署監軍。有奉招滇兵八千道荊州，大被擾害，顯悅奉檄單騎諭降之。尋被劾歸。起補蒼梧道，奉敕會勦湖廣藍臨、陳朝龍等。迫賊巢而軍，斬獲甚衆，救回難民七百餘。凡三閱月而賊平。陞北海道副使，開屯田千餘畝。轉清軍驛傳嶺南巡道。內艱歸。未幾，寇陷京師，懷宗死社稷。唐王建號晉安，陞通政司右通政、兵部右侍郎。靖江王叛，奉命以左侍郎監贊福廣軍往平之。歸道惠州，留參將敖柱收惠寇，爲忌者訕，落職。閣臣何吾騶申救，致仕歸，隱于雲頂巖，自號雲納子。以壽終。著有《亭亭居》等集。乾隆己巳《僊遊縣志》卷二四《明仕蹟》

唐顯悦，字子安，號枚臣，仙遊人。天啓二年壬戌進士，累官嶺南巡道。丁艱歸。唐王起爲右通政，以兵部右侍郎進尚書，致仕。乙未，全家入鷺島，隱於雲頂巖，自號雲衲子。以壽終。《仙遊縣志》。道光《廈門志》卷一三《列傳七·明寓賢》

按，唐顯悦著述，除上傳所載《亭亭居》外，道光《重纂福建通志·經籍志》著録有《孝經旁訓》（原注：《千頃堂書目》作唐大章撰）、《樞朝政略》、《感應篇注釋》、《藏經解》、《天涯紀事》及《泊庵集》二十二卷。《泊庵集》下注云：『《蘭陔詩話》：「梅臣，鼎革後逃入海島，改姓名曰逃無逸，晚祝髮自稱逸衲。大磐苦節，良足稱也。其詩譚友夏、徐闇公序之。」《仙遊圖經》：「顯悦生平詩文隨所遊歷各爲一集，曰《亭亭居》，曰《息園》，曰《勺言》，曰《唔雲居》，曰《語石居》，曰《白嘯》，曰《峴草》，曰《續皃》，曰《皃岬》，曰《唔雲後集》。鼎革後，盡屬郭正夫選而序之。」』

夏春暉

夏春暉，字汝陽。崇禎己卯舉人。明亡，播蕩之際，有郡主遁福清，遭强暴。數人掠其所懷，郡主急嚙掠者臂得脱，號於縣，請捕賊。令弗省。春暉執義力爭，始補七人置之法。春暉俄入泉州清源之獅子巖爲僧，號曰獅巖。道光《重纂福建通志》卷二二三《明隱逸·福州府》

夏春暉，字汝陽，號象晉，北隅人。崇禎己卯領鄉薦，未幾鼎革，志鬱鬱，抱貞自靖。播蕩之際，有郡主遁融，遭强暴，數人掠其所懷，主急咬掠者臂脱，號縣討，幾被寬網。春暉執義力爭，乃鞫犯七兇置之法。時四郊紛紛，乃披緇入清源之獅子巖，改其號曰獅巖，逍遥於遼天雲際，飄然作世外人，有老雪庵風焉。乾隆《福清縣志》卷一五《明隱逸》

夏紹芳

夏紹芳，字爾念。諸生。敦尚氣節，黄道周雅重之。後隱於青陽山，名其廬曰藹雲。著《史吟》以見志。没後，門人徐起鴻爲之授梓。道光《重纂福建通志》卷二二三《明隱逸·福州府》

夏紹芳，字爾念，號聞菴，北隅人。膺鄉舉。敦尚氣節，黄石齋先生與之交而雅重之。隱於青陽山，名其廬曰藹雲。著《史吟》以見志。没後，門人徐起鴻爲之授梓。慨然於五柳風長，蓋亦抱花草幽徑之痛歟？乾隆《福清縣志》卷一五《明隱逸》

孫賓利

孫賓利，號義伯，漳浦人。崇禎庚午舉人。明亡，隱於八都之湯坑，採山釣水，學者稱爲端介先生。雍正《福建通志》卷五三《明隱逸》

孫賓利，號義伯，弱冠登崇禎庚午舉人，澹然自異，未嘗與物忤。鼎革後，足跡不履城市，人罕見其面。檄召公車，以母病力辭。隱於八都之湯坑，或半醉微吟，薪山釣水，瓶中粟罄，晏如也。預知死期，自爲祭文。學者私謚爲端介先生。康熙《漳浦縣志》卷一六《人物志下》明韋布傳

孫學稼

孫學稼，字君實。父昌裔，萬曆庚戌進士，除湖州府教授，擢戶部主事，歷官至浙江參議兼提學。能得士，權貴關說不從，中之，即棄官歸。學稼少穎異，就傅讀胡銓《上宋高宗封事》，拍案狂叫，其師鄧壽朋訝而問之，曰：『恨不生當其時，手刃賊檜耳。』補諸生，刻苦自勵。昌裔宅有光祿吟臺別業、道山石梁書室，皆擅林泉之勝。學稼偕弟學圃讀書其中，耆碩通才多過從者。及唐王入閩，開儲賢館以選士，咸來汲引。學稼以政自鄭氏，事不可爲，不出。唐王敗，避地長樂之三溪。魯王監國，攻福州旁近郡縣，故家子弟多從之，學稼亦弗與。魯王又敗，兵燹之餘，田園盡失，乃棄諸生籍，居杭州西湖，自號聖湖漁者。久之一出遊，傭筆墨以爲養。間歲一歸省母。所歷吳楚、齊魯、燕趙、秦晉，遠出塞外，天下名勝古蹟多入篇什。耿精思之將叛也，學稼適歸里，知難將作，以家託其友，復跳北遊。及變作，衆乃服其遠識。學稼既自廢於時，胸次所蘊，悉發於詩。善敘事，時稱詩史。後以疾卒於懷慶僧舍。道光《重纂福建通志》卷二一三《明文苑傳·侯官縣》

處士孫姓，名學稼，字君實，別號聖湖。世居閩中會城。祖承謨，萬曆癸未進士，知崇德縣。父昌裔，庚戌進士，歷官督學三浙，皆焯有治聲。處士性孝友，慎取與，抱慤不誣。幼讀書，即識君臣大義。年十三爲諸生。十七，學使者奇而餼之，文譽藹鬱。國初，遯跡荒坰五載，遂謝舉子業。博綜經史，纂述甚富。一言一行，必以古人自期，在吾閩近代尤慨慕謝皐羽、鄭所南之爲人，拓落顛蹶，砥礪不渝。有惜其懷才自苦，以祿仕慫恿者，處士笑曰：『古今不乏負才之人，往往不能自立，皆坐嚌不得苦味耳。士各有志，君誠愛我，非知我者也。』久之，仗劍出仙霞，東遊吳越，西浮彭蠡，因泛長江、抵金陵，徘徊鍾山道上，遂詣齊魯，謁闕里，北入燕趙，又應其故人招致，經兩河，走秦關。凡二十餘年中，海內山川形勢、道里險易、文物土風，靡不睹記，相度機宜。所至必與賢豪長者相結，或撫今追昔，感慨憑弔；或遇忠孝節義之事，犁然有當於心，皆於詩發之。故其爲詩，浩瀚逶迤，頓挫沉鬱，稱其志氣，非近代可幾，亦與其爲人相類也。時恒山蔡觀察昌登，稔其文行，客諸幕。數年而昌登卒，子幼，處士獨力經理後事，盡出其所酬贈三百金爲賻。嚮几哭誓，不留銖兩，而左右眈眈者始相顧斂手，莫敢侵暴焉。嗣以歸里無資，旅滯都門。適開宏博之選，銓曹欲以其名應薦，方固辭引去。遊於覃懷郡署，踰二年疾作，曰：『吾數止於此矣。』遂卒。子起宗，力學能文，有父風。

論曰：陶潛爲晉處士，世稱其詩獨得風人之遺，取其志也。聖湖處士，尚友古人，皭然不滓，其志可知。至于才識之優，視世事若無不可爲者。惟其不用，故於勝國爲遺民，於興朝爲高士，均有裨於風教，其用大矣。余向讀其《蘭雪軒詩》，雅爲心折。餘所著者，亦可以其志推之。嗚呼，士之立言，不可無本如此。林雲銘《挹奎樓選稿》卷六《聖湖處士傳》

孫學稼，字君實，福州侯官人。祖承謨，明萬曆十一年進士，知崇德縣。父昌裔，萬曆卅八年進士，浙江提學副使。晚舉學稼，愛之。學稼幼能詩，垂髫補縣諸生。時明已阽危，閩中尚安堵。孫氏故衣冠，家所居光祿吟臺、道山石梁書屋，林泉清美，過從擩染皆名彥，故學稼雖少承世祿，刻厲過寒素。唐王入閩越，開儲賢館以待士，宦族强半登進。學稼諸父昌祖、昌全皆居清要，父執多九列，獨漠然自守。唐王敗，先幾避跡長樂之三溪。及魯王下福州傍近郡縣，或勸之仕，不應。大清順治五年亂定，返故山，田園盡失，乃出游吴楚、齊魯、燕趙、秦晉。耽杭州西湖之勝，自號聖湖漁者。歷三十年，每間歲歸一省母而已。逆藩耿精忠之未叛也，學稼適歸里，知有變，託其家於友，復跳出。及難作，知名士多迫污僞命，衆始服其遠識。學稼行方而氣和，自處在謝翱、楊維禎之間。既消落自廢，則舉天下山川徼塞、井宿祠墓，舊聞之忠佞、人事之得失，四方耆舊之顯晦生死，慷慨激楚，一發之於詩，愴然有《麥秀》、《黍離》之遺音。當明之亡，逸民遺老往往抱三閭之哀怨，禽啾蟲咽於空山窮巷之中、風雨江湖之上，論世者悲其志而不能廢其辭。故乾隆中編四庫書，以張仁熙、徐振芳、韓純玉諸人之作並摭而録之。在閩越，若福清林古度茂之，侯官許友有介，莆田余懷澹心，建寧丁之賢德峰、朱國漢爲章，閩縣徐延壽存永，長樂謝杲青門，與學稼皆其倫也。不幸遺文零落，存者什一，故罕得進於石渠蘭臺之府焉。學稼晚歲焚其少作，斷自順治丁酉始，爲《蘭雪軒集》三十卷。同里黄晉良、高兆序之。然世無知者。康熙二十年重九，歿於懷慶府僧舍。子起宗，走數千里奉喪及遺書歸。久之，集爲其裔稚女誤燬。嘉慶六年，縣進士陳鍾濂得其稿於京師，皆顧炎武、紀映鍾等論定者。進士從父庚煥，復得其所缺逸詩數十篇，乃合録以傳於世。又有《十六國年表并論》四卷，《群言彙鈔》四十卷，並亡。起宗字蔚若，詩亦偉麗。陳壽祺《東越文苑後傳》卷一《孫學稼傳》

孫學稼，字君實，侯官人也。大父承謨，萬曆癸未進士，官崇德知縣。父昌裔，萬曆庚戌進士，官浙江提學副使。學稼承世祿，又屬晚子，父母重若珠璧。而攻苦禔躬，尤過於寒素。幼時讀胡銓《上高宗封事》，拍案狂號。業師鄧壽朋稱醇儒，訝而問之。學稼曰：『恨不生當其時，手刃逆檜。』歎施全鹵莽。垂髫補弟子員，食廩餼。學稼方習制藝，其於經史子籍莫不博綜融貫，一時罕有其匹。歲乙酉，福州改元，宦後强半垂紳搢笏。學稼獨不以爲意，祇嘆世受國恩，隆天重地，坐視兩京淪没，不能一死報國爲羞。丙戌秋，閩局不支，遂匿跡長樂三溪里，取其山川明秀，且考亭曾遊處也。歷丁亥、戊子兩載，會城以外，到處皆兵，雖名義舉，而殘賊村郭，無醉飽心，民皆重足而立。時監國行在江干，通籍者比戶。學稼淵靜自守，杜門掃軌，客至，煮茗談文而已。方戊子春，斗米千錢，學稼旅次無長物，猶罄囊槖脱友人於厄。洎己丑，家山稍可駐足，棄舉子業，屏跡衡門，篇簡樂飢。久之，念龍門歷覽名山大川，文益奇壯。遂飄然杖屨遊吴楚、齊魯以及燕趙、秦晉，所至莫不倒屣恐後。自是踪跡十九在外，間歲歸一省母而已。悲烽火頻仍，賦役煩數，編《十六國年表》，繫以論四卷。憫人心不古，正議難入，集《群言彙抄》四十卷。又《備遺日抄》並所著《蘭雪軒集》各三十卷。君實行方而氣和，學稱博洽，述作典雅。予向心服。迨予浪遊恒山，留都武林，攜手促膝殊久。恒花前月下，縱談今古，酒酣以往，不減昔人相樂也。已而相泣，旁若無人之致。庚申春初，慈溪縣與予分手，馬首北向，自此音問間隔，竟以次年辛酉重九卒於懷慶府僧舍。《節義録》卷下

孫學稼，字君實，侯官人。祖承謨，父昌裔，皆名進士。承謨令崇德卒，邑人祠祀之。昌裔督浙學政，能得士，有清名。盛年告歸，不復出。晚舉學稼，甚憐愛之。就傅後，讀胡銓《上宋高宗封事》，拍案狂

號,師鄧壽朋訝而問之,曰:『恨不生當其時,手刃賊檜。』歎施全鹵莽耳。垂髫補弟子員,旋食廩餼。雖生長世族,刻苦自勵,過於寒素。方習制舉,而於經史子集已莫不通貫。時天下已亂,閩中尚晏然。昌裔里居望重,宅有光禄吟臺别業、道山石梁書屋,皆擅林泉之勝。學稼偕弟學圃讀書山中,昌裔亦時就遊憩,師友過從,多耆碩通才,淵源聞見,無淺俗凡近之濡染,吐屬風雅,神采軒爽,老生小儒,望之氣盡。及昌裔卒,明亦阽危。唐藩入閩,開儲賢館以選士,一時才俊多由以進。學稼諸父昌祖、昌全,皆居清要,父執多在九列,咸欲援引。學稼顧政在鄭氏,事不可爲,不欲輕出。唐藩之亡,先幾避地長樂三溪。丁亥、戊子,會城之外,到處皆兵,雖假名義,而殘賊村郭,無醉飽心,民皆重足以立。及魯藩入閩,盡下福州旁近郡縣,故家子弟多從之仕。有欲挽之出者,學稼不應。方戊子春,米斗千錢,學稼旅次無長物,猶罄橐脱友人之厄。己丑後始返故山,兵燹之餘,田園盡失,乃棄舉子業,晦跡閭巷,淡然無營。慕杭州西湖,思從林逋舊隱,自號聖湖漁者。居久之,念龍門歷覽名山大川,文乃益奇,決計出遊,傭筆硯以爲養。自是蹤跡十九在外,間歲一歸省母而已。所歷吴楚、齊魯、燕趙、秦晉,遠出塞垣,天下名勝古跡多入篇什。所至重其才名,率虚席相禮重,然學稼特借以自隱,非所樂也。故其詩曰:『白首竄身甘瑣瑣,廡下牆東無不可。』耿精忠之未叛也,學稼適歸里,知難將作,以家託其友,復跳身北遊。及變作,知名士多迫汙僞命,衆乃服其遠識。故其《賦佛手柑》曰:『其避窮冬之涸陰也似智,而處薰蕕以自别也似清。不懷甘以媚衆口,不沃液以膏貪唇。罔炫紅紫之色,無競桃李之春。志潔行芳而不蒙蝹蠖,枝挺幹立而卻謝輪囷。』蓋方閩亂時,作以自況者。學稼既自廢於時,胸次所蘊,悉發於詩,麗則溫厚而慷慨,善敘事,無愧詩史。有《蘭雪軒集》三十卷，編《十六國春秋》四卷，輯《群言彙鈔》四十卷，及《備遺日録》若干卷。康熙辛酉，以疾終於懷慶僧舍。其子起宗，徒步數千里，槖遺書，御其柩以歸。學稼行方而氣和，自處在宋謝翺、元楊維楨之間，顧通於翺而介於維楨。起宗字蔚若，能世其詩學。學士謝道承修閩《通志》，存其詩六篇，亦偉麗有奇氣。近歲閩縣通人蔡明經容，自負知言，得學稼詩，嗟賞不去口，爲賦長句曰：『孫君學稼今逸民，文章忠孝兼一身。人世滄桑有變易，善繼祖父藏其真。牆東廡下作生計，白首自竄昇平春。蘭雪軒詩制作手，世無杜老非其倫。文字由來關至性，得之節義彌足珍。晴窗危坐一展卷，自歎此事原有神。澄心朗誦將百遍，口角流沫忘津津。邇來相隔百餘歲，後進漸不知其人。先生至德不可名，名之欲以揚無垠。』〔一〕陳庚煥《惕園初稿》卷一《聖湖先生傳》

按，孫學稼著述，今見存有福建省圖書館藏稿本《蘭雪軒集》不分卷、清抄本《蘭雪軒集摘抄》二卷、清抄本《閩會小紀百韻》不分卷及福建師範大學圖書館藏抄本《蘭雪軒集》殘稿一册。

徐謙

徐謙，字又横。守介履端，弱冠補弟子員，聲噪黌序。聞甲申三月之變，即北向號哭，焚巾袍，潛隱山

〔一〕文後原有案語：右纂謝青門先生《節義録》本傳，及高固齋、黄處安兩先生《蘭雪軒集序》，參以集所自敘、庚煥先世所傳述，草創是篇，以俟大手筆之删潤焉。嘉慶庚午歲除前三夕燈下識。

箐。後督學閔公知其名而聘招之，謙以疾辭，堅不出。家貧授徒，簞瓢不繼，澹如也。博綜群書，老而不倦，所著有《澹遠堂詩集》若干卷。卒年七十有六。康熙《建安縣志》卷七《人物·國朝隱逸》

按，徐謙傳，道光《重纂福建通志》附潘晉臺傳後，另見。

徐延壽

徐延壽，字存永，閩縣人。父𤇆。家鼇峰，藏書甚富，亂後並田園失之，移居湖南。有《尺木集》，錢謙益爲之序曰：『存永方綺歲，才藻麗逸，余以孝穆期之。後十餘年，絳雲樓災，存永寓書，相三日之哭。又七年，以《尺木集》請序。存永之詩，富有日新。《哭曹能始》長篇，述陽秋、詢琬琰，富矣哉，古良史也。』《皇明遺民傳》卷四

明徐延壽，字存永，閩人。家鼇峰，藏書甚富。閩不守，田園盡失，移家湖南。有《過燕子磯》詩云：『馮夷吹浪齧山根，雲樹千重暗白門。故壘尚聞雙燕語，空江曾見六龍奔。楊花暮雪行人路，杜宇春風古帝魂。扣枻中流頻喚酒，客情難遣是黃昏。』孫靜菴《明遺民録》卷二〇

徐延壽，字存永，閩縣人。𤇆子。綺歲才藻麗逸，錢尚書謙益以徐孝穆期之。家藏書埒曹學佺、謝肇淛，亂後並田園盡失之。將移家湖南，道揚州，與王士禛定交，士禛亟稱其《過燕子磯》一律。著有《尺木集》，謙益作序稱其『富有日新』，標舉其《哭曹能始》長篇不啻古良史。延壽談閩詩，盛推許友，謙益讀友作，逢佳處輒狂叫延壽爲知言。絳雲樓災，延壽寓書，相三日之哭，想見其交情。同邑陳濬，字開仲，

衎子。衎與徐熥、徐𤊹相切磨爲詩文，濬亦有才名，謙益稱之。濬與延壽詩，士禛均選入《感舊集》。《有學集》、《列朝詩集》、《漁洋感舊集》、《漁洋詩話》。民國《福建通志》總卷三十九分卷七《清文苑傳》

徐延壽字存永，鍾震字器之，二人叔姪也。閩縣人。長於翰墨，先後入章令簡幕。先是，延壽父𤊹曾勸章公修邑志，迨修志而𤊹卒，延壽承父志襄纂。家有藏書，攟羅搜討不倦。延壽入京，鍾震繼之，稿始就。故章志獨詳贍，二人之力也。道光《新修羅源縣志》卷二〇《人物下·明流寓》

［徐延壽］諱陵，字存永，又字無量，號延壽。行一百七十六。惟起公次子，邑庠生。生萬曆四十二年甲寅八月十七日寅時，卒康熙元年壬寅六月初九日午時，年四十九，葬北門外王墓首鳳山。《荆山徐氏族譜》

按，徐延壽生平事跡，所録或嫌簡略，或多錯訛。黄曾樾先生《徐存永先生年表》（見黄曾樾《讀〈尺木堂集〉》），多有辨析，可資參考。

徐延壽著述，據明陳衎《二徐詩選序》，曹學佺曾選徐延壽、徐鍾震叔姪詩合集刊行，『較之藏稿僅什之四』。又據書前周亮工《序》，知周氏曾選徐延壽、陳濬、許友三人詩付梓，後以事中止。『榕城徐子存永、陳子開仲、許子有介，皆以詩從予遊。予初欲合三子詩鐫以行，會去閩不果成。丁酉再至，則開仲、有介已陷鉤黨，存永雖脱，然匿影復壁，無異坎窗。是時三子詩半已屬梓，以此中止。』以上徐延壽二種著作，或未刻就，或已亡佚。周在浚等輯《賴古堂名賢尺牘新鈔》卷一一著録徐延壽《宛羽樓集》，未知是否别爲一書。今存者僅《尺木堂集》。

福建師範大學圖書館藏《尺木堂集》，係一九六三年福建師範學院圖書館據黄曾樾先生舊藏清順治十六年（一六五九）吴彦芳刻本所抄，後附黄曾樾先生《讀〈尺木堂集〉》修訂稿。而舊藏原本今已佚，今僅見《福建師範學院學報》（哲學社會科學版）一九五七年第二期之《讀〈尺木堂集〉》所存二半葉書影。該抄本前有錢謙益、紀映鍾（正文缺，僅留題）、黄澍、周亮工、龔鼎孳、吴綺、顧景星、胡介、沈麟、許友、王祚昌、吴彦芳、余懷、陳肇曾、沈荃、金鎮、邵光胤、鄭𤊹新等序十八篇。正文不分卷，分體編次，收録古今各體詩凡七七二首。

《尺木堂集》中所記明清易代之際史事甚多，如甲申變後徐氏紅雨樓藏書散佚始末，《輓曹能始》詩自注福州城陷日期、曹學佺殉節時日等，黄曾樾先生多已揭示。偶有未及闡發者，如曹學佺死後財産爲清廷籍没，其藏書喪失殆盡，且罪及家屬，後家屬『倖免于難』，亦可補史之闕。

涂仲吉

涂仲吉，字德公，一榛子。萬曆間入太學。一日在金陵，聞黄道周下詔獄，投觴而起曰：『仲吉當一行，爲朝廷保正士。』其有難之，仲吉歎曰：『黄公天下之正人也。黄公殺則正人去，朝廷殺黄公則負殺直臣名，事無大於此者。』遂赴闕上書。通政使施邦曜有難色，仲吉作色曰：『朝廷奈何使巽懦者作納言乎？』疏上，詔杖仲吉於長安門外。下錦衣獄，盛陳刑具鞫之，指移盡折，不少挫。乃與道周並論戍。尋赦歸。嘔血卒。雍正《福建通志》卷四六《明人物》

涂仲吉，字幼安。生而骯髒，喜談節義。稍長，入太學。聞時事闕失，輒頓足流涕。嘗游吳，師事張采、周鑣。一日在鑣座飲酒，鑣曰：『石齋先生非君之鄉人乎？天子以先入之言繫之獄，旦夕且死，誰能以一言白其寃乎？』仲吉不答。明日跡之逆旅，則仲吉已徒步入都矣。有友知而阻之，仲吉歎曰：『黃公天下正士也，主上又英明天子也。黃公見殺，則天下之正人去；主上殺黃公，則朝廷負殺直臣名，事無大於此者。』因舉酒曰：『今日爲君盡觴，明日諫不聽，即藁葬長安門外耳。』遂上疏曰：『臣觀道周通籍二十載，半居墳廬。稽古著書，一生力學，止知君親。雖其言嘗過戇，而其志實純忠。今喘息僅存，猶且讀書不倦。此臣不爲道周惜，而爲陛下天下萬世惜者也。昔唐太宗恨魏徵之面折，至欲殺而終不果；漢武帝怒汲黯之直諍，雖外出而實優容。陛下方欲遠法堯舜，奈何出漢唐賢主下乎？』通政使施邦曜歎曰：『生有取義之勇，甚善。顧雷霆之下，將致不測，竊爲生危之。』不爲封進，而大署某副封曰：『書不必上，論不可不存。』仲吉作色曰：『朝廷奈何使巽懦者作納言乎？』復出疏，並劾邦曜。邦曜愕然謝曰：『生年少，見義敢爲。老夫耄矣，當爲君同獲罪。』令取保質。時通政副使馬思理，以仲吉名家子，持名紙付所司，灑掃一室與之。邦曜以副封上。帝見其署語，怒，奪邦曜官，逮思理下獄，而杖仲吉長安門外。復下錦衣獄，鞫所指使。錦衣喬可用盛陳刑具，仲吉慷慨曰：『仲吉，閩南男子，隻身走萬里，叩九閽，何從受人指使？必欲究指使，有剖臣心以獻耳。』搒其指盡折，不少挫。在獄，師事道周。已，帝意解，與道周俱論戍。久之，俱赦還。福王在南都，給事中陳子龍疏言：『當道周觸忌權倖，搆陷至深，先帝震怒，百官相戒結舌，獨仲吉以孤童擔囊走萬里外，上書北闕，予杖下獄，瀕死不屈，以明道周之寃。此雖王調貫械以訟李固，杜仲殺身以救李雲，亦不過是。幸先帝聖明，得以免死。當仲吉赴戍時，臣得與接對，凝静深遠，絶不以立名自喜。若置之臺諫之班，必有以上補衮職、下剔奸邪。』既而兵部侍郎解學龍又疏薦，乃以爲翰林待詔。及明年春始至，而南都弗守矣。唐王稱號閩中，方震孺復薦仲吉自代，乃授御史。唐王亡，仲吉不食十餘日，嘔血死。道光《重纂福建通志》卷二〇六《明列傳·鎮海衛》涂一榛傳附

仲吉字德公，鎮海涂一榛季子。生而骯髒，喜談節義，時論未之許也。稍長入太學，聞時事闕失，輒頓足，或時爲流涕。一日在金陵，聞黄道周下詔獄，時方飲，投觴而起曰：『仲吉當一行，爲朝廷保正士。』其友人謂之曰：『君有拯溺之義，不度布衣之力，將自致于九死之罪，願君更思之。』仲吉歎曰：『黄公天下之正人也，主上又英明天子也。黄公見殺，則天下之正人去；主上殺黄公，則朝廷負殺直臣名，事無大于此者。』因舉酒曰：『今日爲君盡觴，明日入京師諫。不聽，即藁葬長安門外耳。』遂間關赴闕上書，通政使施邦曜歎之曰：『生有取義之勇，不度主上之怒，將自致于不測之淵。』蓋甚爲生危之。仲吉作色曰：『朝廷奈何使巽懦者作納言乎？』邦曜愕然謝曰：『生年少，見義敢爲。老夫耄矣，老夫不能，當爲君一獲罪。』疏上，仲吉盛陳道周學行敦摯，其言雖過戇，其意實忠純。因引唐宗、漢武待魏徵、汲黯故事，謂：『主上方欲遠法堯舜，奈何知出漢唐庸主下？』且謂：『三季之主墜小人之術，使賢人君子受黨人之禍，以此摧士氣、失人心，今不宜復以黨人輕殺學行才品之臣。』上覽疏，大怒，杖仲吉於長安門外。復下錦衣獄，鞫指使者。錦衣喬可用盛陳刑具，仲吉曰：『吾閩南男子，見義而動，死即死耳，寧足怖耶？』可用拶其指盡折，仲吉不少挫。既而懷宗亦稍悟，乃與道周俱論戍。未幾，復赦還。福王在南都，

給事中陳子龍薦可任用，不報。閩中擁立唐王，方震孺復薦仲吉自代，授御史。唐王亡，仲吉不食十餘日，嘔血死。蓋世傳其節義不虚云。《續傳》。康熙《漳州府志》卷二二《人物志二・明直節》

涂仲吉，字德公，鎮海衛人。爲太學生，負氣節，毅然以天下自任，每見時事有失，輒痛哭流涕。一日在金陵，聞黄道周詔獄，不憚數千里，詣闕申救，辭無隱諱。通政施邦曜以危言惕之，不動。復上疏劾邦曜。有旨，杖仲吉於長安門外，下錦衣衛嚴究。鞫之日，錦衣喬可用盛陳刑具，仲吉曰：『吾閩南男子，死則死耳，足相怖耶？』可用怒，苦楚萬端，㩳其指盡折，仲吉不少挫。既而懷宗感悟，與道周俱論戍。仲吉得出，上列可用罪狀，詔下可用獄，一時稱快。未幾，復赦仲吉歸。弘光元年，給事中陳子龍薦于朝，謂苟置之臺諫之班，必能上補衮職，下剔奸邪。弗報。及閩中擁立隆武君，廣西巡撫方震孺復薦仲吉自代。詔可，授仲吉侍御史。方拜命受職，而隆武君出奔矣。仲吉不食十餘日，嘔血卒。康熙《漳浦縣志》卷一五《人物志上・明縉紳》

涂仲吉，字德公，漳州鎮海衛人，黄道周門人。萬曆間入太學。一日，在金陵聞道周下獄，投觴而起，赴闕上書。帝怒，詔杖之於長安門外，下錦衣獄論戍。尋赦歸。歷翰林待詔。唐王入閩，授御史。丙戌秋，祝髮爲僧，居廈門，與紀許國往返。己丑將卒前夕，忽夢天上召修國史，明日果以憂憤嘔血卒。《通志》，參《異人集》。道光《廈門志》卷一三《明寓賢》

涂公仲吉，閩人，崇禎國子諸生。師事黄石齋，十年不離講席。先生觸璫詔獄，人咸結舌，仲吉以孤童擔囊走萬里白冤情，詞哀婉，天下壯之。太史陳子龍讀之，慨然曰：『雖王調貫械以訟李固，杜仲殺身以白李雲，不是過也。』以特簡薦入中書。雲林子曰：閩人《易》學無專家，石齋得《易》於蔡虚齋，虚齋得傳於林雲室。仲吉十年不離講席，精究《易》藴，擔囊走萬里爲公白冤。石齋盡節獄中，猶註《孝經》、《易解》，與毛志潔、蔡春溶二人講《易》至臨刑，著《明夷》之初九，後果緩三日而死。毛、蔡從容殉節。仲吉艱辛白冤，皆蒙難困悔，卒成其志。甚矣，《易》之道微也。《節義文章》卷九

太學生涂君，名仲吉，字德公，閩之漳州人也。父一榛，仕至方伯，萬曆時名臣。君少忼慷負大志，常游吴，好張臨川采、周儀部鑣之爲人，皆師事之。一日，在儀部坐上飲酒，儀部大言曰：『漳浦黄石齋先生，非君之鄉人乎？天子以先入之言繫之獄，旦夕且死矣。誰乎能以一言白其冤乎？』既而低徊曰：『是必無人。』儀部察君雖不言，隱隱有自負色。明日，索之逆旅，已徒步三千里入都爲黄先生頌冤矣。天子震怒，杖之百，與黄先生同繫刑部獄。君乃師事黄先生，有黄霸、夏侯勝獄中授經之風。無何，天子意解，赦之出，皆置戍籍。甲申夏，留都建國，解司馬學龍以君之名入告，官君翰林院待詔，需之至；且以諫官處君，君久弗至也。乙酉春，君始一至金陵，觀時政得失，而留都已弗守矣。君歸而閉戸不出。閩中初建，亦以諫官處君，非君志也。未幾，竟悒悒以卒。當君之乙酉再游吴中也，來訪余。先以一刺投于門，告曰：『甚病不能來也，願一顧舟中。』余深恠其爲而重其人，屈意往見之。一見握手，曰：『非敢爲傲，願足下勿恠也。自拜杖後，創特甚，臀已無膚。良醫爲割羊肉敷之，乃獲愈，今白毛茙茙在尻也。天欲雨，骨酸楚折欲死。今者天將雨乎？』余意釋，因置酒，相與結懽而去。留都弗守，君走别河干。余流

涕謂曰：『噫，茲地其可知矣。七閩負山阻海，域中之隩區。且昔之降帥在，其將以艅艎樓船之師固吾圉乎？』君怫然曰：『茲非足下所知也。彼以負販小材弄兵潢池，賴國家好爵縻之耳。性反覆，喜負人，豈能任天下重事？他日誤蒼生者必此人也。』已而其言驗。嗟乎，天下想望君風采，徒以直聲震朝廷耳，豈意料敵制勝鑿鑿中事機如此。天乃扼其才，弗克竟其施，以至於没，豈非命哉？方解司馬之以君入告，同君署名而錫官同君者，則崑山諸生永明。永明沉毅有志。君爲漳浦頌冤時，永明在都，客有述君事目爲狂生者，永明變色與爭。客睨永明曰：『君慕之耶？則請繼之，毋徒爭爲也。』永明憤甚，因走撼司寇獄，抱黄先生及君大哭，擬續拜疏，黄先生急止之，曰：『龍之逆鱗不可觸，況天子耶？今既觸之矣，君請再，再則吾屬毋遺類矣，願君勿言。』永明于是留獄中，爲君輩庀醫藥、納槖饘，下至中裙、廁牏浣滌之事無不爲。當此之時，長安之公卿大夫皆重諸生，願交懽諸生，諸生戶外之車常滿也。乙酉後，浮沉里中，亦以抑鬱死。臥龍山人曰：『余聞之葉水部國華，水部先爲司寇屬，寔治黄先生事。黄先生每對簿輒深自引罪，得大臣體。顧與涂生語，獄獄向人，至掩耳不忍聞也。』而君嘗語余曰：『家面大海，風水震蕩，終日夜有聲。或陰霧蔽天，則時有巨魚躍入庭中。』噫，固河海英靈之氣鍾而生君與。葛芝《臥龍山人集》

卷一三《太學生涂君傳》

涂仲吉，字德公，漳鎮海衛人。其先由吾邑徙入。父一榛，萬曆甲辰進士，歷官至通政使。爲人鯁正，侃侃敢言，遇事無所避，不爲權勢所撓。嘗爲考功，大計群吏，以法去奸黨殆盡。當是時，宣城四明之黨，遞相援引，如蛇蟠狐附，側目於公，指爲東林渠魁，幾罹瑺禍。賴烈皇帝嗣位，始免。方嚮用，而公遽病卒，惜矣。子五人，仲吉尤負氣忼慨，有異姿。讀書警敏，爲文操筆立就。古今治亂，瞭若指掌，遂以天下事自任。膂健異常，聞四方多故，有馳驅自效之志。然性不能容人過失，好飲酒。酒酣，又好論時事得失，於君子小人進退係國家消長存亡之機，援據前代，談娓娓不休，或至痛哭。坐中有異議者，輒發憤嫚駡，人亦以此憚之。隸博士弟子員，已入爲太學生。嘗避仇遊金陵，士大夫方重聲氣，聞仲吉才名，又知爲故納言公子，爭延客之。一日在某公席上，傳邸報黄公道周詔獄，上怒，且不測。仲吉慨然停觴離席起，曰：『黄公者，天下之正人師表也，主上又英明天子也，豈可有殺直臣名？仲吉當不惜一身，上書極言其事。』在席者皆知仲吉敢爲，咸惜其行，謂：『天子疑黄公植朋黨，論救者已得罪。君一布衣，蕭然羈旅，誰爲達至尊前？即言之，徒重滋禍，無益耳。』答曰：『仲吉聞父師訓，讀書識義理，事無大於此者。今日爲諸君盡此觴，明日入京師，上疏不成，當裹葬於長安門外，不得奉顔色矣。』復飲一觴而别。至京師，草疏垂千言，明道周清勤忠孝；至謂『殺道周以激奮樞輔，而樞輔未必奮；殺道周以緘閉諫臣，而舉朝久已卷舌。皇上必欲誅結黨敗類之臣，則道周非其人；皇上必欲誅獨立孤介之臣，則道周當死』，尤激烈無隱諱。從通政司投進，通政使施邦曜閱其疏，大驚。施公嘗守漳州，以危言愒之不動，復以溫言諭遣之。仲吉復上疏，語侵施公。公笑曰：『君年少，見義敢爲乃爾，老夫且爲君獲罪矣。』疏上，有旨於長安門右，杖一百下。錦衣衛嚴究何人指使，并切責通政司。之日，錦衣喬可用盛陳刑具，厲詞謂：『若知錦衣爲何衙門耶？其速承。』仲吉嫚駡曰：『汝錦衣者，故爲逆璫殺志義之衙門也。仲吉七尺丈夫，纍纍五刑遂足相怖耶？仲吉死，則從諸公於地下；不死，則糾論行及汝矣。』可用怒，椮其指盡折，選列校更番杖四十，仲吉挺然，絶無痛楚狀。至獄，獄卒桎梏不少假，兩臂盡腫，神昏憒。仲吉自念血毒凝不出，行且死。顧見破甕，展轉以臂向甕尖自割，血直噴丈餘，漬圜土且徧，遂爽然臥蘆席上。時臘月，燕地天寒，仲吉委頓風雪中，浩氣蒸蒸勃發，鼾聲如雷。獄卒嘆以爲未見也。既天子感悟，仲吉與黃公俱論戍。仲吉出，則上列喬可用罪狀，可用遂得罪下刑部獄，人以爲快。未幾，復黃公原官，仲吉亦赦還里。甲申，逆闖陷京師。留都立弘光帝，起黃公爲吏部侍郎。復用侍郎解學龍薦，以仲吉爲翰林院待詔給事中。陳子龍聞而嘆曰：『山有猛獸，藜藿不采。季梁讜謀而强隣憚，汲黯正論而叛藩阻。今悍將驕橫，大敵入境，仲吉勁直敢言，爲衆所服，不居之言官要任，使指陳得失，猶循資格，處以清署散員，豈此時翰墨之司爲乏人耶？』遂上疏請廣忠益，謂：『當黃道周觸忌，權佞構陷至深，先帝震怒，禍將不測，群工百官相戒結舌，獨涂仲吉以孤童擔囊走萬里外，上書北闕，予杖下獄，獄吏希迎，拷掠荼酷，至死不屈，以明道周之冤。此雖王調貫械以訟李固，杜仲殺身以救李雲，亦不過是。幸先帝聖明，得以俱免。憲臣劉宗周昔以廷諍去國，孝廉祝淵毅然請留，先帝已輕議罰，迨後奸臣挑激，復徵檻車。雖與仲吉得禍，輕重有殊，然爲國惜賢，舍生取義，其揆一也。當仲吉遣戍之時，祝淵被逮之日，臣皆得與接對。仲吉凝靜深遠，絶不以立名自喜。祝淵謙抑溫恭，惟以出位引咎。間有投贈，錙銖不納。若置之臺諫之班，必有以上補袞職，下剔奸邪。』疏上，不報。隆武帝立，廣西巡撫方震孺薦仲吉自代。震孺先朝忤璫不死，宿望久著，不輕許人。特改仲吉御史，未行而清大師已入閩矣。仲吉不食十餘日，卒。未死前，自題銘旌云：『明監生涂仲吉。』憤悒不得志而死。不書官者，蓋自傷大事已去，一官空名，固不若國子上舍時得言事天子前也。黃公亦先以樞輔出師敗，被執，死於舊都洪武街。甌離子曰：『吾友有俞爾賡者，每爲余言，鎮海籍多莆産。其先人正郎公與銅山相國、何司農、涂納言先世皆莆人也。爾賡長仲吉六歲，又以尊人與納言公之好，與仲吉交最早而密。仲吉之避仇金陵也，則以陳法瞻故。法瞻者，大尹翼飛公子也。大尹公博淹敏妙，迥絶近代。識銅山公于試童子時，延以教法瞻。法瞻才頗似其父，大尹公顧不喜。又工法書，學擊劍舞槊，彎弓至五百斤，能左右射。銅山公不謂善也，未幾謝去。法瞻跅馳，顧聞祠部顔公茂猷有道人也，因執贄及門。顔公嘗爲言：『閩越十年後必大亂，亂必延，其應在某人乎？今方嚮用，顧異日必叛朝廷，兆已成矣，奈何？』法瞻聞之，遂潛謀殺其人以紓亂。從顔公習奇門遁形之術，日夜仗劍披髮，散金結游俠。謀頗洩，張孝廉燮知之，因洩語。其人懼，乘傳上燮撫按，事聞，詞連顔公。少宰王志道以闔門保之，得不坐。法瞻亡命，道遇其家客，爲所害。張孝廉燮者，有盛名，嘗嚴事大尹公。公歿，以小嫌故，至破其家。仲吉聞之，大不直孝廉也。一日被酒，直至其第，排十重扃皆啓，擒孝廉，數其過，毆之幾斃乃去。孝廉祖父伯叔皆仕顯，家僮數十人，憚涂公子勇，皆慴伏散走，無敢近者。孝廉訟于有司，漳郡鉅公爲置酒，令仲吉詣謝，卒不往。其軼事多類此。以余觀仲吉，卓犖負奇，忘身許國，方之古人，其在陳同甫、辛幼安之流乎？乃仲吉知世將亂，恐不得苟全，慕龍門棲隱，遂字德公。嗚呼，以仲吉之惡惡如鷹鸇逐鳥雀，欲爲鴻鵠之高飛遠遁，豈可得哉，豈可得哉？爾賡，字虞卿，與仲吉之兄孝廉伯案同字。少負才，豪宕自喜，今窮且老矣，長齋糸內典如老衲。與余談仲吉及其郡諸公死節，其激發溢于詞氣，鬚眉俱奮，猶未能銷折焉。林向哲《甌離子集·涂仲吉傳》

按，涂仲吉傳，《明遺民録》、《小腆紀傳》均收録，與涂伯案合傳，見『涂伯案』條。

涂伯案

明涂伯案，字虞卿；弟仲吉，字德公，漳州鎮海衛人，通政一榛子也。一榛與東林顧憲成遊，三疏詆湯賓尹，故訶黨人者必及一榛。天啓中，引疾歸。未幾，緹騎四出，一榛家居有戒心，伯案色養，以孝聞。瑠敗，一榛已先卒。新建徐世溥致書伯案曰：『昔歐、蘇以黨人躓不用，叔黨、叔弼僅文墨守父訓。范文正之子，乃能承父志耳。今在虞卿矣。』黄道周逮詔獄，廷杖，申救者皆獲罪。仲吉以太學生上書，謂：『道周一生學問，只知君親，雖言嘗過戇，而志實忠純。昔唐宗不殺魏徵，漢武優容汲黯，皇上遠法堯舜，奈何出漢唐主下？』崇禎帝大怒，予杖下獄。問者究主使，仲吉曰：『此豈容人主使？可剖吾肝呈至尊，以明道周之無罪。』竟遣戍。然語微聞於帝，頗心動。壬午，伯案舉於鄉，而仲吉亦自戍所釋歸。甲申變聞，兄弟謀舉勤王師，當事者不之許。及隆武帝駐蹕天興，授仲吉御史，並徵伯案，謝不往。語弟曰：『上不駐足荆南，動四方勤王之師，乃退守閩中，羈旅溫、鐸之手，乾符、廣明之事不遠矣，吾何望哉。』閩事敗，仲吉祝髮於廈門，鬱鬱嘔血卒。伯案乃棲止文山之陽，搜羅舊聞，詳具君臣行事本末，以推見治亂所由，其大者《留史》、《授命録》。《留史》者，言遼事。《授命録》則兩都殉節之臣，其略曰：『崇禎甲申，乾坤崩裂，天子殉國，一時朝紳，魚貫稽首，出就寇廷。蓋自石勒、侯景而降，禄山、朱泚而上，未有辱於斯者。在内決志者二十餘人，在外死綏者四人。嗚呼，國家二百七十年，歲具馬幣聘名士，所以蓄士大夫者道甚隆。遜志而後，僅見此數君子邪？乙酉之變，天子棄其母，大臣棄其君，吏棄其疆，民棄其髮，乾坤一大變也。竟此寂寂，無爲唐之舞馬諸伶擲揄地下乎？劉、黄諸公，向中朝所指爲黨人者，不忍視其國之亡，嘯《狡童》之歌，作《辨亡》之論也，皎哉與日月爭光矣。若夫處於牆陰，不掛朝籍，柴市止水，差肩齊驅，是亦貴於皋禹，壽於彭鏗也。』既而里門被屠，所著書悉燬於火。又迫遷界之令，流寓吴興。嘗太息謂其子曰：『吾父子兄弟以文章起家，思以節義挽回天下。吾痛夫家國之禍，其始也，以封疆爲起釁之地；其終也，以封疆爲報復之私。其始也議戰，戰不足而議守；其終也，守不足而議款。其始也，閹宦礦税而釀戎禍，常侍漸且典兵；其終也，戎寇交訌而用宦官，軍容遂陵邊帥。其始也，朱穆發疽於侯覽，魯公爭坐於朝恩；其終也，子弟悉合乎黄巾，禁鑰竟開於緑幘。其始也，以一隅騷天下，召募加派，歲彌以甚；其終也，騷天下而亂天下，膚剝復潰，大命以傾。夫宦官、小人，陰類也，相因而至。《易》重《姤》、《復》，《春秋》嚴夷夏，詳哉其言之矣。誰生厲階，至今爲梗？吾於光、熹以來是非終始，瞭若觀火，今悉燬於兵。他日舉三十年事，疑以傳疑，舜篡尹誅，幾何不爲東野之語、汲之冢也。悲夫。』晚客死浦城。門人問後事，無一語，但曰：『只此便是太極。』端坐而逝。寧化李世熊爲表其墓焉。孫靜菴《明遺民録》

卷二四

涂伯案，字虞卿；弟仲吉，字德公，漳州鎮海衛人，通政一榛子也。一榛與東林顧憲成遊，三疏詆湯賓尹，故訶黨人者必及一榛。天啓中，引疾歸。未幾，緹騎四出，一榛家居有戒心，伯案色養，以孝聞。瑺敗，一榛已先卒。新建徐世溥致書伯案曰：『昔歐、蘇以黨人躓不用，叔黨、叔弼僅文墨守父訓。范文正之子，乃能承父志耳。今在虞卿矣。』黄道周逮詔獄，廷杖，申救者皆獲罪。仲吉以太學生上書謂：『道周一生學問，只知君親。雖言嘗過戇，而志實忠純。昔唐宗不殺魏徵，漢武優容汲黯，皇上遠法堯舜，奈何出漢唐主下？』崇禎帝大怒，予杖下獄。問者究主使，仲吉曰：『此豈容人主使？可剖吾肝呈至尊，以明道周之無罪。』竟遣戍。然語微聞於帝，頗心動。壬午，伯案舉於鄉，而仲吉亦自戍所釋歸。甲申變聞，兄弟謀舉勤王師，當事者不之許。及隆武帝駐蹕天興，授仲吉御史；並徵伯案，謝不往。語弟曰：『上不駐足荆南，動四方勤王之師，乃退守閩中，羈旅溫、鐸之手，乾符、廣明之事不遠矣，吾何望哉。』閩事敗，仲吉祝髮於廈門，鬱鬱嘔血卒。伯案乃棲止文山之陽，蒐羅舊聞，詳其君臣行事本末，以推見治亂所由。其大者《留史》、《授命録》。《留史》者，言遼事。《授命録》則兩都殉節之臣，其略曰：『崇禎甲申，乾坤崩裂，天子殉國，一時朝紳魚貫稽首，出就寇廷。蓋自石勒、侯景而降，禄山、朱泚而上，未有辱於斯者。在内決志者二十餘人，在外死綏者四人。嗚呼，國家二百七十年，歲具馬幣聘名士，所以蓄士大夫者道甚隆。遂志而後，僅見此數君子邪。乙酉之變，天子棄其母，大臣棄其君，吏棄其疆，民棄其髮，乾坤一大變也。竟此寂寂，無爲唐之舞馬諸伶揶揄地下乎？劉、黄諸公，向中朝所指爲黨人者，不忍視其國之亡，嘯《狡童》之歌，作《辨亡》之論也，皎哉與日月爭光矣。若夫處於牆陰，不掛朝籍，柴市止水，差肩齊軀，是亦貴於皋禹、壽於彭鏗也。』既而里門被屠，所著書悉燬於火。又迫遷界之令，流寓吳興。嘗太息謂其子曰：『吾父子兄弟以文章起家，思以節義挽回天下。吾痛夫家國之禍，其始也，以封疆爲起釁之地；其終也，以封疆爲報復之私。其始也議戰，戰不足而議守；其終也，守不足而議款。其始也，閹官礦稅而釀戎禍，常侍漸且典兵；其終也，戎寇交訌而用宦官，軍容遂陵邊帥。其始也，朱穆發疽於侫覺，魯公爭坐於朝恩；其終也，子弟悉合乎黃巾，禁鑰竟開於綠幘。其始也，以一隅騷天下，召募加派，歲彌以甚；其終也，騷天下而亂天下，膚剝復潰，大命以傾。夫宦官、小人，陰類也，相因而至。《易》重《姤》、《復》，《春秋》嚴夷夏，詳哉其言之矣。誰生厲階，至今爲梗？吾於光、熹以來是非終始，瞭若觀火，今悉毁於兵。他日舉三十年事，疑以傳疑，舜篡尹誅，幾何不爲東野之語、汲之冢也。悲夫。』晚客死浦城。門人問後事，無一語，但曰：『只此便是太極。』端坐而逝。寧化李世熊爲表其墓焉。《小腆紀傳》卷五八

伯案，字虞卿。所居有文山，學者稱文山先生。少以孝聞，侍父疾六年如一日。崇禎壬午舉於鄉。時弟仲吉以廷杖遣戍，特詔釋歸，伯案抱弟而哭，謂：『弟以身命立名節於千載，吾甚愧吾弟。』仲吉謝曰：『士所當爲未止此，兄其勉之。』乃執贄黃道周之門。甲申後，伯案與仲吉謀勤王，當道止之。唐王稱號閩中，詔徵首及伯案。私語仲吉曰：『天下大勢已去，上不急駐荆南，動四方勤王之師以圖進取，乃退守閩中，乾符、廣明之事不遠矣。吾何望哉？』謝不往。及唐王敗，黃道周殉節南京，仲吉不食卒。伯案屏居文山，不與燕會慶弔。每談往事，輒繼以泣。乃蒐羅放失舊聞，詳其君臣行事本末，以推見治亂所由，撰述成書。既而里門被兵，所著詩文三十卷，纂輯百餘卷，藏書數千卷，悉燬。道光《重纂福建通志》卷二〇六《明列傳・鎮海衛》涂一榛傳附

涂伯案，字虞卿，漳浦人。明崇禎壬午舉於鄉。弟仲吉，即以太學生抗疏救黃道周受廷杖者也。乙

西，唐王立於福州，詔徵虞卿，謝不往。丙戌九月，石齋殉難留都，仲吉恫憤死。酷吏某中虞卿以危法，幾不免，遂挈家遠遊。過浦城，浦城令徐士傑延爲諸生師，條教甚備。壬子五月，疾篤，邑士以身禱者二十餘人。問以後事，不出一語，但曰：『祇此便是太極。』端坐而逝。光緒《續修浦城縣志》卷二七《明寓賢》

涂伯案，字虞卿；弟仲吉，字德公，漳州鎮海衛人，通政一榛子也。甲申變聞，兄弟謀舉勤王師，當事者不之許。迨隆武退守閩中，閩事敗，仲吉祝髮於廈門，鬱鬱嘔血卒。伯案乃棲止於文山之陽，蒐羅舊聞，詳其君臣行事本末。既而所著書悉燬於火。迫遷界，流寓吳興，晚客死浦城。寧化李世熊表其墓。民國《同安縣志》卷二七《思明州人物録》

涂君名伯案，字虞卿，閩漳之鎮海人。鎮海之東有文山，抗溟渤，表霄漢，涂君之廬在焉。今學者亦稱文山先生云。父一榛，萬曆甲辰進士，官通政司左通政。初令金壇，與顧奉常遊，爲東林院主。時論詆訶東林者，必首及公。辛亥奏最，改吏曹，群小已仄目。給事姚宗文附和錢、金，并以公爲道學黨人，黨人之目自此始。公謂黨禍已兆，不可不剪其芽，乃爲三疏，直剖湯宣城指蹤諸奸狀。讀其疏者，至爲手顫。疏入，留中。熹廟初，趙公南星秉銓，起公南考功。復與總憲王永光左所黜吏石三畏。何早輩皆夤緣走璫門，弄機彀，公時已轉左通政。既而高總憲彈霍維華，維華亦竄身於璫，與諸失職者謀翻燄。趙太宰以破格爲失職者所摭，公知奸燄必熾，決意引病去。未幾而緹騎四出，正直駢死，公亦以是見詘於天下，戒心待罪，病鬱鬱不起。虞卿左右就養，愉色以入，含辛而出，六年如一日也。服除，推官彭琯較十二學諸生，以虞卿冠多士。郡守曹荃十一試，復冠其同學，勉虞卿曰：『天子手剪巨璫，追念舊勳，尊公不及柄用，仲尊公未竟之志，是在君矣。』南州徐世溥亦致書虞卿曰：『昔歐陽公與蘇子瞻，皆以黨人之難屢躓，不盡其用。叔黨、叔弼僅能守父訓，文墨自娛；范文正之子乃爲忠宣奕世，照燿典冊。今忠宣之事，則在虞卿矣。』崇禎壬午，虞卿舉於鄉，以《詩經》冠劉九一房，衆賀劉公爲國家得人。天下傳誦其闈牘，以爲閩材之奇盡於此。時仲弟仲吉，亦以廷杖遣戍特詔釋歸。虞卿抱弟而哭，謂：『吾以帖括濫附賢書，而弟以身命立名節於千載，吾不及弟萬萬矣。』仲吉謝曰：『士所當爲未止此，兄其勉之。』於是虞卿相視而笑也。仲吉，字德生。始石齋先生闢壇講學，里閈士無不北面者，獨虞卿、仲吉執通家子弟禮。及石齋逮詔獄廷杖，幾不測，仲救者皆杖戍。仲吉以太學生擔囊走萬里，上書北闕，謂：『道周通籍二十載，半居墳廬。一生學問，只知君親。雖言嘗過戇，而志實忠純。昔唐宗恨魏徵面折，至欲殺而終不忍；漢武惡汲黯直諍，雖遠出而實優容。皇上遠法堯舜，奈何出漢唐主下？斷不宜以黨人輕議才德全備之臣。臣非爲道周惜，爲皇上天下萬世惜也。』上大怒，予杖，下獄。獄吏希旨拷掠，究主使，仲吉曰：『孤生輕萬里，矢死爲大賢白冤，此事豈容主使？必欲誣供，可剖吾肝呈至尊驗之，以明道周之無罪。』語徹聞於上，頗爲動心。其剛烈如此。及是，同虞卿咸執贄石齋先生之門。旋丁繼母張宜人喪，虞卿弗克上公車。以其年葬通政公及宜人，併葬五服之在殯者。又以其年斥橐金市鎮海衛地三百畝，葬鄉之無主、貧無壙者。杜門吟誦，惟宗戚困阨、閭里大利弊與單赤恫苦無告者，即侃侃詳之，必得當乃已。無何，甲申變作，虞卿與仲吉謀舉勤王師，爲當道格止。乙酉，思文駐蹕天興，詔徵虞卿。虞卿私語仲弟曰：『天下大勢已去，上不急駐荆南，動四方勤王之師以圖進取，乃退守閩中，羈旅溫、鐸之手，乾符、廣明之事不遠矣。吾何望哉？』謝不往。丙戌九月，閩事壞，石齋先生殉難於留都。仲吉恫憤，無疾而卒。虞卿棲止文山之陽，屏居窮年，不與人間燕會慶弔，曰：『吾有君有師之喪也。』每談天寶事，輒繼以泣。乃蒐羅放失舊聞，詳其君臣行事本末，以推見治亂所由，撰述成書。其大者《留史》、《授命録》。《留史》者，言遼事。《授命録》則傳二都殉節諸君子，一篇三致意焉。其略曰：『崇禎甲申，乾坤崩裂，天子殉國，一時朝紳，魚貫稽首，出就寇廷。蓋自石勒、侯景而降，禄山、朱泚而上，未有辱於斯者。時在内聞變決志者二十人，在外皷綏死職者四人，草萊就義者一人。嗚呼，國家二百七十年，歲具馬幣聘名士，所以畜士大夫者道甚設。遜志而後，僅見此數君子耶？然方之漢宋爲烈矣。漢長安之亂，士君子無死者，惟袁隗、伍瓊、周毖、孔融、楊修五六人耳。然皆爲卓、操弄斧，非有慷慨致命之義。宋汴都之亂，士君子無死者，惟吴革、孫傳、張叔夜三人耳。何㮚、李若水則猶之墜阱也。嗟，此數君子者，學不同師，義歸一致，其以興頑立懦，呼寤人心，不爲淺鮮矣。夫忠者，人之所甚慕也；死者，人之所甚惡也。有所甚惡，則甚慕亦爲之奪矣。自管仲、魏徵之説出，而馮道繼之，其創至今不息也。朝市已移，瞻烏集屋，非曰將以有爲，則曰願得一當。歲月遷流，鷹化爲鳩，駕化爲鼠，而不遑自救。嗚呼，李德林、留夢炎子孫而在，應以面覆牀，羞言祖宗事矣。乙酉之變，天子棄其母，大臣棄其君，吏棄其疆，民棄其髮，乾坤一大奇辱也。竟此寂寂，獨無爲唐之舞馬諸伶揶揄地下乎？劉、黄諸公，向中朝所指爲黨人者，不忍視其國之亡，嘯《狡童》之歌、作《辨亡》之賦也，皎哉與日月爭光矣。若夫處於墻陰，不掛朝籍，柴市止水，差肩齊驅，是亦貴於皐禹，壽於彭鏗也。』未幾，生母蔡孺人卒，孝廉哭絶復甦，曰：『老母已終，偷生何益。』嘔血支床，無意人間世矣。既而里門被屠，所著詩文三十卷，纂輯百餘卷，藏書數千卷，悉燬於兵。又下令蹙地移民，劃文山爲荒陲，家落瀕死者數矣。酷吏某，又中以危法，幾不免。遂挈家遠遊。辛亥正月，流寓吴興。子明禮夜侍，孝廉呼明禮曰：『孺子爾知之乎？余父子兄弟以文章起家，思以節義挽回天下。吾痛夫國家之禍，其始也，以對疆爲起廢之地；其終也，以封疆爲報復之私。其始也議戰，戰不足而議守；其終也議守，守又不足而言款。其始也，閹宦稅礦而釀戎禍，常侍漸且典兵；其終也，戎寇交訌而用宦官，軍容遂陵邊帥。其始也，朱穆發疽於侯覽，魯公爭座於朝恩；其終也，子弟悉合乎黄巾，禁鑰竟開於薰子。其始也，以一隅騷天下，召募加派，歲彌以甚；其終也，騷天下而亂天下，膚剝腹潰，大命以傾。夫宦官、宵壬，陰類也，相因而至。《易》重《姤》、《復》，《春秋》嚴夷夏，詳哉其言之矣。誰生厲階，至今爲梗？吾於光、熹以來是非終始，瞭若觀火。今其書悉火於兵，豈天之無意乎？何其有天禍人刑也？他日舉三十年事，疑以傳疑，僞以傳僞，舜篡尹誅，幾何不爲東野之語、汲之冢也。嗟夫，司馬氏之傳也以有遷也，班氏之成也以有固也，孺子豈其人乎？今二書之脱於灰燼也，非文字之靈，實諸賢之藉以不朽也。李泰伯曰：「天將壽我歟？」所爲固未足也。不然，斯亦足藉手見：古人矣。孺子識之。』五月至浦城，浦城長吏喜得孝廉爲諸生師，凡所以條教程度者甚備。署其門曰：『西山修明大學，千秋平治歸書記；河汾教授生徒，一代將相出師門。』美哉，其設科之意也。乃壬子正月晦得微疾，五月八日疾遂篤，問後事，不出一語，但曰：『只此便是太極。』端坐而逝。距生年戊申，計六十五年。常言學以無欺爲本，道以及物爲大。艮背周天之學，老而彌篤，夜無昏睡，臨終蓋其驗云。浦城令徐公哭之曰：『士不幸當橫流板蕩之世，欲全身簑簕之間，蓋亦難矣。余觀閩漳，水旱盜賊，嚴刑厚歛，人不鋃鐺擊即鳥獸散，欲求潯陽一片土，没齒畎澮，稱鄉里逸民，豈可得哉。而史稱鼎革之際，遺老故臣，菰秫種菊，弋釣自娱，抑何優游閑適也？悲夫，涂虞卿廿五年不窺城闉，竟爲苛城墨吏客死，則亦南安叟、雪庵僧之流亞也。孝廉和裕無畛域，貴賤賢愚，油然與偕；而是非邪正，判若白黑，凜不可奪。兄弟親若一人，雖薇蕨必共甘之。至於樂人之善，憂人之急，常若不及，則天性然也。在浦城授學僅六月，病，而邑士以身禱者二十餘人，亦至誠及物之一端矣。文章峭厲明潔，出入《史》、《漢》。詩在郊、島、王、孟間。而尤工於尺牘，既核於事，又嫻於辭，繁簡因人，暄凉異趣，可千金享之矣。生平寡交游，自石齋先生外，神交不能數人，皆學行卓越、矯矯風義者，視其友，亦足知其人矣。孝廉自言父子兄弟欲以文章節義挽回天下，信矣乎。子四人：明禮、願學、明雅、明典。而明禮尤工於文。以己未六月葬於鎮海衛北山伏虎之原。嗟夫，林宗野哭於人亡，思肖沉書於眢井，讀孝廉之遺文而追慕其風節，九原如可作也。微斯人，誰與歸乎？』李世熊《寒支二集》卷六《明孝廉涂虞卿墓表》

涂伯粲，字虞卿，漳浦人。明崇禎壬午舉於鄉。弟仲吉，即以太學生抗疏救黄道周受廷杖者也。乙酉，唐王立於福州，詔徵虞卿，謝不往。丙戌九月，石齋殉難留都，仲吉悁憤死。酷吏某，中虞卿以危法，幾不免，遂挈家遠遊。過浦城，浦城令徐士傑延爲諸生師，條教甚備。壬子五月，疾篤，邑士以身禱者二十餘人。問以後事，不出一語，但曰：『祇此便是太極。』端坐而逝。徐令哭之曰：『士不幸當横流板蕩之世，欲全身簑蒻之間，蓋亦難矣。悲夫虞卿，崇禎鼎革之後二十五年不窺城闉，乃竟爲墨吏所扼客死，

則亦南安叟、雪菴僧之流亞云。』朱秉鑑《茹古堂文集》卷七《涂伯寀傳》

按，以上各傳，多本李世熊《明孝廉涂虞卿墓表》。朱秉鑑撰傳及光緒《續修浦城縣志》本傳均作『涂伯寀』。

高兆

高雲客，少遭喪亂，自江左還舊鄉，布衣蔬食，塊處蓬室中。采搜隱逸，輯爲《高士續傳》，起晉至明，凡得一百四十三人。鑒別精嚴，才識不減士安。黄容《明遺民録》卷六

高兆，字雲客，號固齋，侯官人。崇禎間邑諸生。恬澹有大度，與人論議，和平之氣飫人。海寧陸冰修、西陵汪魏美、沈甸華、應嗣寅諸名勝，皆推爲當世士。嘗著《六經圖考》，及門許孝超僉憲霸昌，思任剞劂，不憚數千里迎兆至燕。寧都魏禧見其所作《高士傳》及題壁詩，嘗遠道致書云：『弟生平以朋友爲性命，山水花竹爲稻粱，文章爲莞簟。足下竟體皆具而咫尺相失，歎息彌月，不能自遣。』蓋兆嘗出遊，過易堂，未遇禧也。與里中彭善長、陳日浴、許珵、卞鼇、曾燦垣、林偉俱有詩名，稱『國初七子』。善長字爾仁，心通宗乘。日浴字子磐，淹貫方技之書。珵字同玉，珌弟，性躭山水。鼇字興書，能古文詞。偉字草臣，又與兆及許珌、許友、孫學稼等稱『平遠社七子』，有《湖上焚草》。五人皆邑諸生。燦垣傳在《明文苑》。兆詩酸澀而多排偶，著有《觀石録》、《端溪硯石攷》、《遺安草堂集》。《魏叔子文集》、《閩中録》、《竹間十日話》。　民國《福建通志》總卷三九分卷七《清文苑》

按，高兆著述，據道光《重纂福建通志·經籍志》載，有：《續高士傳》五卷、《端溪硯石考》一卷、《觀石録》一卷及《烈女傳編年》。《續高士傳》，《四庫全書總目》著録，今存清康熙間遺安草堂刻本，《四庫全書存目叢書》據以影印。《端溪硯石考》，今存《檀几叢書》本等。《觀石録》，今存《借月山房彙鈔》本、《檀几叢書》本等。《烈女傳編年》，道光《重纂福建通志·經籍志》言：『自順治以來凡百七十餘人，以節婦施氏殿其後。』日本國立公文書館藏高兆撰《福州府烈女傳》一卷，清刻本，當即此書。《遺安草堂集》，今存清刻本，題作《遺安草堂詩》一卷《乙巳夏詩》一卷《觀石録》一卷《鼓山看梅記》一卷，藏日本國立公文書館，國内未見藏本。此外，高兆另有《啓禎宫詞》一卷，《攬勝圖譜》一卷，《荔社紀事》一卷，有《昭代叢書》本等。福建省圖書館藏有《春靄亭雜録文稿》抄本。

高士侶

侯官有高士侶，字汝齊，爲諸生，有聲。後高隱不出，與楷並重於時云。康熙《福建通志》卷四五吴楷傳附。

高士侶，字汝齊，諸生。魯王敗，高隱不出，與閩縣吴楷並重於時。道光《重纂福建通志》卷二二三《明隱逸·福州府》

高宗禮

高宗禮，字君厚，崇穀弟。性嚴峻，不苟言笑。幼從崇穀受業，終身父師事之。家貧，舌耕養親。師範甚端，門下多知名之士。事父母至孝，侍祖母病，寢興扶抱三年無倦容。應崇禎間恩貢，值鼎革，遂隱居山谷，以樂其志。乾隆《邵武府志》卷一七《明鄉賢》

按，高宗禮傳，光緒《邵武府志》、民國《邵武縣志》均入『明孝友』，傳同乾隆《邵武府志》。

高瑞伯

高瑞伯，以字行，積學能文。甲申後，遯跡深山，率妻子躬耕隴上，有古鹿門風。乾隆《古田縣志》卷七《隱逸・國朝》

按，高瑞伯傳，道光《重纂福建通志》附郭彦傳後。郭彦傳另見。

崔　相

崔相，字介臣。諸生。唐王時，與林化熙、張綸輩號十義士。特賜恩貢生，官萃士。魯王入閩，擢編修。時鄭彩專擅，閣部熊汝霖、義興侯鄭遵謙俱被害，相獨立群邪間，以嚴介自守。魯王敗，遁島外，相乃逃於麯櫱。酒酣耳熱，往往發爲詩歌以見志。後卒於福清海壇山。道光《重纂福建通志》卷二二三《明隱逸・福州府》

崔相，侯官人也，字介臣，本縣庠生。廉隅自守，舌耕外別無經營以長尺寸。乙酉，福州改元，相與林阿㟙、張道羽輩號十義士。特賜恩貢生，官萃士。丁亥秋，擢翰林院編修。監國時，形同草昧，權要秉鈞，相鑒閣部熊汝霖、義興侯鄭遵謙俱死非命。持己清慎，立群邪間，不惡而嚴。戊子後，相飄然島外，逃於麯糵。每當酒酣耳熱，花前月下，將一片熱衷發爲詩歌以見志。後卒於福清海壇山，年僅躋下壽。《節義録》卷下

按，崔相傳，民國《福建通志》、民國《閩侯縣志》亦收録，同道光《重纂福建通志》。

張留 附歐琪傳後

張綸

張綸，字道羽，閩縣貢生。綜洽群書，爲文淵泓博大。性孝友，執親喪，三年絶葷酒。嘗置田以供祭祀，又析產與出繼弟，餘悉給族之孤寒。緼袍䴥糲，怡然自甘。衆皆欽其素履云。康熙《福建通志》卷四五《人物》

張綸，字道羽。唐王入閩，以恩貢生試策，王謂其真實經濟，可措施行，授國子監博士。唐王敗，杜門埽軌。居父母喪，哀毀骨立，鬢髮爲白。服闋，猶不茹酒肉，終其身。有田租自給，兵荒後佃逋過半，綸終不肯治之。初爲諸生，積饘金二十年，置田若干畝，供宗祠祭祀外，周族人不足者，析產以膏腴讓弟縉，人咸多焉。著述甚富，皆韜藏不出。道光《重纂福建通志》卷二二三《明隱逸·福州府》

張綸，字道羽，閩縣人也。方正長厚，器度汪汪。從幼名能文。聯十五，督學譚昌言校本府，取閩縣首名，入泮宫。次年取本學第二名，食廩餼，歷受知當事。棘闈久不售，未常幾微見言色。歲乙酉，以本學恩貢試大廷，御批『真實經濟，可措施行，允屬董、賈流亞』，授國子監博士，太學中一時奉若關西伯起。丙戌後，年甫强仕，即杜門掃軌。匪特進取念絶，時事竟不掛齒頰，奉親教子外，衹肆力殘編斷簡。氣溫色和，里中稱邵康節再見。至若理義所在，雖賁育莫能奪。居父母喪，哀毁骨立，鬚髮易玄爲白。三年服闋，猶不茹酒肉，長素終其身。租粒原足自給，兵荒後頑佃拖欠過半，寧損己節用，不肯治之以法。族有匪人，酗酒觸犯者屢，唯以不能化誨責躬，終不與校。初爲諸生時，積餼金二十年，置田若干畝，供宗祠祭祀外，周族人不足者。嘉言懿行難罄述。至子覲光已成進士，服食節儉，一毫未改儒素。以丙辰仲冬抱微恙，謝人世，年七十有四。族鄰痛悼，不啻所生。先是析產時，兄弟三人，季者出承繼，例不應受本生家業，綸堅持不可，竟作三分平分。又田有上下則，園膴瘠不等，綸閲鬮書，甘受低下者，將膏腴讓於弟縉，以昔禦外侮，縉竭力爲多，人咸多焉。卜先人宅兆將成，堪輿家云：『此地固吉，唯不利長房。』親友僉欲另覓，綸曰：『僅不利長房，次房、三房皆吉，何妨？若必擇三房俱利，親柩停至何時葬？』後亦不甚驗。生平著述尤富，善韜藏，士論服之。《節義録》卷下

張　瀛

張瀛，字洽五，爲三之弟。登壬午賢書，未受職，同其兄處大嶝。庚申自廈門至臺，辛酉以病卒。時

年八十四。乾隆《重修臺灣府志》卷一二《明流寓》

按，張瀛傳，《明遺民録》、《小腆紀傳》、道光《廈門志》等均附其兄張灝傳後，另見。張瀛卒於清康熙二十年辛酉（一六八一），年八十四歲，據此上推，當生於明萬曆二十六年（一五九八）。

張　灝

明張灝，字爲三，萬曆戊午舉人；瀛，字洽五，崇禎壬午舉人，籍隸同安，巡撫廷拱子也。隆武時，灝官職方郎中，瀛官兵部司務。閩敗，兄弟遁跡廈門。庚申，渡臺灣。明年，瀛卒，年八十四。癸亥，清兵破臺灣，灝年九十五矣。施琅送之歸，舟至澎湖卒。孫静菴《明遺民録》卷三三

張灝，字爲三，萬曆戊午舉人；瀛，字洽五，崇禎壬午舉人，籍隸同安，巡撫廷拱子也。隆武時，灝官職方郎中，瀛官兵部司務。閩敗，兄弟遁跡廈門。庚申，渡臺灣。明年，瀛卒，年八十四。癸亥，王師平臺灣，灝年九十五矣。施琅送之歸，舟至澎湖卒。《小腆紀傳》卷五七

張灝，字爲三，同安縣人。由進士官兵部職方司郎中。初隱於大嶝，庚申自廈門至臺。康熙癸亥，施將軍撥舟送回，至澎湖病卒。時年九十五矣。乾隆《重修臺灣府志》卷一二《明流寓》

張灝，字爲三，大嶝人，巡撫廷拱長子，進士。按《通志》及郡志選舉志係萬曆戊午鄉薦。唐王時任職方司郎中。後與弟遁跡廈島。庚申，自廈隱於臺。後卒於澎湖，年九十五。弟瀛，字洽五，崇禎十五年壬午順天試。唐王召爲工部司務。從灝渡臺，越明年，以病卒，年八十四。《臺灣府志》。道光《廈門志》卷一三

《明寓賢》

張灝，字爲三，巡撫廷拱子也。萬曆朝登進士，官兵部職方司郎中。明亡，隱大嶝。後入臺灣，卒於澎湖，年九十有五。《臺灣通史》。民國《同安縣志》卷三四《明忠義》

按，據以上各傳，張灝卒於清康熙二十二年癸亥（一六八三），年九十五歲，據此上推，當生於明萬曆十七年（一五八九）。

張士楖

張士楖，惠安人，中崇禎癸未副榜。國亡遁跡臺灣，隱居於東安坊，杜門不出，日以書史自娱。辟穀三年，惟食茶果。年至九十九而終。《皇明遺民傳》卷六

明張士楖，惠安人，崇禎癸酉副舉。國變後，遯跡臺灣，居東安坊，杜門不出，日以書史自娱。辟穀三年，惟食茶果。壽至九十九乃終。孫静菴《明遺民録》卷四

張士楖，惠安人。八歲爲諸生，中崇禎癸酉副榜。閩事敗，避難浯、廈、漳、澄間。晚渡臺灣，杜門以書史自娱。辟穀三年，惟食菜果。卒年九十九。《小腆紀傳》卷五八

張士楖，惠安人。崇禎癸酉副榜。遯居海島，隱居於東安坊，杜門不出，日以書史自娱。辟穀三年，惟食茶果，至九十九而終。雍正《福建通志》卷五三《明隱逸》

張士楖，惠安人。崇禎癸酉副榜。遯跡臺灣，隱居東安坊，杜門不出，日以書史自娱。辟穀二年，惟

食茶果。壽九十九而終。《通志》。

張士樃，惠安人，萬曆丙辰進士張礦之孫。八歲補弟子員，登崇禎癸酉科副榜。康熙十三年耿逆之變，避難於浯、廈、漳、澄之間。二十八年遁跡來臺，居于東安坊，杜門不出。持長齋，焚香烹茗，日以書史自娛，飄然於世俗之外。辟穀三年，惟食茶果。年九十九卒。乾隆《重修臺灣府志》卷一二《人物志·明流寓》

張士樃，惠安人也，萬曆丙辰進士鑛之孫。八歲補弟子員，登崇禎癸酉科副榜。康熙十三年逆藩作亂，避難於浯、廈、漳、澄之間。二十八年，遁跡來臺，居於東安坊，杜門不出。持長素，焚香煮茗，日以書史自娛，飄然於世俗之外焉。辟穀三年，惟食茶果。年至九十九而終，諸羅縣知縣劉作楫扁曰『期頤壽』。康熙《臺灣縣志》卷八《人物志·明隱逸》

張士樃，惠安人。進士鑛孫。八歲爲諸生，崇禎六年癸酉副榜。閩變，避難於浯、廈、漳、澄間。後居臺之東安坊，杜門不出，日以書史自娛。辟穀三年，惟食菜果。卒年九十九。《臺灣府志》。道光《廈門志》卷一三《明寓賢》

（前略）張先生士樃者，惠安人，崇禎癸酉副榜。明亡，遯跡臺灣，居東安坊，杜門不出，日以書史自娛。辟穀三年，惟食茶果。壽至九十九乃終。《國朝先正事略》卷四六《沈斯庵先生事略》附

按，《皇明遺民傳》載張士樃登明崇禎癸未（一六四三）副榜，其餘各傳均作明崇禎癸酉（一六三三），待考。

張正聲 蔡國光附

張正聲，字長正，惠安人；蔡國光，字士觀，金門人，同中崇禎甲戌進士。正聲以推官歷陞職方郎中；國光以鉅鹿知縣召對稱旨，擢禮科給事中。北都之變，皆被賊拷掠，乘間南歸。正聲散財起義，不克。先後渡海入廈門以終。孫静菴《明遺民録》卷二九

張正聲，字長正，惠安人；蔡國光，字士觀，金門人，同中崇禎甲戌進士。正聲以推官歷陞職方郎中；國光以鉅鹿知縣召對稱旨，擢禮科給事中。北都之變，皆被賊拷掠，乘間南歸。正聲散財起義，不克。先後渡海入廈門以終。《小腆紀傳》卷五七

張正聲，字長正，一字沖至。崇禎甲戌進士。司理撫州，署九江兵道。張獻忠寇黄梅，擊走之，解重圍。擢都水主事，改武選。中貴于躍糜餉虐軍，聲疏劾之。歷職方禮部員外。上曰：『正聲清不要錢，梗不受勢。』勅陞職方郎中。李自成寇京師，疏陳戰守二策，當事者屏不上。城陷，身被五毒。自成敗走，解歸。道光《重纂福建通志》卷二〇五《明列傳・惠安縣》

張正聲，字長正，號鏘至，惠安人。曾祖瑞，嘉靖戊戌進士，官敘州守。正聲天啓丁卯舉人，崇禎甲戌進士。授撫州推官，移惠州，兩郡皆勒碑紀德。入爲工部主事，差督河工，中官于躍欲折工價，力争罷之。轉禮部員外，丁艱歸。服除，兵部尚書張縉彦薦授職方郎中。時戎政廢弛，即劾縉彦失職。莊烈帝謂不顧私，益眷之。未幾，李自成犯闕，上手詔問方略，令以書繕寫回奏。城陷，爲賊所執，榜掠備至，拘囚不

得就死。及賊西走，家人理其瘡痍，護以南歸。抵里，盡散家財，募兵勤王。未幾卒。登《忠臣録》。著有《惠風》、《因草》詩集及《紀事》。雍正舊稿纂。

張正聲，字長正，一字沖至。祖瑞，知敘州府，著《詩經講義》。正聲少服習，遂以詩名。崇禎甲戌進士。司理撫州，署九江兵道。劇賊張獻忠寇黄梅，擊走之，解重圍。擢都水主事，改武選，管班軍。中貴于躍總其事，糜餉虐軍，公疏劾之。陞職方員外，丁艱歸。服除，補禮部員外。上白曰：『正聲清不要錢，梗不受勢。』勅陞職方郎中。李自成寇京師，疏陳戰守二策，當事者屏不上聞。城陷，身被五毒。自成敗走，解歸。著《惠風集》。孫纘緒，字繩若，臺灣籍貢生，同安訓導，邵武、政和教諭。嘉慶《惠安縣志》卷二三《明卓績》

張正聲，字長正，號鏘至，惠安人。崇禎七年甲戌進士，授推官，入爲戸部主事，歷職方郎中。李自成陷北京，爲賊所執，榜掠拘囚。及賊西走，家人理其瘡痍，護以南歸。抵里，盡散家財，募兵勤王。事壞，遁跡廈門。卒，登《忠臣録》。《泉州府志》。道光《廈門志》卷一三《明寓賢》

按，張正聲著述，《惠安縣志・藝文志》著録《惠風集詩選》八卷、《藝文選刻》十二卷、《因草》四卷；道光《重纂福建通志・經籍志》著録《因草》四卷、《惠風詩選》四卷、《藝文選刻》十四卷及《紀事詩》。均未見。

張利民

侯官張利民，字能因。崇禎庚辰進士，知桐城縣。張獻忠攻縣城，引佩刀折矢誓，將士悉力拒賊，黄得功救至，乃全。在縣三年，治行推天下第一，入爲戶科給事中。晚稱『田中和尚』。《明遺民所知傳》卷三

張利民，字能因，崇禎庚辰進士，任桐城令。張獻忠攻城，凡十四晝夜，利民死守，適總兵黄得功馳援，圍解。考選授戶科給事。隆武時爲太常寺少卿。閩不守，祝髮稱『田中和尚』以終。《皇明遺民傳》卷一

明張利民，字能因，侯官人。崇禎十三年進士，任桐城令。張獻忠攻城，凡十四晝夜，利民揮涕激衆，登陣死守，以總兵黄得功之援而圍解。考選授戶科給事中。唐王隆武時，爲太常寺少卿。閩不守，不甘仕進，乃遯跡自晦，祝髮稱『田中和尚』。集名《野衲詩略》，乃其子貞教彙編者。朱竹垞曰：『能因詩多行遯後作，情辭悽戾，惜其未醇耳。』蓋身遭亡國之慘變，故爲詩多蒼涼感喟之語，自是遺臣志士之本色。孫靜菴《明遺民録》卷三二

張利民，字能因，侯官人。崇禎庚辰進士，知桐城縣。值獻賊再攻城，利民集將士，執所佩刀殺白雞，以血灑地曰：『諸公有二心者彼視。』又折矢誓曰：『利民今日藉諸公力堅守，有功不以上聞者有如此矢。』將士感泣。賊百計攻之，不克。會黄得功來援，遂解去。在邑三年，治行推天下第一，擢戶科給事中。國變後，披緇入山，自稱『田中和尚』。有《野衲詩略》。《小腆紀傳》卷五七

張利民，字能因，侯官人。崇禎庚辰進士，任桐城令。流賊蹂躪楚皖，隣封不守，利民獨誓死率民登陴拒守。有援將丘應登〔一〕被賊擒，隨招所部兵導賊攻城，木牛雲梯畢具。利民另造内城數十丈，并濬深溝，賊屢攻不得入，桐邑得完。尋解組歸，隱居田中，自號「田中居士」。卒。康熙《福建通志》卷四五

《人物》

張利民，字能因，崇禎庚辰進士，知桐城縣。時流寇徧江北，桐城當其衝。既至，市廛蕩爲丘墟，數百里無人跡，城門晝閉者數月。聞新令至，始啓關。胥役寥寥，士民强半避居，逋賦無所責。寇近者七八十里，遠者二三百里。參將陳某、監紀通判邵某，統兵無紀律，悍卒播虐甚於寇。利民激以忠義，乃漸戢。會張獻忠來攻，利民集將士，執所佩刀殺雞，盟曰：「諸公有二心者視此。」又折矢誓曰：「利民今日藉諸公力堅守，有功而不以上聞者視此。」衆咸感泣。遂懸賞編伍，定戰守程度，民始有固志。副將廖應登爲賊所禽，賊挾以攻城，木牛雲梯畢具。時應登親黨標兵多在城。利民極力防禦，造内城數十丈，濬深溝，晝夜環守。經年，糧告匱。會總兵黄得功、劉良佐合兵擊賊於鮑家嶺，賊敗走湖廣，城以全。而援兵赴湖廣者又旁午於邑，城内安插孫、羅營兵三千，禍不減賊。利民委曲交歡，兵民乃安。方寇之殷，利民鎖宅門，令守者列炬以待，曰：「賊入即舉火。」賊退，令追正供。利民上牘懇豁，詞氣愴切，督撫惻然。官三年，治行推天下第一。甲申國變，福王立南京，徵入朝。士民建生祠，名曰「報功」。既至南京，授戶科給

〔一〕「丘應登」，道光《重纂福建通志》作「廖應登」。

事中。未幾，南都失守。唐王入閩稱號，復授兵科右給事中，兼刑、工二科。召對，利民極言險不足恃，徒守非計。復疏言：『宜以大將屯大營於浙江金衢、江西廣信等處近關。崇安、浦城、光澤各縣，遴才識兼優者爲令，募土著，使自爲守，照邊方例示激勸。重外禦則各關徑道不待提防，練民兵則地方人情毋慮騷擾。』轉禮科左給事中。明年，進都給事中，兼吏科左，尋遷太常寺少卿。八月，唐王敗於汀州，利民祝髪自稱『田中和尚』。又明年，魯王至閩，以左僉都御史召，不赴。從此絶跡城市，杜口不言時事，數年卒。道光《重纂福建通志》卷一九七《明列傳・侯官縣》

張利民，字能因，侯官人。崇禎庚辰進士，除知桐城縣。值張獻忠來攻，危同纍卵，以忠義激勵將士，執所佩刀殺雞，以血灑地曰：『諸公有二心者視此。』又折矢誓曰：『利民今日藉諸公力堅守，有功而不以上聞者視此。』將士咸感泣。獻忠百計攻之，不克。賴黄得功援師至，城以獲全。宰邑三年，治行推天下第一。擢戸科給事中。晚披緇衣入山，自稱『田中和尚』。有《野衲詩略》。《靜志居詩話》。乾隆《福州府志》卷五〇《明列傳》

張利民，侯官縣人也，字能因。幼失怙，勤苦力學，年二十四舉於鄉。數困南宮，淡泊有守，耻干謁。崇禎庚辰登進士。壬午春，選安慶府桐城知縣。時流寇遍中原，桐屬要衝，同輩咸爲心慄，利民毅然叱馭行，季夏抵南京，星言西赴。蓋桐城□□，兼苦兵，向日市里繁華，人烟輻輳，悉蕩爲丘墟，數百里絶無人迹。利民艱辛百倍，方履其界。城門晝閉者數月，聞新令到，始啓關延入。胥役寥若晨星，邑中蓬蒿觸目，紳衿大戸强半避居留都，正供將問諸水濱，令長丞尉糊口不足。寇賊近者七八十里，遠者二三百里。

有參將陳、監紀通判邵，奉湖撫令統兵援勦，營近郊，無紀律，悍卒播虐甚於寇。前署篆者無何，只謹閉關隘，出便遭荼毒，民間度日如年。利民涖任，開心見誠，漸相安，百姓出入乃自由，惟警報急嚴守禦。後陳、邵二營掣回，繼者兵悍將驕，循前轍，利民待如陳、邵。最後副將廖應登，賊退防踈，爲所擒，併隨從三十餘。賊挾以攻城，而廖親黨標兵多在城内，利民極力隄防，危賴以安。無分日夜守禦者經年，糧餉告匱，心力兩竭。迨賊覬桐久難破，於癸未秋七月陷湖廣，踞武昌一縣，官兵乃卸甲冑，夜眠始安枕，烽火差息。而援湖廣經過者，又軍興旁午，馬料糧米概出，百計拮据。矧督撫幸寇退，令追正供，利民痛百里蕭條，上懇豁免，下勸急公，情景悽然。兩臺累章叙績。次年甲申國變，南京再造，在廷乏員，部議推知經正薦者減俸一年，送部考選，撫按共言皖桐足當極邊，不應與各省直比。十一月得旨，利民臘月離桐城，紳衿老穉，追送者載途。特建生祠，名曰報功。利民乙酉春正月進京，二月初四日考選，擢戶科給事中。初十日入垣辦□□有參薦，利民兢兢秉公，不敢少徇情面。迨五月初旬，通城鼎沸，傳駕南向，大小臣工奔竄殆盡。利民徒步到杭州，警報疊聞，遂逐隊還鄉。隆武改元，陞兵科右給事，兼刑、工二科。召對便殿，利民極言『險不足恃，徒守非計』。退復疏言『宜以大將某某屯大營於浙江金衢、江西廣信等處，近關若崇安、浦城、光澤各縣，遴才識兼優者爲令。募土著，使自爲守，炤邊方例示激勸。蓋重外禦，則各關徑道不待隄防；練民兵，則地方人情毋慮搔擾』等語，稱旨。頃之，轉禮科左。次年丙戌春二月，晉本科都給事，兼吏科左。夏四月，陞太常寺少卿。秋八月，祝髮披緇衣，稱和尚。次年丁亥秋，上下游到處義兵俱起，監國以左僉都御史召，利民遂料不濟，堅卧不赴。從此磐桓泉石，絶迹城市，杜口不及時事。客或談及，笑而不答。貧異甚，甘貞苦節。量最高，飲竟日不醉，非人招少赴。後一年，同年進士何平官福建按察使，任數月，未通聞問，令人道殷勤，投刺往拜。何見利民僧帽緇服，造膝謝曰：『觀年兄如此舉止，平當媿死無地。』繼其任某，亦庚辰同年，欲見殊切，利民往拜如何平。某虎視眈眈，偵利民貧，無瘢可索，乃止。利民從此潛踪深邃，會城不復到。癸卯年孟夏，卒於田中故里，享年六十六。先是，利民涖任，兵寇交訌，家中未知情狀，挈眷以往，利民笑曰：『我坐荆棘中，隻身難支，況八口乎？然亦可堅士民固圉心。』利民生平宦績及桐城苦況顛末，詳《年譜》中，不細述。《節義録》卷下

按，據《節義録》，張利民卒於清康熙癸卯（一六六三），時年六十六歲，據此上推，當生於明萬曆二十六年（一五九八）。張利民舊有《年譜》，今已佚。張利民父起信，早卒。母陳氏，年二十四而寡，三十三歲卒，著有《茹蘗集》。陳氏傳見《福建通志》、《福州府志》。張利民所著《野衲詩略》，一作《田中集》。

張若化

明張若化，字雨玉，號蒼巒，福建漳浦之丹山人。弱冠師事黄忠端公，得聞明誠之學。崇禎丙子舉於鄉，兩上公車不第。而弟若仲以庚辰捷南宫，因留京師。時忠端公以言事下北寺獄，若化微服雜廝役中，時時進獄問起居左右之。燕都陷，唐王入閩，徵拜御史，數月乞歸。事父母以志養，食貧茹苦。嘗搗柏葉以代蔬，諸孫嘗之，喀喀不下咽，若化茹而甘之。山居四十年，足不及城市，未嘗以姓名通有司。勵志獨

行，不標講學之名。疾惡守義，懔不可犯，雖骨肉至親不少假。而惻隱所周，悉力於人者不少靳。時值兵荒，盜賊蜂起，群相戒曰：『慎勿犯張公廬。』終其身，盜不入境，鄉人多依以避難。丹山在群山中，巉巖阻絶，日夕雲霧往來，茅茨數椽，上漏下濕，豺虎交横，時曳杖登陟，徜徉泉石間，嘯歌自得。年六十六，正襟危坐，無疾而終。子士楷，能繼父志，隱居不仕，潛心性命之學，稱儒宗焉。孫靜菴《明遺民録》卷一九

張若化，字雨玉，漳浦人。崇禎丙子舉於鄉。弟若仲，字聲玉，庚辰進士，官益府長史。若化爲黄道周弟子。道周之下詔獄也，若化微服入獄左右之。隆武時，徵拜御史。閩亡，兄弟退隱丹山，蕙衣竹冠，往來島上。時鄭氏據臺、廈，以恢復爲名，同里進士倪俊明等俱署官職。及鄭經西渡，據漳州，遣其親信馮錫範齎幣聘若化兄弟，固辭不出。山居數十年，以壽終。若化子士楷，字端卿，工詩古文詞。若化兄弟之偕隱丹山也，士楷方弱冠，自以先代遺臣子，杜門屏舉業，潛心性命，以主敬爲根本。論者方之漢汝南黄憲云。《小腆紀傳》卷五七

張若化，字雨玉，漳浦人。師事黄道周。崇禎丙子，與弟若仲同舉於鄉。道周以言事下北寺獄，若化適在京師，微服雜廝役中，進獄左右之。事親先意承志，遇疾憂悴，輒忘寢食。性孤潔，疾惡守義，凛然難犯。群盜相戒勿入其廬。年八十六，無疾而卒。若仲，崇禎進士，授益府長史，以母病乞歸，亦廉靜有志節。人稱丹山二先生，同祀鄉賢。雍正《福建通志》卷四九《明孝義》

張若化，字雨玉，一字蒼巒，漳浦人。弱冠師事黄道周，得聞明誠之學，旁及律曆經綸諸務，靡不淹貫。道周稱其才具足了百人。崇禎丙子舉人，兩上公車不第。留京師時，道周以言事下北寺獄，若化青

衣小帽雜廝役中，時時進獄問起居左右之。唐王入閩，徵拜御史，數月乞歸養。食貧茹苦。嘗擣柏葉以代蔬，諸孫嘗之，喀喀不下咽，若化茹而甘焉。山居四十年，足不及城市，未嘗以姓名通有司。勵志獨行，不標講學之名；疾惡守義，懔不可犯。時值兵荒，盜賊蜂起，群相戒曰：『慎勿犯張公廬。』鄉人依以避難，終其身盜不入境。所居丹山在群山中，巉巖阻絶，日夕雲霧往來，茅茨數椽，上漏下濕，豺虎交横。時曳杖孤往登陟群峰，徜徉泉石，嘯歌自得，人咸異之。年六十六，無疾而終。弟若仲。

若仲，字聲玉，一字次巒。嚬笑不苟，讀書明理，以不欺方寸爲本。丙子與兄若化同舉於鄉，庚辰成進士。當選知州，以不願任煩劇，改授益府長史。以禮匡宗藩，請崇寬大、戒嚴切，不納，以去就争，益王爲之改容。以母病乞休歸。母没既葬，爲土室處其旁，聞狐兔嗥嘯，輒泣下嗚嗚。鼎革後，山居五十年，清修獨善。藝圃一區，果蔬薯蕷，度給賓祭，餘悉種梅花，栽蒔灌溉，身自爲之。時蓑篛牽犢飯隴畝，與野夫雜處。鎮帥某，雅慕其爲人，願一望見顔色，固拒之。既念老父在堂，懼且齮齕。不獲已，野服徒步，從一奚奴往，具賓主，徑去。帥武人，不知書，然顧愈重之。晚歲益務爲敦篤，遇鄉里有爭訟輒勸息，不聽者强揖之，聽者亦揖致謝。邑蝗起，群飛蔽天，觸禾稼草木葉噉盡，民多聚泣，或泥首禳之，獨若仲所居數里内外無蝗患，里賴以安。若化子士楷。

士楷，字端卿。幼穎異，稍就外傅，即通星緯學，爲詩歌古文詞，超然獨往。會鼎革，父與季父偕隱丹山，士楷乃一意屏棄舉子業，潛心性命之學，以主敬爲根本。嘗謂精一之傳，九思盡之，作《九思注》。録《太極圖説》、《定性書》、《西銘》、《敬齋箴》，各爲題詞。參《曲禮》、《内則》、小學諸書，爲《敬學科條》，務合天則而不苦於拘攣，以授學者爲言行準。漳南學者爭師之。嘗託賣卜遊郡市中，意有所觸，亟還山，遂杜門不出。晚歲不屑屑文藝，然文益深造，詩直逼少陵，凡天文、地輿、曆律無不洞覽。卒年四十有七。道光《重纂福建通志》卷二二三《明隱逸·漳州府》

張若化，字雨玉，號蒼巒，世居浦之丹山。弱冠師事黄道周，得聞明誠之學，旁及律曆經綸諸務，靡不淹貫。崇禎丙子舉於鄉，兩上公車不第。而弟若仲以庚辰捷南宫，因留京師。時道周以言事下北寺獄，若化青衣小帽雜厮役中，時時進獄問起居左右之。燕都陷，唐王入閩，徵拜御史，數月乞歸。事父母以志養，食貧茹苦。嘗擣柏葉以代園蔬，諸孫嘗之螫口喀喀不得下咽，若化茹而甘焉。山居四十年，足不及城市，未嘗以姓名通有司。勵志獨行，不喜標立講學名色。疾惡守義，懔不可犯，或見非法，雖骨肉至親不少假。而鄉里有冤無告者，多方營救之，迨綱解，其人勿知也。時值兵荒，盜賊蜂起，群相戒曰：『慎勿犯張公廬。』鄉人依以避難，終其身盜不入境。丹山在群山中，巉巖阻絶，日夕雲霧往來，茅茨數椽，上漏下濕，豺虎交横。時曳杖孤往，登陟群峭，徜徉泉石，嘯歌自得，人咸異之。年六十六，正襟危坐，無疾而終。子士楷，能繼父學，有傳。《續傳》。

張若仲，字聲玉，號次巒。生而韶秀，讀書明理，以不欺方寸爲喫緊地。嚬笑不苟，作止語默，出之以敬慎若性成。崇禎丙子，與兄若化同舉於鄉，庚辰成進士。例選州牧，性廉静，不願任煩劇，改授益府長史。居官清儉簡貴，以禮匡宗藩，請崇寬大、戒嚴切，不納。以去就爭，益藩爲之改容。以母病，乞休歸里。母没既葬，爲土室處其傍，聞狐兔嗥嘯，輒泣下嗚嗚。鼎革後，焚棄筆硯，山居五十年，清修獨善。藝圃一區，果蔬薯蕷，度給賓祭，餘悉種梅竹，栽接灌溉，身自爲之。時蓑笥牽犢飯隴畝，與野夫雜處。邑鎮帥某，雅慕其爲人，願一望見顔色，固拒之。兄若化語若仲：『老父在堂，須爲門戶計，懼且齮齕我。』不獲已，野服徒步，從一奚奴往來通刺，出具賓主，徑去。帥武人，不知書，然顧愈重之。晚歲益務爲敦篤，飲人以和。遇鄉里有爭訟，輒勸息，不聽者强揖之，聽者亦揖致謝。邑濱海，有蝗起，群飛蔽天，觸禾稼草木葉噉盡，民多聚泣，或泥首禳之。獨若仲所居數里内外無蝗患，里賴以安。時康熙二十九年也。歲丁卯秋夜，風雨大作，所居屋盡拔，若仲獨寢地上無恙。黎明，人視之，毛髮爲悚。年八十四，以壽終。鄉人稱若仲兄弟爲丹山二先生而不名，與兄若化同祀鄉賢。《續傳》。

論曰：二張當易代之時，年未强仕，草蔬敝廬以終其身，志亦苦矣。家門穆穆，兄弟相師，疾惡守義，纖微不苟，至於盜不入鄉，蝗不犯境，純孝孤忠，天人鑒之。黄漳浦以忠烈顯天下，二張苦節清操步其後塵，論者方之古夷齊，夫豈過哉。康熙《漳州府志》卷二三《明忠節》

張若化，字雨玉，號蒼巒。世居漳浦之丹山。弱冠師事黄道周，得聞明誠之學，旁及律曆、經綸諸務，靡不淹貫。崇禎丙子舉於鄉，兩上公車不第。而弟若仲以庚辰捷南宫，因留京師。時道周以言事下北寺獄，若化青衣小帽雜廝役中，時時進獄問起居左右之。燕都陷，唐王入閩，徵拜御史，數月乞歸。事父母以志養，食貧茹苦。嘗擣栢葉以代園蔬，諸孫嘗之，喀喀不下咽，若化茹而甘焉。山居四十年，足不及城市，未嘗以姓名通有司。勵志獨行，不標講學之名。疾惡守義，凛不可犯，雖骨肉至親不少假。而惻隱所周，悉力於人者不少靳。時值兵荒，盜賊蜂起，群相戒曰：『慎勿犯張公廬。』鄉人依以避難，終其身盜不入境。丹山在群山中，巉巖阻絶，日夕雲霧往來，茅茨數椽，上漏下濕，豺虎交横。時曳杖孤往，登陟群峭，徜徉泉石，嘯歌自得，人咸異之。年六十六，正襟危坐，無疾而終。子士楷，能繼父志，隱居不仕，潛心性命之學，稱儒宗焉。張若仲，字聲玉，號次巒。生而韶秀，讀書明理，以不欺方寸爲本。嚬笑不苟，作止語默，持之以敬，若性成焉。崇禎丙子，與兄若化同舉於鄉，庚辰成進士。例選州牧，性廉静，不願任煩劇，改授益府長史。居官清儉簡貴，以禮匡宗藩，請崇寬大、戒嚴切，不納。以去就爭之，益藩爲之改容。以母病，乞休歸。母歿既葬，爲土室處其傍，聞狐兔嗥嘯，輒泣下嗚嗚。鼎革後，山居五十年，清修獨善。晚藝圃一區，菓蔬薯蕷，度給賓祭，餘悉種梅竹，栽蒔灌溉，身自爲之。時蓑笠牽犢飯隴畝，與野夫雜處。歲益務爲敦篤，飲人以和。遇鄉里有爭訟，勸之以誠，久而化焉。邑濱海，有蝗起，群飛蔽天，觸禾稼草木葉噉盡，民多聚泣，或泥首禳之。獨若仲所居數里内外無蝗患，里賴以安。時康熙二十九年也。歲丁卯秋夜，風雨大作，所居屋盡拔，若仲獨寢地上無恙。黎明，人視之，毛髪爲悚。年八十四，以壽終。鄉人稱若仲兄弟爲丹山二先生而不名，與兄若仲同祀鄉賢。論曰：二張當明社既屋，年未强仕，草蔬敝廬以終其身，志亦苦矣。家門穆穆，兄弟相師，疾惡守義，纖微不苟，至於盜不入鄉，蝗不犯境，純孝孤忠，天人鑒之。黄漳浦以忠烈顯天下，二張苦節清操，步其後塵，論者方之古夷齊，夫豈過哉。蔡世遠《二希堂文集》卷六《張若化若仲合傳》

張公若化，字雨玉。所居丹山即葛稚川修煉處也。乃祖爲教授，有聲。公弱冠師事黄石齋，於明誠之學，獨參微旨，旁及律曆諸書。崇禎丙子舉於鄉，兩上公車不第。時石齋以言事忤旨下北寺獄，公青衣小帽，時雜廝役中，入獄問起居。隆武建國，徵拜監察御史，巡視南城。未數月，乞歸事父母，志養承歡。有疾，憂悴忘寢。食貧居淡，嘗擣柏葉當蔬，諸孫嘗之，喀喀不能下咽，公獨茹而甘焉。山居四十載，足不及城市，未嘗以姓名通有司。特立獨行，不喜標立講學名色。疾惡必嚴，每見非法，雖至親不少假借。而鄉里有冤無告者，多方營救之，迨網解，其人不知也。丹山在群山中，巉巖阻絶，日夕雲霧四塞，人皆以瘴癘爲憂。公茅茨數椽，上漏下濕，若無所介意然。而又豺虎交横，盜賊蜂起，時曳杖登眺，徜徉泉石間，雖與虎遇，而虎反自趨而避之。賊至，必相謂曰：『勿犯張公里。』以故所居雖墊隘，而鄉族得恃以爲安者且終其身。年八十六，正襟危坐，無病而卒。學者稱蒼巒先生。著《磊庵存稿》，祀鄉賢。

贊曰：巖巖山高，悠悠水深。中有真趣，會之以心。與物斯化，與理斯沈。山有餘情，水有餘音。融然忘跡，知者獨尋。

按，先生乃子端卿，即吾師陳葛亭所從學詩者。而先生昆仲，鋧數謁見於外舅家，舅其同族也，一團和氣，如坐春風，越今二十餘載矣。承陳邑尊命，令作鄉賢對語，謹題云：『直道出民彝，我享我將，尚憶驅邪白簡；明煙崇大典，于登于豆，共欽歸里黄冠。』適當修志之時，而乃孫葆生俱在，故又命作傳焉。自識。

蔡衍鋧《操齋集》卷一一《侍御張公傳》

按，光緒《漳浦縣志》張若仲傳後謂『康熙三十七年，知縣陳汝咸詳請同祀鄉賢』。

張若仲

明張若仲，字聲玉，號次戀。其學以不欺爲本，一嚬笑不苟，作止語默，持以敬，若性成焉。崇禎丙子，與兄若化同舉於鄉，庚辰成進士。例選州牧，性廉静，以不願任煩劇，改授益府長史。居官清儉簡貴，益藩敬禮之。以母病，乞休歸。母没，廬墓三年。國變後，山居五十年，清修獨善。藝圃一區，果蔬薯蕷，度給賓祭，餘悉種梅竹，栽蒔灌溉，身自爲之。時蓑篛牽犢飯隴畝，與野夫雜處。晚歲益務爲敦篤，飲人以和。遇鄉里有爭訟，勸之以誠，久而化焉。邑濱海，有蝗起，群飛蔽天，觸禾稼草木葉，嗷立盡。民多聚泣，或泥首禳之。獨若仲所居數里内外無蝗患，里賴以安。時康熙二十九年也。歲丁卯秋夜，風雨大作，所居屋盡拔，若仲獨寢地上無恙。黎明，人視之，毛髮爲悚。年八十四，以壽終。鄉人稱其兄弟爲丹山二先生，同祀鄉賢祠。孫静菴《明遺民録》一九

張公若仲，字聲玉，亦稱吉友，别號次戀。生而韶秀，讀書必求實義，以不欺方寸爲喫緊地。作止語默，出之以敬。幼學於伯兄蒼戀，至崇禎丙子，同登賢書。庚辰成進士，例選州牧。公性廉潔，不耐繁劇，改授益府長史。居官清儉，簡貴以禮。匡王請崇寬大，王不能納，則痛切直言，卒爲改容致謝。以母病乞休歸里。母没，兄弟負土成墳，穴處其傍。每聞猿鳥夜號，則嗚嗚泣下。山居五十年，清修獨善，若不知有人間世者。藝圃一區，果蔬薯蕷，度給賓客，餘悉插竹種梅，栽接灌溉，身自爲之。時蓑笠飯牛，雜處野夫中。鎮帥楊公，雅慕其名，願得一見，固辭弗許。兄爲語曰：『老父在堂，須爲門戸計。』不得已，野服

從一奚奴，接見于福壽院。主賓交揖，尋常答問而已。帥雖武人，不知隱者家風，然愈敬重之。晚歲益務敦篤，飲人以和。遇鄉里有爭，輒爲勸息，不聽者必强揖之使聽，而聽者亦加揖致謝，卒無不聽解而去者。適際兵荒，蝗飛蔽野，禾稼移時立盡，民皆環聚而泣，獨公里門無恙。康熙丁卯秋，風雨大作，所居廬舍盡拔，器皿蕩然，而公獨寢地上，若有神扶掖然。黎明，里人來視，毛髮盡悚。年八十四卒。與兄齊名，時稱丹山二先生。著《梅花草堂稿》。祀鄉賢。

論曰：先生嘗爲鋧序詩，謂：『青出於藍，冰生於水，迨其既青且寒，則不啻過之。』以鋧詩學出葛亭陳師，而實淵源於乃姪端卿者也。猶憶嘗贈先生詩云：『抱樸鍊丹砂，丹成乘雲入。藥井長神泉，留爲後人汲。先生得其源，斯泉獨暗吸。因以延遐壽，長在春風立。春風吹簾花，夜夜苔蘚濕。吾聞先生風，其風和且翕。吹人人樂吹，挹人人樂挹。白雲在高天，引領誰能及。安得長桑君，神樓開秘笈。』先生答云：『懶漫逐浮生，學問無所入。志隨齒髮衰，安能復汲汲。君雖城邑居，霄漢通呼吸。奥博綜群書，介然矗樹立。著述見青藍，流就從燥濕。英妙便登壇，藉藉聲方翕。天才不自高，懷抱清可挹。盈握贈瑶華，趨步渺難及。珍爲枕中秘，以當瑯環笈。』厥後祀鄉賢，邑宰陳公又命代作聯對云：『我來此地仰高山，梅月松風，瀟洒何如三徑竹；民到于今稱義士，溪毛澗藻，芬芳孰與首陽薇。』鋧小子也，何以贊先生於萬一哉。

丹山二先生名重吾閩也久矣，嘗憂百歲後無爲立傳者，不謂今日幸遇宮兄，匪徒喜其筆墨之工，更喜端卿先生取友得人有如此者。林子濩。　蔡衍鋧《操齋集》卷一一《長史張公傳》

按，張若仲傳，雍正《福建通志》、道光《重纂福建通志》、康熙《漳州府志》等均附其兄張若化傳後。又，蔡世遠《張若化若仲合傳》，見張若化條。張若仲著有《梅花草堂稿》，未見。

張士楷

張士楷，字端卿，漳浦人，御史若化子也。幼穎異，稍就外傳，即學爲詩歌古文詞，超然獨往，下筆立就。會鼎革，御史公與季父長史若仲偕隱丹山，士楷方弱冠，自以先代遺臣子，而在堂方高首陽之節，思承歡膝下，克世忠孝，以養親志，乃一意屏棄舉子業，潛心性命之學，以主敬爲根本。嘗謂精一之傳，九思盡之，作《九思注》；録《太極圖說》、《定性書》、《西銘》、《敬齋箴》，各爲題詞；參《曲禮》、《内則》、小學諸書，爲《敬學科條》，務合天則而不苦於拘攣，以授學者爲言行準。漳南學者爭師之。顧亦留心時事，見海波騰沸，梓里流亡輾轉，輒形諸詠歎，一篇之中三致意焉。其論經濟之本，必在存養之熟。從性命中起經濟，還從經濟中求性命，斯内聖外王之學也。平生踐履純懿，端重溫克，望之如泥塑，接之和氣藹然，而義之所在，剛介不撓，雖妻孥不以情恕，千駟萬鍾不以易也。嘗託賣卜遊郡市中，意有所觸，亟還山，遂杜門不出。自學道後，益卑視文藝，然文益深造，詩直逼少陵，凡天文、地輿、曆象、律呂，無不洞覽。卒年四十有七。論者以士楷方漢汝南黄憲。憲好臧否人物，時露圭角中，涵養所得未知於楷何如也。所著有《濮沿山人集》、《談學録》、《明儒林列傳》、《土室庸言》、《藝苑提宗》、《靜學編》等書。

康熙《漳州府志》卷二三《人物志三·明隱逸》

張士楷，字端卿，御史若化子也。幼穎異，數歲即學爲詩古文詞，駸駸精詣。爲舉業，才情横溢。未弱冠，以父隱棄去，一意學古，已乃潛心性命，於姚江致良知之學有獨契焉，而又於紫陽主敬奉爲學脈。常以「精一」語學者，謂：「昔姚江欲合朱陸異同，然猶未盡也。看得精一了當，二先生有不待合而自合者。」於是著十六字解，標誠敬於《論語》第六章曰孔門正教。又以精一之學，九思盡之，作《九思注》。録《太極圖説》、《定性書》、《西銘》、《敬齋箴》，各爲題詞，號儒宗學脉。得陳布衣《心學》二圖、林春齋《思經圖》，各識而梓之。復參考《曲禮》、《内則》、小學諸書，著爲《敬學科條》，務合天則而不苦於拘攣，以授學者爲言行準。一時郡邑人士爭師之。每舉王心齋《樂學》、薛中離《研幾》，爲小詩示學者云：「樂學學須静，研幾幾貴沉。知時尋帝則，復處見天心。」又云：「静學學方樂，沉幾幾自研。有知皆上帝，無復是先天。」曰：「此帝則、天心二語，吾學真竅訣也。」其踐履純懿，幾于望之如泥塑，接人純是一團和氣。家庭自色養外，事事人無間言。温克端重，而義之所在，則剛介不撓，雖妻孥不以一毫非義恕遺。年近三十，頗留心經濟，謂只存養到熟處，此心觸物不動，便是經濟之本。從性命中起經濟，還就經濟中求性命，斯内聖外正之學也。自學道後，已甚卑視文藝，顧反益深造。年四十七卒。聞者知與不知，咸歎息。所著有《濮沿山人集》、《談學録》、《明儒林列傳》、《藝苑提宗》、《静學編》等書。康熙《漳浦縣志》卷一六《人物下》

按，張士楷傳，孫静菴《明遺民録》、道光《重纂福建通志》等均附其父張若化傳後，另見。

張振玉

張振玉，號梅如，東隅人。明諸生。性孝友，尚氣節。與同郡吳大正素相友善。明亡，大正死之，玉哭臨甚哀，曰：『吾爲親之故偷生人間，冥冥之中，負此良友。』自是隱居鼇山，不入城市。談及時事，輒義形於色。參《張氏家譜》。同治《長樂縣志》卷一六《列傳五·明隱逸》

梁玉蕤

梁玉蕤，字舊谷，象運人。少孤，育於李家，遂以李姓。登崇禎庚午舉人，庚辰進士。授撫州府推官，擢陞吏部。會鼎革，歸隱林泉，足跡不入城市，一刺不通州郡。卒於家。民國《南安縣志》卷三六《明隱逸》

按，梁玉蕤著有《韻略易通》，道光《重纂福建通志·經籍志》作三卷，乾隆《泉州府志·藝文志》作二卷。未見。

梁春暉 梁珪附

梁春暉，字時皇，號淑三，江田人。明諸生，隆武乙酉領恩貢。明亡，杜門不出，授徒講學終其身。有《雲龕遺稿》一卷。雲龕山即龍龕山，在縣南千溪潭上，有歸雲閣、望海亭、香鑪峰諸勝。春暉晚年卜居其地，故以名集。其《生辰識感》云：『不堪思往事，未易說完人。』又《除夕》云：『三間破屋完吾事，

一片斜陽照此心。』其志事可以想見。參《江田梁氏詩存》。同治《長樂縣志》卷一六《明隱逸》

梁春暉，字時皇，長樂人也。本縣庠生，品端氣和，授徒代耕。乙酉領恩貢。戊子後即杜門不出，理前業，從遊者衆。年杖鄉，猶講論不輟終其身。子珪，字志玄。能讀父書，年十五補弟子員，食廩餼，詞章拔萃，文雅有器識。方逾弱冠，領乙酉恩貢。戊子後隱祖里，繩世業。珪固雄於文乎，體弱不勝衣，與人談忠孝節烈事，不啻口如懸河，望而知其學問德器。久之，北遊齊魯、燕趙，恒酒後揮毫，寫其牢落不平之氣，遇人開心見誠無所隱。年未及中壽卒。《節義録》卷下

按，梁春暉《雲龕遺稿》一卷，《四庫全書總目》卷一八一《别集類存目八》著録。提要云：『國朝梁春暉撰。春暉，字時皇，號淑三，福建長樂人。考淳熙《三山志》，雲龕山即龍龕山，在長樂縣南千溪潭上，有歸雲洞、望海亭、香爐峰諸勝。春暉晚年卜居其地，以吟咏自娱，故以名集。此本乃雍正癸卯其孫澄漪所録，末有澄漪跋。稱初名《雲龕吟稿》，嘗謀鋟板而力未逮。藏弆既久，不幸爲蟲鼠所戕，剥蝕斷爛，至不可讀。細加檢録，得其首尾完具者僅十之一二，裒爲一卷，顔曰《雲龕遺稿》云。』又按，《四庫全書總目》著録者係編修鄭際唐家藏本，或即梁澄漪所刻。據同治《長樂縣志》本傳，是書同治間尚存，今未見。

梁　珪 附梁春暉傳後

莊　潛

明莊潛，字伏之，同安人，紀文疇弟子。與紀許國、林霍扁舟放歌。嘗編纂弘光逸事，繼以詩歌，名爲《石函録》，許國爲之序。孫静菴《明遺民録》卷二七

莊潛，字伏之，紀文疇弟子。與紀許國、林霍扁舟放歌。嘗編纂弘光逸事，繼以詩歌，名爲《石函録》，許國爲之序。《小腆紀傳》卷五八

莊潛，字伏之，紀文疇弟子。與紀許國、林霍善，相與扁舟攜詩登虎巖，入吴莊，放歌月下，獨攄孤憤。進士沈佺期雅推重之。潛意欲纂述舊聞，以耳目覩記不及，遍覽中州事蹟，偶得遺聞數卷，遂編纂弘光逸事，繼以詩歌，名爲《石函録》，紀許國爲之序。《異人集》、《石青尺牘》、《廈志》、《明遺民録》合參。民国《同安县志》卷三二《明獨行》

莊潛，字伏之，同安人。執經紀待詔之門。與紀許國、林霍善，相與扁舟攜詩登虎巖，入吴莊，從容放歌月下，若大有孤憤難釋者。前進士沈佺期稱之。意欲纂述舊聞爲一書，以耳目覩記不及，遍覽中州事跡，偶得明季遺聞數卷，遂搜羅弘光逸事，參酌編纂，繼以詩歌，名爲《石函録》，紀許國爲之序。《異人集》、《石青尺牘》合參。道光《廈門志》卷一三《明寓賢》

莊子伏之，自纂其詩一帙，題曰《石函録》。録中有弔黄文明、陳臥子、夏彝仲、林子野、林燕公、傅公、熊閣部、錢希聲、曾峽江、揭臨川及《哀同安》、《哀雲中》、《秋感》諸什，皆悲憤抒情，淋漓翰墨。余

讀而有感，未嘗不爲之流涕也。嗟乎，國事之壞，有由來矣。當熹廟間，逆閹擅柄，姦黨陵熾，世之忠臣正士誅斥殆盡。崇禎之時，君子小人，進退數驟。及乎末年，權貴人狠愎邪懦，視公家事如傳舍，所爲兵馬糧糈、山川險塞、生民阽危休戚之故，毫不存於胸中；即有一二正守之人，亦多厄於掣肘孤立，或膠於故常而不知權。故國政日亂，國勢大削，蓋小人之害極矣。神京告潰，先帝血濺，薄海内外無不痛心。南渡之後，覆轍相尋。以江南半壁之天下，而不能數載之撑支，誰秉國均，使神州至此？甚可痛哉。於是抱諸忠臣，或灑淚登州，或仗劍赴難，或立勳於疆土，或建幟罔功，或功垂就而遽敗，而繼之以死。若録中所稱殉難諸公，皆卓然表著者也。脱當北都時，紳笏中有能整齊綱紀，鞏固國脈，即可以無南渡；即南渡時，能以中興大事託付公忠膽略不二心之臣，廣收俊傑，共圖天室，則彼灼灼諸公且無樂以節見，而莊子亦何流連慨恨於芳躅之下，直欲起其人而若與之共會於一堂哉。余以是讀莊子之詩，而重悲世道之不幸也。莊子《懷詠》、《贈答》諸篇，皆堅光峭樸，與元、柳上下。余不具志，特因其所感而爲之序云。紀許國《石函録序》，載道光《廈門志》卷一三《明寓賢》

卷四

許友

許友，字有介，號甌香，侯官人。爲詩空所依傍，出口如高秋遠籟。尤工書畫，酷慕米襄陽，構米友堂，辦香祀之。有《米友堂集》傳於世。子遇，字不棄。詩翰有父風，工爲松梅竹石，名流爭寶重之。爲陳留、長洲二邑令。著有《紫藤花庵詩鈔》。雍正《福建通志》卷五一《清文苑》

許友，字有介，號甌香，侯官人。爲詩清新俊逸，如高秋遠籟。虞山錢謙益最愛其『野航人遠雁聲低』之句，爲編入《吾炙集》。朱彛尊曰：『有介才兼三絶，名盛一時。要其篇章字句，不屑蹈襲前人，正如俊鶻生駒，未可施以鞲靮。』又工書畫，酷慕米襄陽，構米友堂，辦香祀之。有《米友堂集》。子遇。《福建通志》。乾隆《福州府志》卷六〇《清文苑》

許友，初名宰，字有介，一字友眉，又字介壽，號甌香。豸子。前明廩生。師事會稽倪元璐。康熙中以諸生終。詩孤曠高迥，秀水朱彛尊稱其『篇章字句，不屑蹈襲前人，如俊鶻生駒，不可施以鞲靮』。黄岡顧景星稱其『以硠礌結轖之抱，爲佶屈聱齖之辭，掉頭攘臂，跅弛其間。遭亂破家，流離縲絏，其怦怫固宜。今集中有《學啞》、《學聵》、《學瞽》、《學擔糞》、《學死》，讀者悲之』。友工草書，兼善畫竹。酷

慕宋米芾，構米友堂祀之。所居有宋程師孟光禄吟臺，友與諸詩人結社其處。子遇。民國《閩侯縣志》卷七二《清文苑》

許友，初名宰，字有介，一字甌香。福州侯官人。父豸，明崇禎四年進士，官浙江寧紹道提學副使。友師事會稽倪元璐。大清康熙中，以諸生終。善書畫，詩孤曠高迥。秀水朱彝尊稱其『篇章字句，不屑蹈襲前人，如俊鶻生駒，未可施以韝靮』。酷慕宋米芾，構米友堂祀之。有《米友堂詩集》。陳壽祺《東越文苑後傳》卷一《許友傳》

許友，字有介，侯官人。父豸，字獬若，崇禎辛未進士，浙江提學副使。有介爲名士，有别墅在烏石山，擅園亭巖壑之勝。崇禎時，閩以僻境晏安，風俗華侈。有介家既給足，孌童舞女，詩酒談讌無虚日，任俠結納，輕視一切。順治初，周櫟園亮工官方伯，物色得之，奉爲上客。櫟園徵入部院，有飲章誣告往事督閩者，劾下刑部獄，詞及有介，繫刑部一載，事解乃出。又三載，以病瘵卒。始予過閩，求閩之才士於撫軍，則舉有介與徐延壽存永、陳濬開仲，謂之侯官三才子。而有介之父爲家宗伯主閩試時所得士也，以故有介退處弟子列，執禮恭甚。長不六尺，肥白如瓠，譚笑風發。酒酣操楮，筆墨飽騰，或爲詩詞，或畫枯木竹石，奕奕有致。比之襄陽、眉山，顧胸中嘗鬱促不平，若圈鹿縶鶴，怦怦怫怫不樂生者，則不善涉世故也，然而風流自勝。在獄時，嘗作《群鴉話寒圖》，櫟園爲長歌。或言於世祖，取覽稱善。卒年三十餘，有《米友堂詩》八卷。閩之稱詩，自唐歐陽詹始，此下姑不具論。論其近者，洪武初有十才子，席元太平故習，辭情嘽緩。始則古田張以寧志道，繼則福清林鴻子羽最著，倡爲盛唐體，閩人宗之。永樂朝，楊文敏公檠以毫閣見長；王褎中美、王恭皆山、王偁孟揚，號三王；而高廷禮彥恢最著。彥恢選《唐詩正聲》、《品彙》，自爲《嘯臺》等集，規倣三唐，以合調爲工，閩又宗之。景、天時，柯潛孟時喜敷疎；成化，林俊待用學疎硬，而彥恢之派漸以漸解。弘治，則布衣方太古元素、傅汝舟木虛、黄門許先子諱。啓東〔一〕，惟鄭善夫繼之最著。是時，北地蹈襲少陵，繼之顰笑潛移，木虛闊放自喜，林、高以來，法度一變。嘉靖中，王慎中道思，引武進唐順之上下其論，取材初盛，與慈谿陳束、章丘李開先、順慶任瀚、富順熊過、平涼趙時春、丹徒呂高，號八才子。而繼之之倩程侍郎應亮，亦舍其家學，駘情穠郁。隆、萬時，布衣鄭琰輩馳名中原，其流亞也。搢紳則鄧原岳汝高、謝肇淛在杭，山林則徐𤊹興公、林章初文、康彥登龍，又嗣響柔曼；葉文忠向高、林宗伯堯俞，又率筆穴長，去聲。皆有集行世。此閩詩之又變也。迨公安、竟陵迭出更奏，麈路淺言，秋墳鬼唱。林茂之輩亦東食而西宿，惟曹能始堅守高曾，不少偭偝。才高手敏，遂欲包舉前賢，務爲恢瀾。暮年頹唐酬接，漸無可觀。時目能始爲曹派，興公爲徐派。予嘗評能始如故宫廢院，敞麗曾弦，金粉燕泥，肅落埃澌；興公如細岑小水，村舍略彴，清佳自具，難語高深織履；陳昂如竇一二窯器，不識商彝周鼎。此閩詩之三變也。蓋閩詩雖變，而有不變者存，以其地僻遠，不與吴楚爭長。然而閩詩不患無榘墨，而患平易傑弱。独有介横绝不可牢籠，以硊礧结轖之抱，为佶屈聱齖之辭，掉頭攘臂，跅馳其間，亦云傑矣。遭亂破家，流離縲絏，其怦怫固宜。今集中有《學啞》、《學聵》、《學瞽》、《學擔糞》、《學

〔一〕按，許啓東名天錫，此處避顧氏之父名諱。

死》，讀者悲之，復好譓如蝨蛆丫鬟是也。或比諸汝舟，若元美所謂作風語者，豈其然乎？丁酉冬，有介既出獄，遇予金陵，抵掌笑談，抵音紙，側擊也。譓作抵。意氣如昔，獨其詩益悲。明年，哀所作緘寄乞敘。予未及爲，先去聲。以書勖俗作朂。毋自苦。有介善之，而未能也，而卒鬱鬱以殀。悲夫，予不忍以存亡負有介，取而序之，兼論閩風之先後如此。顧景星《白茅堂集》卷三四《許有介詩集序》

許有介先生之元配黄孺人，永陽太史坤五公女也。太史學問深博，爲當世宗，治家肅而有紀。孺人幼嫻《孝經》大義，母張恭人疾篤，刲股以療，殆而復瘳。其天性淳孝，自爲女時，家人已驚異之矣。太史與學憲許玉斧公同舉於鄉，先後成進士，文章聲望，並價一時，歡相得也。玉斧公分憲浙東，坤五公邑於山陽，乃爲有介先生締姻焉。于歸後，以學憲公命奉太姑李淑人、姑劉淑人歸里，孺人各事之以謹，處妯娌尤能和曲盡道，得其歡心。學憲公及淑人之先後逝也，時太淑人年九十餘矣，孺人侍盥饌必親，問省必敬，病必嘗醫藥，殁則盡哀盡禮，不異淑人之所以事太淑人者焉。淑人女三，其二尚未字也，孺人撫之，教女紅書史；及笄而奩飾之屬，皆躬自檢理，務極精良。蓋諸姑之於嫂，猶母也。孺人既爲姑盡婦道，復能爲姑盡母道，而皆不煩有介先生一言，以故族黨姻戚諸大小親疎莫不稱孺人賢。國朝鼎建，有介先生自以故家子弟，遂自放於詩酒文章。又天性倜儻，不問家人產業。孺人欲成其志也，凡租課桑田，以及賓祭贈遺，周恤親屬，無一不躬任勞者。而先生所交與，皆海内知名士，座屨常滿，當其酣歌索句，累日達旦以爲常。孺人主中饋，忘寢食，無幾微見於顔色。有不充，即解簪珥爲具，不令先生知也。蓋庶幾古雞鳴贈佩之意焉。孺人舉丈夫子不育，時年尚未三十也。而孺人自幼讀書，慕《樛木》逮下風，即決計擇名淑爲先生嗣續計，然非先生意也。孺人力贊之，連舉丈夫子二，即不棄、不入兄弟也。長君不棄，幼嬰痘疾幾殆，孺人抱持二十四晝夜，困頓不倦，目幾失明，而長君竟無恙。微獨孺人忘其非己出，即家之長幼莫不以爲孺人之愛篤於所生也。癸卯夏，有介先生寢疾，孺人躬侍湯藥者累月，百計問醫呼籲，竟不起。時長君年十有四，仲君甫八齡耳。孺人撫靈牀慟曰：『以是藐諸孤，未亡人不得即相從於地下，未亡人之痛也。然以是藐諸孤，未亡人遽相從於地下，而不克令其成立，是又亡者之戚也。』用是督二君雖愛而嚴，常曰：『而父行其志，吾不願强也。然光大門閭，亦賢子孫事也。爾曹其勉之。』以故不棄兄弟篤言行、慎交遊，所過從皆其父執與世之先生長者。歲辛亥，不棄省其叔父侍御公於京師，遂入國學讀書，不入亦補弟子員，文聲籍籍。鄉之士大夫羨不棄兄弟，皆推本孺人之教不衰。孺人曰：『今而後，可以見夫子於地下矣。』蓋自先生歿後，族之子姓罕有覿面者，每歲時伏臘，未嘗不撫櫬而慟絶而復甦也。無何而變起甲寅，逆徒相煽，狼顧虎視，縉紳子弟，無日不在憂患中，攘臂濡首者比比也。孺人曰：『爾叔父受國厚恩，爾曹雖未一命，亦儲材地也，且若輩其可立待乎？』啜菽飲水，屢瀕困辱而不悔也。王師南下，梟方以兵革爲虞，孺人曰：『見天有期矣，夫何憂？』已而閩省晏如，卒如所度。南北道通，侍御公得家音歡然，益歎孺人之先識也。丁巳冬，孺人遘疾，進藥餌則卻之，曰：『未亡人一日之生，一日之戚也。今諸孤長矣，幸可告無罪於九原，庸求生乎？』不棄兄弟徬徨迫切，遍呼籲於天地神祇，減年請代；諸媳皆晨昏侍奉無間。孺人憫家人之孝思勤勞也，乃强進藥。疾革，呼不棄兄弟，謂之曰：『爾父承祖之志，爾曹光祖之業，一也。篤而友于，和而妯娌，無隳前人家聲，勉之而已。且今日余歿，得題其旌曰清故某孺人，於願足矣。較之告隕於三載，顛連困苦，僭亂之秋，不猶愈乎？』乃瞑。享年六十。訃聞於親族里鄰，無一不嘆息流涕，念其仁孝恭睦之德，而傷悼無已云。論曰：以余所聞古之名媛多矣，未有如孺人之遺大投艱而能勝任愉快者也。即盡道於家、惠及子姓者，亦不數數見矣。至於相夫以成其志，教子以堅其守，明於大義如孺人者，尤未之前聞。余與侍御公官京師爲忘年交，聞閫德最詳。及歸，與不棄兄弟同際艱危，晨夕與共，有子姪誼，故爲約其大者如此。至孺人之勤儉整肅，歷危困而茹荼飲蘖，未嘗刻安；處難處之地而能曲折周至，使諸内外族戚無間言數十年如一日者，尤非余之所能盡傳也。存其略以爲彤管之光，採風者或有取焉。陳夢雷《松鶴山房文集》卷一七《許母黃孺人傳》

按，以上各傳，載許友於清康熙中以諸生終。據顧景星撰序、陳夢雷撰傳，所載許友事甚詳悉，但無片言隻字及仕清事。是顧景星於順治十四年再見許友，發現『其詩益悲』；又言其『鬱鬱以死』；黃孺人督促許友二子『而父行其志，吾不願强也』等等，均可見許友以遺民終其身。福建省圖書館藏抄本《米友堂集》，前附《遺事》數則，許豸傳中有言：『考《許氏族譜》，豸生二子：長友，次賓。賓入清順治辛卯舉孝廉，官至御史。有介明鼎革不食死。所居在省垣光禄坊，有樓曰拜雲樓，即公盡節處也。相傳有介以弟賓應清試恥之，賓亦内咎，同居出入，至不敢過拜雲樓，於樓下特鑿便門以出入。』其中『有介明鼎革不食死』，恐不確，也可見許友絶無仕清之可能。至於許友卒年，顧景星《哭許友》七律二首，繫於已亥年（一六五九）。然陳夢雷《許母黃孺人傳》明言：『癸卯夏，有介先生寢疾，……竟不起。』據此，許友則卒於康熙二年（一六六三），陳夢雷記載更爲可信。許友著述，有清初刻本《米友堂詩集》七卷《文集》一卷《雜著》四卷，存日本内閣文庫。又有稿抄本多種：《米友堂詩集》不分卷，清抄本，藏福建師範大學圖書館，民國間連江劉明曾據該本影印；《許甌香先生遺稿》一卷，清抄本，藏福建師範大學圖書館；《許有介先生詩稿》一卷，稿本，藏北京文物局；《米友堂詩集》不分卷，抄本，藏福建省圖書館。據道光《重纂福建通志·經籍志》著録，許友另有《醫夢草》一卷。

許智

許智，字或者，雲霄人。博通經史，尤長于詩。補邑學生。皇朝定鼎，智貢期已届，竟不應試，吟詩自娱。年老無子，親友憐之，智曰：『麟鳳豈有子耶？』其孤峻類如此。康熙《漳浦縣志》卷一六《人物志下》

明韋布傳附

按，許智傳，嘉慶《雲霄廳志》同康熙《漳浦縣志》，民國《雲霄縣志》卷一九《列傳二·卓行》亦收録，云『《廳志》標爲韋布，似欠雅』。

許環

明許環，字得環，莆田人。崇禎戊辰進士。由南昌推官歷陞湖廣參議，平寇有功。明亡，依朱成功。卒於廈門。孫静菴《明遺民録》卷三三

許環，字得環，莆田人。崇禎戊辰進士。由南昌推官歷升湖廣參議，平寇有功。明亡，依朱成功。卒於廈門。《小腆紀年》卷二

許環，字亞宋，莆田人。崇禎戊辰進士。初授南昌推官，補廬州，尋以忤御史去。再補韶州，平寇有功，擢刑部主事、員外，恤刑江南。陞湖廣參議，分守岳州。是時賊蹂楚中，環内外提防。以疾解組歸，未幾卒。康熙《福建通志》卷四八《人物》

許環，字亞宋，崇禎戊辰進士。授南昌推官，補廬州，尋以忤御史去。再補韶州，平寇有功，擢刑部主事，轉員外郎，恤刑江南。陞湖廣參議，分守岳州。是時賊蹂楚中，環内外提防。以疾解組歸，未幾卒。康熙《興化府莆田縣志》卷二四《明仕蹟》

許環，字得環，莆田人。崇禎元年戊辰進士。初授南昌推官，歷守韶州，累遷湖廣參議，皆有平寇功。以疾歸，卒於廈。《通志》、《東平紀略》合參。道光《廈門志》卷一三《明寓賢》

許環，字得環，莆田人。崇禎戊辰進士。由南昌推官歷升湖廣參議。明亡，依朱成功。卒於廈。《通志》、《東平紀略》、《明遺民録》。民國《同安縣志》卷二七《思明州人物録》

按，以上各傳，多語焉不詳之處，尤其入清後事跡多不可考，或以依鄭成功反清之故。許環字「亞宋」，或作字「得環」。又康熙《興化府莆田縣志》卷一三《選舉志》明萬曆四十三年乙卯舉人，有「許環，字景玉，平海衛學，戊辰進士」，當爲同一人。其字「景玉」，又有不同。

許鴻

許鴻，字子羽，福建人。明末宦滇，後遭鼎革之亂，卜居太和古生。能詩，興至輒攜一觴於水邊柳下，吟詠自適。先是遇兵，被賊斷其右掌，遂以左腕書。能作懷素大草，人因稱爲左腕云。參《雲南通志》、《大理縣志》。《明季滇南遺民録》卷下

許鴻，字子羽，福建人。明末宦滇，後因兵亂卜居太和之古生。能詩，興至輒攜一觴於水邊柳下，吟詠自適。先是遇兵變，斷其右掌，以左腕書，能作懷素大草。鴻以左腕自號，人亦稱爲左腕云。雍正《雲南通志》卷二三《明流寓》

許鴻，字子羽，福建人。宦于滇，後因兵亂卜居太和之古生。能詩，興至輒攜一觴于水邊柳下，吟詠自適，無求于人。先是遇兵變，斷其右掌，以左腕書，能作懷素大草。公以左腕自號，人亦稱爲左腕云。乾隆《大理府志》卷二四《國朝流寓》

許鴻，字子羽。明末宦滇，後滿禍熾，卜居太和古生。能詩，興至輒攜一觴於水邊柳下，吟詠自適。先是遇滿寇，斷其右掌，遂以左腕書。能作懷素大草，人因稱爲左腕云。民國《大理縣志稿》卷二二《明寓賢》

按，許鴻傳，福建省府縣志均未收録，待查訪。

許吉燝

明許吉燝，晉江人。崇禎癸未進士。由知縣擢刑部主事。鼎革後，隱廈門以終。同時在廈者，林其昌，己卯舉人；黃維璟，壬午舉人；馮澄世，隆武丙戌舉人，俱泉郡人。孫靜菴《明遺民録》卷二九

許吉燝，晉江人，崇禎癸未進士。由知縣擢刑部主事。鼎革後，隱廈門以終。同時在廈者，林其昌，己卯舉人；黃維璟、潘賡鍾，壬午舉人；馮澄世，隆武丙戌舉人，俱泉郡人。賡鍾字道宣，澄世字亨臣。事詳《延平春秋》。《小腆紀傳》卷五七

許吉燝，晉江人。崇禎十六年癸未進士。由知縣歷刑部主事。國變居廈門，後隱於臺，勵節以終。同時郡人寓廈者，並南安林其昌，崇禎十二年己卯舉人；黃維璟，崇禎十五年壬午舉人；潘賡鍾，字道宣，崇禎十五年壬午舉人；馮澄世，字亨臣，丙戌鄉薦。並采《東平紀略》。道光《廈門志》卷一三《明寓賢》

許吉燝，晉江人。崇禎癸未進士。授知縣，擢刑部主事。鼎革後隱廈，後隱臺，勵節以終。同時在廈者，林其昌，己卯舉人；黃維璟、潘賡鍾，俱壬午舉人；馮澄世，隆武丙戌舉人，俱泉州人。《明遺民録》、《東平紀略》。民國《同安縣志》卷二七《思明州人物録》

按，康熙《同安縣志》卷六，許吉燝爲崇禎十五年晉江縣舉人，榜姓翁，見乾隆《泉州府志》卷三五《選舉志》、乾隆《晉江縣志》卷八《選舉志》。進士及第後，同年乃授華亭知縣，見乾隆《華亭縣志》卷八《職官志》。是志又言：『許吉燝，延公，福建晉江人，癸未進士，崇禎十六年任。』『延公』，當爲許吉燝

字。許吉燝著述無考，偶有詩作散見史籍。如《臺灣詩鈔》卷一六録存其詩云：『刺桐花謝月如霜，千里鯤溟一葦航；祇此發膚還父母，更垂姓氏照蠻荒。芰荷潔想騷人服，薇蕨春生處士糧。坐長子孫三百載，閩音已遍鄭公鄉。』以上諸傳所載之林其昌、黃維璟、潘賡鍾、馮澄世等人，生平事跡待考。

連經芳

連經芳，字碧台，龍巖人。崇禎辛巳歲貢。應選時，次貢張士琛以年老，懷金求讓，經芳慨許之，卻其金。後任邵武訓導，陞廣東邃溪教諭。告歸，日手鈔先賢懿行，以教子孫。道光《龍巖州志》卷一二《明隱逸》

連經芳，字璧台。辛巳科歲貢。應選時，次貢張士琛以年老，懷金求讓，經芳慨許之，卻其金。後任邵武訓導，陞廣東邃溪教諭。時山寇困城，文武失措，經芳募民壯固守，城賴以全。閩督撫院以經芳有經濟才，調署光澤縣。崇禎季年事也。甲申變後，拂袖歸來，樓居足不履地。樓在城之東偏，正門屏塞，不通入出。滿清季世猶然。民國光復，子孫始告廟撤屏。常山張來鳳贈聯云：『設柳門而常關，賦淵明之辭，原有淵明之興；坐茅磯而垂釣，養尚父之望，正當尚父之年。』當年之風節可想。舊列義行。民國《龍巖縣志》卷二八《明高士》

郭奇

郭奇，字正夫。諸生。鼎革後不出，與高伯容、高希珍、朱海望、林世臣、張愿甫、包克繩、林禄中山居唱和，結世外交。乾隆《古田縣志》卷七《國朝隱逸》

按，郭奇傳，民國《古田縣志》入明隱逸傳。郭奇有《得得集》，乾隆《古田縣志》卷七《藝文志》著録。道光《重纂福建通志》卷六九《經籍志》亦著録，并云郭奇字正光。『光』字或訛。

郭彦

郭彦，字中夫。能詩，善畫蘭竹。以修城功詔授散官。明亡，隱居不出。與彦同隱者，林東向字育我，高瑞伯以字行，周鼎臣字允輔，皆彦同縣人。瑞伯以能文著。道光《重纂福建通志》卷二二三《明隱逸》

郭彦，字中夫。能詩。以修城功撫按上其事，賜冠帶，以『義與城存』旌焉。明亡不仕。喜畫石竹，隱于嵩州。乾隆《古田縣志》卷七《國朝隱逸》

按，郭彦傳，民國《古田縣志》入明隱逸傳。林東向、高瑞伯、周鼎臣等傳另見。

郭貞一

明郭貞一，字元侯，同安人。崇禎庚辰進士。行取御史，巡按浙東。弘光時，擢右都御史。内監不遵朝班，疏糾之，宦侍屏息。謂夏允彝、陳子龍、徐石麒、徐汧、沈延嘉、葉廷秀、熊開元等具忠君愛國之誠，乞召用；憲長王夢錫以賄遷官，選郎劉應賓黷貨，乞正罪。一時風采懍然。丙戌後，歸隱廈門，尋渡臺灣卒。孫靜菴《明遺民録》卷三三

郭貞一，字元侯，同安人。崇禎庚辰進士。行取御史，巡按浙東。弘光時，擢右都御史，內監不遵朝班，疏糾之，宦侍屏息。謂夏允彝、陳子龍、徐石麒、徐汧、沈延嘉、葉廷秀、熊開元等具忠君愛國之誠，乞召用；憲長王夢錫以賄遷官，選郎劉應賓黷貨，乞正罪。一時風采懍然。丙戌後，歸隱廈門。尋渡臺灣卒。《小腆紀傳》卷五七

郭貞一，字元侯。崇禎庚辰進士，授行人。福王稱號之次年，考選授御史。條陳屯田、保甲，略言：『今天下朝廷日苦餉少，百姓日苦兵多。重鎮在淮豫、荊襄，隱憂在閩粤、江浙。所謂重鎮在淮豫、荊襄者，蓋淮豫既受敵之衝，而荊襄又上流必爭之地，淮豫不守，荊襄不復，郊圻封域未可恃也。乃兵興餉絀，孰不知屯田之宜行。然臣觀古來屯田，皆自將帥實力修舉，故易以成功。如漢趙充國、唐畢誠、宋吴玠等，或因所獲以餉兵，或歲省度支數百萬。國初諸將亦於龍江等處屯田，後設各衛所，大約以三分守城、七分屯種，又有二八、四六、一九、中半等例。誠以七分之兵防據要害，協剿分禦；以三分之兵各就汛地，闢草棘，廣治耕牧，亦何至吸髓朘骨，斂民怨咨哉？所謂隱憂在閩粤、江浙者，民窮走險，屢屢見告；剽賊聚散，莫悉其跡。秦、楚前車，可爲炯鑑。夫保甲所以除暴禁奸，惟司民社者平日每視爲迂緩不切，迨法令滋紛，盜賊群起，而大事去矣。今欲嚴其法於京師，並宜廣其責於郡縣。誠使守令下車，竭數月之勤，

先自都邑，次及郊畿，窮鄉僻壤皆身履其地，周知其數。凡雜居僑寓，倣土斷之條，十家爲甲，有甲長；十甲爲保，有保正，籍書而存之。擇其家可任者練成義勇一軍，以戶口多寡爲準，有警調發，何事援將統兵騷擾内地哉？』唐王時，仍授御史。上疏請用正人，言：『陛下艱難草昧，奮繩祖武，徵書蒲馭，相望於途。如鄭三俊、曾櫻諸老成人，各仗廉節禮義之風，海内並仰。陛下親裁手詔，遣官敦迎，一時人心，歡呼踴躍。而干旄所及，又有如夏允彝、陳子龍二臣，臣有以知中興之不遠也。夫人主用人，則必用其名譽有益於實者；人臣薦人，必薦其行事有見於前者。以臣所知，又得數人，爲原任吏部尚書徐石麒，清標介性，獨立不阿，大忤僉壬，飄然去國；原任詹事徐汧，按石麒、汧於南都失守後已相繼殉節，或閩中未之知耶？原任春坊沈延嘉，文章經濟，冠絶一時，帷幄論思，夙抱公輔；原任工部郎中葉廷秀，剛腸勁氣，百折不回，近擢銓司，堅臥不起；原任科臣熊開元、袁彭年，一當周延儒氣燄薰天之日，能批其鱗，一當馬士英權奸炙手之時，能折其氣。凡此數臣，皆海内具瞻。下至新進之臣，有清畏人知，慈可衆喻，如原任嘉興知縣林之蕃者，種種善政，難以枚舉，爲鹽臣李挺所傾；及去任，縉紳士民罷市閉關、叩閽請留，而奸黨疾之，遂從降調。夫之蕃所能者，無得罪於百姓；所不能者，彌縫於上官，此賢令也。使天下之令皆若之蕃實心清節，則海宇有不昇平、禍患有不銷弭耶？所宜特加超擢，以風有位也。』唐王敗，貞一居臺灣以終。道光《重纂福建通志》卷二〇五《明列傳·同安縣》

郭貞一，同安人，崇禎己卯、庚辰聯第進士。授行人，擢監察御史。立朝侃侃，所建白多切時弊。丙戌後，歸家卒。《同安志》。乾隆《泉州府志》卷五三《明仕蹟》

郭貞一，授行人，行取監察御史。丙戌歸家，卒。康熙《同安縣志》卷六《人物志一》

郭貞一，崇禎庚辰進士，授行人，擢監察御史。立朝侃侃，所建白多切時弊。丙戌後歸隱，卒年八十一。嘉慶《同安縣志》卷二一《明循績》

郭貞一，字元侯，號道憨，後郭人。崇禎十三年進士。授監察御史，巡撫浙東。福王立，擢都察院右都御史。有内監不遵朝班，疏糾之，宦寺屏息。按時勢條陳屯田、保甲，洞見源委。所交多吉士。疏薦夏允彝、陳子龍、徐石麟、徐汧、沈延嘉、葉廷秀、熊開元等，皆具忠愛之誠，並乞召用。又言憲長王夢錫以賄遷官，選郎劉應賓黷貨，乞正罪。一時風采凜然。南都破，入閩。適延平郡王開府廈門，禮之。後隨入臺灣，居數年卒。《臺灣通史》、《廈門志》、舊《縣志》合參。民國《同安縣志》卷二八《明鄉賢》

郭貞一，字元侯，號道憨，同安後郭人。崇禎十三年庚辰進士。行取監察御史，巡按浙東。福王擢都察院右都御史。負氣敢言，内監不遵朝班，立疏糾之，宦侍屏息。按時勢條陳屯田、保甲，洞見源委。疏薦夏允彝、陳子龍及原任吏部尚書徐石麟，詹事徐汧，春坊沈延嘉，郎中葉廷秀，科臣熊開元、袁彭年，知縣林之蕃等，皆具忠君愛國之誠，並乞召用。選郎劉應賓黷貨鬻爵，特疏劾請論贓正罪；以賄遷官如憲長王夢錫數輩，皆指參不恡。一時風采凜然。丙戌以後，歸隱廈門，尋渡臺灣。《同安縣志・藝文志》。道光《廈門志》卷一三《明寓賢》

按，郭貞一著述無考，民國《同安縣志》卷二五《藝文志》存其詩《過龍潭》一首，文《糾劉應賓疏》、《乞引用正人疏》、《修陳屯田保甲疏》三篇。

陳達

達，字克亨。早歲補諸生。同學有陳聖泰、程坤者，負時名，爲人所中，提學將治之，達白其事得免，由此知名。唐王時以恩貢生授鴻臚主簿，遷錦衣衛經歷。魯王入閩，起職方郎中，擢鴻臚卿。時鄭彩專政，達獨不阿。魯王敗，達遁居海島以卒。道光《重纂福建通志》卷一九八《明列傳》陳訏謨傳附

陳達，字克亨。家望族，大父訏謨，萬曆辛丑進士，官布政司參政。父作肅，邑諸生，遠近稱爲長者。達倜儻有才，早歲入泮，即受知於董恭介。崇禎丁丑，陳聖泰、程坤二人負時名，不謹口舌，爲人所中，新任督學執法，禍叵測。平日與聖泰、坤稱密交者，概裹足。達竭力周旋，不避艱險。尋陳、程事白，達以此名聞當時。乙酉領恩貢，廷試授鴻臚寺鳴贊，遷御贊。蓋特設以示寵異，前此所未有也。旋陞錦衣衛經歷。丙戌秋，削髮爲僧，别字八水，取鄭所南思肖意。終日探陟名勝，翩翩物外。丁亥，起兵部職方司郎中，擢鴻臚卿。當監國駐江滸，百凡草昧，達侃侃持正議，不亢不阿。魯王出走，退居窮島，備嘗艱苦。或勸歸故里，薄田尚堪資給，何爲空貞苦節。達嘆曰：『今我雖饔飧不足，冠服猶昔日也。況肢體髮膚受之父母，若改絃易轍作溫飽計，不特無面目見人，亦何以慰祖先於冥冥中哉？』竟卒島上。參謝杲《節義録》。同治《長樂縣志》卷一六《明節概》

陳達，字克亨，長樂江田人。家望族，大父訏謨，萬曆辛丑進士，官布政司參政。父作肅，邑庠生，性渾樸，布衣蔬食，遠近稱其長者。達倜儻有才，早歲入泮，即受知於董恭介。崇禎丁丑年，陳聖泰、程坤二

人負時名，不謹口舌，莫須有爲人所中，督學新任執法，禍叵測。平日與聖泰、坤談心評文稱密交者，概裹足，恐波及。達竭力周旋，不避强禦。尋陳、程事得白，達以此名聞當時。乙酉歲領恩貢，廷試欽授鴻臚寺鳴贊，旋遷御贊。蓋特設以示寵異，前乎此所未有也。頃之，陞錦衣衛經歷。丙戌秋，削髮爲僧，别字八水，取鄭所南思肖意。終日探陟名勝，翩翩物外。丁亥年，起兵部職方司郎中，擢鴻臚正卿。當監國駐江滸，百凡草昧，泉南秉鈞，達視蔑如，侃侃持正議，不亢不阿。勢終不振，翠華遠幸，退居窮島，備嘗甘苦。或勸歸江天祖里，薄田尚堪資給，何爲空貞苦節。達歎曰：『尊諭良是。今我雖饔飧不足，冠服猶昔日濟濟。況肢體髮膚受之父母，若改絃易轍作溫飽計，不特無面目見人，亦何以慰祖先於冥冥中？』竟卒島上。《節義録》卷下

按，陳達傳，康熙《福建通志》卷四五附載陳訏謨傳，僅數語：『孫達，有逸才，隱白雲山不仕。』

陳軾

陳軾，字靜機，崇禎庚辰進士。淹貫博洽，諸體擅長。國朝授蒼梧道，解組歸，葺道山故居，著書一室。著有《道山前後集》。雍正《福建通志》卷五一《清文苑》

陳軾，字靜機，崇禎庚辰進士。淹貫博洽，諸體擅長。由知縣入爲御史，歷廣西蒼梧道參議。解組歸，葺道山故居，著書一室以終。按，前志云軾入國朝官蒼梧道。考黎士弘《道山集序》稱軾『分憲嶺表，值鼎革歸來，優遊里巷間者五十餘年。當先生在嶺表時，年纔三十有四，後區宇太平，使功名之念未消，不難濡足褰裳，用其所不足，

而先生不爾」云云。《廣西通志》職官表蒼梧道，明至國朝均無軾名，則軾入國朝後未嘗登仕籍明甚。其官蒼梧道，意在桂王時也。前志辱國朝文苑傳，今移置於明。道光《重纂福建通志》卷二一三《明文苑傳·侯官縣》

按，陳軾著有《續牡丹亭》，今存抄本，有整理本。

陳鴻

陳鴻，字叔度，故侯官人。初石倉曹能始輒爲鴻延譽，鴻仍居石倉。名其詩曰《秋室篇》。及能始殉節，鴻亦隱居不出，年七十二以貧病死。無子，不能葬。戊子，周亮工入閩，任其葬。先是，莆田布衣趙名璧，字十五，亦工詩善畫，性孤僻，多不爲人作，惟山房寺壁則淋漓潑墨，與鴻先後死。亮工因舉名璧棺與鴻合墓於小西湖之側，爲書碑曰『明詩人陳叔度趙十五合墓』。《皇明遺民傳》卷五

陳鴻，字叔度，一字軒伯。祖龠，字德音，嘉靖中隱士，詩法唐人，人無知者。鴻，布衣，有奇才，邁遠不群。曹學佺闢石倉園，引致賓客賦詩。一日集聽泉閣，鴻詩有『一山在水次，終日有泉聲』之句，學佺大加歎賞，由是名大著。名其詩曰《秋室篇》，取李賀詩『秋室之中無俗聲』也。丙戌之變，學佺殉節，鴻年七十三，不能自存，以貧病死。無子，不能葬，按察使周亮工屬諸生徐存永，以莆田布衣趙之璧合葬於西湖大夢山前，爲書其碑曰『明詩人陳叔度趙十五合墓』。道光《重纂福建通志》卷二一三《明文苑傳·侯官縣》

陳鴻，字叔度，侯官人。家貧，無人物色之。曹學佺石倉園在洪塘中，有淼閣，集諸同人爲詩。鴻有

「一山在水次，終日有泉聲」句，學佺嘆賞，爲延譽，因即以石倉爲居停。名其詩曰《秋室篇》，取李長吉『秋室之中無俗聲』也。丙戌之變，學佺殉節，叔度年七十二，不能自存，以貧病死。無子，不能葬。戊子，祥符周亮工宦閩，客以其詩進，亮工悲之，謂客曰：『余任其葬，子任其詩。』因助以金，浼諸生徐存永董其事。《書影》。　民國《福建通志》總卷四三分卷四《明高士傳》

陳鴻，字叔度，侯官人。起于寒微，自幼能詩，無有物色之者。曹學佺招入社，集聽泉閣，有『一山在水次，終日有泉聲』之句，大加歎賞，由是詩名大著。詩曰《秋室篇》，取李長吉『秋室之中無俗聲』也。周亮工爲刻以傳。卒年七十三，貧不能葬，同社醵金，與莆田布衣趙十五合葬於福郡之小西湖之側。《書影》。　乾隆《福州府志》卷六〇《明文苑》

陳鴻，字叔度，一字軒伯，侯官人。起于寒微，自幼能詩，無有物色之者。曹能始招入社集，聽泉閣有『一山在水次，終日有泉聲』之句，大加歎賞，由是名大著。名其詩曰《秋室篇》，取李長吉『秋室之中無俗聲』也。卒年七十三，貧不能葬，同社醵金，與莆田布衣趙十五合葬于福郡小西湖之側。《列朝詩集小傳》丁下

侯官陳鴻，字叔度。家貧，無人物色之。能始石倉園在洪塘中，有森閣，集諸同人爲詩。叔度有『一山在水次，終日有泉聲』句，能始歎賞，爲之延譽，因即以石倉爲居停。名其詩曰《秋室篇》，取李長吉『秋室之中無俗聲』也。丙戌之變，能始殉節，叔度年七十二，不能自存，以貧病死。無子，不能葬。戊子余入閩時，客以其詩來，予悲其蒿露，謂客曰：『余任其葬，子任其詩。』因助以金，浼諸生徐存永董其事。

先是莆田布衣趙十五，名璧，亦工詩，善作畫，所爲枯木竹石類，閩人珍之。然性孤僻，不多爲人作，惟山房寺壁，則淋漓潑墨。與叔度先後死，亦不能葬。存永因舉十五之棺，與叔度合墓於小西湖之側。余爲書碑曰『明詩人陳叔度趙十五合墓』。客刻《叔度集》，予爲之序，板式精好，傳之南中，莫不知閩有陳叔度矣。十五不多爲詩，無傳者。周亮工《書影》卷四

按，以上各傳多本周亮工《書影》。周亮工《書影》謂陳鴻卒年七十二，《列朝詩集小傳》、乾隆《福州府志》、道光《重纂福建通志》均作七十三。陳鴻著述，道光《重纂福建通志·經籍志》著録有：《秋室編》八卷、《隱鵠集》二卷。《秋室編》有清順治七年刻本，藏日本國立公文書館。

陳天定

陳天定，字慧生，龍溪人。天啓乙丑進士，以魏璫故不釋褐，遽歸。閉戶著書，暇則與父老宣諭六言。魏璫伏辜，崇禎辛未始廷獻，授行人。以黄道周黨繫詔獄。旋召入銓衡，屏絶常例，時稱開門吏部。甲申後，遁跡深山不出。後知命將終，屏粒不食，與親友賦詩而逝。所著有《陳氏說書》、《慧山詩文全集》。康熙《福建通志》卷四九《人物》

陳天定，字祝皇。天啓乙丑會試中式。時魏璫方熾，不廷試而歸，閉戶著書。會海寇不靖，將窺郡城，知府施邦曜與商捍禦之策。天定繕鄉兵，築土堡於鎮門兩岸。賊以輕舟泊浦頭，天定破之，賊自是不敢内犯。歲饑，捐貲助賑，活饑民無數。崇禎初，璫敗，始補試，成四年進士。授行人，遷吏部主事。黄道

周謫江西按察司磨照，巡撫解學龍薦之，帝怒，逮下刑部究黨與，詞連天定。尋復官，屏絶常例，時稱開門吏部。明亡，遁跡山林卒。學者稱慧山先生。門人方進，字漸侯，棄諸生，與天定偕隱。同郡又有吴公布者，字大生。幼孤力學，童年即能辨古篆，長益工詩文，善書。崇禎間恩貢生。明亡後隱於北溪鑪山，與天定、進爲方外遊，世號鑪山三逸。道光《重纂福建通志》卷二〇六《明列傳·龍溪縣》

陳天定，字祝皇，龍溪人。與相國林文穆爲中表，嘗師事之。天啓乙丑成進士，遭魏璫方張，不釋褐而歸。日與友人談經史，操時藝選政，海内操觚家多宗之，而《陳氏説書》尤盛行于世。會漳中不靖，二十四將躪海濱，窺于郡，郡守施邦曜與共商捍敵之策。天定繕鄉兵，輕衣治戎，自城以東皆主之，築土堡於鎮門兩岸以固郡圉。賊嘗一夜以輕舟泊浦頭，天定乘月黑要之，賊幾不得出，自是不得内犯。歲復饑，天定捐貲勸賑，聚米分恤，活饑民無數，民爲立碑紀其事。崇禎辛未，璫燄既熄，始廷獻，授官行人。時東林太盛，天定憂之，嘆曰：『奈何以此賈禍。』然竟以黄漳浦故繫獄。既得釋，召補銓衡。未幾，林文穆卒，遂請護喪以歸。甲申後，遁迹花山，僧衣褒帽，放言自廢，以貧困終。著有《陳氏説書》及《慧山詩文全集》若干卷，行于世。學者稱爲慧山先生。及門方進，棄諸生，偕隱終身，人稱高節云。康熙《漳州府志》卷二二《明列傳》

陳天定，字祝皇。與相國林文穆釬爲中表，嘗師事之。天啓乙丑成進士，以魏璫故不釋褐歸。日與友人談經史，操時藝選政，海内操觚家宗之，而《陳氏説書》大行於世。時漳寇有所謂二十四將者，躪海濱，將及郡，郡守施邦曜與商捍敵之策。天定繕鄉兵，輕衣治戎，自城以東皆主之，築土堡於鎮門兩岸以固郡圍。賊嘗一夜以輕舟泊浦頭，天定乘月黑要之，賊幾不得出，自是不敢内犯。歲饑，竭貲勸賑，活饑民無數，民爲立祠勒碑記其事。崇禎辛未，瑠敗，始廷試，授官行人，歷遷吏部郎中。時黨論方興，天定憂之，嘆曰：『奈何以此賈禍。』然竟以黄道周故，與閩縣董養河、永福黄文焕同繫獄。既得釋，召補銓衡，遂告歸。甲申後，遁跡花山，僧衣褒帽，放言自廢，以貧困終。著有《陳氏説書》及《慧山詩文全集》、《太極説參論》、《松石軒讀史》、《慧眼山房書抄》十七種，凡若干卷。學者稱爲慧山先生。乾隆《龍溪縣志》卷一六《明名臣》

按，陳天定著述，清乾隆纂修《四庫全書》時多遭禁燬，今僅見其評選之《古今小品》八卷，餘待訪。方進、吴公布傳另見。

陳允元 附陳有度傳後

陳匡生

陳匡生，字廬子。諸生。唐王入閩，慷慨上封事，時人壯之。唐王敗，棄諸生籍，遍遊海島。及歸自廣東，知事不可爲，又爲海寇刼喪其貲，或爲扼腕，匡生笑曰：『吾累世受恩，今國敗家亡，窮困以死，分也。』尋卒於家。道光《重纂福建通志》卷二一五《明忠節·閩縣》

陳匡生，閩縣人也，字廬子，本學諸生。高祖紀，進士，歷任由侍郎至都御史，弘正朝以廉介名。匡生博覽多才，尤重聲氣，然諾不苟。每佳辰美景，浮白雄談，見地恒出人意表。隆武元年秋八月，慷慨上封事，淋漓剴切，在廷壯之。丙戌後，謝舉子業，遍歷島外，及廣東濱海諸處，席不暇煖，無非悲國事傾移，憑三寸舌遊說各藩鎮，一片熱衷，人咸敬而禮之。丙申秋，歸自粵東，知大廈非一木能支，囊剩資斧，希作入山計。適海氛造廬，席捲一空，見者皆爲扼腕，匡生笑曰：『吾先世蒙恩，今國破家亡，窮困以死也故宜。茲稍足自潤，中造物所忌，假手奪去，有何足介意？』聞者服焉。自此年近知非，憚于遠出，落落不得志，卒於家。匡生平日著述不少，詩文暨雜著各有集，經烽火連年，遷徙無定居，大率爲人竊去。子弟蹭蹬，竟未有存者，輿論惜之。《節義録》卷下

陳兆鼎

陳兆鼎，字克重，長祚孫。明亡，遁跡不入城市，不改初服，一年病卒。道光《重纂福建通志》卷二二三《明隱逸·福州府》

按，陳兆鼎傳，又附載謝杲《節義録》卷下曾人翰傳後。曾人翰傳另見。

陳兆藩

陳兆藩，字衛公，夢龍孫。崇禎己卯舉於鄉。時主試劉理順、吳甘來，房考夏允彝，後皆死節者也。會試兩中副榜。唐王時，授刑部主事，晉員外郎。踰年，唐王敗。又踰年，魯王入閩，改御史，上《亟旌死

節諸臣及恢復機宜疏》。魯王敗，屏跡不出。病不服藥，語少子夔曰：『今而後，吾得爲完人矣。』含笑卒。道光《重纂福建通志》卷二二三《明隱逸·福州府》

陳兆藩，字衛公，侯官人也。生望族。大父夢龍，乙榜，官合浦知縣。一門期功，强半入仕籍。兆藩獨食貧攻苦，匪豐嗇動心。崇禎己卯，以《春秋》捷鄉試。主考劉理順、吴甘來，房考夏允彝，國變皆死節。庚辰、癸未，兆藩兩中南宫副榜。乙酉夏，福州改元，官刑部主事，晉本司員外郎。丁亥，改福建道監察御史。有《亟旌死節諸臣及恢復機宜疏》，一時傳誦。戊子後，屏跡衡門。見里中有致身通顯鳴得意者，兆藩笑曰：『我累世承恩，復官侍御，非此輩比。脱我見金夫而不有躬，不過圖半生溫飽，何以慰祖父及吾師在天之靈？』故一意苦節，文史自業，舉人世寵辱榮枯，若浮雲過太虚。遇清風朗月，焚香煮茗，對客抗談古今節烈。年逾杖國，强健猶過少壯。辛酉季秋，抱微疴，不服藥餌。語少子啓夔曰：『今而後吾得爲大明完人矣。』含笑卒。享壽七十六。冢婦林氏，尚書爃曾孫女也，孀居三十餘年，布衣蔬食。夫翁謝世，治喪葬如禮，兼營先世窀穸，資郎叔啓夔肄業，皆一生勤儉所積云。《節義録》卷下

按，陳兆藩有《夜光堂集》，道光《重纂福建通志》卷六八《經籍志》、民國《閩侯縣志》卷四八《藝文下》均著録。道光《重纂福建通志》另著録署陳兆藩撰者有《悟迷詩餘》、《及齋詩文集》、《葡萄齋近詠》、《桐西浪語集》等，係康熙間拔貢生，顯非一人。

陳名賓

明陳名賓，字際五，長樂廩生。知縣夏允彝雅重之，贈以詩。亂後與子鳴瑜、鳴琪築室松坪，偕隱焉。著有《理學真僞論》、《書經講述》。孫靜菴《明遺民録》卷一六

陳名賓，字際五，長樂廩生。知縣夏允彝雅重之，贈以詩。亂後與子鳴瑜、鳴琪築室松坪，偕隱焉。著有《理學真僞論》、《書經講述》。《小腆紀傳》卷五八

陳名賓，號際五，邑廩生。敦名節，善屬詩文，著有《理學真僞論》、《書經講述》。明季知縣夏允彝雅重之，常贈以古風。時海氛起，與子鳴瑜、鳴琪謝試事，築室松坪，偕隱以老。《長樂志》。乾隆《福建續志》卷五七《國朝隱逸》

陳名賓，號際伍，邑廩生。雲路人。敦名節，善屬詩文，著有《理學真僞論》、《書經講述》。知縣夏允彝雅重之，常贈以七言古風。詩別見。時海氛起，與長子副貢鳴瑜、次廩膳生鳴琪謝試事，築室松坪，偕隱以老。榜眼吳文煥贈詩云：『種樹種松柏，論文論古人。松柏節不改，古人德不湮。』御史陳書爲之傳。乾隆《長樂縣志》卷八《國朝隱逸》

按，陳名賓《書經講述》、《理學真僞論》，道光《重纂福建通志》卷六九《經籍志》亦著録，又云：『名賓，字際五，順治間諸生。』置諸順治間，未知所據。

陳廷煁

陳廷煁，字允碩，价夫孫也。父國栩，字次韋，舉唐王時鄉試。廷煁年十五，聞闖賊陷京師，恆於無人處涕泣。及唐王敗，復慟哭。其父國栩欲爲論婚，廷煁曰：『既無國，何家爲？延宗祧，固有兄弟在。』遂不娶。不易衣冠，居招隱樓，終身不下樓，鄉人罕見其面。道光《重纂福建通志》卷二一五《明忠節·閩縣》

按，陳廷煁傳，民國《福建通志》明忠節傳、高士傳，民國《閩侯縣志》明節義傳、隱逸傳均兩收，同此。

陳有度 陳允元、胡元琚附

陳有度，字無涯，漳浦人。弟允元，字無技，從學道周。有度崇禎末歲貢生，允元邑諸生，鼎革後皆棄去。胡元琚亦漳浦人，師道周，友張若仲、若化，自號太湖山人，晚居龍溪白雲巖，以壽終。道光《重纂福建通志》卷二二三《明隱逸·漳州府》

陳有祐 陳希友附

陳有祐，字君吉，侯官人，萬曆孝廉臣訓子。穎異博洽，爲武進毛協恭所知，居恆倜儻負氣節。丙戌冬，棄家祝髮入緇門，自抽其所爲詩若文。嘗縱酒，對人痛哭。性至孝，妻以語言侵其母，即遣之去。以母老歸，侍晨昏不少懈，咳唾與俱，仍著緇素如故。母疾，三次刲肝調藥以進。母卒，有祐居喪哀毀踰節幾絶。後徜徉武彝山中悲歌，多著述。卒于家。有《續騷》十卷。康熙《福建通志》卷四五《人物》

陳有祐，字君吉，侯官人。穎異博洽，爲武進毛協恭所知。居恆倜儻負氣節，性至孝。妻偶以語言侵其母，即遣出之。母疾，封肝者三。母卒，哀毀踰節。與閩縣孫學稼、長樂陳希友徜徉武夷山中。著有《續騷》若干卷。《福建通志》。乾隆《福州府志》卷六二《明孝義》

陳希友，字孝廉，長樂人。爲諸生時，工文，有志節。丙戌後，遂棄諸生，并棄髮，跡少履城市。往來墟落蘭若，間輒飲酒，醉後每搖首吟哦，夜不就牀臥，唯擁一破衲兀坐待旦。日率兩飦，菜茹。常刺指血寫《孝經》一百餘卷，以貧故父母未葬，藉此報親也。後遭世事，羈絏瘐死粵東獄中。無子，其詩文多散亡。康熙《福建通志》卷四五《人物》

陳希友，字孝廉，長樂諸生。能文，有志節。明末棄諸生，往來墟落蘭若間。嘗刺血寫《孝經》一百餘卷，以貧故父母未葬，藉以報親也。後瘐死粵東獄中。無子。其詩文多散亡。《福建通志》。乾隆《福州府志》卷六二《明孝義》

陳希友，字朝文，號孝廉，十九都江田人，光禄陳洙曾孫。爲郡茂才，有志節，工詩。明亡，自弔云：『空負當年一夕郎，懷書十上筆乾强。』又云：『骨傍要離歸我友，形圖屈子落誰鄉？人生不爲貪全計，得死高名影亦香。』丙戌後，往來墟落蘭若，搖首吟哦，夜多不就牀，惟擁一破衲兀坐待旦，日食兩飦。嘗刺血寫《孝經》一百餘卷，以貧故未葬親，藉以報也。後死粵東獄中。著有《蓼巖集》及詩文，多散失。乾隆《長樂縣志》卷八《明忠義》

陳希友，字孝廉，長樂江田里人。先代則安、時憲、錠、洙，科第四世蟬聯。至洙官太常正卿，家省城，子孫因家焉。希友其曾孫也。博學能文章，雖諸生，負重名。丙戌秋七月，歸居祖里。丁亥秋，魯藩監國，以薦預考選，特授兵科給事中。數建言，不爲權貴所懾。次年戊子夏，局又改。希友歸，祝髮。同時負氣節爲僧者多肉食，獨希友終身茹素，只不戒酒。無薄田可耕，薪米悉出胞弟希參供給。然希友天性豪爽，對客浮白賦詠窮晝夜。後爲楚世子成治株連，逮至廣東。人勸易僧服，晦宦蹟，尚可保全。希友曰：『吾世沐國恩，致身瑣闥，豈容顛沛毁素履，且令張、陸笑人？』不屈，卒於獄。一生牢落不平之氣，無可告語，恒藉筆端發洩。同郡高子翼，字本舉。時官廣城，貧無長物。自希友到，日資給，病時參苓；及殁後，棺衾一概賴其捐俸。《節義録》卷下

按，陳有祐傳，道光《重纂福建通志》、民國《福建通志》以及民國《閩侯縣志》，均入明孝義傳，皆本康熙《福建通志》。孫學稼傳另見。陳希友，亦節義之士，後卒於獄，例不立目，今附傳於後。

陳有祚

陳有祚，天啓甲子舉人。嘗遊曹學佺、黄道周之門，學益富。明亡，棄家去。久之，友人遇於浙，曰：『來日於此訪我。』友人如期往，則酒饌甚備，促膝宴言，有凌雲之想，友人知其必有遇也。詰旦往謝，不

知其所往。道光《重纂福建通志》卷二二三《明隱逸·建寧府》

陳有祚，字永錫，松溪人。天啓甲子舉於鄉。大兵入建寧，一夕棄家去。久之，友人遇於浙，曰：『來日於此訪我。』友人如期往，則見酒饌甚備，促膝宴言，都饒雲霞氣，友人知其有所遇也。詰旦往謝之，則已不知所往矣。康熙《建寧府志》卷三八《明隱逸》

陳有祚，字永錫，號燕及。天啓甲子舉於鄉。性磊落，少所許可。崇禎末，有高蹈志。時寓松者林增志、周之夔、路振飛、湯芬、朱積輩，與有祚爲血性交，每念時艱，輒同飲泣。又嘗遊石倉、石齋之門，故其所學愈富。後唐藩監國，數辟之，第搖手而已。鼎革初，杜門謝賓客。大兵入建寧，一夕棄家去。久之，友人遇於浙，曰：『來日於此訪我。』友人如期往，則見酒殽甚備，促膝宴言，都饒雲霞氣，友人知其必有遇也。詰旦往謝之，則已不知其所往矣。大約往來於浙東諸山水十有餘年而歿。所著書共九種。有《杲皋子傳》，載《藝文志》。康熙《松溪縣志》卷九《明隱逸》

東浙路通閩廣，不爲僻；其僻惟漚、處，出金華無別舟車經過。廼有杲皋子，恒往來諸郡縣間。問其籍，則隸富沙；問其蹤，則丙戌秋離桑梓二十載；問其業，則非商非術非遊學，未嘗晤當世貴人；問其囊，則自携書九種：一爲《當務急編》五十四卷，一爲《枝駢指集》三十卷，一爲《讀書三勝事》六卷，一爲《陽九春秋》七卷，一爲《石壁園文稿》十卷，一爲《記事詩稿》八卷，一爲《松源外譜》四卷，一爲《相地大略》二卷，一爲《家乘》四卷；問其志，則仕於山水，時陞遷不願書；問其終身大事，則五十年來門戶千餘里外，行裝自有司者，所至亦饒聲氣。油油然方外詞林，其於卦也《旅》。

贊曰：天步新，席上珍。桃花津，村猶秦。風月隣，魚鳥親。周逸民，魯素臣。書張紳，折郭巾。故園筠，壁水濱。仲休陳，希元真。前哲人，將三因。乃今知，之無垠。陳有作《杲阜子傳》，載康熙《松溪縣志》卷一〇《藝文志》

按，康熙《松溪縣志》即以《杲阜子傳》爲陳有祚自傳。其著述九種，均未見。

陳希瑾

陳希瑾，字若懷，沙縣人。邑庠生。閉戶或經年不出，市中罕見其面。壁立蕭條，聲出金石。乾隆《延平府志》卷三〇《明隱逸》

陳希瑾，字若懷，邑庠生。閉戶雞窗，市中罕見其面。壁立蕭條，聲出金石。邑令毛炳追其事，旌以『言坊行表』。康熙《沙縣志》卷一〇《明隱逸》

按，陳希瑾傳，道光《重纂福建通志》附吴一瀚傳後，另見。

陳志遴

陳志遴，字成之，址之孫也。少爲諸生，意氣巍岸，多與時違。明季以才名徵，不赴。人或勸之，答曰：『仕非吾志也，况非其時乎。』及國變，築室白鶴山中，教授生徒，旋以調遷徙居西村。家貧，嘗至兩三日不得食，歌詠自如，慍戚不形言色。白沙何其偉者，至交也，每分米餉之。所著詩文甚富，多棄不留，曰：『安用此爲哉。』故少有存者。歿後，其偉極力搜索，得詩百餘首，以授陳元鍾，元鍾爲梓於金陵。志遴爲詩雅澹清遠，五言如《樓居》云：『近始理幽事，一樓幻有餘。月當松嶺缺，雲補竹林疎。對火删詩草，聞人讀道書。偶然成記憶，新雨種芙蕖。』《穀日》云：『雲去山初麗，渡頭新水生。村醪邀穀日，社鼓疊春聲。醉臥耕雲懶，閑行杖竹輕。應門須稚子，垂老怕逢迎。』七言如《寓何梧子宅上書懷》云：『積雨空林罷著書，夢魂銷鑠已無餘。自然古道能相守，所以貧交不易疎。野水兼雲流澗澤，山禽先霧下階除。明朝霽色寒江上，欲挐煙波任所如。』《遊東山庵》云：『古佛經年具典型，一燈寒照海門青。樹羅石屋春巢雨，水漲山田夜種星。龕磬送聲歸遠岫，嶽雲留影掛孤亭。身名未信僧誰是，恰得松音兩日聽。』又五言《江行》云：『樹掛村煙綠，花黏水氣紅。』《遊江寺》云：『泉添昨夜雨，江颯去年秋。』《登雲溪山》云：『洞小生寒碧，雲深結素香。』七言《大溪山居》云：『遊盡山峰人未到，悟來潭水月無分。』《山遊採茶》云：『半根竹杖行香際，一衽山雲扱帶間。』《江上夜坐》云：『空江正在長天下，明月居然碧水中。』摘句尤不勝咨賞。然微元鍾，而志遴幾不傳。乾隆《連江縣志》卷七《國朝文苑》

按，陳志遴，道光《重纂福建通志》無傳，卷六九《經籍志》著録其《白鶴詩草》一卷，云：『字成之，址之孫。崇禎末諸生。明亡，築室白鶴山，教授生徒。所著詩文，何其偉、陳元鍾爲梓於金陵。』據乾隆《連江縣志》，當爲何其偉輯，陳元鍾刻，道光《重纂福建通志》混爲一談，似未見原書。詩集今未見。何其偉，傳另見。陳元鍾，陳第之孫，清初諸生，乾隆《連江縣志》有傳。

陳重器 陳彝器、李廷熙附

陳重器，字鎮況，海澄人。善書工詩。弟彝器，字范況，與兄偕隱，終身不入市廛。同時李廷熙字熙庵，亦遁居海島。道光《重纂福建通志》卷二二三《明隱逸·漳州府》

陳重器，字鎮況，亦澄人。善書工詩。爲邑諸生，或曰舉於鄉。陳彝器，字范況，重器弟也。與兄偕隱，不入市廛。著有《詎菴詩稿》。光緒《漳州府志》卷四九卷《纪遺中》

按，陳重器傳，民國《福建通志》明高士傳、藝術傳兩收。陳重器著述未詳，康熙《漳州府志》卷二九《藝文志》存其《眺丹霞嶼》詩，云：『滄波遥望砥中流，絳色長連日色浮。倘夢鶴飛疑赤壁，恍從蜃氣現朱樓。朝暾未出光先動，夕照斜沈暝未收。閩嶠靈旗多不俗，神仙何必誕瀛洲。』陳彝器《詎菴詩稿》，未見。

陳國腆

明陳國腆，字非石，海澄人。崇禎中貢士，未殿試歸，隱漳上蒼園，不履城市。大吏舉薦，皆峻辭免。孫靜菴《明遺民録》卷四四

陳國腆，字非石，海澄人。崇禎中貢士，未殿試歸，隱漳上蒼園，不履城市。大吏舉薦，皆峻辭免。《小腆紀傳》卷五八

陳國琠，字非石，海澄人。崇禎進士，未殿試歸，隱漳上蒼圍，足跡不踐城闉。戊子歲荒，傾家施賑。時大吏以地方人材舉，屢以疾辭。氣節峻厲，服御多用古。著有《易啓微》及《史宗》。乾隆《府志》。

陳國琠，字非石，海澄人。崇禎癸未舉會試，未殿試歸，隱漳上蒼圍，足跡不履城闉。遇歲荒，傾家貲以賑。邑文廟燬於海寇，捐金倡建之。兩臺以地方人才舉，屢以疾辭。當事表其門曰『清節』。道光《重纂福建通志》卷二二三《明隱逸·漳州府》

陳國琠，字非石，海澄人。登崇禎癸未進士，未殿試歸，隱漳上蒼圍，足跡不踐城闉。戊子歲荒，傾家貲賑。時兩臺以地方人才舉，屢以疾辭。勵氣節自持，服御多用古。著有《易啓微》及《史宗》。直指表其門曰『清節』。《續傳》。康熙《漳州府志》卷二三《人物·明忠節》

陳國琠，字非石，六都人。崇禎癸未進士，未殿試歸，隱漳上蒼圍，足跡不踐城闉。戊子歲荒，傾家資賑。時兩臺以地方人才舉，屢以親老辭。澄文廟爲海寇所燬，先捐百金倡建。勵氣節自持，服御多用古。著有《易啓微》及《史宗》。直指表其門曰『清風高節』。乾隆《海澄縣志》卷一二《人物·明列傳》

《福建續志》卷四七《人物七》

陳發曾

明陳發曾，字世承，侯官諸生。家鄰城西荔水莊。亂後兀坐小樓，憑欄吟嘯。凡勝國之臣，咸紀述之。詩文今不傳。孫靜菴《明遺民録》卷一六

陳發曾，字世承，侯官諸生。家鄰城西荔水莊。亂後兀坐小樓，憑欄吟嘯。凡勝國之臣，咸紀述之。《小腆紀傳》卷五八

陳發曾，字世承，侯官人。明季諸生。不求聞達，兀坐小樓，家鄰城西荔水莊，憑闌吟嘯，俯仰自得。寬衣博帶，每談忠孝遺事，掀髯奮袖，娓娓不倦。又留心文獻，凡勝國之臣，咸紀其事。家苦貧，子孫淪落，遺集俱不傳。《府志》。乾隆《福建續志》卷五七《明隱逸》

陳發曾，字世承，明季諸生，不求聞達。家鄰城西荔水莊。每談忠孝遺事，掀髯奮袖，娓娓不倦。留心文獻，凡授命諸臣，咸紀其事。所爲詩文，亦澹遠有致。子孫淪落，遺集不傳。道光《重纂福建通志》卷二二三《明隱逸·福州府》

按，陳發曾著述，已佚，僅見乾隆《連江縣志》卷三《寺觀》『雲居下菴』目下附陳發曾詩云：『辛夷白到嶺，遥識此菴幽。老樹藤垂蔭，方池澗夾流。未炎思結夏，當月更宜秋。聞道探奇侶，層巖鬱未收。』

陳鳴石

陳鳴石，字體魁。族鼎盛，鳴石獨甘恬淡。崇禎癸酉舉於鄉，次年會試副榜。魯王入閩，授禮科給事中。時方播越，鳴石獨正色立朝。魯王敗，杜門掃軌，不入城市。道光《重纂福建通志》卷二二三《明隱逸》

陳鳴石，字體魁，號若雷，德隆五世孫，鑾曾孫也。崇禎癸酉舉人，庚辰會試副榜。值闖賊起，憂傷國事，嘗自書一聯云：『經史鉆寒，枉吐陸離朝北斗；君臣義薄，空懷薇蕨弔西山。』自是杜門不出，留心經

史。耿逆迫起之，避于城門山。著有《竹溪前集》、《抱冰集》共四卷。卒年八十四。乾隆《長樂縣志》卷八《明忠義》

按，陳鳴石著述，道光《重纂福建通志》卷六九《經籍志》著録《石竹溪前集》、《抱冰集》四卷，與縣志本傳稍異。

陳履貞

陳履貞，字喬嶽。崇禎癸未進士。授行人，擢吏科右給事中。立朝侃侃不阿。少有孝行，晚年隱居食貧自怡，著書課子而外無他涉焉。道光《重纂福建通志》卷二二三《明隱逸・泉州府》

陳履貞，字喬嶽，號建齋，晉江人，入南安庠。崇禎癸酉舉人，榜名葳倩，雋後改今名。癸未成進士。授行人，遷戶部主事，擢吏科右給事中。立朝侃侃，有古直臣風。以給假歸。鼎革後，杜門謝客，人罕見其面。壯年嘗遊武夷山，見朱子祠宇傾圮，即倡建修葺。在安平復修朱子書院，朝夕禮之益謹。生平孝友，凡期功之親貧不自贍者，咸衣食之；諸同譜有稱貸者，無少恡，亦毫無德色。居常語人曰：『寧人負我，無我負人。』晚年食貧自怡，著書課子而外無他涉焉。《南安志》。乾隆《泉州府志》六〇《明篤行》

陳履貞，字喬嶽。崇禎癸未進士。授行人，遷戶部主事，擢吏科右給事中。立朝侃侃，有古直臣風。壯年嘗遊武夷山，修朱子祠宇。在安平，復修朱子書院。生平孝友，貧不自贍者，咸衣食之；諸同譜有稱貸者，無少吝。晚年食貧自怡，著書課子而外無他涉焉。乾隆《晉江縣志》卷一二《明篤行》

陳駿音

明陳駿音，不知何許人，黄道周弟子。隆武時，官中書舍人。道周師次明堂里，自忖必敗，出所著書，畀駿音間道持歸。偶客邸火，燼焉。每語及，輒哭。閩亡，依鄭氏於廈門，授吏官都事。鄭經之與耿精忠敗盟也，駿音謂：『隳兩國之好，失同讐之義，致前門拒虎者恢心薙髮，悔何可追。今惟遣將倍道出邵武，攻南臺，親統六師，臨江督戰，庶可冀成效。若優遊歲月，恐禍不遠矣。』馮錫範詆爲老悖。出爲銅山安撫司。鄭氏亡，駿音遯粤之韓江。年八十餘卒。又有齊价人、洪七峰、駱亦至、吴亦菴、劉玉龍五人者，其詳不可聞，明季遺老之避地臺、廈兩島者也。亦至著有《島史》。亦庵江右人，嘗官兵部，寓居醉仙巖以終。孫靜菴《明遺民録》卷四二

陳駿音，不知何許人，黄道周弟子。隆武時，官中書舍人。道周師次明堂里，自忖必敗，出所著書，畀駿音間道持歸。偶客邸火，燼焉。每語及，輒哭。閩亡，依鄭氏於廈門，授吏官都事。鄭經之與耿精忠敗盟也，駿音謂：『隳兩國之好，失同讎之義，致前門拒虎者恢心薙髮，悔何可追。今惟遣將，倍道出邵武，攻南臺，親統六師，臨江督戰，庶可冀成效。若優遊歲月，恐禍不遠矣。』馮錫範詆爲老悖。出爲銅山安撫司。鄭氏亡，駿音遁粤之韓江。年八十餘卒。又有齊价人、洪七峰、駱亦至、吴亦菴、劉玉龍五人者，其詳不可聞，明季遺老之避地臺、廈兩島者也。亦至著有《島史》。《小腆紀傳》卷五七

陳駿音，籍貫闕。師事黄道周。唐王授中書舍人、吏部都事。道周師次明堂里，自忖必敗，盡出所著

書，畀駿音間道持付其家。辛卯，謀梓於姑蘇，夜宿杭州江干，鄰舍失火，倉卒間與行橐俱爲灰燼。自恨爲先生罪人，或語及輒哭。後與同門諸子搜羅刻焉。丙辰，依棲鷺門，嗣居粵之韓江。年八十有奇。《東平紀略》。

按：《石齋全集》俱存，所載未確。然安知所焚僅謀刻者一二種，抑由後搜羅而得耶？或尚有别本，而失所付之真本耶？姑録之以存疑。道光《廈門志》卷一三《明寓賢》

陳駿音，黄道周弟子。隆武時官中書舍人。道周師次明堂里，自忖必敗，盡出所著書，畀駿音間道持歸。寓客邸，火燼焉，每語及輒痛哭。後依鄭氏於廈門，授吏官都事。鄭經之與耿精忠敗盟也，駿音謂：『隳兩國之好，失同仇之義，致前門拒虎者灰心薙髮，悔何可追。今惟遣將倍道出邵武，攻南臺，親統六師臨江督戰，庶可冀成效。若優遊歲月，恐禍不遠矣。』馮錫範詆爲老悖。出爲銅山安撫司。鄭氏亡，駿音遁粵之韓江。年八十餘卒。《廈門志》、《明遺民録》。民國《同安縣志》卷二七《思明州人物録》

按，乾隆《銅山志》卷六《選舉志》明『庠士』崇禎七年甲戌條下列陳駿音等人。同書卷十《雜志》載：『鄭成功本南安一庠生，其割據時，銅庠生之仕於僞朝者，有……詔安訓導謝若魁、教諭陳駿音……』據此，知陳駿音當爲銅山人，曾以縣學生員爲詔安縣教諭。鄭成功據漳州時，陳駿音曾任銅山安撫司，與《小腆紀傳》、道光《廈門志》所載一致。

陳燕翼

陳燕翼，字仲謀，侯官人。崇禎甲戌進士。尚氣節。令程鄉，邑人稱爲陳觀音。常於途次遇盜，盜故伏以俟他令，不意爲燕翼，乃咸驚拜曰：『是陳觀音耶？』争御之歸。擢工科給事中，彈黄澍等守汴冒賞，言詞憤切，幾陷不測，尚書鄭三俊論救之。歸隱雪峰山卒。康熙《福建通志》卷四五《人物》

陳燕翼，字仲謀，侯官人，崇禎甲戌進士。知程鄉縣，建五忠祠、鐵漢樓，以志向往。免供億、省刑罰，邑人稱之。有楊千總者，破賊得金以進，燕翼卻之；揭大吏，以金儲公用。十四年行取，擢給事中。明年，李自成圍開封，汴人獻計於巡按嚴雲京，請決河以灌賊。巡撫高名衡、推官黄澍以爲然，爲賊所覺。方鑿朱家寨口，賊先移營高阜，驅民夫反決馬家口灌城，城全没。周王僅以身免，衡、澍及副將陳永福棲於城樓。事聞，舉朝大震。帝念諸臣死守孤城，不復問決堤事。名衡尋加兵部右侍郎。燕翼上疏曰：『臣見黄澍守汴至苦一疏，纍纍萬言。嗟嗟，是固所以敘守汴之功也。試問當日守汴，汴在否乎？決河灌汴，天灌之乎，抑守汴撫按諸臣自灌之乎？百萬生靈俱死，而撫按各官何以獨生？且微論汴事，試問名衡，以巡方躐撫兩河，在事幾年，唐、福諸藩報陷誰手？列郡名城，瓦存有幾？是皆河水灌之而陷乎？以人力之矯揉而歸咎造化，則欺天。以千百年大河之靈氣，襟帶畿甸，而一旦激之，使湍浮旁出，變移形勝，則誣地。以數百萬生靈徇數人之官爵性命，則枉人。以三百年來安流故道而使之潰決南徙，岌岌犯陵寢，則得罪祖宗。以南北一綫漕米灌輸之命脈，而使之嚙淮梗運，則撓誤邊儲。以辦寇辦荒、大農告匱、三空四盡之時，而無端令蹙損水衡錢，疲物力，則上憂至尊。名衡等乃敢悍然與澍謀此，裏呼外應，以誑聖明。然而其所播弄者皆祖宗朝廷之威福予奪，而其所干犯者皆神人之所憤怒呵譴也。況今疆場日駭，師旅方興，用兵以來，廣寧失而經撫均辟，鳳陽燬而撫按並坐，德藩陷而東撫立誅，襄陽陷、賊入川而督撫諸臣駢首受戮，即真定失一二州縣而保撫不免。今大河諸藩，甚於襄、德，河南郡縣，大抵淨盡，而又重以欺君之惡，將何以瞑熊廷弼等諸臣之目邪？』疏入，帝以燕翼逞臆苛議，令部議。尚書鄭三俊疏救，擬奪奉，不允；乃降二秩，補翰林孔目歸。後給事中韋朝薦言：『燕翼所論中州一案，守汴之勞與決河之罪，原不相揜。在皇上深憫之，所以作勞臣之氣；在言官正言之，實以存萬世之公。』不報。謹按《通鑑輯覽御批》：決水灌軍，古人未嘗不出奇制勝，然必自據高原，始可收效建瓴之地；未聞地處沮洳，轉欲自潰其防者。開封瀕臨大河，未嘗不可借洪流爲遏險，即被圍至再，亦惟死守以禦寇氛。高名衡乃倡決河灌賊之計，不知汴漲偪城，勢如釜底。即能一舉殲賊，居民尚恐不免沈竈。營即可移，城邑又安能遷避乎？坐合稽天巨浸，反資賊手以毒害生靈，庸夫逞臆妄爲，致貽酷禍，不啻藉寇兵而齎盜糧矣。福王立南京，燕翼上中興疏，授吏科右給事中，轉禮科左。奉命冊封琉球，未行，唐王稱號，晉吏科都給事中。閣臣黃道周言燕翼堪啓沃，改編修，累遷少詹事。燕翼建言無虛日。唐王敗，與張利民同爲僧於雪峰。又居連江山寺。以疾卒。道光《重纂福建通志》卷一九七《明列傳・侯官縣》

陳燕翼，字仲謀，侯官人。崇禎甲戌進士。尚氣節。知程鄉縣，人稱爲陳菩薩。常于途次遇盜，盜故伏以俟他令，不意爲燕翼，咸驚拜，爭御之歸。擢工科給事中，彈黃澍等守汴冒賞，言詞憤切，幾陷不測，尚書鄭三俊論救之。歸隱雪峰山卒。《福建通志》。

燕翼字仲謀，崇禎甲戌進士。知程鄉縣，免供億、省刑罰，邑人稱之。有楊千總者，破賊得金以進，燕翼卻之，揭大吏以金儲公用。十四年，行取擢給事中。明年，李自成圍開封，汴人獻計於巡按嚴雲京，請決河以灌賊。巡撫高名衡、推官黄澍以爲然，爲賊所覺。方鑿朱家寨口，賊先移營高阜，驅民夫反決馬家口灌城，城全没。名衡、澍及副將陳永福棲於城樓。事聞，舉朝大震。帝念諸臣死守孤城，不復問決堤事。名衡尋加兵部右侍郎，燕翼上疏嚴劾之。疏入，帝以燕翼逞臆苛議，令部議。尚書鄭三俊疏救，擬奪俸，不允；乃降二秩，補翰林孔目歸。後給事中韋朝薦言：『燕翼所論中州一案，守汴之勞與決河之罪，原不相揜。在皇上深憫之，所以作勞臣之氣；在言官正言之，實以存萬世之公。』不報。福王立南京，燕翼上中興疏。授吏科右給事中，轉禮科左，奉命册封琉球。未行，唐王稱號，晉吏科都給事中。閣臣黄道周言燕翼堪啓沃，改編修，累遷少詹事。燕翼建言無虚日。唐王敗，與張利民同爲僧於雪峰，又居連江山寺，以疾卒。乾隆《福州府志》卷五〇《明列傳》

陳燕翼，字仲謀，侯官縣人。孝友，尚氣節，耻隨俗俯仰。天啓甲子舉人，崇禎甲戌進士。選廣東程鄉知縣。地膏腴，向來署中需用無大小，悉取給地方。燕翼至任，盡革從前陋規，祗飲程江水，專務以德化民；有不率者，蒲鞭示辱而止。邑中稱爲陳觀音。至治古氏獄，及不受楊千總破賊金，解制府待用，事難殫述。在邑六載，士民仰若怙恃，制府、撫按交薦。辛巳行取，擢工科給事。陳言累切時弊。適河南被水淹，藩封暨諸郡縣淪没無孑遺，燕翼上疏爲國賊未除，賞奸非法，乞正一時之悞恩，以昭萬世之公是事：民國《閩侯縣志》卷六七《明列傳》

『竊惟從古聖帝明王，所以勵世磨鈍，鞭撻四夷者，唯操威福予奪大魁柄，謹其僭濫，而防其旁落。故雖寇賊姦宄，並時竊發，而穆清之上，足以靜鎮有餘，從未有藩封淪没，生靈魚鱉。自河以南，郡縣失陷殆盡，而地方在事諸臣，尚叨陞擢加級之賞，如今日者也。夫威福予奪二者，二祖列宗所寵之陛下，以示法於聖子神孫，千萬世守之，雖陛下不敢私焉者也。大臣擅之，則爲無將；小臣冒之，則爲窮奸。部院臺省諸臣知而不以入告，則爲扶同欺罔，不則爲畏死避禍。臣諫官也，臣滋懼矣。臣向辦事科垣，見邪臣黄澍守汴至苦一疏，纍纍萬言。其自叙與代人出脱，不啻張巡、郭子儀、岳飛，而其自命作者，又不啻陳琳、司馬相如。一紙謾書，滿口胡柴，不唯目無天下人，而且藐視至尊矣。臣與同垣高翔漢、魏如愈、彭琯三人對面共讀，推案頓足，相語嘆息，意此疏近理亂真，偶動聖聽，票擬若悮，旋當追入改正。或職兵諸臣，應有言者，水落石出，似可靜聽議論之定，無何而司馬覆疏上矣。覆疏雖未盡如澍所請，而炤覆疏又上矣。未幾，罪撫高名衡居然卿貳矣，任濬居然起用京堂矣。一時守土諸臣或加級，或優擢，居然以罪冒功，受之不疑。嗟嗟，是固所以叙守汴之功也。試問當日汴，汴在否乎？決河灌汴，天灌之乎，賊灌之乎，抑守汴撫按諸臣自灌之乎？河水驟至，洶湧如山，馮夷效靈，豈真艤舟城中以待？試問當時百萬生靈俱死，而撫按各官又何以獨生？撫按要緊官員俱生，而么麽不急佐領之員，又何以偏死？蓋臣讀同官劉昌指名決河一疏，而在事同謀諸奸，已如見其肺肝矣。昌爲尊者諱，爲要人諱，而徘徊落筆，獨歸罪於乙榜破甑被處之巡□，蓋亦無可奈何矣。嗟夫，河決避賊，免死封疆，千古創獲不經見事。撫臣一方主持，每事關焉，未有名衡不職倡，而嚴雲京敢職和者也。且未有心腹推官不豫謀於兩臺，而能一人一時獨主之者也。且微論汴事，試問名衡，以巡方速化躐撫兩河，在事幾年，唐、福諸藩，報陷誰乎？列郡名城，瓦存有幾？是皆河水灌之陷乎，抑撫臣調度節制有失乎？以人力之矯揉而歸咎造化，則欺天。以千百年大河之靈氣，襟帶畿甸，而一旦激作之，使湍悍旁出，變移形勝，則誣地。以數百萬生靈狗數人之官爵性命，則枉人。以三百年來安流故道而使之潰決南徙，岌岌犯陵寢，則得罪祖宗。以南北一綫漕米灌輸之命脈，惜水如血，而使之噏淮梗運，則撓誤邊儲。以辦寇辦鹵、大農告匱、三空四盡之時，而無端令蹙損水衡錢，疲物力，則上憂至尊。名衡等負此六可斬大罪，幸以詐病解任，不埋名匿影，祈死家園，乃敢悍然與黄澍謀此，裏呼外應，無非負重罪，恐旁人論列，姑架大功，張虎皮，嚇而掩之，意天下人或無心無目復無口，雖言官可威勢黨與挾之，不敢動耳。嗟夫，猶有鬼神。蓋澍以一年半推官，借題速化，爲此以報名衡卵翼大德，而已與焉。而謀報澍者，亦以此酬其驅除礙乎禦災捍患之功臣。然而其所播弄者，皆祖宗朝廷之威福予奪，而所干犯者皆神人之所憤怒呵譴也。嗟嗟，以澍生平，夫人知之矣。澍本□□寇族，其俗：婦女每春日佳景，里盡出，冶容遊玩。澍以美少年攘臂其旁，宴飲戲狎，自諸母妯娌而下，各有品評，顔之曰百美圖，一概繫小詞其下，用博歡笑。族人□□□欲殺之，逃匿武林。然則澍固江南之鄭鄤、莊應德，杭州之許惠□也。以其居家行誼本末，所爲爾爾，毋怪於君臣大義、藩封疆土、民生性命，一切鹵莽而立論變亂，無人臣禮至此。臣向與名衡無交無隙，與澍尤先後同師，然大故當絶，鳴鼓必先，況今疆場日駭，醜孽未靖，事關宗社，舉示四夷。竊觀用兵以來，廣寧陷而經撫均辟，鳳陽燬而撫按並坐，德藩陷而東撫立誅，襄陽陷、賊入川而督撫諸臣駢首受戮，即真定失一二州縣，而保撫不免。今大河諸藩甚於襄、德，河南郡縣大抵淨盡，而同罪異法，罪大者反見賞見原，而又重以欺君説謊之惡，將何以瞑熊廷弼、王化貞、楊一鵬、顏繼祖、鄭崇儉、熊文燦、邵捷春、張其平等諸臣之目？又得無爲范志完等豫埋公案，俟鹵退而叙功乎？臣知言必獲罪，然遇此等大事不言，使天下後世載筆書曰：某年月日，汴城決河叙功，臺省諸臣舉無敢異議者。自顧此時，何以靦顏瑣闥之列，而使天下後世有以量吾君乎？與夫今日不言，雖生猶死，毋寧冒死而言，請下臣章，與澍原叙功一疏，令廷臣會議。果有良心盡泯，能爲名衡等一言出脱者，臣請受妄言之罪。伏乞聖明總攬太阿，慎重名器，收回成命，無令邪臣變亂朝政。刻印銷印，昭垂萬世聖子神孫，臣不勝愛君憂國，激切願望之至。』疏上，奉旨：『陳燕翼□□苛議，着吏部議處。』尚書鄭三俊覆疏論救，擬奪奉，不允；降二秩，□□補翰林孔目。然疏雖未行，在廷爲之氣懾。頃之，奉差出京，便道還里。時辛未進士、原任蘇州府推官周之夔，牛李不睦，爲當事所陷，通省莫敢爲出一言。燕翼令家人投保狀，抑揚反覆，淋漓滿幅，稍吐紳士之氣。弘光元年，擢吏科右給事。燕翼至南京，上《中興正自可爲》一疏，權貴側目。轉禮科左，冊封琉球。隆武改元，陞吏科都給事。閣臣黄道周言：『陳燕翼品行才學，堪資啓沃，若僅置諫垣，未免用違其宜。』奉旨，改翰林院編修，旋晉司業，又陞侍讀學士，管少詹事事，專理史局。燕翼先後建言無虚日，十議一疏尤剴切。丙戌秋，與太常寺少卿張利民同削髮爲僧，卓錫雪峰古刹。當事必欲延致，燕翼緇服造拜，一見便歸。又居連江山寺。次年感疾，泣辭老母，不得終養虧子職。端坐而卒。享年五十有三。燕翼孝友出乎天性，凡值忌辰洎吉事，必痛哭不休，以嚴君從少教誨，弗及見其成立爲恨。奉母畢生不輟孺慕。官廉無長物，百凡儉約，惟甘旨稍豐。愛母弟劭翼，倍於諸子，尤人所難云。《節義録》卷下

陳彝器 附陳重器傳後

陳顯謨

明陳顯謨，晉江諸生。與同邑進士黄道昹善。北都陷，道昹投水死；顯謨入文廟自經，遇救不死，乃終身杜門謝客。孫静菴《明遺民録》卷四四

陳顯謨，晉江諸生。與同邑進士黄道昹善。北都陷，道昹投水死；顯謨入文廟自經，遇救不死，乃終身杜門謝客。《小腆紀傳》卷五八

陳顯謨，字龍見，晉江諸生。慷慨負大節。甲申，聞李寇陷都門，顯謨思以身殉。具衣冠謁廟，解所繫緣自縊明倫堂鐘架，郡學博急解其緣，移時息始續。顯謨裂眦言曰：『吾之爲此者，以大義莫可逃於天地間耳。今救某，是不欲成某之志也。天耶？』遂杜門不出。康熙《福建通志》卷四六《人物》

陳顯謨，字龍見，諸生。甲申，聞京師陷，整衣冠辭文廟，口占《書明倫堂東壁》云：『食者國之粟，衣者朝制服。不能乞師糧，衹同申痛哭。區區草莽臣，赴義從冥漠。』即解所繫縚縊於鐘架。教官聞而趨解，移時復甦，乃怒曰：『吾力薄，不能寸磔闖賊吐吾氣，將一死謝先帝，並以愧天下後世爲臣不忠者。君之救我，是誠何心？』輿歸，家人防護不得死，杜門不出終其身。道光《重纂福建通志》卷二一七《明忠節·晉江縣》

陳顯謨，字龍見，晉江諸生。慷慨負氣節。甲申，聞李自成陷京師，思以身殉。具衣冠謁文廟，解所繫繯自縊於府學明倫堂鐘架，郡學博急解其繯，移時息始續。裂眦言曰：『吾之爲此者，以大義莫可逃於天地間耳。今救某，是不欲成某之志也。』遂杜門不出。《通志》。乾隆《泉州府志》卷五七《明忠義》

陳顯謨，字龍見。爲諸生，慷慨負氣節。甲申，聞李自成陷京師，思以身殉。具衣冠謁文廟，解所繫繯自縊於府學明倫堂鐘架，郡學博急解其繯，移時息始續。裂眦言曰：『吾之爲此者，以大義莫可逃於天地間耳。今救某，是不欲成某之志也。』遂杜門不出終其身。乾隆《晉江縣志》卷一三《明隱逸》

陳顯謨，字龍見，晉江諸生。學宗程朱，慷慨有大節。甲申，聞闖逆陷京師，大行死社稷，顯謨整衣冠，辭聖廟，口占《書明倫堂東壁》，有『食者國之粟，衣者朝制服。不能乞糧師，祇同申痛哭。區區草莽臣，赴義從冥漠』句，即解所繫繯，投繯于鐘架。教官聞而趨解，移時氣始續。顯謨裂眥言曰：『吾力薄，不能寸磔闖賊吐吾氣，將一死謝先帝，併以媿天下後世爲臣不忠者。君之救我，是誠何心？』輿歸，家人防護，弗遂所志，杜門不出終其身。《節義録》卷下

按，《明遺民録》謂陳顯謨友黃道昹（當即黃道昮）投水死，不確。黃道昮傳另見。

曾人翰

曾人翰，字明克。諸生。授徒多所成就。唐王敗，人翰以次應歲貢，不出。提學下牒行役促之，人翰語役曰：『汝亦知有不畏死男子曾人翰乎？』終不出。提學置不問。未幾病起，坐取冠服，審視著之，含

笑而卒。道光《重纂福建通志》卷二一五《明忠節・長樂縣》

曾人翰，字明克，明季諸生。天性剛毅，不事浮華。授徒講業，成就甚衆。丙戌秋，次應歲貢，人翰鄉居抗志，督學行牒促赴考亟，人翰語催役曰：『汝亦知有不畏死男子曾人翰乎？欲殺欲割唯命，此髮終不可動。』當事置不問。未幾病篤，屬纊，起坐取冠服，審視著之，含笑而卒。參謝杲《節義録》。同治《長樂縣志》卷一六《明節概》

曾人翰，字明克，長樂人也。天秉剛毅，不事浮華。弱冠遊泮宮，旋食餼。授徒講業，門下成就甚衆。丙戌秋，次應歲貢，人翰鄉居抗志，督學行牒促赴考亟，人翰語催役曰：『末俗寡廉鮮耻，欲全軀取功名者甘薙髮。汝亦知有不畏死男子曾人翰乎？欲殺欲割唯命，此髮終不可動。』時當事尚知名義，置不問。未幾病，將屬纊，起坐取冠服，審視身著，含笑而卒。同縣尚有貢生陳兆鼎，字克重。大王父瑞，大父長祚，俱官尚書。癸未進士、中書舍人翔，同母弟也。世沐國恩，不肯薙髮，守志確不可奪。向居省會，丙戌秋歸長樂祖里，踪跡不到城市。經一年，病卒。《節義録》卷下

按，陳兆鼎傳，另見。

曾祖訓 附曾燦垣傳後

曾燦垣 曾祖訓附

明曾燦垣〔一〕，字惟闇，侯官人，南都御史熙丙孫。隆武丙戌，行選舉法，與弟祖訓同列上薦。閩亡，不仕。閩中大吏將徵之，乃裹糧遊吳越，暮或徑宿林谷下。自署曰江湖散民。著有《即菴詩稿》四卷、《遊草》二卷。孫静菴《明遺民録》卷一四

曾燦恒，字惟闇，侯官人，南都御史熙丙孫。隆武丙戌，行選舉法，與弟祖訓同列上薦。閩亡，不仕。我閩中大吏將徵之，乃裹糧遊吳越，暮或徑宿林谷下。自署曰『江湖散民』。著有《即菴詩稿》四卷、《遊草》二卷。《小腆紀傳》卷五八

公諱燦垣，字惟闇，一字即菴，明南京御史熙丙公之孫，崇禎癸酉舉人，庭龍公三子也。蚤失怙恃，御史公撫育之，目爲諸孫之龍。長有奇癖，喜鍵戶獨坐，左右圖史，焚香一爐，供時花數種，讀書其中，謂人生行樂莫大乎是。性狷介，於人不甚交接，一時知名士多從之遊。聞節義事，無論識與不識，樂助成之。唐王聿鍵，開藩七閩，以丙戌六月行選舉，典公及弟祖訓公同膺上薦。會仙霞師入，海宇蕩平。朝廷鼎定之初，仁廟求賢孔亟，閩大吏知公才學可用，將徵之。公以體質羸弱，絶意仕進。乃偕祖訓公西出淛水，竝蹤跡大江南北諸巖壑，自署爲『江湖散民』。遇佳山水，裹糧獨遊，經日忘返，暮或徑宿林谷下，見者駭

〔一〕『垣』字原脱。

爲異人。所爲詩古文詞，操筆立就，不求工而無不工。晚年著述若干卷，惜都散佚，其可知者《即菴詩稿》八卷、《遊草》二卷云。族姪兆夔茂才，能讀書而不永年，惜哉。憶昔辛卯之歲，余將北行，兆夔出此以歸余曰：『護持者久矣，今所存者亦僅矣。壽之棗梨，勿任湮没焉可矣。』詩稿僅存上四卷，其下四卷聞爲族人借抄，適厄於火，所謂六丁下取者，然耶非耶？《遊草》僅存十餘紙，間附祖訓公作，略爲排次，彙爲一編。昔庾信在揚都，有集十四卷，百不一存；及在江陵，又有三卷遭軍火，蓋物之存亡有定數焉。既付鈔胥，竝識散佚之故以示後人。道光二十有六年歲次丙午孟夏，裔姪孫元澄敬述。曾元澄《太高叔祖即菴公遺草跋後》，載《即菴詩存》

按，曾燦垣，省府縣志均無傳。《小腆紀傳》誤作『曾燦恒』。其著述，道光《重纂福建通志》卷六七《經籍志》著録有：《史纂》、《事彙選類》及《即菴詩文集》，未詳卷數。今存《即庵詩存》四卷附《遊草》一卷，清道光刻本，又有民國三十三年刻《鶚里曾氏十一世詩》本。民國《福建通志·藝文志》《即庵詩存》提要云：『《即庵詩存》四卷，閩縣曾燦垣著。《石遺室書録》云：卷一擬樂府，卷二五言古，卷三七言古，卷四五言律。大概宗仰明七子，爲閩派之錚錚者。據裔姪孫元澄跋云：詩稿僅上四卷，其下四卷爲族人借鈔，厄於火，故無五言絶句、七言近體。附存一卷，皆遊草，多仿選體，閒有七言律、七言絶句。並附録其弟惟久之作。惟久名祖訓。案，燦垣，字惟闇，號即庵，唐王丙戌鄉舉。明亡之浙，不知所終。道光《通志》載《即庵詩文集》，不著卷數。』

又，曾祖訓有《樗散子浪吟》十六卷。道光《重纂福建通志·經籍志》云，曾祖訓『字惟久，號擬庵。唐王丙戌，與兄燦垣同膺鄉舉。明亡，避徵召。自署樗散子。』曾祖訓後流寓古田，乾隆《古田縣志》卷七載：『曾祖訓，字惟久，俟官人。尚氣節，不樂仕進，日共山僧往來于千巖萬壑間。後與族人曾茂榕詩酒相歡，遂寓居古田之奇龍村，顧影獨酌，慷慨悲歌。邑人施松齡師事之。』

游時祺

游時祺，字叔頤，號岊菴。志節高邁。少與其兄時裕相鏃礪，爲名行。革命後，棄去青衿，謝絶塵務，自擬寒蟲枯葉，無有氣味於人世。數十年不出户外，即名山古刹素所經遊者，杖屨亦不再涉。蓬頭垢面，坐卧一小樓，親友希得接之，人謂袁夏甫、焦孝然不能過也。年八十餘卒，無子。著《史遺》若干卷，不傳。今存者《鳳城烈女志》二卷。乾隆《連江縣志》卷八《國朝逸行》

按，游時祺傳，通志、府志未立傳。其所著《史遺》、《鳳城烈女志》二卷，道光《重纂福建通志》卷六九《經籍志》著録。

程之正

明程之正，號亦奇。漳浦廩生。端方不苟。鼎革後，赴文廟拜辭衣巾，徜徉山水以終老焉。孫静菴《明遺民録》卷二六

程之正，號亦奇。亦漳浦廩生。端方不苟。鼎革後，赴文廟拜辭衣巾，徜徉山水以終老焉。《小腆紀

程之正，號亦奇。邑廪生。生平操履端方，一介不苟取與，舌畊之外，澹然無求，樵蘇不爨，晏坐終日。鼎革後，檄催應貢，竟赴文廟拜辭衣巾，退而徜徉山水，蕭然終老焉。康熙《漳浦縣志》卷一六《人物志下·明章布》

按，程之正傳，道光《重纂福建通志》附王仍輅傳後，王仍輅傳另見。

項　元

項元，字白仙，諸生。明亡，棄衣巾，隱居不出。道光《重纂福建通志》卷二二三《明隱逸·福州府》

按，項元傳，乾隆《福州府志》附歐琪傳後，同。

卷五

黄士尊

黄士尊，字子皋。諸生。與閩縣張綸齊名。士尊家稍殷，好施與，常出腴田二百畝周鄉族。魯王入閩，兵起，會城門晝閉，斗米千錢，戚友咸投士尊，士尊應之不倦，倉廪爲空，所全活甚衆。與林垐尤厚，共硯席五六年。及聞垐死，士尊曰：『昔馬新息羡馬革裹尸爲盛事，今子野以身報國，得死所，大丈夫何必效兒女子痛悼爲。』士尊博學無所不通，尤嗜《周易》，亂後閉戶莊誦不輟。卒於家。道光《重纂福建通志》卷二二三《明隱逸·福州府》

黄士尊，字子皋，侯官瀛州人，居省城。本縣諸生，食廪餼。文行與閩縣張綸稱叔世絶倫。但士尊家稍殷，好施與，親友有急扣門，易如取携。常出腴田二百畝周鄉閭，若族人待以舉火者，尤難枚舉。乙酉，積餼應本學恩貢，未官。覩時事日非，挈眷歸祖里。丁亥秋，八閩到處兵起，省會城門晝閉，斗米千錢，外縣及村落價僅減半，民不聊生，親朋奔投者不啻歸市。士尊概接應不倦，倉廪爲空，尚别移以給，一時得免死溝壑者殊衆。平生交多聲氣，與吏部林垐尤厚，共硯席五六年。及聞垐死疆場，同輩有嘆惜出涕者，士尊曰：『昔馬新息羡馬革裹尸爲盛事，今子野以身報國，得死所，大丈夫事，何必效兒女子痛悼爲。』士尊博學無所不及，尤酷嗜《周易》，亂後閉戶，猶終日莊誦不輟。後卒于家。今子弟貧無立錐地，負官糧，

困縲紲，竟無一人過而問者。《節義録》卷下

黄士舉

黄士舉，字天玉。嘗舉唐王時鄉試，後僧服爲方外游，自號龜峰逋民。道光《重纂福建通志》卷二二三《明隱逸·福州府》

黄士舉，字天玉，保安里人。明季應孝廉，時當鼎革，絶意仕進，僧帽道帔爲方外遊。值沿海調遷，自馬江徙居邱儲，家徒壁立，幾不自存，意弗爲動也。士舉天賦敏捷，博極群書，尤精治帖括，函丈之間，爲生徒口授大意，頃刻數百言，粲然齒牙，可聽共詫其神。於儒先書，疏通比櫛，牖導後進，循循有方。嘗曰：『吾不應試，亦將使生徒不應試耶？』故從之遊者多所成就。性孤介，義所不可輒厲於詞色，諸宿老推之爲規繩焉。乾隆《連江縣志》卷八《國朝逸行》

按，黄士舉傳，民國《連江縣志》卷二八《明獨行》亦收録，作『馬鼻人』。乾隆《連江縣志》載其『自馬江徙居邱儲』。『馬江』，民國《連江縣志》亦作『馬鼻』。民國《福建通志》兩收，一見於明高士傳，一見於清高僧傳。黄士舉有《四書衷解》及《軸園詩文集》一卷，通志、縣志藝文志均著録。

黄元勳

黄元勳，字肇紀，南安人。幼讀書，崇禎間海上兵興，從軍，積資擢參將。南搗黎峒，北援登州，屢立

戰功。後從唐王入閩，爲右都督，見時事日非，遂乞歸。始學詩，日與朋侶相唱和成帙。葺故所營天心洞居之，與劉若作方外遊，道服終其身。道光《重纂福建通志》卷二二三《明隱逸·泉州府》

黄元勳，字肇紀，號雲叟。其先由安平遷居南安三十八都之洋尾墓，四世而至元勳。幼讀書，通章句，以家貧徙業。崇禎間，海上兵興，從事戎行，積資擢參軍。南搗黎峒，北援登州，屢立戰功。旋命移師江右。從唐王入閩，爲右都督，見上下睽隔，奔走私門，先幾告退。築不二菴，自放烟霞，學吟詩，日與朋侶相唱和。營天心洞居之，寄蹟空門，與雪峰如幻和尚作方外侶，深衣道服終其身。惟不棄鬚髯，人稱髯頭陀，以比張奇峰。民國《南安縣志》卷三六《明隱逸》

黄文焕

黄文焕，字維章，永福人。天啓乙丑進士。崇禎中，由山陽縣知縣擢翰林院編修。坐鈎黨，與黄道周同下詔獄。後獲釋，流寓南都以終。明於《詩》，嘗作《詩經考》。《皇明遺民傳》卷一

黄文焕，字維章，永福人。天啓乙丑進士。爲文淹博無涯涘。歷知海陽、番禺、山陽三縣，皆有聲。崇禎七年召試，擢翰林院編修。時黄道周下詔獄，株連及文焕。事雪，遂寓金陵。著有《四書》、《詩經娜嬛》、《陶詩杜詩註》、《楚詞聽直》、《頼留集》、《老莊註》、《秦漢文評》、《館閣文集》。康熙《福建通志》卷四五《人物》

黄文焕，字維章，又字坤五。天啓乙丑進士。爲文淹博無涯涘。歷知海陽、番禺、山陽三縣，皆有聲

績。崇禎七年召試，擢翰林院編修，晉左春坊左中允。十五年，黄道周以論楊嗣昌、陳新甲得罪逮問，詞連文煥，遂與道周同下詔獄。既釋獄，乞身歸里。甲申後，寓居金陵。子堪，傳見《文苑》。道光《重纂福建通志》卷一九八《明列傳·永福縣》

黄文煥，字維章，號坤五，又號觚菴，晚號慭齋，永福人。天啓乙丑進士。令粤之番禺及海陽，丁艱。服闋，再補淮之山陽令，以治行聞於朝。崇禎七年召試，擢翰林院編修，晉日講官、左春坊左中允。十五年，黄道周以論楊嗣昌、陳新甲得罪逮問，詞連文煥，同下詔獄。乞身歸里。甲申後，居金陵，卜築鍾山之旁。所著有《四書嫏嬛》、《易釋》、《書釋》、《詩經考》、《毛詩箋》、《詩經嫏嬛》。《陶詩析義》裔孫黄倬昭跋。

黄文煥，字維章，永福人。天啓乙丑進士。爲文淹博無涯涘。知海陽、番禺、山陽三縣，皆有聲。崇禎召試，擢編修。時黄道周以論楊嗣昌、陳新甲得罪逮問，詞連文煥，遂同下詔獄。獄中箋註《楚詞聽直》八卷、《陶詩析義》二卷。既釋獄，乞身歸里。別道周詩云：『自聞鉤黨獨行憂，痛哭批鱗淚未休。欲格君心甘濺血，不教漢祚付清流。雷霆怒盡天回笑，生死移時我掉頭。今日全軀同去國，莫將厨俊傲林丘。』後寓居金陵。著有《四書》、《詩經嫏嬛》，《毛詩箋》，《易釋》，《書釋》，《老莊註》，《陶杜詩註》，《秦漢文評》，《漢詩審索》，《詩經考》。《福建通志》。民國《福建通志》總卷三八分卷四《明儒林傳》

黄文煥，字維章，號坤五。天啓乙丑進士。文章淹博。知番禺、海陽、山陽三縣，皆有政聲。崇禎召試，擢翰林院編修。時黄道周下詔獄，株連及煥。事雪，僑寓金陵。著有《四書》、《詩經嫏嬛》，《陶乾隆《福州府志》卷五六《明列傳》

詩》、《杜詩註》，《楚詞聽直》，《頳留集》，《老莊註》，《秦漢文評》，《館閣文集》行于世。乾隆《永福縣志》卷八《明名臣》

黃文煥，字維章，號坤五，白雲人。天啓乙丑進士。爲文淹博無涯涘。初令番禺及潮之海陽，有政聲。今《潮州府志》載文煥『負大文名，一時士風丕變』云云。崇禎間，再補淮之山陽。時流寇陷江北，安民固圉，備芻糗，挽漕河，有功。召御試，擢翰林院編修。黃道周以論楊嗣昌、陳新甲獲罪逮問，詞連文煥，遂與道周同下詔獄。獄中箋注《楚詞聽直》八卷、《陶詩析義》二卷。既釋獄，乞身歸里。別道周詩云：『自聞鉤黨獨行憂，痛哭批鱗淚未休。欲格君心甘濺血，不教漢祚付清流。雷霆息怒天回笑，生死移時我掉頭。今日全軀同去國，莫將厨俊傲林丘。』後寓居金陵，卜築鍾山之畔。著有《四書》、《詩經嫏嬛》，《毛詩箋》，《易釋》，《書釋》，《老莊注》，《杜詩注》，《秦漢文評》，《頳留集》，《館閣詩文稿》。子堪，見《文苑》；琠，歲貢生，大田訓導。《舊志》，參《黃氏家譜》。民國《永泰縣志》卷九《明儒林》

第二十六世，諱文煥公，字維章，號坤五，又號觚菴，晚號惄齋。天啓四年甲子舉人，乙丑余煌榜進士。爲文淹博無涯涘。初令番禺及潮之海陽，有政聲。今《潮州府志》載公『負大文名，一時士風丕變』云。後讀《禮》家居，著《詩經嫏嬛》，盛行於世。崇禎間，再補淮之山陽。時當流寇陷江北，安民固圉，備芻糗，挽漕河，有功。召御試，擢翰林院編修，晉左春坊左中允。與黃石齋、葉潤山諸君子登壇講學。時石齋以論楊嗣昌、陳新甲得罪逮問，詞連及公，遂同下詔獄。獄中註疏《楚辭聽直》八卷，悲正則而詛子蘭，以傷讒自況。又批釋《陶詩析義》四卷，知黨錮禍生，他日托跡柴桑之意。既釋獄，乞身歸里。後寓居金陵，卜築鍾山之畔終其餘年。壽六十九。見《通志》、山愚公撰《傳》。《麟峰黄氏家譜》卷九

按，黄文煥傳，其子黄堪曾撰傳，未見。民國《福建通志》兩收，一入明列傳，同道光《重纂福建通志》，不録；一入明儒林傳，見上。康熙《上元縣志》卷二一《僑寓傳》載文煥『歸金陵，經略洪承疇欲薦之，以老疾辭』，以上各傳均未提及。《麟峰黄氏家譜》言黄文煥於獄中『批釋《陶詩析義》四卷』，今存本作二卷。黄文煥著述較夥，綜合以上各傳及藝文志所載，有：《易釋》，《書釋》，《詩經考》十八卷，《詩經嫏嬛集註》八卷，《毛詩箋》四卷，《四書嫏嬛》十九卷，《漢詩審索》，《蜂史》，《老子知常》二卷，《莊子句解》四卷（以上二種或即《老莊注》），《楚辭聽直》八卷《合論》一卷，《賴留集》一卷，《秦漢文評》，《陶詩析義》二卷，《杜詩掣碧》六卷，《韓詩審索》，《昌谷集評注》，《館閣詩文稿》，《日及堂文集》，《日及堂尺牘》，《觚庵草》，《談談草》，等等。今存《詩經嫏嬛集註》八卷，有明末刻本、清康熙二十五年刻本等；《詩經考》十八卷，有明末刻本（《四庫全書存目叢書》據以影印）；《楚辭聽直》八卷《合論》一卷，有明崇禎十六年刻清順治十四年續刻本（《四庫全書存目叢書》、《續修四庫全書》據以影印）；《陶詩析義》二卷，有明末刻《陶元亮詩》四卷本附，清光緒二年刻本等。

黄見泰

黄見泰，字士必，福清人。崇禎庚午舉人。性狷介，素以名節自期。隱居村落，常自題小影云：『家

以貧破，書以貧焚。惟有青山將不去，容吾着脚看浮雲。』後以節終。康熙《福建通志》卷四五《人物》

黄見泰，字士必。少攻苦敦行，崇禎庚午舉於鄉。時天下亂形已萌，而閩安晏如，諸紳士爭飾輿馬，盛僕從，炫耀閭里間，獨見泰泊如也。唐王入閩，以薦授國子監博士。屢上封事，王知其忠，以格於勢，輒留中。見泰鬱鬱不自得，因乞歸。踰年秋，大兵入閩，見泰隱居村落，素冠白衣，以終其身。道光《重纂福建通志》卷二一五《明忠節·福清縣》

黄見泰，字士必，號赤石。崇禎庚午舉人。性狷介，素以名節自期。明亡，隱居村落，素冠白衣，以終其身。嘗曰：『胸結不消之冰，目覩不更之日，未嘗出見紛華而悦也。』又自題小影云：『家以貧破，書以貧焚。唯有青山將不去，容吾着脚看浮雲。』以節終其年。乾隆《福清縣志》卷一三《明節義》

黄見泰，字見石，福清人。舉崇禎庚午鄉試，明年會試副榜。隆武之初，授國子監博士。天興城陷，束髮入山，朝夕白巾苧衣，敝壞不改。家設襄皇帝位，朔望朝拜，以木版爲笏，跪讀表文，聲琅琅徹於户外。人皆怪之。縣役持檄催租，見泰大署紙尾曰：『大明無寸土，博士安有田？』縣令朱廷瑞者，高其誼，誡勿問。爲其翁嫗乞祝嘏言，厚魄之，辭不受。荷鉏藝蔬以自給。妻亡不再娶，以兄子爲子，不令就試。年七十餘卒。所著有詩文集，藏于家。屈大均《翁山文鈔》卷四《高士傳》

黄見泰，字士必，福清縣人。少攻苦，敦節行，崇禎庚午舉於鄉。時值承平，無論省會郡縣，爲孝廉者，上臺禮敬，資用殷足，輿馬服飾，僕從赫奕，獨見泰飭躬自守，淡泊恬退，不屑染於流俗。數困南宫，不介意，安貧肄業，耳不聞外事，爲當事所器。隆武元年，姓名屢行薦剡，官國子監博士。屢上封事，皆言人所不敢言。上知其忠，但無可如何，輒留中。見泰鬱鬱不自得，即掛冠歸。丙戌秋，士大夫濟濟率納款，甚至有覬非道富貴者，見泰聞而嘆曰：『是尚可謂有人心乎？』遂削髮。時逃禪者咸僧帽緇服，見泰慕龔壯丰采，素冠終其身。不談時事，不見顯者，六籍自給，脫粟充虚，雖家庭未見其喜愠之色。後卒於家。《節義録》卷下

黄晉良

黄晉良，字朗伯，閩縣人。明季弟子員。得黄道周《易象正》、《三易洞璣》二書，窮年伏誦，明平陂往復之數。重氣節，善排難解紛，人比之魯仲連。工詩古文詞，長於書法。遍遊齊、楚、吴、粤間，每托詩文以見志。晚號東叟，還居三山之井上草堂。所著古文詩歌若干卷。雍正《福建通志》卷五一《國朝文苑》

黄晉良，字朗伯，閩縣人。明季諸生。得黄道周《易象正》、《三易洞璣》二書，窮年伏誦，明平陂往復之數。重氣節，善排難解紛，人比之魯仲連。工詩古文詞，長於書法。遍遊齊、楚、吴、越間，每托詩文以見志。晚號東叟，居三山之井上草堂。著有《井上述古》、《和敬堂文集》。《福建通志》。乾隆《福州府志》卷六〇《國朝文苑》

黄晉良，字處安。崇禎時邑諸生。又字處菴，自稱井上老人。所居在郡城石井巷，屋在井邊，有樹石之勝，故自額其齋『井上草堂』。入清，毁車束馬，匿跡弢光，獨肆力於詩文字，同時名流如曹秋岳、紀伯紫皆爲知己。《退菴金石書畫跋》。民國《閩侯縣志》卷九二《清隱逸》

黄公諱晉良，字朗伯，處安其別號也。世居閩縣鼓山之蓮村。大父仙洲公，登嘉靖癸酉榜，仕雲南建水州守。父楚白公，仁心惠質，忼慨有大節。子三，而公其季也。公少聰警，沉酣經史，啣華佩實，在河圖琰琬之間。與仲兄翰伯掉鞅文壇，蜚聲庠序，時人比之雲間二陸云。數踏省門，未售，困于蓬艾。時值中原鼎沸，公振纓奮袖，發憤上書，似杜少陵天寶末獻三禮賦，以文章受主知。更念國家數十年水火之釁，在于柄用者重門戶不念君父，報私仇不思國恤，以致神州陸沉，不可復問。及召對，痛切盡言，遂晉西掖掌綸誥，轉冬曹主事員外郎。時公以英壯之年，質有文武，倘若設壇具體，磨盾草檄，叫諸夏而號八荒，尚可揞柱于天荒日昃之餘。惟是長材短馭，未得竟行其志。迨至陵谷變遷，麥秀興咏，公遂毁車束馬，匿曜登景，如漆園逍遙濮水之上。夏侯湛贊莊生曰：『垂釣一壑，取戒犧牛。望風寄心，托志清流。』公之謂歟？公忘情圭組，益肆力于文章。凡夫金版玉匱，瑤軸怪牒，莫不窮其要渺，窮年繼晷，燈熒耿耿。若其駁権典謨，勾稽掌故，置身壇宇之上，取古今其下，而計其是非，不差録黍。其文閎中肆外，戛戛乎陳言之務去，思理幽而節簇成。伸紙疾書，横見側出，如遊碧海扶桑之外，收四溟之奇氣，窮靈胥之異態，不能悉其津涯。詩則追《大雅》，宗盛唐，渟瀯含蓄，麗而有則，蓋確知詩之源流利病，而不爲軨材諷說之所易，遂能去其癥結，歸于雝喈，非若時輩矜蟲魚，拾香草、駢枝儷葉、取青媲白而已。晚年更著《井上述古》八十二則，寓勸徵，昭法戒，數百代國家興亡、人品得失，較若列眉，功獨鉅云。至于書法絶倫，烏跡壁書、夏銘秦刻，莫不細究。及興酣筆落，風雨作于行間，鬼神役其指臂，下躡羲、獻，上挹斯、邕，鐫碑雕石，佳本流傳，斯誠魚頏鳥頡，足以補造化之工，不過遊戲之餘技耳。公天性篤孝，生事死葬，白首孺慕不衰。

嘗嘆世人玉表而珉中，梔言而蠟貌，斥而不爲。惟平心質行，與人相親。遇有困阨急病，讓彝趨走恐後。在東粤，計脱縣令陳宗正于重圍；在河源，出馬侯心於囚服；在婁東，解黄門張救敉，杯酒釋憾；視世之恇怯委頓、視人緩急輕若鴻毛，大相逕庭矣。公疾革，年七十五。子四，文章經濟，蔚爲國華。諸孫八，多列膠宮，餘俱岐嶷特出。曾孫四，森森立竹，皆能振公之業而光大其閭者也。余與公往昔同朝，知公有經營四方之志，未竟其用。及脱腕，因依雞豚同社，還念酒後耳熱，劇談未已。絶琴絃於淥水，傷宿草于黄壚，能無故人山陽之感哉？遂次其生平而爲之傳。外史氏曰：天下俊偉之才，宜與之乘隙立庸，鏤彝勒鼎，而使之盤跚曠逸于青松翠蔓之下，蓋有所用之也。公不過一老遺民耳，而鉛槧之勤、著述之富、氣宇之峻，使人望如高岫層巖，而不可梯接，殆河上之丈人、蘇門之高士乎？《易》曰『龍德而隱』，余無以測之矣。陳軾《道山堂文集》卷四《黄處安傳》

余偃蹇歸田，與工部黄公處安風晨月夕，晚晼相依，庶幾昌黎所云『鄉社田園之樂』，而今處安竟奄然長逝矣。杜少陵《哭李常侍》云：『斯人不重見，將老失知音。』一代風流之盡，今古同悲，豈特如柳州之惜元龍、義山之傷灞木哉。辛未某月某日，公與林恭人合葬于石鼓之原。子農等謂知公者莫如余也，問銘於余。余何敢辭？謹按公狀：公諱晉良，字朗伯，處安其别號也。世居石鼓之蓮村。九世祖梓材公，洪武間以賢良方正徵辟爲澄邁尹，多善政。子素庵公，以詩文著，與高漫士、林子羽、林琴樂齊名。五傳至梅臺公，教授益府。教授公生建水州守、奉直大夫仙洲公，奉直公生封承德郎楚白公，公即楚白公第三子也。少聰警，沉酣經史，博極群書。與兄翰伯公掉鞅藝苑，同鑣齊軫，時人比之雲間二陸云。十九爲諸生，試輒冠軍。狀貌魁偉，兼擅穿楊貼烏之能。時督學郭公之奇科試，公與翰伯連矢破的，福寧州守揭公重熙在座，共相嘆賞。會大中丞奉檄勤王，揭公進曰：『非二黃生不可。』趣見，大悅，以三千人屬焉。公曰：『伯也材，乞先馳驅；良有老父母，不得離左右也。』于是翰伯獨將三千人守圖山防江。及大帥散逃，翰伯整全師歸閩，嘔血數升而絶。公痛惜不已。閩方擁立唐邸，公因嘆國家號咷求賢，不得一當，發憤上書，如天寶末獻三禮賦，以求自效。召對闕廷，極言國家朋黨之禍，因言統兵馭將之非人、練兵措餉之無術，多觸忌諱，止擢中書舍人。旋陞工部營繕司主事。噫，以公英壯之年，質有文武，倘若設壇具禮，使之建高牙、樹大纛，祖士雅中流擊楫，虞彬甫採石部分，公何難爲？奈長材短馭，用非所宜。迨麥秀興歌，玉步忽改，而公遯世之志，自此益決。昔陸通負釜甑、食桂櫨，姚平仲乘青驢隱青城山，公其人也。公忘情珪組，益肆力于文章，凡夫金版玉匱、瑤甸怪牒，莫不窮其要渺。移年繼晷，燈熒耿耿，搦扎含毫，鬱雲霞之情，備雅頌之體。其文出入龍門、扶風之間。詩五言古本于漢魏，七言古近體本于盛唐，確知詩之源流利病，而不爲軨材諷說之所易，遂能去其癥結，歸于雝喈，非若時輩矜蟲魚、拾香草、駢枝儷葉、取青媲白而已。嘗遊齊魯、吳越之邦，所至人爭傾慕，莫不結縞紵之懽。曾寓虎丘山寺，鴛水曹秋岳侍郎、秣陵紀伯紫過訪，曹云：『怪底衰年多快遇，滄波剩有濯纓人。』紀云：『蒼涼白石無塵跡，不問千人問一人。』其爲時流見推如此。公尤精研天人理數之學，得黃石齋先生《易象正》、《三易洞璣》諸書，究其精微，益曉然平陂往復之理。晚年留心史學，著《述古》八十二則，原情如瑩鏡之照形，斷事如老吏之讞獄，示勸懲，昭法戒，補前史所不逮，洵萬世之龜鑑也。公書法絶倫，鳥跡壁書、夏銘秦刻，靡不貫徹胸中。

及興酣筆落，風雨作於行間，鬼神役其指臂，鐫碑雕石，佳本流傳，斯誠魚頏鳥頡，足以補造化之工，不過遊戲餘技耳。公天性至孝。陳太孺人疾作，侍床簀，衣不解帶者數月。先工部微疾，須得清曠之地，公擇室以居，有樓臺池舘竹木之勝，足以娱目。先工部歿，公力襄喪事，一以《家禮》爲準。及扶先工部櫬歸，與陳太安人合葬，作《恭紀葬事詩》以志痛云。子覺，卜居玉井舊里，公喜曰：『此先大夫清宦所貽，吾生長於斯，流入他姓。今得還之，若見先大夫音容，實爲幸也。』尊祖敬宗，至是始愜然矣。論公慷慨大節，敬人之難，濡首不恤。在粤，脱陳宗正之險，出馬侯心于獄；在吴，海艘侵擾，有司羅織，多所保全，吴人德之。公苦心熱血，能釋憾于杯酒、談笑之頃，非如瑾戶奥窔、目極四隅者所能辦也。先一月，吟絶句云：『麥秋紅日上三竿，萬里歸程旌旆間。任是晚山如意好，揮鞭直指向長安。』其脱略世故，去來自如，深得朝聞夕可之義。疾革日，命列闕里諸聖賢像，令子孫焚香肅拜，仍俯伏叩首後始告逝。公配林安人，文學壺丘公林諱登瀛之女、茶陵守方壺公諱紹用之孫女也。素嫻内則，生長名門，習鍾郝家法。陳太安人，大司馬之後，家方鼎盛，諸姻戚眷屬過從，必委安人經理。安人進退有度，得姑懽心；必孝必謹，稱良助焉。封安人，卒年三十三。丁卯，農等營葬，虚其中爲公壽域，今於□月□日始合葬焉。

銘曰：世之遺民，國之耆耈。攷史訂經，綱羅萬有。篤志丘樊，忘情藻綬。胸無芥蒂，雲夢八九。猗歟淑媛，琴瑟爲友。紫誥榮綸，紛疊塚阜。睪如之丘，永銘不朽。陳軾《道山堂文集》卷四《承德郎工部營繕司主事處安黄公偕配林恭人墓誌銘》

君姓黄氏，諱晉良，字朗伯，處安其别號也。閩人，世居石鼓之蓮村。生而穎敏，讀書窮理，務爲有用之學。方其補博士弟子也，年才十九，與其伯父某，師友家庭，文譽遠出。三試秋闈，不售。逆知明室將亂，講求經濟，人望歸之。闖賊之陷京城，閩撫張公肯堂使將勤王之師，君以親在讓其伯父，而自留鄉里，以備不虞。唐邸建國，遂授中書舍人，尋陞工部營繕司主事。屢出督餉，一時指斥條陳，悉中肯綮。本朝一統，失職。家貧，以親老不得已走東西粵，就故人之招，受其束修，以供菽水。然某某之難、某某之獄，人所不能白其寃者，君皆力解之。其客金陵張大將軍也，海上入寇之師方遁，所過州縣，縉紳多爲怨家所持，動輒罹綱。大將軍亦不免修睚眦之郄，君直詞正色，曉以大義，所全甚多。蓋君雖不遇於時，不苟且以就功名，而才氣過人，所至必有以及物類如此。君既抱用世之志，鬱不得施，則以其精神寄之於著述，而又旁及於藝事。生平手不釋卷，精研儒釋之辨，晚年尤愛石齋先生易學諸書。嘗作《唐詩剩義》四十卷，吟稿多至等身。老居石井，作《井上述古詩》八十二則，起自周宣王，終元世祖，論其得失之大者以明己志。書法得二王精藴，時寫《孝經》易米，以養二親。畫竹石亦別有生趣。素嫻騎射，當爲弟子員時，督學集諸生較射，君獨連矢破的，有文武出群之目。慨自解推風息、遊道凌遲，士之挾藝者四顧無可投足。閩處南徼，其聲氣尤與中原阻隔，而君獨交遊遍海内，居則守令造門，出則公卿倒屣。甲寅之亂，僑寓虎丘，耆舊過從，名流饋餉，觴遊歌哭，傳誦四方。雖諸公高誼，遠紹前輩風流，要之君實有所長，非無故而致此也。生於明萬曆乙卯十一月某日，卒今康熙己巳四月某日，春秋七十有五。九世祖某，洪武時知澄邁，有聲。曾祖某，教授益府。祖某，知建水州事。父某、母陳氏，以君貴封承德郎、安人。君事之，養志盡禮。先娶林氏，茶陵州守某之孫女，有婦德，封安人，前君歿四十有三年。生子三：農覺、天植、南平，廩生。繼聚林氏，生子一：興祖。女二：長適鄭善述，次適劉之觀。孫男八：宗儀、宗表、宗憲，俱庠生；宗香、宗望、宗有、宗振、宗穎。孫女六。曾孫男四：道輔、道岸、道平、道焞；女六。當君寓虎丘時，同郡少司寇鄭公方宰靖江，見其詩而愛之，迎之入署，爲刻其庚辛壬三年所作。相别十數年，尺素往來，君諄諄以所作詩文六十卷相託。公報書謂，賦歸之日，當卜築石鼓、幔亭，同爲方外之遊，而君竟卒矣。某年月日，將葬于某原。其孤不遠數千里函狀乞銘於公，公乃以屬之門下士鄭梁。銘曰：身將隱矣焉用文，遺書六十卷合焚，寄語故人胡慇慇。丈夫生不獲建勳，退而著述意所勤，不甘泯没何獨君。吾言鑱石表諸墳，後有作者或得聞，庶免散軼隨煙雲。鄭梁《寒村安庸集》卷一《處安黄君墓誌銘》

按，黄晉良著述，現存有《井上述古》六卷，清康熙刻本；《和敬堂文集》十六卷《詩集》二十八卷，清康熙四十九年刻本。據以上各傳，另有《唐詩剩義》四十卷，道光《重纂福建通志》卷六九《經籍志》作三十卷。又有《桂林筆録》六卷，未見。

黄寅陛附黄驤陛傳後

黄期銘

黄期銘，字躋敬。性篤孝，授徒他邑，時遍訪鄉人，訊父母起居。適里婦慕其容止，紿以自鄉至，銘往訊；又紿之曰『出矣，薄暮來。』暮往，列酒饌，要就坐，期銘拂衣出，終不自言。天啓中歲貢生，以母老不赴廷試。後任福州府訓導，轉醴陵教諭，遷建寧教授，尋擢淮府長史。明亡，棄官歸，著述終身。道光《重纂福建通志》卷二二二《明孝義·和平縣》

黄期銘，號蹐敬，清寧里人。立身行己，一遵古訓，爲士林推重。年少遊泮，遂饇於學。既貢，以母老不赴廷試。後任福州司訓、醴陵教諭，正學課士，遷建寧府教授，尋擢淮王府長史。值國變，敝車空篋歸，閉戶著述，不預外事。康熙《平和縣志》卷九《人物志·明縉紳》

黄景昉

黄景昉，字太昉，晉江人。天啓乙丑進士。由庶吉士歷官庶子，直日講。崇禎十三年，帝御經筵，問用人之道，景昉言：『推官成勇、朱天麟廉能素著，而不得預清華選；刑部尚書鄭三俊四朝元老，清白無儔，不當久繫獄。』三俊旋得釋，勇等亦改官。十五年六月，召對稱旨，與蔣德璟、吳甡並相。明年，加太子太保，改戶部尚書、文淵閣。南京操江故設文武二員，帝欲裁去文臣，專任誠意伯劉孔昭，又以副都御史惠世揚遲久不至，命削其籍，景昉俱揭爭之。帝不悦，遂引疏歸。隆武初，召入直，未幾復告歸。國變後，家居十數年卒。《皇明遺民傳》卷一

黄景昉，字太穉，亦晉江人。天啓五年進士，由庶吉士歷官庶子，直日講。崇禎十一年，帝御經筵，問用人之道，景昉言：『近日考選不公，推官成勇、朱天麟廉能素著，乃不得預清華選。』又言：『刑部尚書鄭三俊四朝元老，至清無儔，不當久繫獄。』退，復上章論之。三俊旋獲釋，勇等亦俱改官。景昉尋進少

詹事。嘗召對，言：『近撤還監視中官高起潛，關外輒聞警報，疑此中有隱情。臣家海濱，見沿海將吏每遇調發，即報海警，冀得復留。觸類而推，其情自見。』帝頷之。十四年，以詹事兼掌翰林院。時庶常停選已久，景昉具疏請復，又請召還修撰劉同升、編修趙士春，皆不報。十五年六月，召對稱旨，與蔣德璟、吳甡並相。明年，並加太子少保，改戶部尚書、文淵閣。南京操江故設文武二員，帝欲裁去文臣，專任誠意伯劉孔昭；副都御史惠世揚遲久不至，帝命削其籍，景昉俱揭爭。帝不悅，遂連疏引歸。唐王時，召入直，未幾復告歸。國變後，家居十數年始卒。《明史》卷二五一《列傳第一三九》

黄景昉，字太穉，晉江人。天啓乙丑進士。由庶吉士歷官庶子。崇禎十一年，御經筵，問用人之道，景昉言：『考選不公，推官成勇、朱天麟廉能素著，不得預清華選。』又言：『鄭三俊不當久繫。』帝皆嘉納，進少詹事。嘗召對，言：『近撤監視中官高起潛，關外輒聞警報。臣家海濱，將吏每遇調發，即報海警，冀得復留。觸類而推，其情自見。』帝頷之。十四年，以詹事掌翰林院。十五年六月，與蔣德璟、吳甡並進東閣大學士。明年，並加太子太保，改戶部尚書、文淵閣。帝欲裁去南京操江文臣，專任誠意伯劉孔昭，持不可。忤旨，遂引歸。隆武時，召入直，復告歸。國變後，家居十數年始卒。《小腆紀傳》卷五七

黄景昉，晉江人。天啓乙丑第進士，選庶常。時璫燄熾甚，御史吳裕中以言事忤璫意，杖闕下。比没，楚人無敢臨其喪者，景昉割俸賻之，乃假歸。戊辰授編修，纂修《熹宗實録》。尋轉中允，充日講官。會召對，各陳所見，因奏：『近日考選未盡公道，如推官成勇、朱天麟廉能素著，不獲與清華選；及刑部尚書鄭三俊四朝老成，一生清德，以詿誤繫獄，乞從寬宥。』後與蔣德璟同日拜相，遂堅求假歸。所著述甚

富。康熙《福建通志》卷四六《人物志》

黄景昉，字東崖，晉江人。天啓乙丑進士，選庶常。時逆璫肆横，御史吴裕中以言事忤璫意，杖闕下。比歿，景昉割俸賻之，乃假歸。戊辰授編修，纂修《熹宗實録》。轉中允，充日講官。會召對，因奏：『近日考選未協公道，推官成勇、朱天麟廉能素著，不得獲清華選；刑部尚書鄭三俊四朝老臣，一生清德，以詿誤繫獄，乞從寬宥。』後與蔣德璟同日入相，尋乞假歸。雍正《福建通志》卷四五《人物三》

黄景昉，字太穉，國彦孫也。天啓乙丑進士，改庶吉士。時奄黨肆横，御史吴裕中以言事被杖死，景昉割俸賻之。崇禎改元，授編修，纂修《熹宗實録》。歷庶子，直日講。嘗忤溫體仁，給事中陳啓新希體仁指劾之。十一年，帝御經筵，問用人之道。景昉言：『近日考選不公，推官成勇、朱天麟廉能素著，乃不得預清華選。』又言：『刑部尚書鄭三俊四朝元老，至清無儔，不當久繫獄。』退，復上章論之。三俊獲釋，勇等俱改官。景昉尋進少詹事。嘗召對，言：『近撤還監視中官高起潛，關外輒聞警報，疑有隱情。臣家海濱，見沿海將吏調發，即報海警，冀得復留。觸類而推，其情自見。』帝頷之。十四年，以詹事兼掌翰林院。時庶常停選已久，景昉具疏請復，又請召還修撰劉同升、編修趙士春，皆不報。十五年，晉禮部尚書、東閣大學士，與蔣德璟、吴甡並命。明年，加太子少保，改户部尚書。嘗因召對，力言黄道周清修博學，並其永戍窮困狀，帝意動。未幾，召道周還。南京操江故設文武二人，帝欲裁去文臣，專任誠意伯劉孔昭；副都御史惠世揚遲久不至，帝命削其籍，景昉具揭爭。帝不悦，遂連疏引歸。國變後，家居數年始卒。道光《重纂福建通志》卷二〇四《明列傳·晉江縣》

黄景昉，字太穉，號東崖，晉江人。好古能文，出於天賦。七歲作《顧鴻雁麋鹿》時藝，即博贍陸離。萬曆乙卯舉人。天啓乙丑進士，選庶吉士。時璫燄方熾，御史吴裕中以言事忤璫，被杖。及没，楚人無敢臨其喪，景昉割俸賻之，乃假歸。戊辰，授編修，纂修《熹宗實録》。歷官庶子，直日講。崇禎十一年，帝御經筵，問用人之道，景昉言：『近日考選不公，推官成勇、朱天麟廉能素著，乃不與清華選。』又言：『刑部尚書鄭三俊四朝元老，至清無儔，不當久繫獄。』退，復上章論之，講官多助爲言。三俊旋獲釋，勇等亦俱改官。景昉尋進少詹事。嘗召對，言：『近撤還監視中官高起潛，關外輒聞警報，疑此中有隱情。』帝諭之密奏，景昉言：『臣家海濱，見將吏每遇調發，即報海警，冀得復留。觸類而推，其情自見。』帝頷之。十五年六月，召對稱旨，由詹事與蔣德璟、吴甡並相。明年，並加太子少保、户部尚書、文淵閣大學士。嘗因召對，力言黄道周清修博學，並其永戍窮苦狀，帝意動。未幾，遂有賜環之命。操江故有文武二大臣，帝欲裁去文臣，專任誠意伯劉孔昭；惠世揚拜副都御史，久不至，帝命削其籍，景昉俱揭爭。帝不悦，遂連疏引歸，計在閣十閲月。以癸未九月出都，甲申都城陷。唐王時，召入直，未幾復告歸。唐王敗後，家居十餘年，以著述爲事。文尚古奥，詩亦洪壯。有□□□□□□、《館閣舊事》、《讀史唯疑》、《宦夢録》、《經史要論》、《經史彙對》、《雙聲疊韻譜》、《古今明堂記》等書。《通志》參《明史稿》、《東崖年譜》。

乾隆《泉州府志》卷五四《明文苑》

黄景昉，字大穉。好古能文，七歲作《顧鴻雁麋鹿》時藝，即博贍陸離。天啓乙丑進士，選庶常。時璫燄方熾，乃假歸。戊辰授編修，纂《熹宗實録》。歷官庶子，直日講。崇禎十一年，上御經筵，問用人之道，景昉言近日考選不公等事。尋進少詹事。十五年六月，由詹事與蔣德璟、吳甡並相。明年，並加太子少保、戶部尚書、文淵閣大學士。未幾引歸，計在閣十閱月。以癸未九月出都，甲申都城陷。唐王時，召入直，未幾復告歸。家居十餘年，以著述爲事。有《館閣舊事》、《讀史唯疑》、《明史唯疑》、《宦夢録》、《經史要論》、《經史彙對》、《古今明堂記》等書。乾隆《晉江縣志》卷一二《明文苑》

蔣德璟，字介公；黄景昉，字東崖，晉江人。同登天啓二年進士，同改庶吉士，同授編修，一累官少詹事、禮部侍郎；一累官詹事，掌翰林院。十五年，同以禮部尚書與侍郎吳甡同入閣。明年，景昉致仕。又明年，德璟罷。賊自成入都，德璟潛匿免；景昉東歸。唐王立福建，同召起爲大學士。兩人皆世家子，諳練典故，謹飭好修，同遭時難，不能有所匡濟，僅克保其身而已。閩破，先後卒。吳世杰《甓湖草堂文集》卷五《崇禎四十九閣臣合傳》

黄景昉，字太穉，號東厓，福建晉江人。天啓乙丑進士，選庶吉士。楚御史吳裕中建言廷杖，景昉躬撫之榻前。比没，楚人無敢臨其喪者，景昉獨解橐賻之，人服其膽。時璫燄方張，即請假歸，以避其鋒。戊辰，思宗登極，始入都，授編修，歷官展書，知起居注，編纂誥勅。諸所撰誥勅，尤爲時所傳誦。庚午，典試三楚。辛未，丁祖憂。甲戌還朝，陞左中允，充日講官。丙子，轉左諭德，復典畿闈。其在經筵，奏對剴直，語侵政府，首揆蓄怒。戊寅，轉右庶子。召對平臺，因奏：『考選未盡公道，如推官成勇、朱天麟廉能最著，不獲預清華選。』遂俱得旨改館員科道者十數人。大司寇鄭公三俊以詿誤繫獄，景昉面救，又復疏陳，極言其清正，得釋繫。首揆益加嫉忌，景昉即以封差行。抵饒州，盡卻淮府餽贈，信宿即行，省貧藩無算。庚辰，差竣報命，轉少詹事，仝詹翰官入對。時太監高起潛擁重兵關外，驟撤回，未至，中外慮有他變，無敢言及者。又黄道周謫江右幕員，撫疏薦及之，至蒙逮繫，舉朝震恐。景昉面對時，即昌言御前，以『纔撤回監視，并遼撫即有警報，疑此中或有隱情』。復以『用舍喜怒之間，須再加斟酌』爲言，實爲黄道周稍寓規諷。兩班聽者，皆爲咋舌。辛巳，以詹事署掌府篆，復以原官改掌翰林院印。黄道周獄久未解，爲陰請之政府司寇甚力，始得從編戍去。壬午，會推閣員，召對中極殿，稱旨，遂欽點陞禮部尚書兼東閣大學士，入直辦事。在閣受事半載，賜坐三次，賜宴二次，賜騎馬遊西苑一次，召對六十餘次，每呼『先生』而不名，皆異數也。癸未，見時事日非，遂懷去志。緣先帝性明察，而於大機宜顧屢多違拂，喜怒旋更，所施行往往惟意，以此終不能有所濟，惟有急求引退而已。具疏求去，得旨，馳驛歸。北變之後，家居二十年，以壬寅歲視履考終。所著《湘隱堂集》二十四卷、《甌安舘詩》三十卷《續詠》十二卷、《左史唯疑》十六卷、《國史唯疑》十二卷行世。張岱《石匱書後集》卷一三《黄景昉列傳》

按，據《泉州府志》本傳，知黄景昉有《東崖年譜》，未見。吴世杰《崇禎四十九閣臣合傳》以黄景昉爲明天啓二年進士，誤。《皇明遺民傳》載『崇禎十三年，帝御經筵，問用人之道』，《明史》作十一年事。黄景昉著述繁富，以上各傳多有載録，道光《重纂福建通志・經籍志》著録有：《經史要論》六卷、《國史唯疑》十卷、《讀史唯疑》十卷、《古今明堂記》六卷、《甌安館制草》十卷、《御覽備邊略》十卷、《館閣舊事》二卷、《館寮十志》一卷、《屏居十二課》一卷、《雙聲疊韻》一卷、《經史彙對》一卷、《甌安館集》三十卷、《鹿鳩詠》二卷、《古文篝卜》五卷等。今存《國史唯疑》十二卷，有清康熙三十年（一六九一）徐釚抄本（《續修四庫全書》據以影印）及其他多種清抄本，上海古籍出版社曾點校出版；《古今明堂記》六卷，清初湘隱堂刻本；《屏居十二課》一卷，清乾隆四十年刻《硯雲甲編》本等；《宦夢録》，清抄本；《甌安館詩集》三十卷，明刻本。

黄戴玄 附賴道寄傳後

黄道杲

黄道杲，字明汝，晉江人。崇禎癸未捷南宮。甲申闖賊陷京，得脱歸，隱城南。總督陳錦疏薦，辭不赴。慕梅子真之爲人，因發狂疾，或引錐自刺。嘗一日自投於百源川，家人莫知，行道救之，遂閉戶謝客。卒年七十九。康熙《福建通志》卷四六《人物》

黄道杲，字明汝，元纘從子。崇禎癸未進士。京師陷，歸隱，抑鬱成病，恆引錐自刺。一日自投於百源川，路人救之，得不死，遂閉戶謝客終其身。同邑翁吉熺與道杲同舉進士，嘗官知縣，後隱居勵節以終。道光《重纂福建通志》卷二二三《明隱逸·泉州府》

黄道杲，崇禎壬午、癸未聯捷進士。甲申闖賊陷京師，歸隱南城不仕。慕田子真之爲人，嘗引錐自刺。又嘗自投於百源川池，行道人救之，得不死。年七十九卒。乾隆《晉江縣志》卷一三《人物志·明隱逸》

黄壽徵

黄壽徵，楓之諸生。負雋才。少與其家寅陛同學，以氣誼相砥礪。明季鼎革，壽徵遂棄衣頂，隱居林泉。清朝順治十二年，城破，被害。學者私謚爲節愍先生云。乾隆己巳《僊遊縣志》卷二七《人物志·明隱逸》

按，黄寅陛傳另見。

黄徵之

黄徵之，字靜宜，初名師先，字帥先，一字波民，福建福州人。爲史可法幕府，以才略節義稱。而詩筆妍麗，不類其人。《皇明遺民傳》卷三

黄澂之，初名師先，字帥先，晚易今名，改字波民。王士禛《感舊集》、卓湛《遺民詩》均作福州人。《感舊集》嘗傳其《小桃源山居》一詩。小桃源爲武夷最勝處，詳其詩語，蓋嘗以黄冠歸故鄉者。初以布衣爲史可法幕府上客，可法以大學士督師揚州，奏授以官。可法殉國，遂行遯以老。時之稱澂之者，謂其才略似王猛，節義似謝翱，而詩筆妍麗，中正復沖遠，不類其爲人。後出遊大江南北，福州葉矯然遇之鎮江僧寮，三伏中爲矯然揮汗賦五律，書於扇，意氣不少衰。又二十年，矯然至放生庵，見其壁上詩，詢主僧，云歿於揚州五年矣。窮老無子，同人醵金以殯。世傳可法報我朝攝政王書，爲閩士所屬筆，疑即澂之也。道光《重纂福

建通志》卷二二三《明隱逸・建寧府》

黄澂之，字靜宜，初名師先，字帥先，一字師正，晚易今名，改字波民，建陽人。一作福州人，一作建昌，皆誤。初以布衣爲閣部史可法幕府上客，可法以大學士督師維揚，奏授以官。其答清攝政王書，相傳爲澂之筆。可法殉國後，澂之遂行遯以老。時之稱之者，謂其才略王景略，節義謝皋羽，而詩筆妍麗，不類其爲人。新城王尚書士禎選其詩入《感舊集》。窮老無子，歿於揚州，同人醵金殯之。《遺民詩》、《吾炙集》、《龍性堂詩話》。民國《福建通志》總卷四三分卷四《明高士傳》

黄澂之，初名師先，字帥先，晚易今名，改字波民。澂之初以布衣爲閣部史可法幕府上客，史以大學士督師維揚，奏授以官。史殉國後，澂之遂行遯以老。時之稱之者，謂其才略王景略，節義謝皋羽，而詩筆妍麗，不類其爲人。其爲名流推重如此。新城王尚書士禎嘗傳其《小桃源山居》一詩，有『自製竹皮籠短髮，新裁荷葉理初衣』之句。澂之蓋嘗以黄冠歸故鄉也。舊志遺，今從《楊園初稿》補録。道光《建陽縣志》卷一三《人物志・國朝文苑》

按，黄澂之著述無考。錢謙益《吾炙集》、王士禎《感舊集》、卓爾堪《明遺民詩》等選存其詩。民國《福建通志・藝文志》著録《投贈周櫟園文冊》二卷，係黄澂之與徐延壽、許珌、林賜環、高兆、黄文煥等人合撰。

黄賢京

黄賢京，晉江人。崇禎壬午舉人。與同年沈佺期相契好，結爲婚姻。甲申後隱處海濱，終身不仕。乾隆《泉州府志》卷六二《國朝隱逸》

黄賢京，崇禎壬午舉人。與同年沈佺期相契好，結爲婚姻。隱處海濱，終身不仕。乾隆《晉江縣志》卷一三《人物志·明隱逸》

黄賢京，金田八尺人。崇禎壬午舉人。與同年沈佺期契好結姻。甲申明社爲墟，隱處海濱，終身不仕。民國《南安縣志》卷三六《明隱逸》

黄鍾選

黄鍾選，字公乾。諸生。國變後，賣卜京中，得錢即召鄰里痛飲悲歌。所作詩秘不示人。道光《重纂福建通志》卷二二三《明隱逸·興化府》

黄驤陛 黄寅陛附

明黄驤陛，字陟甫，漳浦人，大學士道周之從子行也。天資醇篤，讀書數百遍乃成誦，誦即焚之，終身不忘。與同里林蘭友爲莫逆交。舉天啓甲子鄉試。北都陷，與蘭友抗賊南旋。久之入海，偕徐孚遠諸人放浪憑弔以卒。從弟寅陛，字弼甫，爲邑諸生。兄弟相師友。驤陛入海，寅陛亦祝髮隱於楓亭之程厝鄉，號楓溪退士。孫静菴《明遺民録》卷一

黄驤陛，字陟甫，漳浦人，大學士道周之從子行也。天資醇篤，讀書數百遍乃成誦，誦即焚之，終身不忘。與同里林蘭友爲莫逆交。舉天啓甲子鄉試。北都陷，與蘭友抗賊南旋。久之入海，偕徐孚遠諸人放浪憑弔以卒。從弟寅陛，字弼甫，爲邑諸生。兄弟相師友。驤陛入海，寅陛亦祝髮隱於楓亭之程厝鄉，號楓溪退士。《小腆紀傳》卷五八

黄驤陛，字陟甫，黄尚書道周從姪。天資醇篤，讀書數百遍乃成誦，誦即焚之，終身不忘。與同里林蘭友爲莫逆交。舉天啓四年鄉試。及流賊之亂，匿跡不仕。與蘭友抗賊南旋，相率入海，偕徐孚遠諸人放浪憑弔以卒。從弟寅陛，字弼甫。邑諸生。與驤陛相爲師友。平居論天下事，目光炯炯。後驤陛等遁海上，寅陛亦削髮隱於楓亭之程厝鄉，號楓溪退士。《縣志》。乾隆《福建續志》卷五七《明隱逸》

黄驤陛，字陟甫，號鸝飛，大學士道周之姪。祖近堂，自漳遷僊之楓亭。父廷藩，以醫名。驤陛天資淳篤，讀書數百遍乃成誦，誦即焚之，終身不忘。與同里林蘭友爲莫逆交。舉天啓四年鄉試。嗣中原壞亂，國勢已岌，驤陛顧瞻時事，遂匿跡不仕。及蘭友抗賊南旋，驤陛相對泣曰：『國家養士三百年，報國有幾？子爲故國舊臣，予亦海濱男子。』遂相率入海，與徐孚遠諸人羈困牢騷，放浪憑弔。順治九年，卒於鷺島，年六十有二。從弟寅陛，字弼甫，邑學生。書過目輒成誦，與驤陛相爲師友，雅重蘭友而負氣不相下。平居論天下事，目光炯炯，高自期許。嘗自矢不傷而過太平橋者有如水，每至是必涉而渡，人呼爲狂

生。會鼎革，驤陛、蘭友等遁海上，寅陛削髮棄諸生，隱於楓之程厝鄉，自號楓溪退士，蒔蔬著書。初驤陛爲諸生時，負經濟，不避權貴。楓人困於郵役，泉勢宦踞税利，民益弊。驤陛言於有司，收其利以紓驛困，而私税以革。寅陛不甚修邊幅，而好酒縱吟。避地後每望海上，歌繼以泣，時人莫測其際。乾隆己巳《僊遊縣志》卷二七《人物志·明隱逸》

黄驤陛，字陟甫，尚書道周從姪。天資淳篤，讀書數百遍乃成誦，誦即焚之，終身不忘。與同里林蘭友爲莫逆交。舉天啓四年鄉試。及流賊之亂，匿跡不仕。與蘭友抗賊南旋，相率入島，偕徐孚遠諸人放浪憑吊以卒。《通志》。道光《廈門志》卷一三《明寓賢》

按，黄驤陛、黄寅陛傳，以陳興祚修乾隆己巳《僊遊縣志》最詳。據其所載，黄驤陛卒於清順治九年（一六五二），是年六十二歲，據此上推，當生於明萬曆十九年（一五九一）。黄寅陛生卒年不詳。二人著述無考。乾隆己巳《僊遊縣志》卷三四存黄寅陛詩《東武吟爲楊和仲》、《懷徐闇公》、《寄懷林侍御自芳曾太史長脩加兄陟甫》數首。又胡啓植修乾隆庚寅《僊遊縣志》卷四三列女傳載黄驤陛之女傳曰：『黄氏，明舉人驤陛女，知縣林獻葵次男婦也。幼穎慧，習經書，能詩文。值海氛方熾，夫被執，索贖莫應，溺之海中，黄痛夫死非命，日夜啼號，水漿不入，決計從殉。其家以喪亂未平，重以大戚，力阻之，黄啣哀卒禮無少諐。從叔寅陛憐之，待如己女，書問慰勉無虚日。黄伸楮裁答，悱惻動人……』又載其子媳、林蘭友之女傳曰：『林氏，明都御史蘭友女，舉人黄驤陛次男婦也。早歲夫歿，未有男嗣，林矢志養翁姑。迨翁同侍御與國難，姑亦繼逝，林守遺産，託從叔寅陛代理奉祀。及寅陛卒，産爲姪蕩罄，時林年七十餘矣，泫然曰：「遺產罄而祀典亡矣。吾留殘喘至今，非惜死也。念黄家死亡略盡，吾一日存，而翁姑一日在耳。」言未畢，涕泗横眶。時人莫不哀且敬，曰忠義之門，宜有孝貞矣。』

楊祺

楊祺，字吉生。少補諸生，明亡後，結茅於北山之語雲峰。工書畫，寸紙尺幅，人爭貴之。卒年九十六。祺子殊，字無隱，工詩。道光《重纂福建通志》卷二二四《明藝術·漳州府》

楊祺，字吉生，漳州衛勳裔也。少補弟子員，丙戌後棄所業，結茅於北山之語雲峰。肆情于書法及畫，寸紙尺幅，人爭貴之。年九十六卒。康熙《漳州府志》卷二四《方技》

楊祺，字吉生，漳州衛勳裔也。少補弟子員，能文工詩，故常與黄道周遊。丙戌後棄所業，結茅於北山語雲峰。肆情書畫，尺幅寸紙，人爭貴之。食貧以卒。乾隆《龍溪縣志》卷一六《人物·明隱逸》

楊天宰

楊天宰，字玉宸，龍溪人。少有才名，鮮衣華飾，跅跎自喜，人以爲狂。黄道周西陽戍歸，後進中鮮當意者，顧獨喜天宰。天宰遂登其門，從講學榕壇鄴山，攝衣上座稱都講。崇禎末，應貢北上，值國變，棄去，避居碧湖之濱。唐王入閩，以翰林院檢討徵，不就。窮約困頓，寄食親友以終。道光《重纂福建通志》卷二二三《明隱逸·漳州府》

楊天宰，字玉宸，龍溪人。少有才名，鮮衣華飾，跅跎自喜，人以爲狂。黄道周酉陽戍歸，後進中鮮當意者，顧獨謂天宰善也。天宰由是登其門，講學榕壇鄴山，攝衣上座稱都講。今所傳《問答》、《講儀》二書，多天宰往復者。崇禎末年應貢北學，國變棄去，避居碧湖之濱。唐王入閩，以翰林院檢討徵，不就。窮約困頓，寄食親友以卒。光緒《漳州府志》卷三一《人物四·明列傳》黄道周傳附

楊天宰，字玉宸，崇禎間貢生。從黄道周學，稱高足弟子。明亡居碧湖，唐藩徵不起。寄食於人以卒。乾隆《龍溪縣志》卷一六《人物·明隱逸》

楊必祐

楊必祐，字可庇，晉江人。爲諸生有聲，立品端莊，不苟取與。丙戌後，絶意進取，以詩文自娱，時或憤鬱不平。偶爲友人招遊伊洛，因得遍觀古跡名勝，題咏寫懷。《通志》。乾隆《泉州府志》卷六二《國朝隱逸》

楊必祐，爲諸生有聲，立品端莊。絶意進取，以詩文自娱，時或憤鬱不平。偶爲友人招遊伊洛，因得遍觀古跡名勝，題詠寫懷。乾隆《晉江縣志》卷一三《明隱逸》

楊喬岳

楊喬岳，字季平，龍溪諸生。能詩賦，善楷法。明亡，放浪山水，僑居杭州，與僧白漢爲方外交。黄仲

英，字茂先，倡韻社，賦詩爲時所重。明亡後，棄家爲僧，名廙，號不識。王鑾，字伊人，隱居賣詩自給，一字二錢。施礎，字潤石；丁長春，字淡卿，並爲僧。四人皆喬岳同縣人。道光《重纂福建通志》卷二二三《明隱逸·漳州府》

楊喬岳，字季平，舉人，光賓子。能詩賦，善楷法。明社既屋，棄諸生，放浪山水間。築室於越之西子湖，與僧白漢爲方外友。著有《太室集》。乾隆《龍溪縣志》卷一六《人物·明隱逸》

楊期演

明楊期演，字則龍，自金門移居廈門。博學，工古文詞。崇禎庚午舉人，閩中召爲兵部主事。汀州之變，追扈不及。辛丑以後，僧帽道帔，杜門不出。每春秋佳日，陟山巔北望，酹酒哭拜，聞者憐之。著有《易經管見》、《島上紀事》。子秉機，邑庠生，亦削髮爲僧。遊兩京、岱岳，蒼茫憑弔，一託於詩。既以行路艱難，乃變姓名南歸。著有《浩然小草》。孫靜菴《明遺民録》卷三三

楊期演，字則龍，自金門移居廈門。博學，工古文詞。崇禎庚午舉人，閩中召爲兵部主事。汀州之變，追扈不及。辛丑以後，僧帽道帔，杜門不出。每春秋佳日，陟山巔北望，酹酒哭拜，聞者憐之。著有《易經管見》、《島上紀事》。子秉機，邑庠生，亦削髮爲僧。遊兩京、岱岳，蒼茫憑弔，一託於詩。既以行路艱難，乃變姓名南歸。著有《浩然小草》。《小腆紀傳》卷五七

楊期演，字則龍，號克齋。崇禎庚午舉人。博涉書史，尤工古文。甲申後，與父廩生師琯杜門不出，

教授生徒，日以詩賦自娱。著有《易經管見》。子秉機，庠生；元孫宗潮，增生。嘉慶《同安縣志》卷二三《人物·明隱逸》

楊期演，字則龍，號克齋。博涉書史，尤工古文。崇禎三年庚午舉人。甲申後，與父廩生師琯杜門不出，讀書安平山寺。唐王召爲兵部主事，及唐王出延平，期演追赴不及。辛丑以後，僧帽道帔，晦跡後溪村，日惟垂簾閉戶，校讎經史；爨火屢空，泊如也。每歲遇春秋佳日，陟山巔北望，酹酒遥拜，繼以痛哭，聞者憐之。卒年七十餘。著有《易經管見》、《島上紀事》。子秉機，元孫宗潮，俱庠生。《舊志》，參《家譜》。民國《同安縣志》卷三二《明獨行》

楊期演，字則龍，號克齋。從金門彤埕移居中左所。博涉書史，尤工古文。崇禎庚午舉人。甲申後，與父廩生師琯杜門不出。唐王召爲兵部主事，及唐王出延平幸贛，期演追赴不及。辛丑以後，僧帽道帔，晦跡後溪邨，日惟垂簾閉戶，校讎經史；爨火屢空，泊如也。每歲遇春秋佳日，陟山巔北望，酹酒痛哭，聞者憐之。卒年七十餘。著有《易經管見》、《島上紀事》。子秉機。采新《縣志》，參《家譜》。同治《金門志》卷九《人物·列傳一·明隱逸》

楊期演，字則龍，號克齋。從金門彤埕移居中左所。博涉書史，尤工古文。崇禎三年庚午舉人。甲申後，與父廩生師琯杜門不出，讀書安平山寺。唐王召爲兵部主事。時及唐王出延平府幸贛，期演追赴不及。辛丑以後，僧帽道帔，晦跡後溪邨，日惟垂簾閉戶，校讎經史；爨火屢空，泊如也。每歲遇春秋佳日，陟山巔北望，酹酒遥拜，繼以痛哭，聞者憐之。卒年七十餘。著有《易經管見》、《島上紀事》。子秉

機，元孫宗潮，俱庠生。林焜熿采《新縣志》，參《家譜》。　道光《廈門志》卷一三《明隱逸》

按，楊期演《易經管見》、《島上紀事》，未見。嘉慶《同安縣志》卷二七有楊期演詩四首。《浮海》云：『直掛雲帆滄海東，三山指點有無中。黑濤直上浮荷蓋，雲浪難猜入碧空。推捲琉璃鯨勢突，吸嘘樓閣蜃情通。細分日月爲行表，騁着文魚作馬驄。』《鷺江聞潮》云：『秋氣生寒浪，雪堆亂捲天。動搖山島外，澎湃草堂前。詩老須心遠，情深貴耳玄。欲持真獨立，宜向冗忙邊。』《錦庄夜半》云：『煙銷蘭桂飫餘情，一枕黃花入夢清。忽見雨絲千萬落，又聞簷馬兩三聲。』《遊鼓浪嶼》云：『竦峙滄波上，區區亦厚坤。菑田一岸綠，渡浦兩峰尊。潮落林中靜，煙騰海氣昏。漁樵雜冠蓋，談笑晝桃源。』

楊秉機

楊秉機，字允中，崇禎間邑諸生，期演子。國變，削髮爲僧，自號鷺島遯人。北抵金陵，上京師，蒼茫弔古，若不勝情。乘興遊岱岳，意趣甚豪。思欲窮覽寰中名勝，以行路既艱，屢變姓名，間關賦歸，深自韜晦。胸既積有塊壘，感事懷人，一託於詩。《天津西望》云：『海氣連孤塔，波光壓古城。』《舟泛浙江》云：『雲收千嶂立，水漲萬山高。』《即事》云：『馬蹄遲積雪，木末接遙天。』《憶遊》云：『銀河倒瀉乾坤小，滄海騰浮日月慵。』《渡揚子江》云：『北固斜連平樹浸，金山中立信潮分。』《抵儼石》云：『倒攜如意歌新曲，每着征衫語舊知。』《廿八都》云：『茅店更新留晚酌，野橋依舊送歸蹄。』又有『笑人爲氣候，認我是江山』之句，寄意遙遠。所著有《浩然小草》。林焜熿采本集。　道光《廈門志》卷一三《明隱逸》

楊秉機，字允中，崇禎間邑諸生，期演子。後削髮爲僧，自號鷺島遯人。北抵金陵，上京師，蒼茫弔古，若不勝情。乘興遊岱岳，欲窮覽寰中名勝，以行路維艱，間關賦歸，深自韜晦。胸既積有壘塊，感事懷人，一託於詩。《天津西望》云：『海氣連孤塔，波光壓古城。』《舟泛浙江》云：『雲收千嶂立，水漲萬山高。』《即事》云：『馬蹶遲積雪，木末接遙天。』《憶遊》云：『銀河倒瀉乾坤小，滄海騰浮日月慵。』《渡揚子江》云：『北固斜連平樹浸，金山中立信潮分。』《抵儼石》云：『倒攜如意歌新曲，每著征衫語舊知。』《廿八都》云：『茅店更新留晚酌，野橋依舊送歸蹶。』又有『笑人爲氣候，認我是江山』之句，寄意遙遠。所著有《浩然小草》。采本集。　同治《金門志》卷九《人物·列傳一·明隱逸》

按，楊秉機傳，《明遺民録》附其父楊期演傳後，另見。楊秉機《浩然小草》，道光間林焜熿修志時尚存，今佚。

楊瑞鳳

明楊瑞鳳，字和仲，仙遊人。崇禎中以武進士官遊擊，國變後退居暘谷。山寇郭爾隆竊發，瑞鳳親冒矢石，凡十一戰始解，鄉里獲全。後杜門不仕。孫静菴《明遺民録》卷三五

楊瑞鳳，字和仲，仙遊人。崇禎中以武進士官遊擊，國變後退居暘谷。山寇郭爾隆竊發，瑞鳳親冒矢石，凡十一戰始解，鄉里獲全。天下既平，竟不仕。《小腆紀傳》卷五七

楊瑞鳳，字和仲，仙遊人。崇禎十六年武進士。功陞遊擊，退居暘谷山。山寇郭爾隆等竊發，瑞鳳親冒矢石與禦，凡十一戰始解，里恃以安。天下既平，竟無意仕進，尋山水之遊。《縣志》參《楊氏家傳》。乾隆《福建續志》卷五七《國朝隱逸》

楊瑞鳳，字和仲。崇禎甲申武進士。福王立南京，巡撫檄瑞鳳署本邑團練使，遷遊擊。唐王時，署新興營事。山寇起，瑞鳳率丁壯與戰，凡十一戰始解。既隱居暘谷山。嘗作《蜂氏譜》，以寓故國之思。道光《重纂福建通志》卷二一六《明忠節・仙遊縣》

楊瑞鳳，字和仲。崇禎十五年舉武闈第二人，明年成進士。福王立南京，中丞張鯢淵檄署僊遊團練使，功陞遊擊。唐王時，以懷遠將軍署新興營事。嗣退居暘谷，山寇郭爾隆、鄭士袞率衆圍之，瑞鳳親冒矢石，率丁壯與禦，凡十一戰始解，里人恃以安處者數百家。天下既平，竟無意仕進，與黃寅陛、林之奇尋山水之遊。嘗作《蜂氏譜》，隱寓故國之思，而序之曰：『蜂之爲物雖微，稟天地清正之氣，五倫俱全，六德兼備。故其刺也，武也，而非毒也；藥也，而非小人之交也。其非君不事，寧首陽之饑者，忠也，而非河洛之頑冗也。』可以知其志矣。乾隆己巳《僊遊縣志》卷二七《人物志・明隱逸》

按，楊瑞鳳傳，乾隆《福建續志》入清隱逸傳，乾隆己巳《僊遊縣志》入明隱逸傳，道光《重纂福建通志》則入明忠義傳。乾隆己巳《僊遊縣志》卷二〇『選舉志・明武進士楊瑞鳳』下注云：『國朝順治三年，隣郡盜起，士民僉舉瑞鳳爲練總，設目兵以防不虞。』爲本傳所未載。其著作《蜂氏譜》，未見。乾隆己巳《僊遊縣志》卷三三録存其《題林自芳小影（并序）》一篇，云：『此林老先生四十五歲諫君回時小影，山人張祐筆也，故有拂袖歸來、行吟澤畔之意。余别先生十餘載矣。壬辰之亂，先生居海上五年，此影遺落楓街。適童子拾以呈余，余認其爲先生也，什襲藏之。今先生六十加六，聞其鬚髮皓白，大異此影。今年五月朔，訃聞海壇，披閲不勝浩歎，既又喜其完名不辱、蓋棺論定，乃爲之贊曰：先生令名，王香君草。氣節霜凝，才華峽倒。避跡海濱，思義明島。爲赤松君，爲黄石老。我拜先生，朝瞻夕禱。』

楊維熊

明楊維熊，字乃武，侯官人。講學於鼇江幕浦三十年，足跡不至城市。著有《周禮》、《管子詳解》、《尚書要言》。孫静菴《明遺民録》卷一五

楊維熊，字乃武，侯官人。講學於鼇江幕浦三十年，足跡不至城市。著有《周禮》、《管子詳解》、《尚書要言》。《小腆紀傳》卷五八

楊維熊，字乃武，侯官人。學志古人，不慕榮利，隱居鼇江幕浦三十年，講論教授，足跡不至城市。天性孝友，襟胸灑落。所著有《周禮》、《管子詳解》、《尚書要言》。學者稱幕浦先生。康熙《福建通志》卷四五《人物》

國朝楊維熊，字乃武，侯官人。厲志古人，不慕榮利，講學于鼇江幕浦三十年，足跡不至城市。著有《周禮》《管子詳講》、《尚書要言》。學者稱幕浦先生。《福建通志》。乾隆《福州府志》卷六三《國朝隱逸》

楊維熊，字乃武。學志古人，不慕榮利，講學於鼇江幕浦三十年，足跡不至城市。著有《周禮》、《管子詳講》、《尚書要言》。學者稱幕浦先生。《侯官鄉土志》卷三

溫夢良

溫夢良，字星郎，上杭人。事繼母盡孝。年十三爲諸生。及長，研窮性理之學，執經問字者履相接。明亡，棄舉子業，遯跡荒山，抑鬱以死。道光《重纂福建通志》卷二二三《明隱逸·汀州府》

溫夢良，性沉摯，事繼母如所生。十三歲爲諸生，研窮性理之學，執經問字者履相接。甲申後棄舉子業，多所著述，皆憂國救時之論。亦遯跡荒山，抑鬱而死。古稱逸民，此殆其流亞歟？康熙《上杭縣志》卷九《人物》丘夢彩傳附

溫夢良，在城里人。性沉摯，常言：『讀書務知大義，聖賢教人，非徒爲功名利禄之資也。』事繼母如所生。十三歲爲諸生，研窮性理之學，執經問字者履相接。甲申後棄舉子業，多所著述，皆憂國救時之論。遯跡荒山，抑鬱而死。乾隆癸酉《上杭縣志》卷五《明孝義》

葉迎

葉迎，字允受，亦廈門人。結髮從戎，以勇略累官總兵。鼎革後杜門不出，春一笠，秋一綸，徜徉海上

以終。孫静菴《明遺民録》卷二九

葉迎，字允受，亦廈門人。結髮從戎，以勇略累官總兵。鼎革後杜門不出，春一笠，秋一綸，徜徉海上以終。《小腆紀傳》卷五七

葉迎，字允受，號集五，蓮坡人。族有克疇、秉華者，並以軍功累官都督僉事。迎結髮從戎，勇略冠時，思步其武，由所籍累擢總兵右都督。明亡悲憤，杜門不出，春一笠，秋一綸，徜徉世外，以耕釣終其身。林焜熿采《家乘》。道光《廈門志》卷一三《明隱逸》

葉迎，字允受。結髮從戎，以勇略累擢總兵都督。鼎革後杜門不出，春一笠，秋一綸，徜徉海上以終。參《家乘》、《廈門志》、《明遺民録》。民國《同安縣志》卷三二《明獨行》

葉后詔

明葉后詔，廈門諸生。甲申以歲貢入京，遇國變歸。以詩酒自娛，與徐孚遠、鄭郊輩爲方外七友。後渡臺灣。著《鵜草》、《五經講義》行世。孫静菴《明遺民録》卷一

葉后詔，廈門諸生。甲申以歲貢入京，遇國變歸。以詩酒自娛，與徐孚遠、鄭郊輩爲方外七友，後渡臺灣。著《鵜草》、《五經講義》行世。《小腆紀傳》卷五八

葉后詔，同安人。爲諸生，屢試冠軍。崇禎甲申應歲貢，京師陷，未廷試而歸。以詩酒自娛，與徐闇

公、鄭牧仲輩爲方外七友。著《鵜草》、《五經講章》行世《同安志》。乾隆《泉州府志》卷五五《明向學》

葉后詔，嶺下人。爲諸生，屢試冠軍。崇禎甲申應歲貢，京師陷，未廷試而歸。以詩酒自娛，與徐闇公、鄭牧仲輩爲方外七友。著《鵜草》、《五經講章》行世。康熙《同安縣志》卷一〇《明文學》

葉后詔，中左所人。爲諸生，屢試冠軍。崇禎甲申應歲貢，京師陷，未廷試而歸。以詩酒自娛，與徐闇公、鄭牧仲輩爲方外七友。後渡臺灣。著《鵜草》、《五經講義》行世。府縣志、《海紀》。道光《廈門志》卷一三《明隱逸》

按，葉后詔傳，民國《同安縣志》入獨行傳。

葉啓蕤

明葉啓蕤，字景芝，廈門人，吏部主事翼雲姪也。幼穎慧力學。隆武丙戌，與臺灣張金棕、劉顯襄同領鄉薦，攝漳州通判。閩亡，從翼雲倡義同安。城破，遯跡蓮村十六載。居恆鬱鬱，語家國事，輒嗚嗚哭不止。康熙癸卯，鄭氏亡，啓蕤齎志以殁。孫靜菴《明遺民録》卷三三

葉啓蕤，字景芝，廈門人，吏部主事翼雲姪也。幼穎慧力學。隆武丙戌，與臺灣張金棕、劉顯襄同領鄉薦，攝漳州通判。閩亡，從翼雲倡義同安。城破，遁跡蓮村十六載。居恆鬱鬱，語家國事，輒嗚嗚哭不止。康熙癸卯，鄭氏亡，啓蕤齎志以殁。《小腆紀傳》卷五七

葉啓蕤，字景芝，號際國，蓮坂人，進士翼雲姪也。幼警慧，力學攻書，善屬文。崇禎六年癸酉補弟子員。唐王入閩，丙戌開科，與島人張金棕、劉顯襄並領鄉薦，攝漳州別駕。閩事壞，從翼雲倡義起兵，守同安。城破，屏跡蓮村十六載。居恆鬱鬱，以書史自娱，語及國事家難，輒嗚嗚哭不自止。癸卯島變，齎志以歿，闔家流離，年五十有七。子錫蕃，字康侯，官通政察言司使。《家傳》、林焜熿采。道光《廈門志》卷一三《明隱逸》

葉啓蕤，字景芝，吏部主事翼雲姪也。幼聰穎力學。隆武丙戌，與臺灣張金棕、劉顯襄同領鄉薦，攝漳州通判。閩亡，從翼雲倡義同安。城破，遁跡蓮村十六載。居恆鬱鬱，以書史自娱。語國家事，輒嗚嗚哭不止。康熙癸卯，鄭氏亡，啓蕤齎志以没，年五十七。參《家傳》、《廈門志》、《明遺民録》。民國《同安縣志》卷三二《明獨行》

按，據道光《廈門志》等載，葉啓蕤卒於清康熙二年癸卯（一六六三），年五十七歲，據此上推，其當生於明萬曆三十五年（一六〇七）。

董養河 董謙吉附

董養河，字叔會，閩縣人。博極群書，長詩賦。歲貢，廷試特授工部司務。適漳浦黄道周下獄，中書文震亨等疏救，下錦衣衛拷問，供養河與楊廷麟、馬思理、陳天定等爲道周黨，並下獄，禍且不測。養河不少芥蒂，日與道周及濮州葉廷秀唱和，號曰《西曹秋思》。嗣道周獄解，乃還養河原職，陞戶部主事，遷員外郎。卒。著有《羅漢閣解書》及奏草、詩評、雜文若干卷。兄養泓，有文名，任宿州司馬。子謙吉，崇禎辛未進士，歷任戶部員外郎。晚歲怡情山水間，有識之者，多饋酒殽，便欣然大醉。後卒。康熙《福建通志》卷四五《人物》

董養河，字叔會，廷欽子也。少負殊質，博極群書，而刻苦彌甚。歲裹糧入鼓山，扃戶討論。董應舉歎曰：『吾家復見一江都耶？』黃文煥自永福來，築室羅溪，傍養河居，相與切劘。崇禎十五年，以歲貢被旨，特賜進士，授工部司務。與黃道周、黃景昉、倪元璐、蔣德璟爲金石交，相與憂憤時事，揣摩軍國，過從無虛日。道周糾楊嗣昌奪情，忤旨勘問，詞連養河及編修黃文煥、吏部主事陳天定、中書舍人文震亨，並下獄。帝怒不測，將置極刑，養河處之泰然，日與道周唱和，爲《西曹秋思集》。十五年，道周起用，養河亦還職，進戶部主事。三疏請自劾，語觸樞臣忌諱，留中不報。因密訪智勇俊傑可爲疆場前驅者，得六十七人，薦之朝廷，以備採擇。諭旨報可。其前列蔣一个，竟以布衣授戶部主事。十六年，遷員外郎，兼兵科給事中。繼命監督九門，又命監蕪湖鈔關，命下而養河卒。子謙吉，字德受，爲文蒼莽，自成一家。提學葛寅亮試高等，趣之見，曰『文章氣節士也』。崇禎辛未成進士，授建寧教授。踰年遷國子監博士，歷戶部員外郎。奉命督鑄湖廣，爲猾胥所中。事白還職，遷陝西副使。致仕歸。福王、唐王相繼召，俱不起。唐王亡，謙吉爲僧，遁之越中。尋旋里，遁山寺，日縱酒卒。道光《重纂福建通志》卷一九六《明列傳·閩縣》

董養河，字叔會，閩縣人。鼎革後，偕其子謙吉僑寓古田工部主政鄭之特家，之特延爲子姪經師。每酒酣劇論，談及先朝附璫悞國諸臣，輒爲髮指。乾隆《古田縣志》卷七《明流寓》

按，康熙《福建通志》董養河本傳，未載卒年，道光《重纂福建通志》則言『命下而養河卒』，似卒於甲申以前。然據乾隆《古田縣志》流寓傳所載，『鼎革後，偕其子謙吉僑寓古田』，則入清後尚在世。董養河著述，道光《重纂福建通志》卷六七《經籍志》著録《羅溪閣書解》、《董叔會奏草》、《羅溪閣詩評》、《羅溪閣韻語》、《羅溪閣雜文》、《杜詩注》、《西曹秋思》等。《羅溪閣韻語》下及《四庫全書總目提要》謂『羅溪乃閩中地名，《通志》乃作羅漢，誤』。

董謙吉附董養河傳後

雷元明雷駿鳴、巫日如、伍福綏、王某附

雷元明，字左青，寧化諸生。明亡，元明偕弟駿鳴同棄諸生，與李世熊同志，交相得也。駿鳴字賡颺，既棄衿巾後，時時長號移晷，狂走村落間，人莫測其故。子焻，字幼韞，承父志不出，著有《幽尋》、《幼韞》諸集。黎士弘稱其『奇情奧衍，父子間自成一家』。寧都魏禧比之『登太華、上青柯，足蹻踵跛，目不得瞬』。焻終於布衣。時同邑巫日如、伍福綏、王之麟、王某，俱終隱不出。日如、福綏皆諸生。日如性

孝友，授徒所得脩脯資，悉進奉雙親及二弟。福綏字又成，一字戶山。友人邱眉初能文而酷貧，福綏以貲佽其婚。之麟字振子，以薦辟官職方主事。王某者，當流寇侵城時，嘗鬻產募勇士全城。道光《重纂福建通志》卷二二三《明隱逸·汀州府》

雷元明，字左青，邑諸生。明亡，元明偕弟鳴駿同棄諸生，與李世熊同志，交相得也。鳴駿既棄衿後，痛哭累日。每值時節祀先，即長號移晷，走狂村落，散其鬱陶，人莫測其故。著《賡颺詩集》。張其惝序曰：邑處士雷賡颺先生，少英異，以天下爲己任。會鼎革，棄青衿，鍵戶不出，終日蓬首坐，擁卷浩歌。偶及故公，輒悲鳴不已。噫，先生之志苦矣。子焻，承父志不出，著有《幽尋》、《幼韞》諸集。黎士弘稱其『奇情奧衍，父子間自成一家』。寧都魏禧比之『登太華、上青柯，足蹻踵跛，目不得瞬』。焻終於布衣。同時巫日如、伍福綏、王某，俱終隱不出。日如、福綏皆諸生。日如性孝友，授徒所得脩脯資，悉進奉雙親及二弟。福綏著有《尚書集義》二卷、《戶山集》二卷。友人邱眉初能文而酷貧，福綏以貲佽其婚。王某者，當流寇侵城時，嘗鬻產募勇士全城。民國《寧化縣志》卷一六《明高士傳》

按，雷元明弟，道光《重纂福建通志》、康熙《寧化縣志》等均作作『駿鳴』；民國《寧化縣志》作『鳴駿』，當誤。又，康熙《寧化縣志》卷四雷氏媢傳中有『其兄雷駿鳴』，亦可證。

雷民望

雷民望，又名易，字朗生，泰寧諸生。父開先，字龍起，以博學稱。民望性孤峻，早失偶，潔居數十年。

明亡，匿跡棲雲巖以老，顔其居曰『藕孔』。道光《重纂福建通志》卷二二三《明隱逸》

雷民望，又名昜，字朗生。諸生。性孤峻，早失偶，潔居數十年。明亡，匿跡棲雲巖以老，顔其居曰『藕孔』。所著有《瓢草》。乾隆《邵武府志》卷一七《明鄉賢》

雷民望，又名昜，字朗生，開先子，明諸生也。性孤峻，有雲林之癖。早失偶，潔居數十年。甲申後，匿跡棲雲巖，歌哭無時，顔其居曰『藕孔』。所著有《瓢草》，修《泰寧志》。乾隆《泰寧縣志》卷九《人物志·明隱逸》

按，雷民望著述，府縣志本傳作《瓢草》，道光《重纂福建通志》卷七九《經籍志》又著録《藕孔詩》一種，不知是否别爲一書。乾隆《泰寧縣志》謂其『修《泰寧志》』，即康熙十年修《泰寧縣志》，與江應昌同任總纂。今清康熙十一年（一六七二）刻本《泰寧縣志》卷首《重修邑志姓氏》署『逸士雷民望』。

雷羽上 雷羽翀附

雷羽上，字扶九，寧化人。崇禎壬午舉人。天性孤峭，簡酬接，與李世熊善。唐王稱號閩中，踰年夏，邑有黄通之亂，襲城邑，擄巨室。漳南兵巡道于華玉提兵駐郭外，議勦撫，未決。通乘懈執華玉，褫辱署知縣朱堺而縱之，士民遑遽攖城守。羽上偕世熊荷戈城頭，羽上揖世熊曰：『時事云何？』世熊曰：『鼠子何能爲？一能令撲之立燼矣。』曰：『非此謂也，問天下事耳。』世熊默然久之，曰：『女叔寬有言：

「支天所壞，不亦難乎？」』羽上曰：『親疾雖不可爲，寧可置勿藥耶？』八月，大兵入閩，唐王亡，羽上慨然太息曰：『三百年禮文豢武，求一丁斐、凌統無有也，豈不哀哉。』因泫然久之。遂同世熊隱於泉上之陽遲山。每論當世人品，曰：『見危致命者，上也；歷險從主、死生無二者，次也；屏家室、遯窮荒、聊明素志者，又次也；若浮沉闤闠、豢飼血軀、去屈辱從時者，一間耳。』兄羽翀，字六息，邑諸生。明亡，偕隱不出。道光《重纂福建通志》卷二二三《明隱逸・汀州府》

雷羽上，字扶九，崇禎壬午舉于鄉。羽上天性寡可，風岸孤峭，外粥粥若無能，而一往淵渟，難爲涯涘。居家孝友雍肅，醇若嬰孺。至于形義正容，嵬嶽拔地，視賁育猶女婦也。丙戌六月，邑有長關襲城之變，士民遑遽膺城守。羽上在城頭遙就李生揖曰：『時事云何？』李曰：『鼠子何能爲？一能令撲之立燼矣。』羽上曰：『非此謂也，問天下事耳。』李默然久之，曰：『汝叔寬有言：「支天所壞，不亦難乎？」』羽上亦舉成語以復曰：『親疾雖不可爲，寧可寘勿藥邪？』李遂不能答也。羽上遂同其友隱于溫泉之陽遲山。是山萬嶂迴阻，晨曦不交，人間亭午，光始射簷，故曰『陽遲』也。其時冬雷震虩，雨雪雜下，茅屋三間，上漏下濕，寒燈不熒，燼隕如涕，午夜濾聲若噫者，其友曰：『悔此寂寂乎？』羽上揚聲曰：『曷爲然？思欲穿天穴地、填海移山，未得頭緒耳。』自此遘疾，斷葷蘗，披緇如釋子。壬辰，詔責天下孝廉不會試者以逆論，羽上乃就試，竟以疾篤不能成篇罷歸，鬱鬱寢疾死矣。始羽上常同甲某乙某走李忠定祠，徘徊瞻拜，讀其詩，伏地哭不能起。既茹涕而歸，淚絲漬面，道上人以爲上冢悼亡，不知其故也。方戊巳間，江廣叛變，割據省郡，東南大震。或問若人有濟否，羽上歎曰：『子不聞蕭湛之言乎？凡舉大事，當得天下奇士。今但與博徒庸奴謀之，立見荆棘生庭戶耳。』已而漸次敗殄，悉如羽上言。蓋羽上嚴氣正性，而定識通務如此。惜乎志與時違，才爲勢格，擊殺焚和，慰瞀而死，可哀也已。康熙《寧化縣志》卷四《人物志·先憲》

嗚呼，明孝廉雷君之墓。君諱羽上，字扶九，崇禎壬午舉于鄉。卒之二月，去所生甲寅僅四十一年。君天性寡可，風岸孤峭，外粥粥若無能，而一往淵渟，難爲崖涘。既簡酬接，庭戶蕭閑，及遇鯁樸蹶張、矜氣借軀之徒，亦周旋之，恐失如有所用之者。居家孝友雍肅，醇若嬰孺。至于形義正容，嵬嶽拔地，視賁育猶婦女也。晚交世態，不締而親，蓋臭味之表，别有淪浹。君速化而某未死，非某誰當表君者乎？初某于君，儔人中一揖而已。丙戌夏，邑有黄通之亂，襲邑城，殺族衿，擄巨室。漳南兵巡道于華玉提兵駐郭外，議勦撫，未決。通乘懈擄執華玉，褫辱署令朱墀而縱之，士民遑遽膺城守。君在城頭，遥就予揖曰：『時事云何？』予曰：『鼠子何能爲？一能令撲之立燼矣。』君曰：『非此謂也，問天下事耳。』予默然久之，曰：『女叔寬有言：「支天所壞，不亦難乎？」』君亦舉成語以復曰：『親疾雖不可爲，寧可寘勿藥耶？』予蓋不能答也。八月，清師入閩關，隆武棄延平走汀州。清人以四百騎攝駕垂及矣，君慨然太息曰：『三百年禮文豢武，求一丁斐、凌統無有也，豈不哀哉。』因泫然久之。遂同某隱于泉上之陽遲山。是山萬嶂迴阻，晨曦不交，人間亭午，光始射簷，故曰『陽遲』也。其時冬雷震虢，雨雪雜下，茅屋三間，上漏下濕，寒燈不熒，燼隕如涕，兩人擁絮不寐。午夜，有濾聲若噫者，予問：『悔此寂寂乎？』君揚聲曰：『曷爲然？思欲穿天穴地、填海移山，未得頭緒耳。』其後每夜危對談，寂籟沉，雙眸炯注，洞燭寰外。

度其熱血炎霄，雄思溢地，當有霆電繞床，神靈環集，似可鞭石以就鼉梁，亦可推騰日魄于海底，雖想搆紆險而苦誠可哀，非予不闇矚之、闇解之也。君自此託疾，謝公車，斷葷蘗，披衲如釋子。順治壬辰，詔責天下孝廉不會試者以叛論。於是君之尊人老矣，或謂君曰：『保身有爲，保親有後，子盍行諸？』君乃强就試，仍以疾不成篇罷歸。所過敗營降壘、頽關圮堞，莫不仰天心摧、俯地足蹐，如失群之鳥反巡故鄉，翔回鳴號，而繼以躑躅也。嗚呼，悲矣，亦竟鬱鬱寢疾死矣。始君常同甲某乙某走李忠定祠，徘徊瞻拜，伏地哭不能起。虜邏者之及也，茹涕而返，道上人見淚絲潰面，以爲上冢悼亡，不知其故也。每論當世人品，必曰：『見危致命者，上也；歷險從主、死生無二者，次也；屏家室、遯窮荒、聊明素志者，又次也；若浮沉闤闠，豢飼血軀、去屈辱從時者，一間耳。』方戊巳間，江閩義師割據省郡，東南大震。或問：『若人有濟否？』君歎曰：『子不聞蕭湛之言乎？「凡舉大事，當得天下奇士」，今但與博徒傭奴謀之，立見荆棘生庭戶耳。』已而漸次敗殄，悉如君言。予悲其衡慮幽山，欲大展其未竟，勢格事阻，灑涕荒祠，與皋羽西臺之慟、水雲城隅之泣，愴裂何異？乃至絶甘茹苦，託跡緇流，摰殺焚和，慰瞽而死，昔之喞刃拜酖，陽瘖匿盲，亦易地皆然矣。悲夫，君伯氏太息之言曰：『家弟著作未就，虜淹抑千秋。』斯言過矣。夫牛牢頑志于子陵，馬宏比節于子卿，牢、宏事佚國書，名彰千祀，斯於著述何有哉？方正學責廖鏞曰：『讀書幾年，不識一是字。』成祖亦譏學士王達不識一難字，蓋謂殉難之難也。元世祖以提舉授蕭𣂏，𣂏不受。而灌園史氏謂『元祚百年，惟蕭𣂏識字』。豈廖鏞、王達與蒙古一代人才，皆不能著書滿車、軸文如杵乎？蓋必如吾扶九者，斯可謂之讀書識字耳。予故大書之，以表其墓，後之志士貞人，必有過斯而延竚太息不能去者

矣。後死友人李世熊書。李世熊《寒支初集》卷八《雷孝廉墓表》

按，乾隆《汀州府志·選舉志》『崇禎十五年壬午何承都榜』有雷羽上，注云：『明亡，發狂死。』恐不確。

雷羽翀附雷羽上傳後

雷駿鳴附雷元明傳後

卷　六

熊興麟

熊興麟，字維郊。崇禎癸未進士，知宜興縣。未幾，北都覆，福王立南京，大江以南盜賊蜂起，飛蝗遍野，民死亡者十四五。興麟慨然曰：『此人臣效命之秋也。』於是戢奸禁暴，加意噢咻，凡無名賦，蠲除殆盡。巡行四境，察形勢要害，令民立柵結壘相保聚。他邑山寇多白晝肆掠，獨宜興無患。南都亡，興麟歸里。唐王自立閩中，以蘇觀生、何吾騶薦，起禮部主客司主事，轉御史，隨閣辦事。唐王亡，奔粵東謁桂王，畀以原官，出巡湖廣。既而大清兵入楚，興麟方巡辰州，爲總兵官所執，羈栖辰州，坐臥一小樓，七年釋歸，卒。道光《重纂福建通志》卷二〇二《明列傳·永定縣》

熊興麟，永定人。崇禎癸未進士。授宜興令，有惠政。歷湖廣監察御史。順治丁亥，大師至辰州，羈繫八載放歸。乾隆《汀州府志》卷三〇《明人物》

熊興麟，號石兒。由進士授宜興令，潔己愛人，耗費盡革，存撫字於催科，歲課自足，尤重學校，以敦教化，獎善興賢，而訟獄囊息。時屬明季，寇亂洶湧，即聯絡城野，立團練法，賊不敢犯，故民不苦盜。江院特薦治行第一，擢禮部主事。旋以材堪任劇轉河南道御史，出按三楚，激揚彈壓，墨吏斂輯。適左帥横悖，尤能裁折之，使不敢肆，故民不苦兵。未幾鼎革，遂還里居，遯迹村野，不問外事。郡邑有司每諮訪所疑，又不憚縷陳，爲鄉里興利除害。年八十有九，尚康强也，微疾而卒。爲人豁達大度，善草書，自成一格。多所藴蓄，未罄所施，然楚人設位尸祀，至今猶思之。其在部所上時務，人皆稱中機宜，雖古名臣曷過焉。康熙《永定縣志》卷一〇《續增·名臣傳》

公諱興麟，字維郊，號石兒，閩之永定人。熊氏自江陵遷閩，世有潛德。母鄭太安人，夢龍繞松間行水，勺而飲之，因娠公。公生而秀穎異凡兒，就外傅，已通經史大旨。弱冠補諸生，即以制義掉鞅壇坫間。制義沿至啓、禎朝，龐雜已甚，其矯枉者尤詭誕不可訓。公獨秉經酌雅，力摹唐宋諸大家。漳浦黄石齋先生，稱其雄渾勁健，一洗浮靡，足覘立朝節概。遂以崇禎壬午舉於鄉，聯雋癸未進士。越明年二月，除知宜興縣。當是時，闖、獻交訌，中原鼎沸，不旋踵而北京覆没。南都二三大臣擁立福藩，建元弘光。馬、阮亂政，用宿黨相攻擊。而大江以南，蝗蝻遍野，萑苻蜂起，民死亡者十四五。公慨然之任，曰：『今日正人臣效命之秋也，吾其敢苟且爲耶？』於是杜苞苴，平訟獄，戢奸禁暴，加意噢咻，一切無名賦役，蠲除殆盡，吏胥拱手行文書而已。間復巡行四方，察其形勢要害所在，俾民立柵結壘，控禦綢繆，以相保聚。他邑山寇多白晝肆刦掠，而荆溪一路猶熙熙有承平遺風，四境德公如慈父母。江院某力奏公治行第一，朝命未下，而左師難作。王師已定金陵，而公亦知其不可爲，亟拂袖而歸。然南都雖陷，而唐藩復立閩中，建元隆武；桂藩亦稱號永曆，駐粤肇慶。時王師尚未逾嶺，自閩粤而西，豫章、楚、蜀、滇、黔，一時逋播遺臣，相與出死力爲勝國守者，猶大有人，而公尤以宜興最績屬人望。隆武詔徵耆舊，大學士蘇觀生、何吾騶等交章起公爲禮部主客司主事。尋轉河南道御史，隨閣辦事。未幾，閩事敗，何吾騶奔粵，復擕公謁永曆於行在。奏對稱旨，畀原職視事。踰年，出爲湖廣監察御史。公時由閩如粵，過家僅一宿，問關事主，不避艱危。雖立小朝廷，而垂紳正笏，風采端凝，義所不可，和悅而諍。巡歷湖南六郡，潔己率屬，撫綏尤至。楚人尸祝，如宰荆溪時。諸大老咸加器重，爭欲疏薦公，以爲當偏隅板蕩之日，而弘濟時艱，不動聲色，屹然有治世大臣風度云。丁亥冬，王師四出，楚中望風驚潰。公方巡辰州，爲總兵官馬某所執，逼令薙髮納敕印，且以溫語勸之仕。公布袍葛巾，從容詣轅門，求放歸終養。馬某心弗善也，即與巡道李某比而齮齕公。初以敕印馳繳恭王，將逮公抵長沙，同敕印送京。會有金何之變，不果逮。已而李某復送公至督府，咨押入京，部以敕印不至，仍押還楚，解恭王核實。而恭王方開西南，軍機倥傯，亦竟不果解。由是李不聽公去，公遂羈棲辰陽者先後幾七年，坐臥一小樓，辰人供帳弗絕。日對老蒼頭，形影相弔，屢瀕於危，屹不爲動。雖慷慨傷懷，時時念兩尊人不置，迄無幾微震慴見顏面，蓋忠孝其天性也。居無何，李某罷去，而新接道篆者劉昇祚，憫公忠節，一見輒握手語曰：『向者朝廷猶下詔求遺逸，其不願赴者聽之。先生即不應聘，盍宜以黃冠歸故里，而顧令淹留至今，是有司之過也。』立檄辰守，取公呈投院判，允回籍。公至是始得以其完名全節，稱前進士終老於家矣。家居四十餘載，齒德彌尊，絕口不言天下事，惟杜門掃軌，日以讀書養志，課子孫自娛。時與二三知友，流連於圍碁文酒間，舒情嘯詠，弄月吟風，以寄其浩浩落落不可一世之概。而亦未嘗憤時嫉俗，傲然以名節凌人，衣冠眉宇，一如素履無少渝。其高風亮節，人士翕然宗之。相國真定梁公及宛平王父子，並以同譜世誼欽其名德，每當事出都門，必屬以相訪。公亦不肯輕請謁，或有大興革，造廬相商，然後批卻導窾，一啓其端，桑梓陰食福焉。閑居每覽前明遺事，欷歔嗚咽不終卷。過通衢見崇禎劇，亦相對掩泣而罷。在辰陽時，左右病甚，夢城隍神請見儀門，授以藥。翼日，居民果舁神像抵其處，病竟得痊。北出下别業石井久涸，爲文以祭，一夕而泉湧，人以爲皆公忠誠所感。所著《素園詩歌》數百章，悉清新雅健，歸於和平，無前朝遺老習氣。時以其詩作行草，醉墨高古，如虬枝雪幹，偃蹇寒崖，得之者輒藏弆以爲雙絶。既老而神明不衰，眼不懸靉靆，手不拄杖藜，譙集遊譚，軒軒如少年豪舉。壬申，伯子昭塵宰秦川，迎養署中，時年八十七，猶能秉燭閲官書，出其所以治吴楚者相指授。浙東士女爭引領識公，目爲神仙中人。享年八十有九而終。

論曰：士君子抗懷忠孝，百折不回，意其中必有所自得而不求人知，而人亦莫之知也。方順治初，我世祖章皇帝詔求前明遺臣，故匿者有罪。令爾時公稍遷就，富貴立至；即不然慷慨赴死，在烈丈夫，亦自易易。而何至以八年逋播臣，爲奴隸人所辱乎？然吾竊嘗揆公忠孝本懷，實有耿耿不自安者，以爲隨則背君，激則忘親，不得已而出於梁震之策，棲隱荆臺，稱前進士以歸。而向之齮齕公者，亦適所以成其志而予之名也已矣。公歸自辰，抵汀，聞封翁訃，輒拊心泣血曰：『天乎，吾所以羈辰陽者，徒以親在故也。今父歿矣，吾何用生爲。』嗚呼悲哉，忠耶孝耶？其孰能知之耶？邱嘉穗《東山草堂文集》卷四《前進士湖廣巡按御史熊公傳》

公諱興麟，字維郊，號石兒。系出楚之江陵。其先世號仁齋者，始入閩，遷居永定湖雷鄉。是爲永熊鼻祖。五傳至隱齋公，大其業。曾祖瑞堂，祖愛湖，俱有潛德。父復吾，醇樸慈祥，好行善事，以公貴累封承德郎。前母吳氏，累贈安人。母鄭氏，累封安人。封翁男七，吳安人生者一，鄭安人生者六。公行二。方安人妊公時，夢屋側喬松一株，龍繞其上，灑水於下，取而吞焉，遂有身。公生而孝友，就外傅讀書，明大義。秉經酌雅，酷嗜韓、蘇諸大家。壬申補弟子員，文望日隆。時漳浦黄石齋先生，詞壇領袖，稱公文雄渾勁健，不特可式浮靡，且可卜其異日節概。壬午雋於鄉，癸未成進士。服御言動，一如素履無少渝。甲申二月，除知南京宜興縣。值鼎沸，大清平廓西北，南州擁立福藩，國事搶攘，公蒞任不以苟且爲心，蠲苛役，杜苞苴，訟獄衰息，吏胥拱手。時萑苻四起，公與民綢繆捍禦，荆溪一帶獲寧宇。司理何家駒剡江院具疏特薦，命未下。乙酉，王師定金陵，公解綬歸里。唐藩建號閩中，徵起者舊。大學士蘇觀生，稔知公居官廉惠，題禮部主客司主事。丙戌，大學士何吾騶奇公才，疏轉河南道御史，隨閣辦事，豐采端凝，和悦而諍，諸老感器重之。未幾閩事敗，何閣學攜公由粤東入肇慶。時王師尚未踰嶺，粤西、滇黔、川蜀，尚爲勝國固守。桂藩駐肇慶，開行在，畀公原職視事。明年丁亥，遣公巡按湖南。歷靖辰數郡，雖當偏隅板蕩，公正己率屬，愛養作興，廉察撫綏，辰人德公如慈父母，家戶咸尸祝焉。其冬王師入辰，總兵馬蛟麟請公出。公布衣葛巾，詣馬營。蛟麟曰：『先生其仕乎？』公答以父母年高，子職久曠，願放歸終養。蛟麟心弗喜。會同巡道李藻將敕印先解長沙，啓請恭王、智王、淮王令下，解公赴軍前。鎮、道正備文起解間，適江西提督金聲桓反，粤西何騰蛟又師出長沙，邊警張皇。三王見四處蠢動，放舟直下武昌，因不果解。戊子，金、何平，三王奉旨回京，公遂羈栖辰陽。己丑，黔中總兵張先璧逼辰陽，李藻慮公叵測，送至督府。總督羅錦嘯曰：『先生早當乘時利見，奚爲觀望不前？』遂差官咨解至燕。公呈部求歸農終養，部不允。

以無解敕印舊案，仍發回楚。蓋緣當日鎮、道以敕印先解三王，三王欲俟公解到，同敕印解部，值金、何變故，旋又回京，竟未解部，故無舊案可稽也。總督轉發巡道，候解恭王核實。時恭王正在開復廣西，軍務旁午，未便咨解，仍復羈栖辰陽。鬱鬱數載，四顧無親，艱難萬狀，公惟挈定大意，舉一切可驚可愕、危疑悲忧之情，了無動於其中，無幾微悚惕見顔面。所不能已者惟兩尊人，倚門一念，時相耿耿耳。庚寅冬，李藻離任，新道劉昇祚接篆。一見公，即知公坦白無他，慨然曰：『先生悃愊如許，即以黄冠歸故里，奚不可？頻年淹滯此間，是有司之過也。』命取公呈，檄辰守王任杞詳院，批准回籍。癸巳四月，抵汀，聞封翁訃，仰天泣血曰：『吾所以羈栖辰陽者，徒以父母在耳。今父殁矣，吾何用生爲？』絶粒者數日。又念老母在堂，無以承歡，遂耑歸襄事。時太安人七旬無恙，公得以養志承顔者閲廿有一載。辰陽耿耿之懷，亦可慰藉無憾矣。優遊林下，不輕請謁。郡邑大夫，時有興除，造廬相商。公直陳利弊，無不披肝導窾，裨益桑梓者弘多。公天性含弘，澂不清，淆不濁，絶類黄叔度。五七言數百章，愁皆瀝血陳情。草書得懷素之髓，丐弆者雜沓，揮豪無倦容。壬申，八十有六。長君昭應，作宰奉化，迎養衙齋，猶能燈下閲官書，出其所以治荆溪者，一一指授長君，奉化遂以大治。家居四十餘載，高風亮節，人士翕然宗之。乙亥十二月初七日，終於正寢。遙數誕期，距前明萬曆丁未，享壽八十有九云。元配鄭氏，累封安人。次配陳氏。鄭安人生於望族，年十六歸公，孝敬溫莊，極得翁姑歡。公莅宜時，隨尊章之任。祇上惠下，各有儀則。一鋌一絲，悉上太安人。丙戌而後，公巡楚栖辰，安人在家侍兩尊人，甘旨躬親，腆潔維新。時變亂蜂起，米珠薪桂，兩尊人流離逃竄，積勞成疾。安人鬻簪珥、視醫藥，顛沛造次，未嘗少怠。及封翁病革，安人以公不及親視含殮，悲號血淚。封翁呼而前曰：『吾兒爲國事飄流八載，賴爾孝養，心神畢瘁。願爾子成立，紹箕裘以振家聲。凡附身附棺，種種如儀。』桑梓稱婦德者，必以安人爲首。得子雖遲，無姑息愛。及長君獲舉鄉薦，謁選，安人開顏之餘，爲申屬曰：『汝父壯登第，半生淪落。若當官，厚自愛，以展爾父未竟之緒，使吾二老歡心。』安人可謂達於大義者矣。妯娌七人，同心黽勉。好施興，族媚貧無依者，慰問撫卹，曲有恩意。被安人德者，未嘗不如戴公之德，交口稱頌也。春秋符公八十有九，後公三年。丁丑七月初六日，考終內寢。公子三人：長昭應，辛酉舉人，奉化知縣，鄭安人出；次錫應，拔貢生，先卒；三景應，邑增生，俱陳出。女三人：一適供事孔宗瑞，一適□□紱，一適邑增生盧彥彧，俱陳出。孫十四人。昭應出者七：光史，邑庠生，先卒；光佑、光煒，俱邑廩生；光賢，郡增生；光大、光振、光貽。錫應出者三：光晉，先卒；光烈、光覲。景應出者四：光祖、光禮、光禧、光祺。曾孫五人。揚訓、聰訓，光史出。德訓、皇訓，光佑出。懋訓，光賢出。將以辛巳歲八月合葬公與安人於金豐里河靈村，預期徵銘於予。予與公生同時，第同譜，仕同官。子美云：『用心霜雪間。不必條蔓綠。』予與公尤同志。癸酉公抵剡署，予嘗乘雪夜之舟，最稔公狀，爰爲之銘。銘曰：

豐於德，嗇於時。石其節，利安施。豈人也，天爲之。家鉉翁，坐支頤。服乃萊，舞傲傲。砌有蘭，揚猗猗。天倫樂，毗在茲。乘除理，夫何悲。內助賢，尤所稀。婦也子，母也師。雙矍鑠，皓齊眉。諦而觀，恍瑤池。河之靈，石嵯嵯。蜿蜒下，秀更奇。二老者，奠厥居。靈氣鍾，萬年祺。

賜進士出身、提督福建學政、雲南道監察御史、乙酉主考、丙戌福建同考兼禮科給事中、徵仕郎、行人

司行走、年眷弟林必達頓首拜譔。林必達《賜進士承德郎巡按湖廣御史石兒熊公暨元配敕封安人鄭太君墓誌銘》，載《素園遺稿》卷首

熊公興麟，以御史奉永曆帝命，巡按湖廣，堅貞大節，家東山先生所作傳，備極詳核。予讀公年八十五《自述》，竊謂尚有一二應入傳中者。疑當時有所諱而不敢載。乃援昌黎《張中丞傳後敘》例補之。永曆二年戊子，爲清順治五年，永定版圖入清已二載。公羈拘辰陽，家中人居豬媽樓，不肯順清，爲奸民告訐。知縣趙廷標會同遊擊賀國相、高良貴發兵圍之。樓破，闔門百餘人焚殺殆盡。公兄九明，弟子宇，生員熊亦楚、熊鍾麟均殉焉。公父母以年老獲釋，乃籍没公田產屋宇。一門忠義，甘殉先朝，非所謂『地維賴以立，天柱賴以尊』者歟？公《自述》分二十節，都萬餘言。其要語曰：『予生不逢辰，艱難鼎革。開天地以來，一見於元，再見於清。半生功名，博一甲榜，誓志不仕二姓。長臥東山，獨寐寤言，憤衣冠之倒置，恥犬羊之同群，與木石居，與鹿豕遊，苟全性命於亂世，不求聞達於諸侯。時而飲酒賦詩，以瀝血陳情；時而含飴弄孫，以忘憂度日。謝疊山《卻聘書》，求爲宋處士足矣。』公之滿胸悲憤，言之沈痛如是。傳云：『公所著《素園詩歌》，悉清新雅健，歸於和平。』予又疑東山未讀公詩。公《贈社友張聚九》云：『讀書尊氣節，豈爲奇窮遷。厭亂天難信，憂時性自然。血枯心不死，氣養骨尤堅。古道於今少，我懷君獨賢。』《感憤》云：『猶憶生來頗激昂，於今瑣尾自心傷。炎涼世態能銷骨，反覆人情怕冷腸。髮可衝冠無奈短，髯雖如戟苦難長。天公老去青黄混，我輩空餘白眼狂。』《揚子江中望金陵》云：『南流飛棹月星横，舊恨新愁那處鳴？楚水江騰無静浪，吳山風怒盡悽聲。遙思采石人何在，遠拜孝陵淚欲盈。

故國河山非昔日，休逢父老問前情。』又《謁皇陵》云：『不識獻靈哀痛否，微臣遙拜淚盈盈。』是豈和平之音乎？尚有《不仕》、《婦不嫁》等篇，爲公述志之作。至《中秋不見月》云：『安得知微開積晦，普天復見舊嬋娟。』不忘故國之情，隨在流露。東山特諱而不敢質言耳，非公詩定評也。公詩定評，惟公自言『瀝血陳情』足以當之。又王船山先生撰《永曆實録》，列公於死節傳上。船山晦遁荒山，傳聞異辭，在所不免。如公籍福建而曰四川，巡按湖廣而曰貴州，被執辰州而曰黔陽，同執爲李廣生而曰李芳先，統兵爲恭、智、淮三王而曰孔有德，解至武昌、曾一度至燕而曰常德。全傳敘述幾無一合。公之大節，在羈禁辰州縣歷七載，坐臥一破屋，臭穢不堪，威逼利餌，百折不回，卒以完節終。公非不能死也，一死非難，瀕萬死而不變其節爲尤難。明季永定詹、熊二公，皆生湖雷，人以比宋季文、謝二公云。詹公名天顏，詳《寒支集·詹大中丞傳》。《明史》附樊一蘅傳，誤爲龍巖人，以湖雷舊爲龍巖驛也。丘復《明季熊御史傳補》，載《素園遺稿》卷首

鄢正亨

鄢正亨，字孔昇。諸生。明亡，不應試。或勸之行，以無資斧辭。或贈之，即沽酒命醉。終老山中。道光《重纂福建通志》卷二二三《明隱逸·福州府》

鄢正亨，字孔昇。崇禎邑諸生。丙戌後，遂不應試。或勸之行，以無資斧辭。或贈之，即沽酒，命酌盡醉，卒不行。隱於深山，終身不入城市。乾隆《永福縣志》卷八《人物·明隱逸》

鄢正衡

正衡，字德銓，又字阿平。邑諸生。善詩古文，與正畿齊名。以三兄皆殉節，悲不自勝，作《三愚合傳》。會當貢，不就試，提學促之急，正衡往受題，不作文，大書曰：『青史不可没，忠孝本吾心。』遂爲蹇庵僧，更名正行。道光《重纂福建通志》卷二一五《明忠節傳·永福縣》鄢正衡傳附

鄢正衡，字德銓，又字阿平，亦正畿弟。爲邑諸生，善詩古文，與正畿並名。丙戌後，正衡見兄三人先後皆以節終，悲悼不勝，作《三愚合傳》。辛卯，以積餼當貢，不就試。督學促之急，正衡往受題，不作文，假寐至午，書卷首曰：『青史不可没，忠孝本吾心。』遂起納卷。督學憐之，置不問。出，髡爲蹇菴僧，更名止行。居小白渡，作《小白渡志》。種藥教授，著詩文若干卷。室人早卒，不再娶，無子，以僧終。乾隆《永福縣志》卷八《人物·明義烈》

鄢正衡，字阿平，永福人。縣之山川峻峭，多產異才。遠不具論，入明以來，前輩黄文煥、張世堪、林弘祖諸公，皆能文章名當世。正衡即正畿母弟，宿學長才，在庠序名與正畿亦相伯仲。同產者五，正畿、正重、正某先後死國，正衡作《三愚合傳》。癸卯年，正衡以餼序當本學歲貢，學道檄試亟，正衡强赴領卷，至亭午無文字，書卷上云：『青史不可没，忠孝本吾心。』督學係舊人，尚重名義，憐不校。自此削髮稱頭陀，法名止行。精舍幽峻，松檜插天，瀑布無停留，莫辨冬夏，賦詠信筆直書，無草稿，如是終餘年。《節義録》卷下

按，鄢正衡「死國」三兄：正畿、正薊、正重。正畿，字德都，邑庠生，明亡後棄諸生，清兵陷福州，與妻自經死。正薊，字德虞，甲申變，賦《傷懷》詩，自投月洲溪死。正重，字德端，從林師稷起義，死於戰陣。乾隆《永福縣志》卷八《明義烈》均有傳。鄢正衡出家後法名，《節義録》及乾隆《永福縣志》均作「止行」；道光《重纂福建通志》作「正行」，當誤。鄢正衡著述，道光《重纂福建通志·經籍志》著録《澄庵集》、《墨莊草》、《小白渡紀勝》等。

劉　若 附釋超弘傳後

劉　桓

劉桓，字愈學，號志來，十六都華廈人。補庠生。明季選入貢，授連江教諭。與福安進士劉中藻相期赴難，後中藻死，桓被執繫獄，備受重刑，終不改節。國朝念桓忠義，赦爲逸民。乾隆《長樂縣志》卷八《明忠義》

劉沂春 石魁附

劉沂春，字泗哲，長樂人。崇禎甲戌進士，令烏程。前令馬思理以循良報最，沂春繼之，方正清廉，有「劉勝馬」之謠。嗣補刑曹，會行人熊開元上書言事忤時宰繫獄，敕沂春讞。沂春秉正不苟，時宰脅以利害，不少動。有旨以『徇縱』覆讞，沂春仍執前議不變，疏曰：『公道在人心。臣讀何書，守何法，而敢欺君父？』尋獲罪罷職，遂屏居出雲巖中，當事稀得窺其面。以拂鬱喪明，後卒于侯官之鳳崗。著有《瓏洞集》二十卷、《出雲巖集》十餘卷。同邑諸生石魁者，字名海，亦以節終。康熙《福建通志》卷四五《人物》

劉沂春，字思哲，一字泗哲。崇禎甲戌進士，知烏程縣。前令馬思理政教優粹，沂春與同鄉，益實心出治。士民謂自設縣官以來，惟馬、劉二公不媿民父母。遷刑部主事，會行人熊開元忤政府下獄勘問，沂春持平不少徇。政府脅以利害，不爲動。有旨以『徇縱』覆讞，沂春仍執前議不變，疏言：『公道在人心。臣讀何書，守何法，而敢欺君父耶？』尋罷歸。福王時，起工部主事。唐王時，又起布政司參議，進太常寺卿。唐王敗，遁跡不出。魯王入閩，錢肅樂薦之爲副都御史，貽書曰：『時平則高洗耳，世亂則樂褰裳。司徒女子猶知君父，東海婦人尚解奮興。嗟乎，君等忍負斯言？』沂春乃就道。尋進吏部左侍郎。魯王敗，沂春屏居出雲巖中。卒於侯官之鳳岡。道光《重纂福建通志》卷一九八《明列傳·長樂縣》

劉沂春，字泗哲，一字魯庵，潭頭人。崇禎甲戌進士，令烏程。前令馬思理以循良報最，沂春繼之，方正清廉，雅有善政。驅蝗驅虎，人謂神明，有『劉勝馬』之歌。嗣補刑部主事，會行人熊開元上書忤時宰周延儒繫，敕沂春讞之。春秉正不阿，延儒挾以利害，色不少動。有旨以『徇縱』覆讞，沂春仍執前議不移，疏曰：『公道在人心。臣讀何書，守何法，而敢欺君父乎？』尋罷歸。丙戌後，屏居出雲巖中，當事罕識其面。以拂鬱喪明。時鄭芝龍父子紛擾，見有書閣部劉府者，即麾兵去之方安，一里咸保全焉。著有

《瓏洞集》二十卷、《出雲巖集》十卷。年八十餘卒于侯官之鳳岡，祀于鄉。同邑有諸生石魁者，字名海，亦以節終。乾隆《長樂縣志》卷八《明忠義》

劉沂春，字泗哲，長樂二劉人。蓋先世砥礪兄弟，從考亭遊，崇祀理學，後來遂以二劉名其里。沂春淵源有自，質樸力學。萬曆戊午舉於鄉，崇禎甲戌登進士，任烏程縣。前令馬斯理政教優粹，沂春與同鄉，益實心出治。士民口碑，謂自設縣官以來，惟馬、劉二公不媿父母。丁艱歸。服闋，陞刑部主事，明刑弼教，奸胥斂迹。時行人熊魚山忤政府，下獄勘問，沂春持平不少徇。旋經廷駁，沂春曰：『古云「刑期無刑」，正以輕重得其衷也。張釋之爲廷尉，不敢爲人主移。況三尺法，豈人臣阿世之具耶？』堅執前擬。因去職，沂春夷然就道。甲申變，留都起工部。隆武元年，任布政司參政，晉太常寺正卿。丁亥，魯藩監國，位吏部左侍郎。無何，屏迹杜門，永賁丘園，衣冠楚楚，不改昔日。久之，失明。又十餘年卒，享壽八十有三。《節義録》卷上

按，劉沂春著述，除以上各傳所載《瓏洞集》、《出雲巖集》外，道光《重纂福建通志·經籍志》又著録《龍峰巖志》，未見。任烏程令時，曾修《烏程縣志》十二卷，今存。

劉祖謙

劉祖謙，字懋節，永春人。聰明孝友，著聞於時。崇禎間選貢生，任西安縣訓導，擢崇善知縣。世亂歸隱，著書以老。道光《重纂福建通志》卷二二三《明隱逸·泉州府》

劉祖謙，字懋昂，永春人。賦質聰敏，孝友著稱。崇禎間拔貢生。遭變亂，寄情山水間，不求仕進。年六十卒。所著有《胡左春秋解》，藏於家。乾隆《永春州志》卷一一《明隱逸》

劉祖謙，字懋昂，號萊庵，太學生劉獻猷子也。賦質聰敏，孝友聲稱通邑中。少遊黌序，歷試冠軍，應恩選拔貢生。後遭變亂，寄情山水間，年六十而卒。所著有《胡左春秋解》，藏於家。康熙《永春縣志》卷九《明名賢列傳》

按，劉祖謙字，州、縣志均作『懋昂』，道光《重纂福建通志》作『懋節』，未知孰是。

劉堯章

劉堯章，字陶九。諸生。少穎異，爲文沉思入微，幾廢寢食。明季閩亂，遂挈家隱寒山，專意正學，理數、象緯，靡不推究。常曰：『涵養工夫，全在應事接物上。』檢律一身，不敢自恕，意念稍有所縱，即正色危坐終日。會山寇發，欲屠兩砦民，堯章挺身理諭，皆賴以全活。衆德之，歸田以謝，堅拒不受。鄭成功聞其名，修書幣往見，力卻之。居家孝友。兄有子五人，堯章子二人，及析產，分爲七，以五與兄而自取二。嘗讀《春秋傳注》，頗疑其鑿。後得湛若水《正傳》，曰：『此可以知聖人之心矣。』將商訂成書，未就而卒。道光《重纂福建通志》卷二一二《明儒林傳·興化府》

劉堯章，字陶九。讀書百原山中，因以爲號。少便超超異行輩，爲文沉思入微，幾廢寢食。未幾，閩亂，遂挈家入寒山，僦居何巖之麓，專意聖學，靜坐三年。已而入百原，刻厲堅苦，理數、象緯，靡不推究，而返之躬行。常曰：『涵養工夫，全在應事接物上。』簡律一身，不敢自恕，意念間稍有愆違，輒正色危坐終日。會山中寇亂，欲屠兩砦，堯章挺身出見，皆賴以全。衆德之，歸田以謝，堅却之。甲寅，耿逆據閩中，耆舊多被迫脅。以束帛聘堯章，堅辭不就。及鄭氏駐溫陵，修書幣請見，堯章力拒之，不一往。居家孝友，與兄共爨無間言。時兄有子五人，堯章子二人，及析箸，以所遺産分爲七，五與兄而自取二焉。曰：『吾不忍令吾兒獨豐也。』人咸義之。性和易近人，及義之所在，毅然爲之。嘗讀《春秋傳註》，頗疑其鑿。後得湛甘泉《正傳》，曰：『此可以知聖人之心矣。』乃下穀城與舊友商訂成書，未就而疾作。將革，命取陳白沙《示門人》六絶，吟咏者再，點額而逝。世之論堯章者，以其高隱却聘似陳聘君，然堯章當鼎革之際，晦迹寒山五十餘年，不露聲色，則爲聘君易，爲堯章難也。康熙《莆田縣志》卷二六《明隱逸》

按，道光《重纂福建通志》卷七〇《經籍志》著録劉堯章《劉陶九詩文集》，康熙《莆田縣志》卷三三《藝文志》亦有著録，均未見。

劉應璋

劉應璋，字銘勳。唐藩建號福州，由按察司供事廷薦，召見，授省祭宣德郎，陞通議大夫、提刑按察使。及王没，遂隱于興泰里之仙巖崙下。乙未海寇發，應璋奉母入城。城陷，應璋慨然自刃。其母與女見應璋死，亦死焉。獨一男曰欽京，適他往，不與難。其族人莆田堯章爲之立傳。堯章字陶九，甲申後隱于百原溪底，自號百原居士。同邑鄭邵字勉仲，亦隱于九鯉湖，太史方以智扁其居曰『庸齋』。應璋皆與之遊麥斜、菜溪間，故老及見其道服芒履，容與山林，不識爲仕宦中人也。後有康泰，字淑彬，讀書不仕，著《四書箋疏》、《隱山學語》、《歷代統論》、詩古文諸集，蓋世有隱德云。乾隆己巳《僊遊縣志》卷二七《人物志·明隱逸》

按，劉堯章、鄭邵等傳另見。

歐　琪張留附

歐琪，字企甫。諸生。少英偉，過目成誦。年十七，府縣試不遂，乃詣試院。自署『天下奇童歐琪』投試，提學奇之，試以七藝，日午立就，拔第一，補諸生。及唐王敗，與齊巽、江不空同起事，被獲。逸出，變姓名隱福清黄蘗寺，依隱元和尚爲僧。後有人過山中，臨別曰：『爲我寄語林惕善，清明、重九勿忘隻鷄尊酒奠吾先人墳前。足見師弟之情，如此而已。』後卒於都督謝鼎舟中。道光《重纂福建通志》卷二一五《明忠節·侯官縣》

歐琪，字全甫，侯官諸生。少英偉，過目成誦。年十七，府縣試不遂，乃自署『天下奇童歐某』，向學使者投試。學使奇之，試以七藝，一午立就，補弟子員冠軍。爲人慷慨激昂，工詩，飲酒嘗擊劍彈棋以自肆。及丙戌，與齊巽、江不空同事，後乃變姓名入東粤，削髮爲僧。齊巽字又五，侯官諸生。江不空，侯官人。能醫，曾爲僧，與齊巽同殉難。又同時張留，字恫臣，侯官儒士，能詩，終身不應試；項元，字白仙，福清諸生，棄衣巾，隱居不出；黄士舉，字天玉，連江舉人，性孤介，僧服爲方外遊，自號龜峰逋民，有《軸園詩集》；林春秀，字子實，古田諸生，能詩，高隱；毛元吉，字仁仲，閩清諸生，屢試冠軍，棄去，自肆于詩文，皆全節終隱不出。乾隆《福州府志》卷六一《明忠節》

歐琪，字全甫，侯官人。本縣諸生。出身孤寒，博學弘才，貌寢而志雄，結交多豪士。丙戌後，抗節萬山中。被獲，守以弁兵，未幾得逸出。詣福清縣黄蘗古刹，依隱元合適圓頂爲僧。一日，有人山行遇諸逆旅，笑言竟日。臨别告曰：『爲我語林惕善，清明、重九勿吝隻鷄尊酒奠吾先人墳前。足見師弟之情。如此而已。』後卒於都督謝鼎舟中。《節義録》卷下

按，歐琪傳，民國《福建通志》兩收，一見於明忠節傳，一見明高士傳。乾隆《福州府志》本傳所附，齊巽、江不空殉難，係忠義之士，非遺民，茲不論。張留，道光《重纂福建通志》、民國《福建通志》、民國《閩侯縣志》均入文苑傳，傳云：『張留，字恫臣，布衣。有雋才，其瀟灑磊落之氣一寄於詩，竟日千言不已。尤俠烈，有燕趙風。』林春秀，道光《重纂福建通志》、民國《福建通志》、乾隆《福州府志》皆有傳，均源自徐𤊹《筆精》。林春秀與徐𤊹、謝肇淛同時人，似爲明代隱士，而非明遺民。項元、黄士舉、毛元吉傳另見。

潘晉臺

潘晉臺，字士閣。崇禎間選貢生。博極群書，尤以孝友著。甲申後絶意進取，杜門以著書爲事。同邑徐謙，字又横。諸生。甲申聞變，北向號哭，焚巾袍，潛隱山箐間。督學知其名，聘招之，以疾辭。道光

《重纂福建通志》卷二二三《明隱逸·建寧府》

潘晉臺，字士閣。崇禎乙亥拔貢。孝友醇謹，敦睦宗族。甲申後，絶意仕進，公庭屏跡。博極群書，所著有《三禮大成》、《易綜》、《明詩表》、《和陶賦序傳》、《待庵筆記》若干卷。康熙《建安縣志》卷七《明文苑》

按，徐謙傳另見。

蔡鼎

蔡鼎，晉江諸生。精星緯，言屢奇中。從樞輔臣孫承宗行邊，所至山川形勢，咸筆於書，尤熟邊事。甲申之變，知國家有大故，預指時日不爽。著有《易蔡》、《萬遠堂集》。居海邊，以逸民終。康熙《福建通志》卷五〇《方技》

蔡鼎，字可挹，一字無能，晉江諸生。志存經世。客游京師，從輔臣孫承宗行邊，所至山川形勢，隨時筆記，時稱白衣參軍。既上疏陳魏忠賢奸狀，觸怒幾不測，遂避歸。莊烈帝即位，命繪像訪求，既至，賜茶稱爲蔡布衣。鼎見國事日非，屢上書言事，時不能用，因著《激論》一書，自言：『我非時所能用，亦非時所能殺。所爲爲此者，以明天下未嘗無人也。』精星緯家言，屢有奇驗。預卜甲申之變，時日不爽。明亡，隱居海濵以終。道光《重纂福建通志》卷二二三《明隱逸·泉州府》

蔡鼎，字可挹，號無能，晉江人。爲諸生。研精《易》學，多發前人所未發。星緯諸書，獨探其祕，言屢奇驗。以經世自任，大書懸楣曰『來師堂』，寓必來取法爲王者師之意。客遊燕都，談時事如列眉，朝紳咸折節焉。高陽孫承宗督師薊遼，徵鼎爲山海關閣部參謀，所至山川形勢，隨時筆記，贊襄區畫，數年安靜。丙寅，帝賜爲白衣參軍。丁卯，上疏陳魏忠賢之奸，觸怒潛避。莊烈帝即位，命繪像訪求，復原職，辭不拜命。帝稱爲蔡布衣，賜茶。丁丑歸。戊寅，見國患日深，仗策叩閽，與時枘鑿，竟爲所抑。《激論》一書，觀者咋舌。鼎曰：『我非時所能用，亦非時所能殺。所以爲此者，將以明天下未嘗無人也。』自是屢揭送政府，伏闕陳疏，皆極論邊事，時不能用。乙酉，唐王馳詔三聘，拜左軍軍師。值鄭芝龍跋扈，退隱卓巖。乙未仲秋晦，日初出，潔身憑几，謂門弟子曰：『《易》言動靜有常，原始反終。生來便爲勞人佳士，今後歸去稱逸民。』卒年六十有八。著有《易蔡集解》，閩中曹學佺、梁谿曹荃、雲間陳子龍同校訂刻之。子龍序曰：『無能先生學本先聖，識探象爻。其《易蔡》一書，五十萬言，閎深精確。壯時曾居高陽帷幄，棄濡南歸，留心著述。先生之學，在天人性命之際，經濟文章，直緒餘耳。讀《震》、《艮》、《漸》、《歸妹》諸解，可以知其養；讀《蹇》、《解》、《損》、《益》諸解，可以知其識。而骨性堅凝，天資篤摯，壯不求仕，貧不問資，澹泊寧靜，若將終身，則得於《易》深也。』虞山蔣棻亦有序，曰：『閩蔡無能慷慨負大志，以澄清爲己任，精天官學，又老于諸邊，熟邊情，審兵要。嘗佐議樞府，獻策金門，能己見于天下，而于《易》尤深。憫斯道之久晦，傷末學之多歧，謂「我不正其源流，剖其離合，無以闡聖緒、詔來茲也」。窮日落月，殫精畢慮，彙成《易蔡》一書，凡五十萬言。其間探天人之祕，察陰陽之賾，發羲、文、周、孔之微，定卦、象、爻、傳之次，新解特出，蘊義淵宏，誠足補王輔嗣所未及；而七十餘家之支言剩說，直以選兵壓遊兵，以輕騎擊散騎矣。遇國家大故，建議剴切，事後徵驗，信于蓍龜，每歎曰：「我謀不用也。」名曰蔡者，猶之毛、韓《風雅》，夏侯《尚書》，從其姓也。』又有《萬遠堂藳》，起癸亥，至癸未。偶拈云：『吾不得過計於玆。』遂絶筆。世或以其推測不爽，比于讖諱術數之學，則失之矣。《通志》參《經義考》、沈佺期《傳》。

蔡鼎，字可挹。研精《易》學，星緯諸書，獨探其祕，言屢奇驗。以經世自任。客遊燕都，高陽孫承宗督師薊遼，徵爲參謀，贊襄區畫。丁卯，上疏陳魏忠賢之奸，觸怒潛避。莊烈帝即位，命繪像訪求，復原職，辭不拜命。帝稱爲蔡布衣，賜茶。丁丑歸。戊寅，見國難日深，仗策叩閽，與時枘鑿，退隱卓巖。乙未仲秋晦日，憑几謂門弟子曰：『《易》言動靜有常，原始反終。生來便爲勞人佳士，今後歸去稱逸民矣。』卒年六十八。著有《易蔡》、集，五十萬言。曹學佺、曹荃、陳子龍同校訂刻之。子龍序稱，其學在天人性命之際，淡泊寧靜若終身云。乾隆《晉江縣志》卷一二《人物七·明清脩》

按，蔡氏著述，省府縣志藝文志著録《易蔡》六卷、《易四解》、《周易說意》及《邊務要略》十卷、《萬遠堂稿》十卷、《激論》等。

蔡　謙

蔡謙，十六都人。崇禎間生員。明亡清興，援例試士，謙不就試。晚慕陶靖節之爲人，挈妻子隱山中，自安耕種度活。時與鍠山寺僧或談空偈，或吟詩文。著有《聽雲軒詩集》。玆摘其《村居述懷》詩云：『村落雲三畝，園林水一灣。籬花隨意發，簷雀偶然還。物以清爲貴，人惟拙便閑。牧樵高隴下，時過叩禪關。』《述懷詩》：『生平好讀書，不識一與二。生平好結交，不知三與四。天地胸中開，古今眼底寄。登眺盡名山，耕鑿足生理。我時檢我心，畢竟歸無始。有詩長自吟，有酒薄取醉。柴門應接疎，抛書好酣睡。』此人生當晚近，其心遊於無懷氏、葛天氏之世矣。民國《尤溪縣志》卷八《清隱逸》

蔡又新

明蔡又新，字在新，侯官諸生。亂後，葺茅高隱。詩文皆不傳。孫靜菴《明遺民録》卷一六

蔡又新者，字在新，亦侯官諸生。亂後，葺茅高隱。二人詩文皆不傳。《小腆紀傳》卷五八

蔡又新，字在新，號居諸逸士，侯官人。其先籍直隸淮安，始祖肅以雲騎尉入閩，世襲食田羅源。又新力學汲古，尚氣節，束身正軌。天啓間補弟子員。後遭亂，葺茅高隱，常慕陶靖節之爲人。素工詩文，惜多散佚。黄晉良撰傳。乾隆《福建續志》卷五七《國朝隱逸》

蔡在新，字又新，别字未極。先世濟陽人，明初從信國公湯和略定閩地，世襲福州右衛百戶。居侯官，後以功加秩正千戶。在新兄長韞襲職。在新好讀書，尤喜擊劍騎射。爲諸生，自嘆帖括無用，有横襟獵纓之志，鬱鬱庠序間。甲申後，建議固城垣、策戰守，當事頗采其言，徵辟下而國變矣。有異僧石田者，慕其高義，時往來握手，談甚懽。所著有《薪膽紀略》等書，多自焚燬，僅存逸稿數篇，愁思要眇，讀者等之《天問》、《卜居》焉。道光《重纂福建通志》卷二四七《國朝隱逸·福州府》

明代兵制，自京師、留都達於郡縣，皆設衛所。以開國有功者，令其子孫襲替。無事勸課屯田，有事征伐則徵調，養兵數百萬，無仰食縣官之費，法至善也。其後承平日久，法令數弛，勳舊子弟，目不識行陣之色，口不言擊刺之術，猶痱癖之病，恣其芻豢，以養擁腫之四肢，而卒以不振。一旦臨敵，縮頭股栗如驅羊禦狼，柔脆選懦如婦人孺子，乃至弱甲瑣卒，曾不能壺瓿之挈。論者至此，所以撫山河而有餘恫也。吾郡蔡又新，所謂世胄而有魁杰崛宕之氣者也。又新諱在新，别號未極。其先濟陽人，始祖肅公，明初從信國公湯和略定閩地，用軍功賜鐵券，世襲福州右衛百户，居侯官五鳳山之陽。嗣是族漸繁盛，名其地曰蔡家林。旋遷井關之龍山，歷五代至會泉公，復以功績進階武略將軍，加秩正千户。蔡氏以戎事起家，帕首袴韡，勿墜先業而已。至會泉公，始通儒行，博涉經史，以及内典、道書，無不抉其精奥。前莆陽林龍江先生，所著有《三教正宗統論》，其言『老氏先天地生，與釋氏最上一乘。儒言上天之載，同一指歸』。會泉公盡得其傳，郡中人稱爲三教先生云。子二人，長韞啓，承襲；次即又新也。又新少而穎異，好讀書，尤喜擊劍騎射。時神廟之季，專尚文藝，又新濡首窮經，竟陵鍾伯敬學使深加賞識。爲諸生祭酒，彈見洽聞，益加淬勵。及中原多故，蜩螗沸羹，自嘆帖括無用，有横襟獵纓、翻然勃然之意。每欲設方略，試鋒刃，馳驟疆場，扞衛社稷，獨以時未見知，吟潭憔悴，鬱鬱庠序間，坐視天地缪黷，神州陸沉，而莫之恤。然其忼慨激烈，未嘗不中夜起舞也。甲申變後，建城垣之議，畫戰守之策，爲桑梓計深遠，當事時用其言。至於選舉勤王，徵辟甫下而灰劫，適值壞屋漏舟，已不可收拾。時而撫几抱床，縱酒竟夕，或呼或嘯，或泣或歌，庸人俗嫗，聞者駭愕。有異僧石田者，慕其高義，握手對談，如平生懽。嘗繪曲阜、隆中、彭澤、汾陽四像於前，而以己附其後。所著有《薪膽紀略》等書，多自焚燬，僅存逸稿數篇，愁思要渺，繁聲入破，讀者等之《天問》、《卜居》焉。噫嘻，草澤之下，不乏人傑；世胄之家，非無智勇。然用之不盡其才，而有才者不盡其用，遂使志節之士，悲憤戞兀，扼腕於鐘簴之莫復，當時必有執其咎者矣。余與又新之子日就善，因次其行略而爲之傳。陳軾《道山堂集》卷四《文學蔡又新傳》

故文學未極蔡先生，諱在新，字又新，别號未極。其先濟陽人，始祖曰肅公，當高皇帝起兵靖元季之亂，從信國公略定閩地，用軍功賜鐵券，得世襲福州右衛百戶，受地居五鳳山之陽。其後傳世稍大，聚居山麓，因人之稱曰蔡家林。數世至會泉公，復以功績進階武略將軍，加秩正千戶。子男二人：長士玉，襲職；未極，其次也。蔡氏累世鐵衣杆楯，獨會泉公好儒術，通六經、《史》、《漢》，旁及釋典、道籙，綜括理會，嘗有所論著，故郡中稱爲三教先生，以其繼龍江而起也。未極生甫孩提，即能通其論説。稍長，丰姿秀異，日記百千言。會泉公特奇之。方當右文之世，未極思古人所以用心切於當世之故，又自負得自致青雲，足以大展其門閥，由是益肆力於文章。尤專精制舉義，少一就試，輒爲鍾竟陵先生所識拔。會國家漸以多故，先生更時時講武習射，以教育英才爲己任。及丁會泉公暨黄宜人大喪，與伯氏兩盡其道。既而安厝宅兆，敬思鬼享，莫不一其精誠而協其禮典。蓋子弟之學式焉，國中之譽歸焉，天下事宜若無不可爲者，豈料家難國卹駢至紛來。甲申以後，志氣横激，事願相違。伯氏志灰於虎賁，寸心幅裂於龍戰，而扼腕中州，崩心天塹。雖忠輸幕府，矢下聊城，十九差忒，漸就淪澌。以故辟命屢下，隕涕踰墻，豈先生之素志哉？迨夫乙酉逼處，張皇翠華，雖儲廪未逮，猶備六軍。議者多謂大火南流，宜漸比陸，相與擎拳樹幟，摩切是非。先生獨建城垣之議，規戰守之策，事事爲桑梓杞憂，衆賢在位，未嘗不心服其忠。然積弱之勢已成，而社鼠之患立見，先生不得已築室長基嶺之前洋，奉母以居。其時轉徙多方，家廢而身益貧，幾不足治饔飧。而四方流離之輩，扶老攜幼來歸者無虛日，先生皆勉爲存恤。有異僧曰石田，聞先生義至高，屢欵衡門，既乃抵掌縱談，熟於春秋大法。先生爲聯句，屬於山窗以示之，有云：『陶令田可耕，田上田中誰日月；祖生江既濟，江南江北客風雲。』僧低眉領略而去。嗣後僧所撐拒，殊不忍言。先生又著《薪膽紀略》，大都特書近事，然稿成輒焚之。從此困約益甚，甕牖栖遲，絶口束步，亦不肯與士大夫相接。一子日就，穎悟才雋，太乙燃藜，漁獵經史，窮年未休。有所觸目關心，輒呼酒相與盡爵，醉後或哭或歌，椎牀拍案，閭巷匹夫終不知其所以爲也。以康熙癸卯六月十六日考終於家，距生之年萬曆辛丑正月二十一日，享年六十有三。元配鄭孺人，無子。側室張孺人，生日就。二孺人皆前卒。既葬，續娶林孺人，後先生十年卒。日就娶王氏，生孫男成江；孫女二：珍滋、珍澤，俱幼。日就以康熙丁巳嘉平之十有八日葬先生暨孺人林於五鳳祖山之傍，以不佞晉忝先生研席執友，具狀來請銘。謹并誌其略，俾勒幽碣。銘曰：開國之臣，勳門之子。乃作室乎孝弟，爰塗塈於經史。鍛以艱難，滌以屯否。位不稱德，志不逮事。丹心叩天，碧血入地。陽九百六，曲終變徵。鳳山峩峩，蔡林巋巋。龍冢爲首，風蛇爲趾。嗚呼先生，以永厥嗣。

黄晉良《和敬堂全集》卷九《故文學未極蔡公墓誌銘》

蔡國光

蔡國光，字士觀，號賁服，同安人。天啓丁卯第六名舉人，崇禎甲戌進士。七歲就傅，經史過目輒成誦。既釋褐，令高安，請免浮糧，革除常例，高安人建祠祀之。已補鉅鹿，修城池，給牛種，殘疆之民實賴以安。召對稱旨，擢授禮垣。未幾，李自成陷京師，執國光使降。國光歎曰：『吾不能捐軀從先帝于地下，尚敢靦顏更事哉？』賊拷掠極楚，索其財，從者貸與之，始釋歸。壽八十三。《同安縣志》。乾隆《泉州府志》卷五〇《明循績》

蔡國光，字士觀，號賁服。七歲就傅，經史過目輒成誦。丁卯登賢書第六。及釋褐，令高安，請免浮糧，革除常例，大有功德于高，高人建祠祀之。已補鉅鹿，修城池，給牛種，殘疆之民實賴以安。召對稱旨，擢授禮垣。未幾，李自成陷京師，執公使降。公歎曰：『吾不能捐軀從先帝于地下，尚敢靦顏更事哉？』賊拷掠極楚，索公財，從者貸與之，始釋。公退居田里，惟杜門却掃而已。壽八十三。康熙《同安縣志》卷六《人物志一》

蔡國光，字士觀，號賁服。天啓丁卯第六名舉人，崇禎甲戌進士。七歲就傅，經史過目輒成誦。既釋褐，令高安，請免浮糧，革除常例，高安人建祠祀之。已補鉅鹿，修城池，給牛種，殘疆之民實賴以安。召對稱旨，擢授禮垣。未幾，李自成陷京師，執國光使降。國光歎曰：『吾不能捐軀從先帝於地下，尚敢靦顏更事哉？』賊拷掠極楚，後釋歸田里，日惟焚香卻掃。旋依鄭氏於廈門。兩島破，落髮披緇。後築一

樓，栖止其上，終身不下樓。壽八十三卒。府縣志、家乘。民國《同安縣志》卷二八《明鄉賢》

蔡國光，字士觀，號賁服，平林人。天啓丁卯第六名舉人，崇禎甲戌進士。七歲就傅，經史過目輒成誦。既釋褐，令高安，請免浮糧，革除常例，高安人建祠祀之。已補鉅鹿，修城池，給牛種，殘疆之民實賴以安。召對稱旨，擢授禮垣。未幾，李自成陷京師，執國光使降。國光歎曰：『吾不能捐軀從先帝於地下，尚敢靦顔更事哉？』賊拷掠極楚。適滿騎突至，賊拔營遁去，乃獲間關逃歸。舊志作『賊拷掠極楚，後釋歸里』。夫既拷掠又釋歸，疑與事實不合。茲從盧若騰《乞補褒忠之闕疏》改之。日惟焚香却掃。旋依鄭氏，流寓廈門。兩島破，落髪披緇。後築一樓，栖止其上，終身不下樓。壽八十三卒。府縣志乘、家譜。同治《金門志》卷一〇《明宦績》

蔡國光，字士觀，號賁服，平林人。天啓丁卯第六名舉人，崇禎甲戌進士。七歲就傅，經史過目輒成誦。既釋褐，令高安，請免浮糧，革除常例，高安人建祠祀之。已補鉅鹿，修城池，給牛種，殘疆之民實賴以安。召對稱旨，擢授禮垣。未幾，李自成陷京師，執國光使降。國光歎曰：『吾不能捐軀從先帝於地下，尚敢靦顔更事哉？』賊拷掠極楚。適滿騎突至，賊拔營遁去，乃獲間關逃歸。舊志作『賊拷掠極楚，後釋歸里』。夫既拷掠又釋歸，疑與事實不合。茲從盧若騰《乞補褒忠之闕疏》改之。日惟焚香却掃。旋依鄭氏，流寓廈門。兩島破，落髪披緇。後築一樓，栖止其上，終身不下樓。壽八十三卒。府縣志、《蔡氏家譜》、《留菴集》。民國《金門縣志》卷一七《明列傳一》

蔡國光，字士觀，號賁服，金門人。崇禎七年甲戌進士。由鉅鹿令召對稱旨，擢禮科給事。闖賊陷京師，執使降，不屈。賊拷掠極楚，索其財，從者貸與之，始脱歸田里。與同鄉許明廷流寓鷺門，焚香却掃，徜徉以終。明廷，萬曆四十三年乙卯明經，教授。《同安縣志》參《東平紀略》。道光《廈門志》卷一三《明寓賢》

按，蔡國光，孫靜菴《明遺民録》、《小腆紀傳》均有傳，見張正聲條。

鄧遜

鄧遜，本名迪，字九行，更今名，字祖生。邑諸生。工詩古文，善談天下事。嘗曰：『士不審星日雲物之常變，不辨山海邊塞之險要，吾不知其所讀何書也。』見時事不可爲，日痛飲酣歌，或泣或笑，不知者以爲酒狂。明亡，隱居建寧之迪口，終身不入城市。後死於兵。道光《重纂福建通志》卷二一三《明文苑傳・古田縣》

鄧遜，字祖生，原名迪，字九行。諸生。工詩賦及古文辭，富膽識，喜談天下事。嘗曰：『士不審星日雲物之常變，不辨山海邊塞之險要，吾不知其所讀何書也。』時明事日非，遜悲憤不自已，或痛飲酣歌，忽泣忽笑，人第以爲酒狂。崇禎甲申之變，作《哭都城》十章。及乙酉、丙戌，遜筮之，得《姤》之《遯》，釋策，大慟曰：『《姤》陰其方長乎？《遯》六，月之卦也。當有避地之役。』未幾，清師入閩，遜隱於建安之迪口，自號『蓼溪釣客』。蓼溪者，迪口溪名也。初，遜與黄龍談兵甚相得，龍貴後以書招之，不赴，寄一詩以明志，終身不入城市。及甲寅耿變，遜爲寇所殺。後延郡守迹得殺遜者，寘諸刑。民國《古田縣志》卷二九《明獨行》

按，鄧逖傳，民國《福建通志》收入明文苑傳，同道光《重纂福建通志》。

鄭邵

明鄭邵，字勉仲。與同邑劉堯章字陶九者俱卻聘，隱山林以終。蓋亦郊兄弟行也。孫静菴《明遺民録》卷二二

鄭邵者，字勉仲。與同邑劉堯章字陶九者俱卻聘，隱山林以終。蓋亦郊兄弟行也。《小腆紀傳》卷五八

按，鄭邵傳，道光《重纂福建通志》附鄭郊傳後，乾隆己巳《僊遊縣志》附劉應璋傳後。又，鄭邵與劉堯章『俱卻聘』，謂卻鄭成功之聘。劉堯章傳另見。

鄭郊 鄭郟附

明鄭郊，字牧仲，莆田諸生。博學能文，黄道周嘗稱之曰：『鄭牧仲一日千里，未易才也。』鼎革後，遯跡壺山之南泉，遂號『南泉居士』。弟郟，字奚仲。亦諸生，與郊齊名，偕隱終身。孫静菴《明遺民録》卷二二

鄭郊，字牧仲，莆田諸生。博學能文，黄道周嘗稱之曰：『鄭牧仲一日千里，未易才也。』鼎革後，遯跡壺山之南泉，遂號『南泉居士』。弟郟，字奚仲。亦諸生，與郊齊名，偕隱終身。《小腆紀傳》卷五八

鄭郊，字牧仲，莆田諸生。幼嗜經史，長以著述自任，黄石齋稱其『一日千里，爲未易才』。著有《明易》十七卷、《史統》百四十五卷、《孝經心箋》、《冰書折衡》、《偶筆》、《寓騷》。弟郲，字奚仲。爲諸生，博聞强識，著有《皆山集》、《易測》、《詩史》、《和陶》、《廣騷》、《春秋表微》諸書。雍正《福建通志》卷五一《明文苑》

鄭郊，字牧仲。曾祖茂自，有傳。父涇，字巨濟。萬曆中諸生，以薦授都司，加都督僉事。性豪邁，好談王霸之略。壯歲縱游湖湘間，作《元嶽記》，見推於屠本畯、王穉登，詩多與譚友夏唱酬，而能不染其習。郊爲邑諸生，幼嗜經史，以著述自任，文名重一時。夏允彝爲長樂知縣，與郊爲文字交，恨相見晚。黄道周尤器重之，稱其『一日千里，爲未易才』。唐王時，道周與何楷薦郊才學擅長，宜居詞林，郊力辭。唐王亡，郊隱居壺山麓，肆力著書以卒。弟郲，字奚仲。諸生。博聞强識，與郊齊名。從弟邵，字勉仲。俱以隱居終。郊門人郭鳳喈，字友日。邑諸生。性高潔，工詩。道光《重纂福建通志》卷二一三《明文苑傳·興化府》

鄭郊，字牧仲。博學能文，幼嗜經史，長以著述自任，家雖困乏，意豁如也。補郡弟子員，爲督學郭之奇、李長倩所賞識，拔置第一。嘗謁銅山黄道周，稱之曰：『鄭牧仲一日千里，未易材也。』雲間夏允彝、徐孚遠皆與定交。已而遯跡壺山之南泉，遂號南泉居士，未嘗一至城市。著書甚多，《朝易》十七卷，廬陵知縣于藻爲之刊行。尚有《史統》百四十五卷及《南華十轉》、《冰書折衡》、《偶筆》、《寓騷》、《孝經心箋》及襍詩文若干卷，藏于家。弟郲，邑諸生。好學博識，與郊齊名。督學李長倩首拔食餼。安貧樂道，隱遁終身。所著有《皆山集》及《易測》、《詩史》、《和陶》、《廣騷》、《春秋表微》諸書。門人郭鳳喈，字友日。衛庠生。性高潔，工詩，著有《郭子詩草》。康熙《莆田縣志》卷二六《人物志·明隱逸》

鄭郊，字牧仲，莆田人。明貢士。值明季閩變，避難入廈門。清介博雅，出入方巾、布衣，與里人鄭慕生、義門王肖槐交善。弟郟，字奚仲，亦負氣節。《鷺江志》。道光《廈門志》卷一三《明寓賢》

鄭郊，字牧仲，莆田縣人。大王父敬道，乙榜，任河源知縣。大父茂，嘉靖癸丑進士，令海塩，破倭，擢兵科，歷吏、禮左、右，戶科都給事。忤嚴嵩，出爲參政、河南按察使。父涇，都指揮僉事。郊弱冠入泮宮，遂食餼。乙酉年三十四，與弟郟同榜恩貢。初工制藝，未愜意，潛心理學，兼經史百家言，詩文名重一時。雲間夏允彝知長樂縣，與郊文字契，恨相見晚。遊漳浦門，爲器重。隆武元年，漳浦入朝，與左都何楷均謂牧仲才學擅長，宜官詞林，不則讀中秘書，庶公論允愜。郊傷政柄下移，時事日非，力辭歸田。丙丁後，修壺麓祖祠棲身，肆力墳典。參究《周易》，自《皇極》屆卦爻象數，據所見立言，凡五年而《明易》書成。傷王綱不振，宗社爲墟，依正統論，起自唐虞，下至宋元，取舊史更定論斷，期不悖乎朱子《通鑑綱目》，又七年而《史統》書成。悲時事多艱，世人向背少定見，作《寓騷》以寄意。烽火頻仍，平定難期，恐子姓將來無可稽考，作家傳及《見聞録》、《冰書折衡》，雜著共若干卷，詩歌若干卷。數十年間，遷徙無常，鮮有定處，凡此皆出艱辛萬狀、支離困苦中得之。卒於壬戌夏四月，年七十有一。《節義録》卷下

按，據《節義録》，乙酉（一六四五）鄭郊年三十四，據此上推，當生於明萬曆四十年（一六一二）年。又云卒於壬戌，即清康熙二十一年（一六八二），是年七十一歲，據此上推，亦爲萬曆四十年（一六

一二）年生。鄭郊著述宏富，據以上各傳及道光《重纂福建通志·經籍志》著録，有《明易》（縣志作《朝易》）十七卷，廬陵知縣于藻刊，未見；《史統》一百四十六卷，上海圖書館藏清好古堂鈔本一百十卷（一至三十、六十二至一百三十二、一百三十五至一百三十八、一百四十二至一百四十六）；《偶筆》六卷，《南泉詩文集》六十卷，及《孝經心箋》、《南華十轉》、《冰書折衡》、《寓騷》、《古論》等。道光《重纂福建通志》卷七〇《經籍志》著録《古論》，并注云：『陳子龍序，略云：閩中鄭子牧仲，敦行洞學，被服儒者，所觀載籍極博，好考鏡是非，著《古論》數十篇。始季札，終范宗尹。予得而讀之，梓而不迂，奇而不詭，質而不鄙，暢而不蕪。古人蒙謗，或淫而冒譽，每以正言折中，使不謬於聖道，真通達之材，勸戒之作也。』又嘗輯周起元撰《周忠愍公傳疏》五卷補遺一卷，今存清康熙元年（一六六二）長存堂刻本、清同治十一年（一八七二）刻本等。

又按，鄭郟著述，有《易測》四卷、《易測系辭》二卷、《易測説卦傳》一卷，清康熙刻本，今存；《皆山詩文集》不分卷，抄本，今存；另有《春秋表微》、《寓騷》、《詩史》、《和陶》等，均佚。

鄭郟 附鄭郊傳後

鄭允成

鄭允成，字祖謙，參政岳孫也。父彦，國學生。允成天啓丁卯舉人，數困會試，恬靜自守。邑令鄭尚友、夏允彜居止廉正，少許可，獨與允成交厚。允成終二人任，未嘗一言及私。唐王時，糧餉不足，允成父入貲，允成例應授美職，辭曰：『國家多難，有能者效力，有財者輸金，臣子分所當然。豈可掩吾父義舉博一官耶？』閩事敗，允成終隱不出。臨卒，强起呼諸子曰：『吾死有遺恨，銘旌止書「前孝廉」三字足矣。』乃瞑。道光《重纂福建通志》卷二二三《明隱逸·福州府》

鄭允成，字祖謙。大父岳，進士，官至雲南布政司參政。父彦，太學生，沉酣經史。允成謹樸，舉止迥異紈袴。天啓丁卯年二十四，舉於鄉，數困公車，恬靜自守。邑令鄭尚友、夏允彜，峻風裁，少許可，獨與允成交厚。允成終二公任，未嘗一言及私。乙酉，唐王立福州，甲乙榜及有力者，多入仕籍。允成父捐資助餉，例應授美職。允成曰：『國家多難，有能者效力，有財者輸金，臣子分所當然。我朝三百年深仁厚澤，一旦決裂至此，凡有血性者，當如何臥薪嘗膽，枕戈待旦。吾海濱男子，讀聖賢書，豈可掩吾父義舉博一官耶？』戊子後，年逾四十，灰心進取。初喜内典，久之棄不談，專意理學。由程、朱、周、邵，上溯孔、孟，穿衣百結，俗咸以王湛目之，允成不爲意。所往來皆節氣及方外士，浮沉人世，鬱鬱不自得。卒年七十四。屬纊時，强起呼諸子曰：『吾死有遺恨，銘旌書「前孝廉」三字足矣。』言卒而瞑。參謝杲《節義録》。同治《長樂縣志》卷一六《明節概》

鄭允成，長樂人也，字祖謙。大父岳，進士，歷官吏、刑左、右給事中，雲南布政司參政。父彦，太學生，沉酣經史。允成謹樸，舉止迥異紈袴。年二十四，天啓丁卯舉於鄉。數困公車，恬靜自守。邑令鄭尚友、夏允彜，居官廉正，少許可，獨與允成交厚。允成終二公任，未嘗一言及私。乙酉，福州改元，惟時甲乙榜及有力者，多入仕籍。允成父彦，見糧餉不足，捐資樂助，據例應授美職。允成曰：『國家多難，有能者效力，有財者輸金，臣子分所當然。我朝三百年深仁厚澤，一旦決裂至此，凡有血性者，當如何臥薪嘗膽，枕戈待旦。吾海瀕男子，讀聖賢書，豈可掩吾父義舉博一官耶？』戊子後，年僅逾四十，竟灰心進取。初喜内典，久之棄不談，一意理學，由程、朱、周、邵上溯孔、孟。履穿衣百結，俗咸王湛目之，允成夷然匪介意。所往來皆節氣及方外士，浮沉人世，鬱鬱不自得。丁巳嘉平月下浣，抱恙卒，年七十四。臨屬纊，强起呼諸子曰：『吾死有遺恨，銘旌只書「前孝廉」三字足矣。』始瞑。《節義録》卷下

鄭心開

鄭心開，字静之。諸生。明亡入大士庵爲僧。道光《重纂福建通志》卷二二三《明隱逸·福州府》

按，道光《重纂福建通志》卷六七《經籍志》著録鄭心開《清權堂詩集》，并注云：『是書陳日行序。』今未見。《清權堂詩集》下又有『《楞巖集》四十卷，陳克遇撰。字孔亨，唐王時鄉舉，後隱楞巖』。陳克遇亦遺民，遁於空門者。暫附於此。

鄭垂青

鄭垂青，字正子。諸生。素跌宕，人目之爲狂士，而事親篤孝。明亡，遁入深山，終隱不出。同邑謝世昌，字二樂，讀書負氣，亦隱邑西村落，僻處繚以周墻，種麥稻菜於其中，墻外人亦不得見也。又有鄭彦

輝、嚴飄香、康泰，皆以高隱著。飄香，字王思。泰，字叔彬。道光《重纂福建通志》卷二二三《明隱逸·興化府》

鄭垂青，字正子。邑諸生。家稱孝子，庠稱狂士。中歲適遭鼎革，遂遁入深山，終于隱處。又有鄭彦輝，泊心操節，薛淮，曠達嗜詠，亦群爲山林高致。至若李子科、李儀正、李煥、陳汝義、鄭克志、傅元素、林應中、林孟光、李仲警、余惟遠、蔡元脩、陳俊民、林崇珪、朱宗器、張邦重、李尚珎諸人，惟傳姓氏。所謂藏脩之士不求人知，其真逸者歟？乾隆己巳《僊遊縣志》卷二七《人物志·明隱逸》

按，謝世昌、嚴飄香傳另見。鄭彦輝、康泰、李子科、李儀正、李煥、陳汝義、鄭克志、傅元素、林應中、林孟光、李仲警、余惟遠、蔡元脩、陳俊民、林崇珪、朱宗器、張邦重、李尚珎（康熙《仙遊縣志》作李尚直）等人，事跡不詳。康熙《仙遊縣志》卷三二徐先登傳後附纂修者按語謂『攷陳志，載逸士李煥、陳汝義、鄭克志、傅元素、林應中、鄭彦輝、林孟光、李仲警、余惟凌、蔡元脩、陳俊民、林崇珪、朱宗器、張邦重、李尚直，凡十有五人。彭志削之，林志惜之，録之以發其不忍没人之善。予搜尋往跡，得柯狀元潛作《鄭彦輝贊》』云云。按，柯潛爲明初人，知此十五人，未必盡與鄭垂青同時。

鄭國佐

鄭國佐，字燧四。諸生。嘗集同邑十三人倡羅江社，以文章節氣相砥礪。甲申變聞，國佐大慟，作《孤憤吟》，十三人和之。及唐王敗，國佐匿跡，放懷詩酒終其身。十三人者，國佐及胡舜發、林雍、黄河潤、陳偉、李之蕚、葉敏、黄志昌、黄臣欽、陳龍章、林儒臣、林蕚、葉政、林康也。舜發，字起聖。潛心力學，善詩歌，工畫花鳥。明亡，挈家隱深山，未嘗一赴城市。雍，有文名。唐王時嘗起兵圖恢復，王敗，隱金粟山寺以終。道光《重纂福建通志》卷二一五《明忠節傳·羅源縣》

鄭國佐，字燧四。邑諸生。嘗集同志十三人倡羅江社，以文章節氣相砥礪。歲甲申，闖賊犯闕，烈皇殉社稷。國佐聞變大慟，作《孤憤吟》，十三人和之。邑令章簡、郡人曹學佺爲之序。於是羅江社之名大著。明社既屋，國佐遂放懷詩酒，以終其身。著有《尊行日抄》、《分痕樓》、《甕天》、《謾語詩集》諸書。十三人者，黄河潤、陳偉、李之蕚、葉敏、黄志昌、胡舜發、黄臣欽、林雍、陳龍章、林儒臣、林蕚、葉政、林康也。道光《羅源縣志》卷二〇《人物志下·明隱逸》

按，胡舜發、林雍傳另見。

盧若騰

盧若騰，字閑之，同安人。崇禎庚辰進士。授兵部主事，晉郎中，兼總京衛武學。三上疏劾定西侯蔣惟禄，出爲寧紹兵備道，興利革弊，兩郡有『盧菩薩』之謠。弘光時，擢右僉事都御史，巡撫廬、鳳。未行，南都亡。隆武帝命爲浙東巡撫，駐溫州，旋進兵部尚書，督師。踰年，閩又亡，遂從魯監國於浙東。鄭彩之殺熊汝霖也，衆莫敢言，若騰申揭聲其罪。後依朱成功於安平，成功待以上賓。遯跡澎湖，辛卯三月病劇，大呼先皇帝而卒。孫靜菴《明遺民録》卷三三

盧若騰，字閑之，同安人。崇禎庚辰進士，授兵部主事，晉郎中，兼總京衛武學。三上疏劾定西侯蔣

惟禄，出爲寧紹兵備道，興利革弊，兩郡有『盧菩薩』之謠。弘光時，擢右僉都御史，巡撫廬、鳳。未行，南都亡。隆武帝命爲浙東巡撫，駐溫州，旋進兵部尚書，督師。踰年，閩又亡，遂從魯監國於浙東。鄭彩之殺熊汝霖也，衆莫敢言，若騰申揭聲其罪。後依朱成功於安平，成功待以上賓。遯跡澎湖，辛卯三月病劇，大呼先皇帝而卒。《小腆紀傳》卷五七

盧若騰，字牧洲，同安人。崇禎庚辰進士。御試召對稱旨，授兵部主事。時閣臣楊嗣昌督師湖廣，好作佛事祈福，若騰疏參嗣昌不能討賊，止圖佞佛。上以新進小生妄詆元輔，嚴旨切責，時論壯之。後歸隱海濱卒。同時有沈佺期、許吉燝，俱癸未進士，高尚不出，以勵節終。康熙《福建通志》卷四六《人物》

盧若騰，字閑之。崇禎庚辰進士，授兵部主事。時楊嗣昌督師駐湖廣，好佞佛，請刊布《華嚴經》祈福。若騰疏劾之，被旨切責。尋遷郎中，出爲浙江參議，領巡海道。劾權閹田國興攬帶貨船，濫用人夫，辱州縣，阻閘口。帝召國興回，論如法。諸豪奴詐取民財，捕至庭下重笞之。一奴著綾袴，加笞焉。時天下已亂，若騰練兵無虛日。雪竇山賊胡乘龍竊發，若騰設方略平之。是時，金華諸處咸被蹂躪，而寧波晏如，若騰之力也。尤善撫循罷民，暇則與士子雅歌投壺，論文講業。去而寧波建祠奉之。福王稱號南京之七月，命若騰以僉都御史督理江北屯田，巡撫鳳陽，繼又改命楊文驄。若騰乞歸。時劉宗周亦被放歸里，若騰馳書曰：『天下有亂形，有亂根。今日文武不和，文又與文不和，武又與武不和，此亂形也。人心之生死，視理欲之消長盈□，世界汨没於利欲，絶不體認天理，此亂根也。今日言懲貪而貪已遷推矣，言獎廉而廉已擯棄矣。又如監司守吏，廉者必愛小民，必抑豪右，而縉紳則羅織去之；貪者必徇情面，必畏

彊禦，而縉紳則多方庇援之。夫人苟非大賢，受衆人之劫制，未有不改腸易行者。如此而求紀綱刑政之無亂，不可得也。』歸踰年，復起。五月至杭州，而南京破。既而唐王稱號。八月，命若騰巡撫浙東。時已命孫嘉績及于潁矣，又命若騰，於是浙東遂有三巡撫。九月，若騰至溫州，以事權不一，請專責成。王乃命其巡撫溫、處、台、寧四府。而寧、台又歸魯王節制，若騰所撫者獨溫、處。既又以楊文驄就處州，並以溫、處寺田屯鹽充其子鼎卿兵餉。十一月，若騰疏言：『兩郡制以兩撫，是爲十羊九牧。且撫多則標員隨役必多，糜餉不資，無當戰守之用。請裁併歸一，責成文驄。』王命輔臣黄鳴俊酌議去留，而鳴俊以若騰無過，難以議撤。踰年正月，若騰再疏請，王不許。時誠意伯劉孔昭方交搆閩浙間，若騰疏言：『今日之用孔昭，非謂世臣足以繫屬人心，謂恐其歸向魯藩耳。臣愚，竊謂此舉大誤。夫孔昭身爲操江大臣，事急鼠竄，得陛下便宜行事之旨，飛揚跋扈。旬月之間，有衆數千，且請臣與文驄專理餉，而兵專歸之彼，此其心不過欲據溫、處二郡爲郿塢畢老計耳。』既而巡按郭貞一亦交章劾之，遂削孔昭便宜行事。孔昭因怨望，遂日與文驄爭括餉，因率兵向溫。若騰與賀君堯禦之。夏，唐王加若騰兵部尚書。時禮部尚書顧錫疇奉兵撫安，寓江心寺，孔昭劫戕之。若騰以聞，爲請恤。六月朔，大兵渡江，魯王夜遁台州。七月，大兵入城，若騰偕君堯率家人巷戰。若騰腰臂各中一矢，力竭，乃遯入江。既而唐王敗於汀州，大兵入閩，若騰投水，爲人所救。乃之長泰，偕傅象晉、郭大河大河失名。等募兵起事，所謂望山之師也。卒以無糧瓦解，遂奉疏桂王。偕王忠孝、郭貞一等居島山上數年，乃卒於澎湖。弟若驥，唐王時爲總兵，守盤山關。大兵至，若驥會諸將堅壁死守，相持兩越月。大兵益集，若驥糧匱，遂議決戰。開關門出敵，將周茂被箭死，若驥敗入關。諸將見援絶，請降。若驥度人心已離，夜半率親兵三百餘騎，棄關從溫州遁舟山。道光《重纂福建通志》卷二〇五《明列傳・同安縣》

盧若騰，字牧洲，同安人。崇禎丙子舉人，庚辰進士。御試召對稱旨，授兵部主事。時閣臣楊嗣昌督師湖廣，好作佛事祈福，若騰疏參嗣昌不能討賊，只圖佞佛。帝以新進小臣妄詆元輔，嚴旨切責，時論壯之。遷寧波巡海道僉事，疏糾榷璫田國興攬帶貨船，濫用人夫，辱州縣，阻閘口。有旨召國興回，論如法。居官潔己惠民，剔奸弊，抑勢豪，峻絶餽遺，輕省贖鍰，風裁凜凜。值胡乘龍盜起，從容指顧，旬日間凶渠授首，閭井晏然，大有功德於浙。浙人祠之，歷久不廢。歷鳳陽巡撫。甲申變後，與癸未進士沈佺期、許吉燝等同渡海，隱於臺灣，勵節終身。卒年六十六。所著有《方輿圖考》、《浯洲節烈傳》及詩稿、文集。乾隆《泉州府志》卷四五《明列傳》參《通志》、《浙江通志》、《同安志》。

盧若騰，字牧洲。初第，御試召對稱旨，授兵部主事。陞寧波巡海，疏糾榷璫田國興攬帶貨船，濫人夫，辱州縣，阻閘口。有旨召國興回，論如法。平生潔己惠民，峻絶餽遺，輕省贖鍰，大有功德于浙。浙人祠之，至今不廢。後歸隱。所著有《方輿互考》及詩稿、文集。卒年六十六。同時有進士沈佺期、許吉燝，俱高尚以勵節終。康熙《同安縣志》卷六《人物志一》

盧若騰，字牧洲。崇禎丙子舉人，庚辰進士。御試召對稱旨，授兵部主事。時閣臣楊嗣昌督師湖廣，好作佛事祈福，若騰疏參嗣昌不能討賊，只圖佞佛。帝以新進小臣妄詆元輔，嚴旨切責，時論壯之。遷寧波巡海道僉事，疏糾榷璫田國興攬帶貨船，濫用人夫，辱州縣，阻閘口。有旨召國興回，論如法。平生潔值胡乘龍盜起，從容指顧，尋日間兇渠授首，閭井已惠民，剔奸弊，抑豪峻，絶餽遺，輕省贖鍰，風裁凜凜。晏然，有功於浙。浙人祠之，歷久不廢。歷鳳陽巡撫。甲申變後，與癸未進士沈佺期、許吉燝等，同渡海隱於臺灣，勵節終身。卒年六十六。所著有《方輿圖考》、《浯洲節烈傳》及詩稿、文集。嘉慶《同安縣志》卷二一《明循績》

盧若騰，字閑之，號牧州，一字海運，賢聚人。崇禎丙子舉人，庚辰進士。御試詔對稱旨，授兵部主事。黄道周、沈方、沈佺期引爲同志，以氣節相尚。會閣臣楊嗣昌奪情起用，督師湖廣，玩寇佞佛，若騰劾其罪，下旨切責，天下壯之。累遷武選司郎中，總京衛武學。三上疏彈定西侯蔣維禄，惡其直，外遷浙江布政使司，左遷寧紹巡海道。瀕行，又劾内臣田國興攬帶貨船，濫用人夫，辱州縣，阻閘口。有旨逮國興抵法。至浙，潔己愛民，興利除弊，勢豪屏跡莫敢逞；蕩平劇寇胡乘龍等，閭里晏然。浙人建祠祀之。福王立南京，擢鳳陽巡撫。若騰以馬、阮當國，綱紀大壞，辭不起。貽書劉宗周云：『自古未有文武不能成大功者。今文武相貳，勇私門，怯公憤，正不知所稅駕耳。』明年夏，至錢塘而南都亡。及唐王立福京，下旨徵辟，單騎赴召。授浙東巡撫，駐溫州，督師北伐。特薦宿將賀君堯爲水師總兵，募靖海水兵扼守要害；以族弟遊擊將軍若驥守盤山溪，爲藩衛；奏簡學臣考試以取人才，收士望，從之。是歲溫州大饑，捐資賑濟，得旨嘉獎，加兵部尚書銜。魯王起兵紹興，號監國，其臣不奉福京之命，以兵窺溫州，有兼併意。賀君堯勒兵拒之，而于潁亦有撫浙之命。若騰疏言：『十羊九牧，號令不一，恐誤封疆，請自撤。』不許。鄭彩之殺熊汝霖也，衆畏其勢莫敢言，若騰直揭其罪，朝士振悚。帝英明果斷，有知人鑒，而鄭芝龍專權，日事驕奢。大學士黃道周嫉之，奏請出師，窺江西，途次以門生爲託，若騰復書相勉許。已而道周殉難，紹興之師亦潰，清軍迫溫州，若騰與君堯力守平陽。糧絶不繼，七上疏請援，不報，溫民擁署呼曰：『願公爲百萬生靈計。』若騰曰：『若欲降耶？先殺吾。』民涕泣散。叩紳士王瑞枏等，議城守，瑞枏曰：『人心已死，非口舌可挽。』相持痛哭。城破，率親兵巷戰，背中三矢，爲靖海營水師所救，乃與君堯脱入江。上疏自劾，命族弟若驥赴行在。聞閩事壞，痛憤赴水，同官拯起，裂眥曰：『是不欲成我也。』鄭鴻逵招回閩，尋潛入滃洲，圖起兵。道出寧波，父老迎謁，垂涕遣之。見事不可爲，仍回閩之曷山，與郭大河、傅象晉輩舉兵望山，欲乘間圖武安近寨。餉絶，與師戰不利。嗣同葉翼雲、陳鼎入安平鎮，轉徙鷺江。偕王忠孝、沈宸荃、曾櫻、許吉燝、辜朝薦、徐孚遠、郭貞一、紀許國輩居浯島上，自號留庵。永明王因閣部路振飛疏薦，召拜兵部尚書，道阻不得達。時鄭成功開府思明，招徠遺老，若騰依之，禮爲上客，軍國大事，時諮問焉。成功卒，張煌言貽書，謀復奉魯王監國。會王薨，乃於永曆十八年渡臺。至澎湖，病亟，夢黃衣神持刺來謁。忽問今是何日，侍者以三月十九對，矍然曰：『是先帝殉難之日也。』一慟而絶。遺命題其墓曰『自許先生』。年六十六。若騰風情豪邁，當時士大夫幸博一第，則近地山海之饒，率擁爲世業，或以爲言，夷然不屑。晚一意著述，自天文地理，下逮蟲魚花草，宏通博雅；品藻古人成敗得失，反覆淋漓，斷制嚴謹。至於感遇、憂愁、憤懣之什，皆根於血性注灑，人比之蔡忠毅道憲。所著有《留菴文集》二十六卷，《方輿圖考》三十餘卷，《浯洲節烈傳》、《與耕堂隨筆》、《島噫集》、《島居隨録》、《島上閑居偶寄》、《印譜》各若干卷。《通志》、《臺灣通史》、《府縣志》，諸羅、彰化《縣志》，《留菴文集》、《石齋文集》、《臺灣外紀》、《金門志》、《鮚埼亭集》、《續閩書》、《林霍詩話》、《蠡測彙鈔》、《歔雲文鈔》合參。 民國《同安縣志》卷三四《明忠義》

盧若騰，字閑之，同安人。明進士。莊烈召對稱旨，授兵部主事，疏劾督師楊嗣昌。陞本部郎中，兼總京衛武學。三上疏劾定西侯蔣惟禄，有惡其太直者，外遷寧紹兵備道。瀕行，劾兵備陳國興。既至浙，興利革弊，兩郡士民有『盧菩薩』之謠。鼎革後，遯跡澎湖，杜門著述，詩文甚富。乾隆《重修臺灣府志》卷一二《明流寓》

盧若騰，字閑之，號牧洲，同安浯州人。崇禎庚辰進士。召對稱旨，授兵部主事，除本部郎中。三上疏劾定西侯蔣惟禄，直聲震朝右。外除寧紹兵備道，興利革弊，二府士民有『盧菩薩』之稱。鼎革後，遯跡澎湖，杜門謝客，著書自娱。甲辰卒于澎。康熙《臺灣縣志》卷八《明寓賢》

盧若騰，字閑之，一字海運，號牧州，賢聚人。崇禎丙子舉人，庚辰進士。御試，召對稱旨。時中外多警，上雅意邊才，授兵部主事，譽望大起。黄道周、沈佺期、范方引爲同志，以氣節相符。會閣臣楊嗣昌督師湖廣，請刊布《法華經》祈福。若騰疏參嗣昌不能討賊，只圖佞佛。帝以新進小臣妄詆元輔，嚴旨切責，時論壯之。陞本部郎中，兼總京衛武學。三上疏劾定西侯蔣惟禄，有惡其太直者，外遷浙江布政使司左參議，分司寧紹巡海兵備道。途次疏糾權璫田國興攬帶貨船、濫用人夫，辱州縣，阻閘口。有旨召國興回，論如法。居官潔己惠民，剔奸弊，抑勢豪，峻絶餽遺，輕省贖鍰，風裁凜凜。值山賊胡乘龍竊發，平之。士民建祠以奉，有『盧菩薩』之稱。福王立，召爲僉都御史，督理江北屯田，巡撫廬、鳳，提督操江。嘗與劉宗周書云：『自古未有文武不和能成大功者。今文武相貳，文又與文貳，武又與武貳，勇私鬥，怯公憤，將來正不知所稅駕耳。』明年夏，行次錢塘而南都亡。《同安志》所載：歷任鳳陽巡撫，在甲申以前。考《明史·職官志》：鳳陽巡撫，嘉靖三十六年以倭警添設，四十年歸併總督漕運。今據《三藩小紀》及《文集·辭浙撫疏》，斷爲福王時。至全祖望所稱尚書，爲甲申以後官，不載；不知《勝朝殉節諸臣録》、《明史》、《通鑑輯覽》於諸臣之仕唐、桂、魯三王者，概予原官。今謹遵欽定諸書例，補入。唐王授以都察院右副都御史，巡撫溫、處、寧、台。時已命孫嘉績于潁矣，又命若騰，因事權不專疏辭，不許。將赴任，請以總兵賀君堯統靖海營水師，以其弟遊擊若驥扼守盤山關要害。時紹興諸臣奉魯王監國，誠意伯劉孔昭、總督楊文驄分據台、寧、處州，若騰所撫，惟溫州一府而已。督師黃道周軍婺源，以沈有茲、徐柏齡隸其麾下，致書有云：『聞至浙東，喜而不寐。不特聲氣可通，亦且形勢相起。』是年溫州大饑，若騰設法賑卹。加兵部尚書，手書『無不敬』三字賜之。按尚書，諸書皆不載其何時何部，今據《文集·上桂王疏》。秋，率師次平陽，大兵逼，七疏請援，不應。溫民擁署呼曰：『願公爲百萬生靈計。』若騰曰：『若欲降耶？先殺吾。』民涕泣散。夜叩紳士王瑞枏、周應期門，議城守。瑞枏曰：『人心已死，非口舌可挽。』相持痛哭。城破，驅家人巷戰，腰臂各中一矢，遇水師救出，偕賀君堯脱入江。上表請自劾，命族弟若驥赴行在。聞閩事壞，痛憤赴水，同官拯起，裂眥曰：『是不欲成我也。』鄭鴻逵招回閩，尋潛入滃州，圖起兵。道出寧波，父老迎謁，垂涕遣之。見事不可爲，仍回閩之曷山，與郭大河、傅象晉輩舉義，屯兵望山，欲乘間圖武安近寨。宦裔林某絶其餉道，興師戰不利。嗣同葉翼雲、陳鼎入安平鎮，轉徙鷺江。偕王忠孝、沈宸荃、曾櫻、許吉燝、辜朝薦、徐孚遠、郭曾一、紀許國輩居浯島上，自號留菴。永明王因閣部路振飛疏薦，召拜兵部尚書，道阻不得達。成功卒，張煌言貽書，謀復奉魯王監國，會王薨。康熙三年，將渡臺灣。至澎湖病亟，夢黃衣神持刺來謁。忽問今是何日，侍者以三月十九對，矍然曰：『是先帝殉難之日也。』一慟而絕。遺命題其墓曰『自許先生』。年六十六。若騰風情豪邁，當時士夫幸博一第，則近地山海之饒，率擁爲世業，或以爲言，夷然不屑。晚一意著述，自天文地理，下逮蟲魚花草，宏通博雅；品藻古人成敗得失，反覆淋漓，斷制嚴謹。至於身世感遇，憂愁憤懣之什，皆根於血性注灑，人比之蔡忠毅道憲。所著有《方輿圖考》、《浯洲節烈傳》、《留菴詩文集》、《學字》、《與耕堂值筆》、《島噫集》、《島居隨録》、《島上閑居偶寄》各若干卷。《通志》、府縣志、《臺灣府志》、諸羅、彰化《縣志》，《留菴文集》、《石齋文集》、《臺灣外紀》、《鮚埼亭集》、《續閩書》、《林霍詩話》、《蠡測彙鈔》、《獻雲文抄》合參。　同治《金門志》卷十《明宦績》

按，盧若騰著述，據道光《重纂福建通志》卷七三《經籍志》著録，有《學字》二卷、《方輿互考》四十卷補遺一卷、《帝京景物鈔》一卷、《浯州節列傳》二卷、《島居隨録》二卷、《留庵值筆》七卷、《島上閑居偶寄》一卷、《白業》一卷、《印擬》一卷、《留庵文集》十八卷《外集》二卷、《留庵詩集》二卷、《島噫詩》一卷，以及《細齋詠業》、《錯叟文鈔》等。今存清抄本《方輿互考》八卷（廈門市圖書館藏）、清刻本《島居隨録》二卷（中國科學院圖書館藏，另有《筆記小説大觀》本等）及今人整理之《留庵文集》、《島噫詩校釋》等。

蕭倫

蕭倫，字彝叙，福建人，賈於蕪湖。乙酉，清人入南都，徽郡翰林金聲、文學江天一舉義恢復，兵敗死，同殉者四人〔一〕，中軍吴禎〔二〕、守備程尚遇、記室佘元英也。蕪湖僧海明，乃乞貸市棺殮聲屍，載歸蕪湖庵中。閔遵古聞之，泣曰：『奈吾文石先生何？』休寧賈程達可者，願捐三十金，遵古焚香泣拜聲柩，以謀告海明曰：『金公同死者四人，念江先生，獨不念三義士乎？』遵古惆悵周行廊廡間，倫適見之，微笑曰：『君何所苦？』遵古以情告。倫曰：『但將八十金，事辦矣。事久變生，吾不可待。』朝日去，果殮三義士，凡所費金百餘。初，聲柩至，倫白衣冠往哭，見柩惡，泫然曰：『此豈足卧公哉？吾有文枏值數十百金，其伐材而上下關税、環銅文漆，皆在明時，此乃我公所平安寢者也。』遂易之。三義士者，亦悉以善材改題，惟天一用聲姻戚所治。其後天一弟與婦程氏皆奉柩歸，惟吴、佘無人至，遵古與海明復買地葬之。數年，海明死，遵古從外歸，遭倫於道，蹙然曰：『吾向葬吾吴、佘二君，恨未立碑，今失葬處，奈何？』倫曰：『吾已記之。』遂導遵古往，豐碑燦然，書名氏鄉里，盡倫之爲也。由是甚貧，寒不能衣絮，遵古解舊

〔一〕『四』，似當作『三』，即『中軍吴禎、守備程尚遇、記室佘元英』。據本文，下言『金公同死者四人，念江先生，獨不念三義士乎』，亦可證。嘉慶《蕪湖縣志》蕭倫傳，『明翰林金聲殉節金陵，從死者江天一及其族孫孟卿、陳繼遇、吴國楨、佘元英』，江天一外，則『同殉者四人』。

〔二〕『吴禎』，嘉慶《蕪湖縣志》作『吴國楨』。

衣衣之，猶自辦錢百數修義士墓，而遵古亦募民建崇義庵於海明墓傍，以表海明。《皇明遺民録》卷五

蕭義士名倫，字彝敘，福建人。性豪爽，重義疎財。嘗傾囊救人急，己饑寒不卹也。乙酉，南都既定，徽郡翰林金聲及文學江天一諸人舉義恢復，兵敗，被執棄市。僧海明字慧淵者，殮金聲屍，舁置蕪湖道院。時倫賈於蕪，聞之，白衣冠往弔，撫棺大慟，曰：『是戔戔廣柳車，奚堪藏碧血耶？吾有貍首文柙，值踰百金，自伐材而下上榷稅、環銅文漆，皆在明時，是乃公所安寢也。』遂易之。諸生閔遵古善天一，亟欲收其屍，力未能。告海明，海明曰：『同金公死者四人，收其一棄其三，不可。』於是遵古垂涕彷徨於廟。倫見遵古狀慘異，以肘觸之者再，遵古熟視之，素昧平生也。倫曰：『君何所苦若是耶？』遵古具以情告。倫曰：『噫，但得八十金畀我，事辦矣。』遵古大喜，頓首以謝。顧八十金無出，乃募得二十七金，自捃拾一金，授倫。倫曰：『貲不敷，然事久變生，吾不可待。』旦日去，數日殮四義士屍歸，計所費金則百餘矣。倫猶怒諸棺惡，盡以素所儲善棺易之，惟天一棺則用聲姻家所治殮聲者。後天一弟天表及金氏、程氏俱奉柩歸，吳、佘無人至，遵古與海明買地葬之。倫復爲之立碣，備書姓名鄉里於上。後倫貧甚，冬月不能具絮衣。每遇春秋，必具紙帛酒榼澆奠二冢，數十年不衰云。

外史氏曰：嗟乎，蕭倫何其勇於爲義耶？夫倫與死難諸君子非有姻婭瓜葛之親也，亦非有一揖片言之交也，乃不避危險，不吝金貲，不卹困窮而竭力周全，非義氣動於中，烏能勇往如是哉？陳鼎《留溪外傳》卷八《蕭義士傳》

蕭倫，字彝敘，閩人，以賈客蕪湖。明翰林金聲殉節金陵，從死者江天一及其族孫孟卿、陳繼遇、吳國

楨、佘元英。其時僧海明已自蕪湖潛隨金陵，殮翰林屍，載歸蕪湖菴中。倫素不識翰林也，聞喪至，拜之，見棺惡，泫然曰：『此豈足殮公者？吾有善棺值百數十金，其伐材、環銅、文漆皆在乙酉前，此乃公所安寢者也。』遂易之。既而與閔遵古復購歸從死諸人，惟天一即用金公舊易棺，餘悉易善棺，題其和。後諸家奉柩歸，獨吳、佘無人至，遵古買地葬之，倫爲立碑，書名氏鄉貫，誌其葬處。嘉慶《蕪湖縣志》卷一五《人物志·明流寓》

蕪湖僧海明聞金文毅公遇害，乃乞貸往市棺，徑前抱公屍而殮。滿、漢兵呵阻之，海明不爲屈，卒殮公，載歸蕪湖庵中。閔遵古聞之，泣曰：『吾文石先生奈何？』休寧賈程達可者，慨然願捐三十金，遵古乃焚香泣拜于金公之柩，而以謀告海明。海明曰：『諾。』或言『金公同死者四人，念江先生，獨不念三義士乎』。遵古復告海明，海明以爲難。遵古惆悵拊腹，周行廊廡間。有偉丈夫過其前，以肘觸遵古者再，遵古目視之而不言。丈夫微笑曰：『君何所苦而若是？』遵古遂以情告。丈夫曰：『噫，但得八十金畀我，事辦矣。』遵古大喜，率同人羅拜之。顧八十金無所出，遵古募得二十七金，自捃拾一金，益以程達可所捐，尚不足。丈夫曰：『事久變生，吾不可待矣。』旦日去。丈夫果斂三義士，凡所費金百餘。而程達可金乃爲其姻友中匿，竟不至。方丈夫之肘觸遵古也，聞金公棺至，來拜之。見其棺惡，泫然曰：『此豈足卧公者？吾有善棺，值百數十金，其伐材而上下關稅、環銅文漆，皆在明時，此乃我公所安寢者也。』遂易之。而三義士者，丈夫悉以善棺改題，惟天一用金公姻戚所治棺殮金公者。其後天一弟文月與程氏皆奉柩歸，唯吳、佘無人至者，遵古與海明復買地葬之。逾數年，海明死，遵古自外方歸，遭丈夫于道，蹙然曰：『吾向葬吳、佘二君，恨牽事未立碑，今失其葬處，奈何？』丈夫曰：『吾記之。』遂導遵古往，則豐碑燦然，書名氏鄉里矣，蓋丈夫所爲也。丈夫姓蕭氏，名倫，字彝叙，閩人，而賈於蕪湖。是時丈夫貧甚，寒不能具衣絮，遵古解舊衣衣之，猶自辦錢百數文修義士墓，而遵古亦募人建崇義庵於海明墓傍，以表海明云。魏禧《魏叔子文集外篇》卷一七《江天一傳》附

按，蕭倫傳，福建方志均未載。《小腆紀年》卷一一『有閩人蕭倫者，賈客也』數語，則出於魏禧《江天一傳》。

諸葛昺

昺，字公韜。七歲能文，九歲時，父同年生何喬遠過飲，出手中箑曰：『兒能賦此耶？』昺云：『巧匠經營，卻蒲葵於徂暑；句麗雅製，約筠藺以先秋。出入懷袖之間，解炎蒸於俄頃；周旋琴書之側，偕涼燠以去留。紈篓丹翎，規承古帝；葛巾白羽，自我家侯。』喬遠撫其背曰：『可兒，可兒。』鄭維嶽、李光縉每過，輒出所作，屬校讎之。應科磊落嗜酒，客至必命酒賦詩，昺竭力承奉，以適其意。時謂『父有曾點之狂，子有曾參之養』云。道光《重纂福建通志》卷二〇四《明列傳·晉江縣》諸葛應科傳附

諸葛昺，字公韜，晉江人，益長史應科子。七八歲能文。九歲時，父同年何喬遠過飲，出手中箑曰：『兒能賦此耶？』昺即云：『巧匠經營，却蒲葵於徂暑；句麗雅製，約筠藺以先秋。出入懷袖之間，周旋琴書之側。披拂而解炎蒸乎俄頃，卷舒而偕涼燠以去留。紈篓丹翎，規承古帝；葛巾白羽，自我家侯。』

喬遠撫其背曰：『可兒，可兒。』鄭維嶽、李光縉每過下榻，揚扢竟日，出所著作，屬校讐編次之。應科磊落嗜酒，喜吟咏。客至命酒，酒至賦詩，賦罷劇談，無不盡醉去者。昺竭力承奉，以順適其意。時謂『父有點之狂，而子有參之養』。父病膈噎，八閲月乃殆。昺侍疾牀頭，湯飲便液，巾裙廁牏，必躬必親，蓬垢累月，蟻蝨沿行領幘之上。居喪哀毁骨立，至有滅性之譏。崇禎戊辰，以子義封戶部主事。甲申之變，入海居島上。年八十四卒。著有《後凋賦》、《大武山賦》，詩文累篇。節《諸葛氏家乘》。　乾隆《泉州府志》卷六二《明隱逸》

諸葛昺，長史應科子。應科磊落嗜酒，喜與客吟咏，賦罷必盡醉。昺竭力順適其意。人謂『父有點之狂，而子有參之養』。父病膈噎，八閲月乃殆。昺侍疾床頭，諸事必躬必親，蓬垢累月，居喪毁瘠。崇禎戊辰，以子義封戶部主事。甲申之變，入海居島上。年八十四卒。著有《後彫賦》、《大武山賦》，詩文累篇。乾隆《晉江縣志》二九《明隱逸》

諸葛昺，字公韜，晉江人。以子義封戶部主事。甲申之變，浮家浯島，時與郡城故交盧灦登太武山，攄懷作賦，後卒於島。子倬，字士年，明季恩貢。唐王入閩，用薦授翰林待詔，加監軍道，監鄭鴻逵師出兵浙東。轉光禄寺卿。福州破，避居兩島。郡有貴人爲書相招，謂肯來，監司可立致。倬立辭。貴人以禍危之，復書彌決，乃罷。自是一意著述，有集二十卷，藏於家。二子璐、晃，從父羈棲，俱能詩。盧灦，字迴狂。少與公韜友善，鄉人奉爲祭酒。後渡海依盧若騰，居七載卒。《府志》、《海紀》、《留庵文集》。　民國《金門縣志》卷二〇《明流寓》

嗚乎，公逝矣。不肖某與其長公基晝，爲三十年同籍兄弟，悉公生平，蓋有日矣。茲讀行録，益稔其經明行修，君親道盡，真可逝而無憾也。公生具異質，壯而懋學，稱諸生祭酒。尊公宦江右，每課士，公作一出，士輒奉典型，舉古義咸洞要領。伯兄大行，公私喜阿螭邁己也。人爲喜，公處之恬如。珪璋在抱，高節自砥。觀其重然諾，勤施與，薜蘿覓侣，詩酒是娱，意興故自遠也。然猶細者，倫莫大于君親，公之事親，致養致敬，一準於禮，孝思著矣。緣孝作忠，至勤于扃教何嫺也。憶崇禎子丑間，西北駸駸多事，基晝以壯猷借屏翰東省，寧翳盤錯，實稱畏途，公促之就道，戒勿老人是縈。基晝能於官者，拮据兵食，盡瘁以死，公家報國有人矣。甲乙之變，兩都告陷，胡塵薦侵。隆皇正位閩服，叔子士年用文行薦徵駕部郎，從定國公出師問興復。斯時也，公伯仲子先無禄，叔季侍側，晨昏未易割，而公之促士年之出而圖也，甚於基晝之東時，忠懷抑何壯也。余嘗奉簡書，往視仙霞，則見士年掀髯談天下事，計畫鑿鑿，意思卻安閑，心甚偉之。未幾，閩疆不守，腥淪遍地，衿佩易面，不忍縷言，而公家于是更難已。方士年圖博浪，豫晝出郡城，田舍門戶如昨也。使公當日稍難色，嫂若姪利害相恫懾，士年即不氣沮乎，其誰能伸縮自如？而公曰：『臣誼應爾也。』盡室以行，且命季偕作焉。泉之役，季力戰北城，歿于陣。士年慮傷老人心，秘不以聞。今清紫峰頭，望青草離離，輒動風瀟水寒之痛，而公猶以爲『嗟，予季行役』也。噫嘻痛哉，誰非臣子，僇力幾人，而公家之蒙難獨如此。當士年奉公居島時，流離轉折，人情弗堪，窺公意若終身焉。而伯仲二氏婦，悉稱未亡人。伯婦攜藐諸孤，視翁姑惟謹，毁家弗恤也。仲婦先曾刲股療公危疾者，亦間關數載。及今病伏深山，惟二老人晨夕是念。至畢命山中，其婦復刲股奉之。姑嫜踵至，是豈尋常閨閤所能哉？余無似，勉豎義旗，與士年、沈復齋諸公，弭鞭追隨，志大才疏，相嘲也，乃復相勞。渡海後，氣誼益深，因稔公梗節，而心服公之一門，老者、婺者、壯者、穉者，或涉危濤，或匿深谷，友于燕渾，無怨無悔。《詩》稱『王事多難，靡室靡家』，是之謂耶？公兹歿矣。八十四齡老封翁，易簀海上，胡爲乎來哉？追維數年島棲，骨肉覯閔。復齋先生喪太翁，余後先喪老兄嫂，首丘興懷，實同此感。而皆用漢衣冠殮含，親朋哭唁如平時，則亦亂離中曠事也，以爲公慰。今天子嘉士年艱貞，晉宣徽一席，義同昭矣。孫曾益長進力學，以俟興朝。子臣弟友之間，振振如也。公兹可以歿而無憾矣。尚饗。王忠孝《王忠孝公集》卷一《祭諸葛遯菴文》

諸葛倬

明諸葛倬，字士年。晉江貢生。隆武時，以薦授翰林院待詔，加御史，監鄭鴻逵軍出浙東。閩亡，依朱成功於廈門，永曆帝進光禄寺卿。有降臣某，書招之，謂『幡然肯來，監司可立致』，且怵以危語。倬復書，謂『聖主隆唐虞之德，小臣守箕山之操，代有其人。新朝政尚寬大，須彌大千，何問微塵？必欲相强，便當刳胸著地，勿問是肝是肉矣』。某得書，惘然而罷。後卒於臺灣。孫静菴《明遺民録》卷二九

諸葛倬，字士年，泉州人。兄羲，與忠孝同年進士，官至東兖兵備道，早卒。倬隆武時以薦授兵部主事，閩亡，依鄭成功於島。成功圍泉州，倬遣弟姪斌合兵攻城。會漳州援兵至，軍潰見殺。永曆詔封成功延平王，遍爵守義諸臣，倬亦陞光禄寺卿，而斌以死事贈監紀推官。久之，大清泉守聞倬名，以書招之曰：

『君來，監司可得也。』峻拒之。復怵以禍，亦不動。及島破，乃奉母還里，服外方服。母年九十餘而終，廬於墓所。鄭經據漳、泉，將任以職，以疾辭，復渡海居島。臺灣内附，鬱鬱發疾卒，年七十九。倬有俠氣，重交遊。鄭鴻逵既没，家北徙，獨襄其葬事，撫其愛女而嫁之。推官蔡江門殉節長沙，賑其妻女。工楷隸，有集三十卷。其子潞，鄭將陳永華壻也。示予家乘及王公行略，故並誌之。《南疆逸史》卷一八《王忠孝傳》附

諸葛倬，字士年。晉江貢生。隆武時以薦授翰林院待詔，加御史，監鄭鴻逵軍出浙東。閩亡，依朱成功於廈門。永曆帝進光禄寺卿。有降臣某，書招之，謂『幡然肯來，監司可立致』，且怵以危語。倬復書謂『聖主隆唐虞之德，小臣守箕山之操，代有其人。新朝政尚寬大，須彌大千，何問微塵？必欲相强，便當刳胸著地，勿問是肝是肉矣。』某得書，惘然而罷。後卒於臺灣。《小腆紀傳》卷五〇

諸葛倬，字士年，晉江人，益長史世科孫，副使羲弟。爲諸生，有聲。隨兄之官，多所贊助。兄没，護喪歸。值兄臨庾事起，部覈徵贓十三萬，舉家惶懼。倬獨肩其任，謂『庾敗不自我，生貪而罪波及死廉，當擊登聞白冤狀。』凡三遣使入都，再具疏。得旨，乃下部議，輕折米價而豁贓數三之二。甲申變後，避居海島。郡有貴人，爲書相招，謂『幡然肯來，監司可立致』。倬回書力辭，貴人乃以禍患危之，復書謂『聖祖隆唐虞之德，小臣守箕山之操，代有其人。新朝政尚寬大，須彌大千，何問微塵？必欲相强，便當刳胸着地，勿問是肝是肉矣』。貴人得書，惘然失曰：『利不能動，害不能奪，志堅矣。』聽之。既乃奉母回郡城，菽水承歡。母歿，哀毁如禮。既襄葬，仍入海展拜父墓。日取《左氏春秋》及漢晉諸史，蠅頭小

楷，手自抄録，綴以論斷。博通經典，旁及諸子百家，靡不淹貫。工行楷八分，隻字片紙，人爭寶之。爲詩伐毛洗髓，去陳取新，特闢堂奧，不落蹊徑，自成一家言。有集二十卷，藏於家。郡縉紳學士稱其出入《左》、《國》，鞭策《史》、《漢》，文割韓、歐之席，詩登李、杜之堂，非近代所能幾。子璐，孝友，工詞章，著有《淮上詩集》；晃，亦能詩，有集行世。節《雪泥集文抄》。

諸葛倬，字士年。爲諸生，篤學。取《左氏春秋》及漢、晉諸史，蠅頭小楷，手自抄録，綴以論斷，援據辨博。工行楷、八分，隻字片紙，人爭寶之。爲詩成一家言。有集二十卷，藏於家。子璐，著有《淮上詩集》；晃，亦能詩。乾隆《泉州府志》卷五五《國朝文苑》

諸葛倬，字士年，晉江人。明季恩貢。唐王入閩，薦授翰林待詔，加監軍道，監鄭鴻逵師出兵浙東。轉光禄寺卿。閩變，避居兩島。郡有貴人，爲書相招，謂『幡然肯來，監司可立致』，倬回書力辭。貴人乃以禍患危之，復書謂『聖主隆唐虞之德，小臣守箕山之操，代有其人。新朝政尚寬大，須彌大千，何問微塵？必欲相強，便當剖胸着地，勿問是肝是肉矣。』貴人得書惘然，知其志堅。自是一意著述，有集二十卷，藏於家。二子：璐、晃，俱能詩，有集。乾隆《晉江縣志》卷一二《國朝文苑》

諸葛倬，字士年，晉江人。貢生。隆武時，薦授翰林待詔，加御史監軍，監鄭鴻逵師出浙東。聞變，移居兩島，依鄭成功。永曆帝，進光禄寺卿。有降臣某，書招之，謂『幡然肯來，監司可立致』，且怵以危語。倬復書謂：『聖主隆唐虞之德，小臣守箕山之操，代有其人。新朝政尚寬大，須彌大千，何問微塵？必欲相強，便當剖胸着地，勿問是肝是肉矣。』某得書惘然，知其志堅。自是一意著述，有集二十卷，藏於家。《府志》，參《海紀》。道光《廈門志》卷一三《明寓賢》

後卒臺灣。二子：璐、晃，俱能詩。《府志》、《海紀》。　民國《同安縣志》卷二七《思明州人物録》

按，諸葛倬傳，乾隆《泉州府志》係『節《雪泥集文抄》』而成。《雪泥集文抄》，清南安鄭纘祖撰，未見。諸葛倬有集二十卷（《南疆逸史》作三十卷），藏於家，未見。

賴良任 賴楫附

賴良任，字似之，號麟兮。以崇禎癸未歲貢考授訓導。長子楫，字説可，邑庠生。麟兮以司訓赴京廷試，説可奉以行。甲申京都陷，奔回故里。乙酉，清朝定鼎，凡在應銓除者，咸得以原職起用。或勸其乘時進取，依例應選。麟兮曰：『予秩雖卑，亦階一命，明倫堂之義維何，曷不顧名思義，忍他事耶？』卒不聽。督學按部籍諸生，説可不與焉，曰：『青青子衿，先代之服也。若就今試，名義紊矣，庭訓乖矣。』於是父子偕隱深山，橫經負耒，以終其身。民國《明溪縣志》卷一四《獨行》

賴道寄 伍行、黃戴玄附

賴道寄，字惟中，天祚子。天祚宦卒寧番，去家萬餘里，踰年訃始至，道寄一慟幾絶。已甦，謀迎喪。時番夷産不靖，道梗，道寄鬻産以行。比至而槖已罄，乃謁布政使鄧思啓、按察使蔡守愚，單衰綴絡，骨露衣表，二人愴歎久之。少進與語，吐辭清華，特爲加禮。再扣所業文，奇采煥爛，二人益驚歎。時成都富人羅某，老無子，慕道寄才，欲以愛女妻之，道寄艴然曰：『棄喪者無天，婚喪者無後。』羅服其言，益相引重，爲資粻，助其歸。事二母，竭力承歡。嫡母余性嚴急，生母黄偶忤之，道寄長跪奉杖，代母受責，余亦墜淚乃已。時道寄年將五十矣，其孝謹如此。爲諸生，屢試不售，家益落。值變亂，哀憤悉發爲詩，奇病交作，竟鬱鬱以死。道光《重纂福建通志》卷二二〇《明孝義·寧化縣》

賴道寄，字惟中。父天祚，爲四川行都司寧番衛經歷，卒于官。寧番去家萬七千里，值番彝叛，喪滯不還。踰年訃始至，道寄一慟幾絶。已甦，謀迎喪。宗老哀寄年少，又道阻彝猖，欲尼其行。寄益慟絶，遂變産得百金，留其半以贍二母，輕裝重趼，披棘入寧番，而橐已罄矣。乃謁布政使鄧公思啓、按察使蔡公守愚，單衰綴絡，骨露衣表，二公愴歎久之。少進與語，辭吐清華，特爲加禮。再扣所業文，異日投一編，奇采焕爛，兩公驚嘆曰：『是足倒三峽之流矣。』時成都有富宦羅一元者，老無子，慕寄雅才，欲以愛女妻之，邀鄧、蔡二公贊其可。道寄艴然曰：『棄喪者無天，婚喪者無後。此覆載所不容，而羅君獨容之，得毋不祥乎？』兩公媿服其言，益相引重，乃爲資粻，助其歸。浹歲扶柩返，瘠毁幾人腊矣。寄天性篤摯，慮生母黄之失意于嫡余也，竭力承歡，先意將迎，余亦忘寄之非己出也。他日黄少忤余，寄輒長跪奉杖，代母受責。余雖嚴急，亦持寄涕簌簌下也。是時寄年將艾矣，其孝謹如此。既連躓鎖闈，家益落。旋值變亂，哀憤抽裂，悉發爲詩。每一詩成，反覆悲吟，繼以涕泣，泣已復吟，函至百里山中，人共讀之。苦戚傷生，奇病交作，竟鬱鬱死。自定其生平詩五卷，題曰『甲乙稿』。大約如急峽鬭霆，驚飈拔石，蓋王原吉、王子讓之流亞也。寧化復有棄諸生而高蹈者五人，曰伍日望、伊勳、伍行、黄戴玄、雷駿鳴。日望嘗中庚午科副榜，每言『命題猶豎的，吾能巧力畢赴之』，意謂科第可掇拾得者。家無儋石，口不言貧。事繼母陰，曲承其歡。年二十二喪室，遂不復娶，慮不能事母也。勳固豪上，每下筆不能自休，善飲噉，能弓馬，旁及書畫絃弈。已棄諸生，斷葷蘖，入鼓山，謁永覺禪師，受其鉗錘，即運水肩柴，不覺爲苦。參究二載而歸，巉如崖壁，風雨遭之，蕩然而已。每作小畫酬世，曰：『此鼓山語録也。』嘗爲李生作怪松，李生復之曰：『萬竅怒號，山川改色，獨此蒼虬，横空盤硬，排奡妥帖，真司馬公所謂萬馬疾馳中能駐足者。』勳笑曰：『遽如許。』勳今稱釋明。伍行尤清苦，寡言笑，爲文穴幽穿險，避俗自攜，知縣凌世韶特賞之。手嘗一編，而子爲菜傭以給爨，未嘗以一字告乏於知友。戴玄義俠自許，數條陳邑利弊，如義田、疏獄、解散長關諸策，皆以古義傅時事。而有司因陋窒罅，見謂迂緩，不果行。故令徐日隆，家不能舉火，玄爲出疏募贍田，標曰『雪送』，自爲之序，懇惻酸透，血淚迸落，雖募田無幾，而玄義自重千金耳。駿鳴，初謝衿巾，痛哭累日。每值時節祀先，即長號移晷，狂走村落，散其鬱陶，人莫測其意。五君蓋各秉至性者也。康熙《寧化縣志》卷四《明逸行》

按，伍日望、伊勳傳另見。雷駿鳴傳，又附其兄雷元明傳後，另見。

賴楫 附賴良任傳後

薛銓

薛銓，字穆生。幼從父居會城，爲侯官諸生。恬靜寡言，精字學。明亡，隱於市，益專心古篆。其篆

刻海内鮮匹，求請者無虚日，以此終餘年。銓奉親甚謹，妾陳，嘗割股療姑疾。道光《重纂福建通志》卷二二三《明隱逸·興化府》

按，薛銓，原籍莆田，居侯官。民國《福建通志》之《明高士傳》、《明藝術傳》兩收其傳，民國《閩侯縣志》卷九二《明隱逸》亦收録，均同道光《重纂福建通志》。

薛鎔

薛鎔，字子燮，福清人。侯官明經。甲申闖寇起，山海交訌，鎔以重名屢卻徵辟，授徒自給，抱道守節，以著述自任。嘗遊越中，梓《南窗草存》六卷。其未梓者《南窗草又存》十卷、《存存草》十卷、《草腴》二卷、《筠陽詩集》一卷、《籜書》十卷、《先儒語録鈔》十卷、《禮經微解》十卷。子種茂，以名諸生爲經師。雍正《福建通志》卷五一《清文苑》

薛鎔，字子燮，化南里人。崇禎間貢。甲申闖寇起，山海交訌，鎔以重名屢卻徵辟，授徒自給，雅志著述。嘗遊越中，梓《南窗草存》六卷。其未梓者《南窗草又存》、《存存草》、《草腴》、《筠陽詩集》、《籜書》、《先儒語録鈔》、《禮經微解》，各若干卷。子種茂，以名諸生授經，中丞黄公嘉其教澤，稱曰『盛世經師』。孫士璣、士衡、士中，繼登科第。乾隆《福清縣志》卷一四《明文苑》

按，薛鎔著述，現存《南窗草存》六卷，清康熙刻本。

薛敬孟

薛敬孟，字子熙，福清人。崇禎中貢生。明亡，不求聞達，放浪山水間。工諸體詩，有《擊鐵集》十卷。雍正《福建通志》卷五一《明文苑》

薛敬孟，字子熙。學識宏博，工諸體詩。唐王時，以恩貢生對策，授萃士。魯王入閩，擢兵部主事。王敗，授徒講業，吟嘯自娱。嘗游張秋，又之真定，卒於恆山。道光《重纂福建通志》卷二二三《明隱逸·福州府》

薛敬孟，字子熙，福唐人。唐藩入閩，以博學清操、文才異等徵授翰林萃士。革易，潛身海島著述，守膚髮歸死。雲林子曰：子熙與林垐子野、嚴通白海、林之蕃涵齋三人友善。子野殉節，白海、涵齋同隱遁不出，夫亦志節之士也。各有著述。其旨遠，其詞哀，不減皋羽《晞髮》、所南《函經》，引類序述。林涵春《節義文章》卷一二《翰林萃士薛敬孟》

余生長海濱，讀書一室，少即無他愛慕，雅好寄跡山水中，時時發爲吟咏。但念遠處偏方，不得覩中原形勝佳絶處，終無以發吾胸中之奇。甲申年甫壯，乃從友人泝禾江。曾以省覲入雲間，一覯三泖之勝，正思渡江登日觀峯，杯視大海外，目空齊魯，然後次第及五岳，偏杖屨焉。值鼎湖龍去，大江以南若沸羹，遂倉卒奉老父南旋，瀕于險者屢矣。從此戒心，無意世事，且念二親七旬且老矣，崎嶇走四方求禄養，曷若以耕養也，乃退居北卓，以農圃自業。景炎末造，雖謬以小史廁人後，非我志也。自此課耕隴首，不知城市。間亦耘硯而食，則輒以倦廢，若黎雲鋤雨，混入亞旅，疆以雜作，中無能加我右者。歲時無聊，惟拈韻對酒，併取少年舊作，改削成帙。如此者十五年，多爲狂歌慨慷、優游適志之詩，以爲如是終身老矣。乃海民内徙，余攜家人三百餘指，踉蹌出門，寄食城郭，日憂火絶，連遭小大十喪，不能具殯，不得已復作舊時生活，以舌代耕。嗟嗟，十餘年棄去伎倆，乃從頭搬演，教人作應舉業，能無老婦拓拔之譏乎？初猶冀束脯數金買田以糊家口，適值邑困重役，臧獲輩奔走道途，不繼時復稱貸于人，踐更應命，而户外索逋之聲又至矣。流離八載，無一可抒懷抱，視我北卓山中箕踞古藤軒下，嘯歌自樂，其意得何如也？如是者八年，又多憤悱拂鬱、去國離鄉之詩。獨是飲酒山遊，舊趣未減，雖家人食盡，余不遑恤，長自放浪吾鄉名勝，吟咏寫憂，即一丘一壑，留題亦必至焉。稽封王鷗江明府，余兩世通家，知余貧病，寄我扇頭詩句，招作鑑湖遊。夫司馬子長曾上會稽，探禹穴，然後成《史記》，古人之借山水以拓其心眼者往往如是，亦何可不簾笠前來，而徒鬱鬱鄉邑處耶？戊申春，始入會治，時得出入萬壑千巖中，探幽抉異，所至輒成詩歌紀之。日月冉冉，又將四年，其所吟咏，率汪洋自恣、放浪湖山之詩，通計前後篇章得十卷。適鷗江先梓《宦越草》，亦强余付剞劂氏，得毋臨深爲高乎？余不能禁。客問余曰：『子詩且授梓矣，體將安從，從濟南乎，從竟陵乎？』曰：『吾兼二者而有之。』客曰：『何體之雜也？』余應之曰：『子不讀《毛詩》三百篇乎？三百篇昔曰風人則全什，而四詩正變悉偏焉者也。自趨尚分而人各專家，濟南尊體格，學雅頌而偏者也；竟陵尚才情，學風而偏者也。偏于雅頌，一意爲臺閣規模，是有《江漢》、《常武》、《閟宫》、

《泮水》諸什，而不必有《山樞》、《蟋蟀》也。偏于風，一意爲閑適歌咏，是有《芣苡》、《采蘩》、《蒹葭》、《衡門》諸什，而不必有《生民》、《公劉》也。且學濟南而弊在襲，襲則體尚雷同，藹入晉宋之排偶而不自異；學竟陵而失在纖，纖則墮入綺靡，流爲齊梁之琢句而不及知。吾遇體而雅頌則雅頌之，體而風則風之，即不拘於一律，亦不流於雜調，何畏乎勦而狗同，藹而近弱乎？況吾人生平身之所處，則聲傳之爲顯爲晦，宜哀宜樂，隨吾素履以寫我性情而已，胡必專於一偏而拘拘濟南、竟陵爲？」客曰：「是固然矣。子遷後《望鄉》近體諸詩，得毋孱而傷格乎？」曰：「詩有變風變雅，詩而變，固不壓其辭之傷也，即少陵經亂作客諸詩皆然矣。吾恨弗能爲古人之處變而悲壯淋漓以出之，窮亦豈足爲詩病乎？且古人當窮而詩益工，吾憂今之不能工而徒以窮累也。窮而工，雖窮曷害？」客韙余言，唯而起問：「集名《擊鐵》何義乎？」余曰：「唐李約雅度伭機，沖然自遠，有山林弘放之致。嘗得一片古鐵，擊之其音清越。又畜一猿，名山公，恆以自隨。月夜泛江登金山，擊鐵鼓琴，猿必嘯和，傾壺達旦，不俟外賓。古人之高寄物外乃如此乎？吾將吾詩作一片鐵觀，四時蟲吟鳥語作一猿啼觀，把酒臨風，高咏吾什，陶然盡醉，如是終身而已，他非所計也。」旹龍飛歲在辛亥暮春，山遯子薛敬孟題於雲門僧舍中。薛敬孟《擊鐵集》卷首《擊鐵集自序》

按，薛敬孟傳，民國《福建通志》兩收，一見《明文苑傳》，一見《明高士傳》，同道光《重纂福建通志》。薛敬孟《擊鐵集》，有康熙十年刻本，《四庫未收書輯刊》據以影印。

謝　杲

謝杲，肇淛季子，明諸生，自號青門老人。少隨父授書，見忠臣、孝子、義夫、節婦傳，輒流連向往之。壯歲值明亂，避地幽隱，凡山高水深，人跡罕到之處，靡不遊歷，以舒憂憤。甲申後，明社既屋，棄儒巾，杜門掃軌。念世受國恩，偷生人世，恆涕不自已。迨庚戌春，浪迹北遊，自吳楚以及齊、晉、燕、趙、諸名區，嗟河山之改色，望宮闕而徘徊，又欷歔淚下者久之。庚申秋，自吳門抱病歸，遂不復出。凡閩中殉難、苦節及潛身沙門、絶意進取者若干人，概爲傳論，成《節義録》二卷。其已經贈官易名及身尚未死者，皆弗録。其自序略曰：『吾職非史官，志在發潛德之幽光，不忍其同湮没於寒煙蔓草而已。』連江陳元龍爲之序曰：『老人家學淵源，吾固知太史之有子長，叔皮之有孟堅。衡泌樂饑，其亦困而不失所享乎？』同治《長樂縣志》卷一六《明隱逸》

按，謝杲《節義録》，道光《重纂福建通志·經籍志》著録，題作《青門節義録》，云：『是書紀閩季殉節諸臣及高蹈之士，傳後或繫以論，或專論一傳，或合論數傳，持論頗正。』天津圖書館藏清抄本，《天津圖書館孤本秘籍叢書》據以影印。卷首有謝杲自序，陳元龍序則無存。

謝九晃

謝九晃，字星晞，清初大南黄溪人也。自幼潛心經史，沉潛道德。明鼎革後，即陶情詩酒，絶意功名。

民國《建寧縣志》卷一八《清隱逸》

謝之遷

謝之遷，字東玉。明季諸生。少穎異不群，既長，折節讀書，尤精史學。鼎革後，不復應有司試。耿藩叛，使人招之，之遷變姓名逃遁泰寧桑坪山中。亂平，歸隱楓溪，自號靜觀居士。著有《楓溪集》，藏於家。光緒《邵武府志》卷二四《國朝隱逸》

謝之遷，字東玉，均口人。明季諸生。少穎異，出語驚人，時目爲神童。既長，折節讀書，尤精史學。值明季亂，隱居不出。清朝定鼎，耿藩變，使人招遷，遷變姓名逃遁泰寧桑坪山中。寇平，歸隱楓溪，自號靜觀居士。著有《楓溪詩文集》，藏於家。民國《建寧縣志》卷一八《清隱逸》

謝天駒 附林承霖傳後

謝世昌

謝世昌，字二樂。讀書負奇氣。當明季滄桑，於邑西村落僻靜處繚以周墻，種黍稻菜菓於其中，終身不出墻外，墻外人亦不得接而見也。乾隆己巳《僊遊縣志》卷二七《人物志·明隱逸》

按，謝世昌傳，道光《重纂福建通志》卷二二三《明隱逸》附鄭垂青傳後，另見。

謝宮錦

謝宮錦，字珂臣。諸生。崇禎十六年，建寧大旱，監司以下官禱不應。宮錦爲文禱梨嶽廟，祀已，雨立霈。甲申聞變，歎曰：『今時勢，《易》天山候也，遯尾則厲。』乃移家隱陽墩故里。感時憤事，一寓之詩文及長短句樂府。唐王入閩，鄭芝龍跋扈，擁重兵索餉，宮錦作《河上歎》。萬元吉受命總督江西、湖廣諸軍，宮錦以詞勸駕。唐王敗後，入茅山頂，即集所謂琴山也，屏絶人迹，獨與同邑賴裴成及寓客王繼日善。在山中嘗遇雪斷煙，忍寒饑，終不出。妻任，字徽士，亦能詩。裴成，字掌亭，素與宮錦以節義相期許。甲申後，時以文酒寄悲憤，以《天問》、《天對》、《天答》合爲一冊，顔曰『醉時攤』。日攜酒一壺，且飲且讀，醉後往往對天號哭。宮錦卒，裴成不知所終。道光《重纂福建通志》卷二二三《明隱逸·建寧府》

謝宮錦，字珂臣。甌寧學生。博學能文，屢試皆高等。大兵抵郡，隱居石屏山中。督學閔度，素聞宮錦名，促令見。宮錦自陳病困，不出。度卒全其志。著有《琹山集》、《髮草》等書。康熙《建寧府志》卷三八《人物十一·明隱逸》

謝宮錦，字珂臣。博學能文，屢試皆高等。明亡，謝絶人事，結茅琹山。督學閔度，素聞名，促令見。宮錦自陳病困，情詞哀切。度嘉其志，全之。宮錦自是逃避愈深，孑然獨處。嘗雪夜火滅，絶食兩日，作《雪夜》、《斷煙》詩以見志。其《雪夜》詩曰：『厲風竟夜吹，知是雪將至。寒極坐不能，蕭瑟枕肱睡。夜來寒透骨，旋起復其位。意欲烹白水，水堅泉亦閟。呼火火不醒，十指凍如墜。雪復欺我單，相侵眼與鼻。呵之令出關，顛風又作翅。徙倚待晨光，積花高尺二。一白合地天，孤影憐獨自。念爾雖潔娟，吁嗟余腹匱。』《斷煙》詩曰：『凉風自西來，聲聲落高樹。萬物含秋心，蟬咽不能句。夜深月到門，清光問白露。與月久溫存，卻忘風藏庫。夙興灰已寒，濛濛山頭霧。地偏人已遠，求火乏金娶。聊學入定禪，枯坐如泥塑。時窮見石交，盟鷗獨相顧。惻愴向余言，苦節無乃誤。我思古之人，深心在行素。調饑何足憂，道勝自窮固。黄唐慨莫追，鼓腹何時遇。長嘯一聲秋，不計朝和暮。』用是憂憤以卒。著有《斌閣詩文集》。康熙《甌寧縣志》卷九《人物下·國朝隱逸》

謝宮錦，字珂臣，甌寧諸生。秉賦剛毅，行誼必軌於正。勤誦讀，有才藻，甫弱冠，即名聲籍甚。歷受知於督學暨諸當事，延見間指陳悉地方利病，未常一言及私，然非公不至，益爲上臺器重。歲癸未，建土苦旱，道府縣官百計祈禱不應。宮錦具詞焚梨嶽廟，雨立沾足。常言：『士人品行爲一身先務，若才學、經濟，譬閨閣中女紅，祇本等事。脫使婦人帷薄不脩，舉動無檢，專詩針線之工，中饋之潔，顧不謬歟？』甲申歲聞變，歎曰：『今時勢，《易》卦天山候也，遯尾則厲。』攜眷歸祖里陽墩故第。丙戌後，謝絶舉業，幅巾芒鞋，日徜徉於清泉奇峰。所居精舍幽峻，朝夕吟嘯，與山谷相應。至庚寅秋杪，竟賫志卒。宮錦詩文典則，著述甚富，烽火連年不絶，多散失，十僅存二三云。《節義録》卷下

蘅生也晚，間嘗討論枌榆故事，時時從諸長老問軼聞，而閭閻多談戊子破城云。考王師入閩，在順治三年丙戌，時則明分守建寧兵備道僉事、鄞倪公懋禧出戰城下，一軍盡没，僉事死之，從者十七人殉。嗚乎，何其烈也。吾郡號閩南闕里，都人士志節豈後於人？長平國殤而外，意必更有捐軀赴義、卓卓可紀

者，而卒無聞。即僉事之死，亦僅見他書，郡人靡得而稱焉，蓋志乘之缺略多矣。乃梅陽謝先生珂臣，獨以節著。先生諱宫錦，一字蒼雪，世居甌寧梅岐里。少負儁才，自爲諸生時，已犖犖有大志。甲申之變，聞報號泣，作日中誓以討賊，人咸壯之。皇清定鼎，遂隱居不出。苕川閔中介視學至郡，聞其名，使人强致之來，溫語諭之，不從；陽怒，欲加夏楚，亦不爲動，閔卒憐而捨之。自是逃避益深，結茅山頂，屏絶人跡。嘗遇雪斷煙，忍受寒饑，未幾病死。《縣志》所爲傳隱逸者如此。予尤嗛嗛不饜於心，最後得先生所著書目，有所謂《蘆中春秋》者，躍然起曰：『季漢月表，其在斯乎？』《月泉社》或隱姓名，《許劍録》更詳居里，其間大書特書，牽連不一。書志士之英爽不没，必有抉眢井而出之者。冥晤勤搜，若或啓之，遂獲《琴山集》一小冊於灰刼之餘。爲之讀而歎，歎而又讀，不自知吮毫潑墨之不能已也，作《謝珂臣傳》。雖然，小子何以傳先生哉？亦即先生文傳先生而已。其傳先生奈何？我朝改易章服，有薙髮之令，諸遺老或不能無稍委蛇以從俗，朱檢討彝尊所謂『降志辱身而其志可原』者。若先生，蓋完髮以完其節者也。其完髮奈何？先生之文曰：『古人將恐將懼，猶可戴鬚眉以見人；今人履薄臨深，不敢提首領以問世。胡爲不敢問世？吾愛吾髮耳。胡愛？以曾讀書識字，不欲昧素心耳。』又曰：『大廈之傾，雖非一髮能支，然天地正氣、聖賢正學，未必不因一髮留。』而寒公者，不知何許人，時居關中，蓋高僧也。贈以詩，亦有『毛髮重如鼎』之句。縣志、家傳俱不言及此，此珂臣傳所由作歟？嗟夫，昔之稱遺民者，類得悠游閑曠以終其天年。先生徒以一髮之故，鼯竄獸跧，度日如歲，吾以悲先生之遇。然鄭張處士以髮死最慘；倪評事元楷蓄髮下獄，其母潛遺人醉以酒，乘其寐而髠之，比醒則失其髮矣；沈大僕光文飄零絶島二十年，棄墳墓不顧，思保一髮而終不可得。先生既全髮膚，又得從容死牖下，遂使琴山一片土與首陽爭高。吾又以快先生之志。小子何以傳先生哉？若此，庶幾可以傳先生云爾。蔣衡《雲寥山人文鈔》卷七《明文學謝珂臣先生傳》

按，謝宫錦著述，民國《建甌縣志》卷一二《藝文志》著録《斌門全集》、《琴山遺稿》、《蘆中春秋》等。民國《福建通志·藝文志》著録《琴山遺稿》一卷，云：『《雲寥山人文鈔》云，謝珂臣先生，明末諸生，鼎革後遁跡琴山，凍餓以死。卷末附任徽士詩，旁注徽士即珂臣叔嬸氏，始知此編乃其姪手録。因細加釐定，雜文爲一彙，古樂府爲一彙，古今體詩爲一彙。復詳繹詩意，參證時事，甲申以前之作寥寥，甲申以後則皆危言苦詞。《雪夜怨》一首，末有跋語，不著姓字。據知先生終於庚寅十一月，是篇乃其絶筆。卷首擬表數篇，題下注順治十年。先生既終於順治七年，此非先生作明甚。當時贈答如王昕公、萬吉人，昕公不知何許人，要皆遺民之有志者，寒公則南嶽和尚推翁之流也。』未見其書。

謝國煊

明謝國煊，字進寶，歸化人。偉軀幹，有膂力，官御營前軍都督。明亡，杜門不出。有『大明宫殿鎖烟霞，荆棘銅駝淚一車』之句。未幾，鬱鬱死。孫静菴《明遺民録》卷三五

謝國瑄，字進寶，歸化人。偉軀幹，有膂力，官御營前軍都督。明亡，杜門不出。有『大明宫殿鎖煙霞，荆棘銅駝淚一車』之句。鬱鬱死。《小腆紀傳》卷五七

謝國煊，字進寶，歸化人。偉軀幹，有膂力，任御營前軍都督。及明亡，杜門不出。其詩有『大明宮殿鎖煙霞，荆棘銅駝淚一車』之句。積憂疾而卒。《府志》。　乾隆《福建續志》卷四九《人物九》

謝國煊，字進寶，歸化人。偉軀幹，有膂力，仕御營前軍都督。及明亡，杜門不出。其詩有『大明宮殿鎖煙霞，荆棘銅駝淚一車』之句。積憂疾而卒。乾隆《汀州府志》卷三〇《明人物》

謝國煊，字思宣。六歲入蒙塾，師課以誦讀，必叩字義。稍長，旁通觸類，博極群書。有膂力，能挈重器。年十三，挽弓百石，如柔條然，衆咸驚。明崇禎失統，唐王即位閩中，應詔舉文武異才第一，特授御營前軍都督。時鄭芝龍擅權，煊論事語侵鄭，鄭怒目視之，煊遂乞歸。後聞閩關不守，潸然出涕。其詩有『大明宮殿鎖烟霞，荆棘銅駝淚一車』之句。年三十六，積憂卒。唐王走汀州，經明溪，馬上歎曰：『此中有異人，朕爲權臣所制，弗能用耳。』民國《明溪縣志》卷一四《明風節》

戴貞會 附戴揚烈傳後

戴揚烈 戴貞會附

戴揚烈，字應承，一字鷹公。唐王時，嘗與鄉薦。後隱居，自稱無功子。築小樓，顔曰『遯山』，十餘年不下，親串罕見其面。詩多鬱轖侘傺之音。同邑戴貞會，字叔中，與揚烈同薦，亦隱居以終。道光《重纂福建通志》卷二二三《明隱逸・興化府》

按，戴揚烈，莆田人。道光《重纂福建通志·經籍志》著録戴氏《嘯碧樓集》，未見。

藍倬默

藍倬默，字識之。崇禎間選貢。任處州同知，時軍興旁午，罄家貲千金助餉。聞李自成寇京師，憂憤不能寐，謂其家人曰：『時事如斯，苟禄奚爲。』遂解組歸。及清定鼎售官，例得起用，隱處富達村，不復出。民國《古田縣志》卷二九《明獨行傳》

羅如奎

羅如奎，字奎之，諸生；余思復，字不遠，將樂人，同時以高尚見志。道光《重纂福建通志》卷二二三《明隱逸·延平府》

羅如奎，字奎之。明邑庠生。值滄桑，不試。與將樂余思復字不遠，同以高尚見志。時有詠畫網巾赴義者，如奎與思復歌詩和之，其志節可想見云。康熙《沙縣志》卷一〇《人物志·明隱逸》

嚴飄香

嚴飄香，字王思，號芳烈。邑廩生。唐王建號晉安，登賢書第八，授知縣。未赴任而唐王亡，遂入山隱居，終身不薙髮。乾隆己巳《僊遊縣志》卷二七《人物志·明隱逸》

按，嚴飄香傳，道光《重纂福建通志》附鄭垂青傳後，另見。

蘇文昌

蘇文昌，字龍華，號何蘇，晉江人，大司寇茂相長子。崇禎壬午順天舉人。郡人黄景昉、蔣德璟二相，公餘問奇倡和，雅相推重。甲申後，無意當世，佯狂憔悴，瑣尾江淮間，比於勝國孤臣沿門乞火之意，如是者十餘年。羈旅中，野叟市童、婦人女子莫不嘖嘖其爲蘇晉江也。歸家息機空門，旁綜内典，每一句一偈，吟詠不衰。飄然世外，於天下事若茫然無所解。時有著作，又儒生家不能道隻字。沖襟玉粹，逸品金貞。接人坦以直，處家和而凖。篤友于，好施濟。將殁，預知死期。卒年七十有六。配潘氏，解元方伯潘洙女，字燕卿，號冰壺，著有《玉蘭館詩草》行世。採蘇國瓛撰誌。乾隆《泉州府志》卷六二《明隱逸》

蘇文昌，茂相長子。崇禎壬午舉人。甲申後，無意當世，徜徉江淮間十餘年。歸家息機空門，飄然世外。時有著作，儒生家不能道一字。篤友于，好施濟。配潘氏，方伯潘洙女，號冰壺，著有《玉蘭館詩草》行世。乾隆《晉江縣志》卷一三《人物志·明隱逸》

按，蘇文昌著述，道光《重纂福建通志·經籍志》著録《蘇教諭詩文集》，卷數未詳。

顧　招 附華師傳後

卷七

道盛

道盛，字覺浪，閩人。住金陵天界寺，與明盂、弘儲並以忠孝名天下。《皇明遺民傳》卷七

覺浪道盛禅師，浦張氏子。幼業儒，從東苑鏡禅師出家。一日聞猫子墜地聲，豁然有省，遂閉關夢筆山。禮壽昌和尚即可，又參博山和尚，盡得曹洞宗旨。歸侍東苑。苑歿，盛始出世。坐道場五十餘處者，語録五十餘種，承嗣東苑。其門下得法二十餘人，皆當時名宿云。康熙丙午《建寧府志》卷四九《明釋家》

道盛，字覺浪，別號夢筆杖人，浦城張氏子。幼業儒，從元鏡出家。一日聞猫子墜地聲，豁然有省，遂閉目夢筆山。又從壽昌、博山，盡得曹洞宗旨。歸侍東苑，歿始出。坐道場五十餘處，開法南都，宗風大振。其及門皆遯跡巨公，桐城方太史以智、江寧倪民部嘉慶其最著也。初道盛從師住武夷數年，拜經於二曲虎嘯洞，勒字於土地嶺之石壁，曰『西來巖』。時崇禎庚午歲也。董天工《武夷山志》卷一八《釋子》

宗門自世尊拈花迦葉微笑，遂開西天四七。東土二三之祖，曹溪一滴，思讓分流。厥後五宗岳峙，而二桂獨昌，洞濟代興，互有隆替。至明嘉靖間，其道寥寥，幾不聞矣，先輩歎之。壽昌崛起，好山不獨，挽洞山於逆流，實乃揭心燈於再朗，東南宗風蔚起，豈不賴此老人乎？昌得博山，大震海內，東苑山隱武夷，得之吾師覺浪大和尚。師出偉然龍象，杖錫所到，雷厲風馳，世出世間，無不攝化宗說，兼備言行雙律，真

法海津梁、人天正眼，可謂金聲玉振、道光德輝者也。嗚呼，至哉。

按狀：師諱道盛，號覺浪，别號杖人，閩浦張氏子，父存三居士。師生而穎異，幼習舉子業。年十五入贅，十九因大父坐亡有疑，遂生出塵想，求慶源孤舟榕公出家，不果，疑益切。偶於街次聞猫墮聲有省，因瑞巖識公過浦，密求鬌落。棲邑之夢筆山，誓死拚關。讀高峰枕子語，若相印合。復於倒刹竿等句有疑，迷悶成病，乃取古人未悟既悟機緣，返復參勘。一日閱百丈再參語，不覺輾然曰：『者馬駒亦復蹋殺天下萬世人也。』及見壽昌頌臨濟『三頓棒頭開正眼，何嘗傳得祖師心』語，大叫曰：『此時尚有若而人乎？我當往嗣之。』始出嶺，之董巖，從博山和尚受具，問從上佛祖行履，不契，辭往壽昌。道經書林，見東苑和尚，投機，遂折節。過冬，因一病瀕死，苑親調藥療之。有間，苑究其生平參悟及五家堂奥之旨，大驚曰：『不期子深入此秘密法門，吾壽昌者枝慧命，屬子流布去也。』因付壽昌源流，并贈一偈，師拜受。遂隨苑禮壽昌和尚，重重參證，昌頷之。自是荷擔大法，當仁不讓。

初下金陵，與焦太史、周海門、曾金簡諸公游，大有敲擊，諸公重之。未幾，壽昌示寂，東苑説法書林，師歸省覲。曹能始諸公請師於興化開堂，師時年二十八，而提唱卓然古德也。期罷，復上博山，與山問答，雷轟電掣，山奇之，殆所謂智過於師者邪。雲門湛和尚入閩，留夢筆三宿，論法門近事，多激揚，門歎之。金粟密雲和尚過浦，師投書，有『源流拂子，濫付非人』之語，密回書云：『上人何處見老僧濫付？且盡大地誰是非人者？試指看，若指不出，自合縣梁縊死夢筆山中。』師覩，大笑曰：『焦磚打著連底凍也。』併刻其言行世。未幾，密公住天童，父子闢妄諸書出，海内始訝之。

東苑、博山兩和尚一年相繼入滅，師得訃大痛，有風穴深憂之感。乃一杖復出閩，殷殷爲法求人，櫪樑横擔，席不暇暖。四方啓請狎主名刹，如楚之李太宰、梅中丞、陳司寇、周司馬諸公，請住龍湖。蘄州荆王、豫章建安皆延説法内庭。江右黄元公司理、鄧太史、涂司寇諸公請主壽昌福船及匡廬圓通。如金陵，魏上國及王喬司禮，倪樸菴、陳旻昭、蔡二白、李小有諸公，請主靈谷、天界、報恩祖堂。如虎林，姚愚谷、方子凡及徐太史諸公，請住鳳林徑山，特爲雲門湛和尚入祖堂，請雪嶠大師歸千指，法筵勝會，得未曾有。十千高步，萬里香花，未足以喻其旺化也。師乙酉離金陵，丁亥復還天界，應太平請。

會有嫉師者，以《原道論》下師獄，師不辯，居圜一載，著《金剛》諸書見意。陳太宰遣人省師索偈，師書『問予何事棲碧山』詩遺之，太宰嘉歎不已，謂其蒙難不驚，眎生死如游戲，雖大慧、覺範諸公不是過也。事解，金陵諸護法請主攝山棲霞，師欣然，有逸老計。未幾，受博山請，命笑峰然公代座，及囑無可智公高座掩關。二公棄縉紳而游師門久矣。師過嘉禾，譚埽菴諸公延師天寧、龍湖各刹説法，因覩費隱容公《嚴統》，復還天界，修《傳燈正宗》，以衛大法。及博山夢筆出，陳匏菴諸公請主皐亭崇先，聞竺菴成公重興壽昌，推雙峰存公住持，特爲上堂舉揚。未幾，吉州李梅公、劉平田諸公請主青原，師命笑峰然公住持。

誕日上堂，歷叙生平，浩然長歎，有『法界不容吾自委，敢推婁至與威音』之語。時師年已六十六，白覩法門衰落，能無中痛乎？谷語輪公監院，念師年老，復持金陵諸護法書請歸天界，故晚稱天界和尚。師因報恩大藏板朽，命松影麟公募修，囑石溪杲公較刻。休夏毘盧閣，偶示微恙，命移錫禪堂舊方丈。一日旦起，禮佛畢，特開示大衆，回寢室飲茹如常。亭午，取紙筆作五位頌，至偏中至，云：『萬象指頭明卓異，縱擒不換機何利。』擲筆而逝。供堂中三日，始入龕，顔色不變，觀者如堵。陳昊昭侍御、周凝圖司空請三詛和尚掩龕。江南宰官居士及衲子善信無不悲號，如失慈乳。海内士大夫同諸方知識，作詩製誄，千里赴唁，感歎法門梁木之摧也。師生明萬曆壬辰十二月十六，示寂清順治己亥九月初七，世壽六十有八，僧臘四十有九。嗣法弟子二十七人，記莂居士四人，往來問道及歸依縉紳、孝廉、文學若干人，得戒剃度弟子不可數計。師説法四十餘年，坐道場五十餘處，著作百餘種，皆載師全録。將奉師龕建塔，竺菴成公與衆三卜，皆得棲霞，遂全身歸葬千佛嶺下之右，延庚抱辛。

既竣，竺公述師行狀，丐余年友陳昊昭爲塔上銘，以昊昭數十年金湯，從師患難流離，知師之詳，無出其右者。會昊昭即世，稿未就，乃命餘謨卒業。謨憶五歲時，隨先老父宫諭公禮博山和尚於皖城，迨乙酉京師南還，矢心白業，始隨先府君謁師金陵。戊子居廬，復謁師於余中丞濟生菴，述先君臨終『夢幻泡影一空，依舊青天明鏡』語，師爲陞堂。及後謁師臯亭，晨夕參叩，屢多機籌，自謂疑團終古破。師時贈偈，有『奪却南泉老爪牙』之句，則謨於師數世淵源法乳之仁，可謂不淺矣。且與昊昭爲一人交，不敢以不嫻辭。

竊觀唐宋以來，舉揚宗風，代不乏人。其間儒佛兼總者，惟明教嵩、覺範洪，然猶不無二岐。若師則《易》象、詩、書，乃至老、莊、諸子百家并世諦文字，偶一拈提，言言妙諦。謨嘗服膺『真儒必不闢佛，真佛必不非儒』二語，以爲名言。然前此諸儒崖異，未免角立門庭，即宗主高自標詡，多輕外典。自姚江倡學以後，龍溪、海門諸公始不諱言佛。若以儒説談宗，上下千年，獨我師一人而已。蓋東魯、西竺兩聖人，此心此理之同，不容終秘者也。至於師之陞堂入室，大機大用，殺活縱奪，如金翅鳥直取龍吞，如大將搴旗探囊取級，故衲子即久參宿學，亦多望崖而退。彼以師夢筆非人之辭爲兩家方枘者，安知古人當機作用，别有出身路邪？故師揀魔辯異，拓述《傳燈正宗》諸書，源流所繫，筆削謹嚴，然不肯輕遺一真參實悟之士。至語及濟宗出世諸老，未嘗不極力推轂，豈末法詬諍、我見崢嶸之輩所能窺其涯涘哉。竺公之狀師曰：『師雖嗣法洞宗，五宗並舉；主盟佛教，三教竝弘。』非阿私其所好，蓋實録云。謹依狀，序其大概，合十稽首，敬爲銘曰：

靈鷲拈花，首傳葉祖。少林溟泛，始闢東土。五葉二株，天撑地拄。幾危之間，豈不握吐。卓哉洞曹，聲振寰宇。突出好山，壁立風雨。博山東苑，兄龍弟虎。吾師嗣之，一麟獨武。開正法眼，滴師子乳。如大火聚，如塗毒鼓。觸之魂飛，聞者毛竪。杖錫至處，海岳驚舞。法幢雲興，肅規凜矩。重興寶鏡，新鑱鉏斧。揀異辯魔，鍼聾鎚瞽。全提向上，驗主中主。横擔榔㮰，高揮玉麈。吴楚閩秦，緇素爭覩。五十餘刹，慈心嬰撫。金湯霞簇，法流川組。道扶聖教，名正燈譜。宗集竺震，文憲鄒魯。臨難不避，遇嫉弗怒。流水桃花，蕭蕭起舞。垂老益堅，憫世益苦。適然譚笑，坐脱鳳塢。雙樹潛輝，金河影栩。兩間哀恃，百靈泣怙。岃峎纖峰，六朝僊府。千佛環坐，儼同玄圃。浩浩長江，亭亭窣堵。我師高風，千古萬古。

菩薩戒弟子大印皖城劉餘謨頓首拜撰。劉餘謨《傳洞上正宗三十三世攝山棲霞覺浪大禪師塔銘并序》，載《天界覺浪盛禪師語録》卷一二師諱道盛，號覺浪，杖人其別稱也。閩柘浦張氏子，父存三居士。誕明萬曆壬辰，幼業儒，年十五入泮。十九，因祖父卒，談笑而化，輒疑此段靈明向何處去，遂走慶源，禮孤舟和尚出家，爲父兄執歸，心疑愈切。偶書林瑞巖，識源律師過浦，密投剃落。一日，聞猫子墮地作聲，豁然有省，因入夢筆山，誓死關，期決大事。閱百丈再參語，至『即此用，離此用』處，被馬祖一喝，直得三日耳聾，忽大悟曰：『這馬駒真能踏殺天下萬世人也。』乃知古人悟明自己，還須透徹大法，始能垂手爲人殺活自在。偶《禪人傳·壽昌經祖頌臨濟三頓棒話》云：『三十棒頭開正眼，何嘗傳得祖師心。』大叫曰：『此時尚有若而人乎？我當往嗣之。』遂出關，造董巖，從博山和尚受具。問：『從上佛祖，如何行履？』山云：『直須工夫透徹，始得。』師云：『佛祖行履，豈因工夫到耶？』山拈棒師，出呈偈云：『試問古人行履事，如何特地設梯階。相逢若是知音客，豈待揚眉眼始開。』即往參壽昌。道經書林，見東苑和尚，問云：『你在董巖曾聞博山提唱《維摩經》否？』師曰：『曾聞。』苑云：『彌勒一生得受記作麽生？』師曰：『大有人疑著。』苑云：『你又恁麽去？』因圍爐次，師舉刦火，洞然：『大千俱壞，未審這個壞不壞。』苑云：『你又恁麽來？』師遂折節。過冬時，病作幾死，苑親調藥療之。有間，朝夕請益，膂不至席者五閱月。苑究其生平參證及五宗堂奥，師反覆磅礴，略無留滯。苑驚曰：『不期子深入此秘密法門，吾壽昌慧命屬子矣。』遂付偈云：『道盛群英祖，德尊萬古師。欽承諸聖旨，啓我永懷思。』時丙辰歲，師年二十五也。

丁巳夏，隨苑禮壽昌經祖，問：『從上佛祖，如何行履？』祖云：『子曾作甚麽來？』師曰：『今日幸遇和尚。』祖云：『今日事作麼生？』師云：『明日日頭東畔出。』祖云：『原來在這裏弄虛頭。』師云：『和尚也不較多。』祖云：『你在何處與東苑相見？』師曰：『不在别處。』祖云：『在那裏？』師曰：『和尚眼聵。』祖休去，師復問：『當時東苑見和尚只一語，如何便肯？他若是某甲，决不輕易放過。』祖劈面一掌，師曰：『也是賊過張弓。』祖曰：『且喜有人喫掌在。』復云：『吾嘗以三則公案驗天下人，子試爲我頌看。如臨濟道「佛法無多子」，畢竟見個甚麼？何處是趙州和尚勘破婆子處？元沙云「諦當甚諦當，敢保老兄未徹在」，何處是靈云未徹處？』師頌臨濟曰：『棒打石人頭，嚗嚗論實事。臨濟不喞嚁，踏破高安路。』頌趙州曰：『明知山有虎，故向虎山行。捨命陪君子，以表此生平。』頌元沙曰：『劍客須呈劍，詩人復獻詩。欲開千古眼，更剔兩莖眉。』祖深頷之。次年戊午，祖示寂，師至金陵，作《壽昌中興曹洞記》。適謐大師自燕歸，晤於天界，囑之曰：『師歸，幸勿草草刻銘。但立片石於塔前，人或問之，指曰「此祖師塔銘也」。如問何無文字，但答曰「未有具眼人在」。』謐笑曰：『須是浪公始得。』

師歸閩，訪雪峰元沙遺跡。曹能始觀察、陳泗游侍御延請羅山結制。曹、陳皆鄉里達尊，以文章師表自任，傾心衛法，一時名士，麟遊鳳集。自此英奇萃聚，名震環區，師年方二十八也。丙寅，雲門湛和尚入閩，三宿夢筆，深相盤詰。乃問門判雪庭大師燒庵話，門云：『公斷雪庭感恩不淺語何如？』師云：『彼語亦奇，但錯認奴婢之殷勤耳。』門云：『公當恁麼時何如？』師云：『只向女子道，我有深情不在君。』門撫膝云：『吾老矣，乃今得聞此語。渠能知是，予敢斥其非哉？』俄聞博山、東苑次第遷化，仰天大慟，奔歸武夷，視東苑後事。俁服烏附，幾不能救。偶有一異人，狀貌奇古，以藥草蛇蜕解之，遂甦。乃之中原，作爲法求人之想。

至汝寧，值寇亂，因之楚黄。楚黄爲卓吾李公、天臺耿公談宗講學之地，士大夫以經學名理相高，衣冠巨族，聲華科第，彬彬相望，門戶膠固，不喜禪宗。師至，一音普振，正令全提，妙布梯航，不立階級，發揚孔孟，襟帶莊老，祥風引路，萬衆開襟。太宰李公、中丞梅公、司寇陳公、大司馬周公，皆朝廷舊德，日隨起止，諮決元奥。於是寶筏、黄蘗、壽昌、福山、圓通咸專使敦請，惟恐後至。蘄州荆王請師内庭説法，合宫頂禮。建安王復請説法上藍寺。時辛巳歲，師年五十矣。壬午，復主圓通。癸未，武昌寇破，師下金陵，三昧律匠率王喬諸司禮請就報恩大殿説法。大司禮王福山、劉鎮南同魏國公徐公、倪樸庵、陳旻昭、嚴三求、李小有請於靈谷結制，爲國開堂，萬衆懽呼，崩騰山谷，登堂演法，猿鶴翔鳴。升堂入室，皆諸方名德，人類精奇。三韓百越，冀北滇南，咸擔簦躡屩，奔赴江東，以不豫法會爲恥。聲光浩浩，叢席爲天下之冠。

甲申，結制興善，復主祖堂。浙西諸護法請主湖上鳳林、横山光明二刹，太史徐鳴玉、吴若谷、餘杭鄒明府請師主徑山萬壽禪寺。乙酉春，張坤庵中丞同諸當事請師結制淨慈。初冬，復還徑山。丙戌，爲雲門湛老人木主入祖堂，又請雪嶠大師還山。丁亥，應清江檀度之請，金陵諸當事請結制天界，命竺庵成公立僧。未幾，命主匡山圓通，旻昭陳公率諸護法請結制長干大報恩寺。戊子，桐城浮山中方、黄華、萬壽、無相諸刹，絡繹禮請，書幣交迎。師以平等大慈應之，一發圓音，萬方春曉，緇素聆其提唱開喻，至有號泣悲慕而不能去者，真能爲法檀度，津濟人天也。五千龍象，萬里香花，又何足云？是冬結制無相，禪衲雲集，室不能容。

江院王公閲師語録，至《原道七論》，謂不應稱『明太祖』三字，遂坐師獄中，擬以大辟。師不辯，居獄一載，惟著《金剛大易衍義》，以明内聖外王之道。陳百史太宰命一吏省師索偈，師援筆書云：『問余何事棲碧山，笑而不答心自閑。桃花流水杳然去，别有天地非人間。』太宰見偈，嘉嘆不已。旻昭訊師，惟勉以學道爲大事因緣，人世空花，不足論也。陳公從此心折，甘居弟子行矣。竺庵成公自匡山圓通省師，問云：『「不因漁父引，怎得見波濤」，請問和尚，者是甚麼所在？』師曰：『看脚下。』進云：『鑊湯無冷處，和尚憑何安身立命？』師云：『還要别求麼？』進云：『曹山三墮和尚，即今居那一墮？』師曰：『此中無别人到。』進云：『風前吹玉笛，那個是知音？』師曰：『用知作麼？』秋初，操江李公過太平，久嚮師化，親入獄中詢其事，八郡諸當事一時畢集，索《原道七論》讀之。李公顧諸公曰：『此論道書也，明太祖豈可不許人稱耶？明亦稱元太祖矣，況此書刻在明崇禎時耶？』遂禮而釋之，曰：『禁之無慍，釋之無喜，真道人也。』師以宏法嬰難，面壁圜中，天下望之如景星慶雲。《原道》一書，遂爲不刊之典。

江南諸護法請主攝山棲霞。時費隱容公妄作《五燈嚴統》，擅改龍藏，刪易宗嗣，杭城檀護白於撫按諸司，逐費公於境外，追其板而火之。師念祖道寥寥，五宗統亂，乃掃雲門、博山、東苑諸塔，作佛祖源流贊頌，防魔外之僭竊也。浦城諸公留結制夢筆，龍泉令毛含侯請住龍泉古寺，石公瓚迎住虎跑，陳瓠庵請主皋亭崇先。崇先爲真歇了祖道場，破屋頹垣，不蔽風雨，師坐宴如。汪本如工部竭力施材，鼎新祖席，命觀濤奇公繼席。吉州諸縉紳請住青原，命嘯公主之。己亥春，旻昭請師歸天界，休夏毘盧閣，日夕應酬，戶外之屨常滿。

九月初四日，忽命移几杖入禪堂舊方丈，興居如常。初七，旦起禮佛，粥後各寮一一開示。回寢室取《蓮山語録》較閲，自題小像云：『這個無狀漢，誰見其本色。大言空古今，行事没軌則。類之既不齊，混之又不得。笑嗤死猫頭，疑殺白拈賊。』遂擲而逝。供堂上七日，顔色如生，觀者傾誠，莫不稽首痛哭。侍御旻昭陳公、太史元昭鄧公、觀察蓮西蔡公、參政覺岸劉公，同周凝圖司空與門人弟子，奉全身建塔於棲霞千佛嶺下。發引之日，闔京士庶張帷設案，香烟花燭，自長干以至臺城二十餘里，繽紛空界，此數百年來未曾有也。先是靈谷、祖堂、報恩、天界，皆師説法之處，諸刹監院各請立塔，永奉宗燈。末後定穴棲霞，實三筮龜前而得也。

師光明正大，立身嚴冷，海内賢士大夫居門下者，多尊榮顯赫，往來惟以性命之學相勉，以道自重，悲願宏深，慈心廣大，濟世利生，至死不倦。住院如逆旅，不作兒孫計。食隨麤糲，衣惟布素。雖嗣法洞宗，而五宗並舉；主盟佛教，而三教並宏。心和機峻，動静尊嚴，凡有叩問，忘其疲倦，必使聞者豁如自得而後已。百氏之説，剖決精微，古今臭腐，陳爛葛藤，一經評論，盡化神奇。故焦公弱侯、周公海門、梅長公、李夢白、吳衆香、吳子遠、韓聖秋、惲道生諸老，皆一世人龍，目光如電，一至師前，不自知其膝之屈也。至若諸方知識，杖錫所至，每多先施；及商確宗門大法，則盡底掀翻，毫不苟合。金粟密公過闥，師以書簡密，謂：『以源流拂子，妄付非人。作俑於先，濫觴於後。滹沱之風，從公墜矣。』密公見書，慚憤不宿而去。或疑其說太過，師云：『佛祖之道，如以毒攻毒，彼此救藥，使不致於世諦流布。彼斤斤以施設門庭爲計者，安足與語古人堂奥，就中殺活之妙哉？』師年六十六，上堂歷敘生平，浩然長嘆，末云：『法界不容吾自委，敢推樓至與威音。』識者知其無意於人世矣。師壽六十八，僧臘四十九。嗣法弟子二十八人，記莂居士四人。其操履之密，鉗錘之妙，道德之光，門庭之大，與夫全機大用，載於銘狀，茲不具悉。贊曰：

隆萬之間，獅絃絶響。壽昌經祖，崛起西江。東苑博山，左龍右鳳。迭奏新豐，輝煌宇宙。洞上中興，於斯爲盛。師以總持三昧，奮無師自然之智。撾鼓金陵，聲騰萬里。鴻儒奇衲，咸萃其門，莫不整襟諮法，洗慮登堂。杖錫所經，和風披拂。是以石耳塔紅，應道旻再來之識；鳳山鐘吼，記雪軒善世之祥。闡揚靈緒，抉發元微，有程朱不能窺其旨要者。

常示衆云：『天地無古今，人心生治亂。』又云：『大聖有隱憂，乃知天下故。坐折英雄心，能先其後步。』議者謂三代以下無此學識。嗚呼，此所以雷霆寰宇而諸方瞠乎其後矣。紀映鍾《國朝覺浪盛禪師傳》，載《攝山志》卷三

道盛，字覺浪，邑張氏子。早習儒業，大父亡，疑靈明從何處去，每生出塵之想。後聞猫子墜地聲，豁然覺悟。明萬曆季年，遂祝髮夢筆山寺。精通律藏，兼研經論。嘗從東苑鏡禪師遊，語及曹洞宗風，苑大驚曰：『子已入秘密藏，此一枝燈無他屬矣。』自後衝口成偈，警快絶倫，凡坐道場五十餘處。其主博山

上堂云：『向上一路，千聖不傳。本地風光，自家領悟。』最後主金陵天界寺，維持綱宗，激揚道法，學徒雲集，一以平懷接之，應病施鍼，視孔出楔，無虚過者，以故法嗣最盛。番禺屈翁山大均、吴江潘稼堂耒輩，咸尊爲大導師。世壽六十七。時休夏毘盧閣，一日命衆移錫禪堂，禮佛畢，説偈而逝。所著語録，見諦歸宗。詩如『清明微雨後，花鳥亂飛時。苦竹常遮徑，高松自護關』，秀水朱竹垞彝尊稱爲天籟。清機時，與同邑潘雪生遠相唱和，心心印可，一如慧遠之於宗雷也。師名震楚越，跡遍叢林，終指夢筆爲修證之所，今等覺寺後杖者泉，猶其遺蹟。朱秉鑑《茹古堂文集》卷七《僧道盛傳》

按，據劉餘謨撰《塔銘》，道盛著作有百餘種。今知見有《建陽東苑晦臺鏡禪師語録》一卷附《建昌廩山忠公傳》一卷、《建昌廩山忠公傳》，《卍續藏經》本；《佛祖源流贊》一卷，明末金陵棲霞寺刻本及重刻本；《植聖草》不分卷，明崇禎刻本等。

華　師 朱贊、顧招附

華師，嚴姓，别號秋此，莆田儒家子。學問淵博，遭海溢雲擾，播遷無依，乃委身空門，穿貫内典諸藏。工詩古文，有柳柳州之遺。嘗手寫《華嚴》全經。與遺民朱贊、顧招作方外交。朱字寅初，崇禎時孝廉；顧字雪來，明季諸生，密邇華師而同隱于佛者。華師初借住笠庵，繼居三會寺。其徒雲岸爲刻《影月集》，興化令鄭黄燦爲之序。乾隆己巳《僊遊縣志》卷二九《人物志·明仙釋》

按，朱贊，莆田人，崇禎十五年舉人，見乾隆《莆田縣志》卷一三《選舉志》。華師《影月集》，今未見。

超弘

僧超弘，惠安人，貢士劉佑子。邑諸生。丙戌，削髮爲僧，徧處參學，拄錫南安雪峰，十餘年不下山。豫知死期，自爲誌銘。至期，端坐而化。時年七十餘。其徒輯其遺稿行世。康熙《福建通志》卷五一《仙釋》

劉若，惠安諸生。才藻絶倫，何喬遠、黄道周咸器之。唐王敗後，入黄蘗爲僧，名超弘，字如初。友人趙介存奉百金爲資，辭曰：『四大尚非我有，安用此爲？』及病亟，徧速知交，與聚首數朝夕卒。初爲僧時，父母俱無恙，歲一再歸省。迨親歿，服喪卜葬畢，乃不復返。道光《重纂福建通志》卷二二三《明隱逸·泉州府》

劉若，惠安人也。父佑，中乙榜，官潮州府學教授。若幼不凡，長博通經史子籍，才藻絶倫。垂髫遊泮宫，食廩餼。黄石齋、何鏡山二先輩見其文，輒讚不容口。惜數奇。丙戌秋闈畢，秉父母入黄蘗山，削髮受戒，法名超弘，字如幻。趙介存奉百金備出世資，辭曰：『出家人四大亦非我有，安用此爲？』往雪峰依亘和尚。亘叢林數百衆，獨與如幻有忘言契。勤力焚脩，洞燭禪理。亘居泉之招慶、延福，福之芙蓉、慶城，追隨十餘年，歷書記，掌西堂，精參默究，日臻閫奥。亘和尚知時已至，付以衣、戒及拂，如幻辭不獲，頂禮拜受。告歸泉州，杖笠飄然，探歷名勝。久之，嗣法席於靈應。資糧不足，領徒衆託鉢。至乙巳，諸檀那延住楊梅山雪峰院，如幻曰：『此真覺祖師卓錫故址，殊可安身。』偕衲子十餘人，立住山規範，闡發宗旨，不屑棒喝夙套。本山殿閣，年久日漸傾頽。戊申春仲，募緣重脩，規模迥異向日。時石鼓爲霖和尚請以紫雲戒壇爲如幻出世地，黏質公給諫暨通郡善信僉將順，堅辭不往。遠近皈依者日盛，如幻覺年高倦應酬，善士蘇爾源爲覓高岡幽邃、離院二里許，名惠泉石蹟，重構精舍供養。自是如幻棲遲兩禪室，不復下山。次年春二月中浣，命匠豫建塔，又作龕以便荼毘。至冬十月初旬，抱微恙，徒衆請進參苓，不允。遍速知交，聚首數朝夕，合十趺坐而瞑。初丙戌時，若年纔强仕，父母在堂，妻子繞膝。出家後，年一再歸省侍。迨雙親謝世，服喪卜兆畢，足跡永不到家。即屬纘際，男士拔自惠安奔赴，惟告以勤讀書，爲正人，勿墜家聲，不他及。

論曰：男子處世，唯高明者方能通權達變，如大將用兵，正合奇勝，無所不可。故曰權者，反於經而後有善也。今劉若庠序中異才，一旦舉目有河山之異，粹心沙門，登峰造極，匪直瞿曇、老子應虚一席，即櫺星門下，亦稱有人。《節義録》卷下

如幻道人名超弘，姓劉，泉郡惠安人也。父潮州府學教授，諱佑；母陳氏。道人生於萬曆乙巳年十月廿三日寅時。幼習儒業，十九爲諸生，二十七嬰劇疾。知四大匪堅，生死事大。因閲《維摩詰經》，益信有宗門向上一着，遂興出塵之志。喜從方外遊，適本師雪峰亘和尚往還黄檗，道由惠邑，邂逅瞻拜，便蒙激發，於是矢志皈依。尚羈俗緣，荏苒歲月，世情愈澹。及逢改革，下令薙髮，慨然曰：『時節至矣。』乃稟辭雙親，捨妻子，從徹際大德，脱白於本邑平山寺。俄戎馬生郊，所在鼎沸。及途次稍通，乃卷裓趨漳，依本師於南山寺。本師命居侍寮。和尚歷住泉郡承天、延福，會城之芙蓉、雪峰、慶城，道人執侍十載。丁酉歲，於慶城蒙囑累，慚媿於法，實無所得，於是隨緣放曠，栖托不定。歲乙巳，南邑蘇家諸檀樾延

住本邑雪峰寺，亦真覺禪師舊刹也。與衲子數輩，栽田博飯，矢志終焉。距雪峰二里許，有慧泉古基，檀樾蘇君爾源，重建精藍，復延住止。於是盤桓二刹間，迄今十有四載。歲戊午，道人春秋七十有四，念曉露春霜，光陰無幾，門人明藴等預爲建塔於雪峰西偏，自揣生平福慧微薄，生無益於時，死當無聞於後，不可假手他人，屬筆虚飾悟由，貽譏有識，乃自述入道因緣始末，俟順寂之後，與此皮囊同納塔中，則此生事畢矣。銘曰：

撞出胞胎，一場戲事。來何所從，去何所至。地水火風，偶然合離。是生滅法，互相根蒂。根蒂剗除，生滅滅已。不生滅者，廓然無際。梅山之陽，窣堵軒峙。藏此幻軀，千齡永閟。堂堂法身，正眼孰覰。逼塞虚空，如是如是。釋超弘自撰《塔銘》，載《瘦松集》卷八下

嗚呼，吾師其竟趨寂矣。大木摧頹，法門衰相，奚可勝言。比年諸方尊宿，如烟飛雨散，惟師臘高德重，尚然無恙，學者方望其回慧日於將冥，遏狂瀾之既倒，何期化權未展，遽唱還鄉之曲。遠近聞者，無不嗟嘆，况明藴等獲蒙陶鑄，叨沾法乳，含悽哀戀，有所不暇，又安能操管而述其平生。然師之行履精密，氣節孤巍，皆足爲後昆龜鑑，似可以勵末俗，則又不忍無示于將來。雖慚鄙俚，勉述梗概。師諱超弘，字如幻，惠安劉氏子。父潮州府學教授，諱佑；母陳氏。師生於萬曆乙巳年十月二十三日寅時。幼而俊邁，詩書過目不忘。髫髫能文，手不訏慮。十九補弟子員，屢試冠諸生。愈博搜經史，而文日益善，幾駕西京而上。又精作諸書，竟入山陰之室，每弄筆濡墨，皆超然出人意表，縉紳名儒，咸企慕焉。於是受知于司空鏡山何先生、相國石齋黄先生，凡見其著述，頻加推獎，才學重于一時。年二十七，嬰劇疾，便悟幻身泡

影，遂興出世之思。一日過梵刹，偶閱《維摩詰經》，更知有宗門中事，每對禪流，輒以公案相叩。時師翁雪峰亘和尚往還黄檗，道由惠邑，驀地相逢，奇爲法器，便加錐劄。師自此疑情益起，彌切皈依，猶以雙親在堂，莫酬初心，因作假僧詩以託志。逮值改革，令下剃髮，乃慨然曰：『吾願遂矣。』即稟辭父母，割愛妻子，同邑侯介存趙公、中丞愧兩王公，就于平山寺從徹際大德薙染。趙公遺金百兩，以爲道資。師曰：『吾以捨名利，離親屬，放情寂寞之濱，草衣木食足矣，焉用此爲？』竟却之。時戎馬紛紛，猶難行脚，但自時時提撕趙州無佛性話。至路途稍通，便擔簦趨漳南山依師翁掛搭。無幾，命居侍寮，痛受鉗鎚，多有省發。師翁歷住泉之招慶、延福，福之芙蓉、雪峰，師或侍巾瓶，或掌記室，凡十餘載，若非歸家省覲，及雙親喪葬之事，未嘗少離。精參默究，益臻閫奥。拈頌機答，無爽玄旨。一日師翁問曰：『簷前雨滴聲，點點不落别處，畢竟落在甚麽處？』衆皆酬對，俱未契。師曰：『落在和尚鼻孔裏。』師翁獨首肯之。屢欲囑累，師皆遜謝，是冬遂安爲西堂。師翁應請慶城，師亦隨往。居無何，復以衣拂授師，一衆咸推，義不獲辭，方乃祗承。戊戌春，旋歸溫陵，不常厥居，杖笠蕭然，盤桓山水間者久之。嗣住靈應數載，糧多不給，嘆曰：『昔日融祖日走丹陽八十里，負米供衆，我何人哉？』遂自持鉢以資饘粥，歲以爲常。偶一不可于意，復翻然捨去。乙巳歲，霞舒蘇家檀樾延住楊梅山雪峰院，亦真覺祖師卓錫處也。與衲子五六人，行古德住山規範，刀耕火種，暇則爲説大義，道望蔚然。丙午秋，怡石和尚率丹霞宰官居士來請繼席南山祖庭，諸山法屬亦欲其了先師公案，咸相促逼。使者往還再四，師一一修書力辭，乃免。本山殿閣垂將傾圮，戊申春，鳩諸檀施崇新拓建，規模宏麗，改于舊觀。時鼓山爲霖和尚，亦以紫雲戒壇爲師出世地，而給諫質公黏先生領郡中紳衿緇素，共來勸請，師志堅然，終不之許。聲光日遠播，諸方益推重之。於是銓部周樸園、給諫黃儆庵、刺史郭昆冶、南安邑侯劉伯啓，及詹紆庵、龔岸齋、何信周諸先生，接踵皈向，時或延至其第，或移步空山，互以箇事共相討論，詩偈唱和、書札往來逮無虛日。晚年頗厭應酬，猶嫌此山不深。檀樾爾源蘇公，微審其意，更覓高岡僻處。離院二里許有慧泉古蹟，廣運家珍，重營靜舍，迎師居止。四事盡出己力。從此逍遙兩刹間，怡然樂之。今春二月中旬，忽謂照拙等曰：『人命無常，如春霜曉露。吾年已逾古稀，恐來日無多。西崦片地頗佳，坐向恰當其利，可預建一卵塔，身後毋爲爾累。』即令擇吉啓土，並促匠人制龕，皆親督役，復自撰銘。及中夏工竣，則亹亹出言，實已無意於世矣。此十月初旬，方示疾，便欲速諸知交來相見。其男士拔，自惠聞之，趨赴奉侍，師悉示以佛法中事，未曾片言及于世諦。雖在伏枕，猶詠詩數首，皆嘆祖道之凌夷。衆調進藥食，師却之，云：『世緣已盡，食無益也。』遂不啜。客問安至者，師曰：『相見無多時矣。』或有辭回，則執留之，謂：『可遲數日，吾當與子訣。』笑談酬應，不衰平時。二十日清晨，召爲沐浴更衣，索筆書囑區處上下院務，纖悉不遺。誡諸弟子，歿後勿行喪報訃。衆請遺偈，師多不答。再懇不已，乃曰：『吾無偈去不得麼？』遂吉祥而逝。世壽七十有四，坐三十二夏。師天性坦夷，律身正嚴，道眼精明，機鋒峭峻。誘進方來，曲垂善巧。針錐宿衲，直挫偷心。接人多怡顔，處衆無崖岸。諸方學者，畏而重之。至於煥然文章，尤其夙習所長。或讚揚祖道，開示當人，瓶瀉雲興，珠回玉轉，無非借以發揮衆義，指歸一乘。是故縉紳先生，多所敬服。昔人以寂音爲僧中班馬者，今日于師亦殆是也。法語偈言，著述甚富，雖未編次，然往來禪流，爭私録去，固已盛傳于世矣。

平生不妄許可於人，最後乃以佛祖重担，命明藴、照拙、普仁荷擔，實恐力不勝任，有玷法門，既師不棄遺，又烏敢辭。遂感泣祇承。深愧莫讚芳徽，光揚師德，惟狀其世出世間顛末如此。至於造詣精微，行周化密，則不敢以筆墨塗污虚空也。冀大方知音鑒之。明藴、照拙、普仁撰《行狀》，載《瘦松集》卷八下

按，釋超弘著述，道光《重纂福建通志》卷七三《經籍志》著録《支山語録》、《瘦松集》八卷及《詩賦雜著》。《雪峰如幻禪師瘦松集》有《禪宗全書》本等。

超　全 附阮旻錫傳後

卷八

五泉廬逸士

有五泉廬逸士者五人，結廬偕隱，問其姓名，笑而不答。邑人余天民詩云：『城北有五人，明季之逸士。國運當陽九，因獨行其是。遁跡五泉廬，終身遠城市。詩酒盡餘年，至今無姓氏。』道光《重纂福建通志》卷二一五《明忠節·古田縣》古田樵夫傳附

按，道光《重纂福建通志》傳云：『古田樵夫，失其姓氏。崇禎十七年負薪至文廟前，聞都城陷，慟哭，觸墻死。』古田樵夫殆殉國者，非遺民，故不收録。又五泉廬逸士，民國《福建通志》明忠節傳、高士傳均收録，同此。

王　某 附雷元明傳後

車丁當

車丁當，將樂人，失其名。居城北隅，孑然一身，斗室自爨。每出，則扃篋笥戶牖，殆徧佩十餘鑰，行動有聲，人遂目爲車丁當。業醫，人亦鮮試其術。明亡，閉戶號泣，衰絰者百餘日。自後每三月十八日，

執香跪門外，北望慟哭，積楮鏹於路焚之，終身不改。民國《福建通志》總卷四三分卷四《明高士傳》

畫網巾先生

畫網巾先生，名位、鄉里皆不可稽。國亡，同二僕潛跡邵武光澤山寺作苦，衣冠儼然。久之，事漸露，光澤防將吴鎮者，密掩捕之。逮至邵武，鎮將池鳳鳴訊其里居姓名，默不答。鳳鳴偉其狀貌，戒部將曰：『謹事之，去而網巾，無以惑衆足矣。』先生既索網巾無有，盥櫛畢，謂二僕曰：『得筆墨否？爲我畫網巾額上。』僕問故，先生曰：『衣冠本歷代舊制，網巾則大明制也。即死，可忘明乎？』於是二僕爲先生畫網巾，畫已乃加冠，二僕亦復交相畫。軍中譁笑之，共呼曰『畫網巾先生』云。是時適有四大營之亂，四營者，張自盛、洪國玉、曹大鎬、李安民也。自盛始屬王得仁，得仁本左良玉將也，與金聲桓降清。既而據江西反正，後敗死，自盛亡入山中，糾召殘卒及賊亡無賴者，衆逾萬人，督師侍郎揭重熙、詹事傅鼎銓等皆依之。顧攻取無策，往來江省，焚掠諸村落者二年。庚寅夏，清大帥檄江閩合勦，於是江兵住建昌，四營屯邵武之禾坪。閩提督楊名高至邵，與左路總鎮王之綱分道掩擊，四營兵潰。鳳鳴因詭稱先生爲陣俘，獻之名高。名高欲生之，見畫網巾歷録然，笑不問也。置檻車至泰寧，名高諭令降，先生曰：『吾舊識王之綱，就彼決之可乎？』名高喜，遣詣之綱。之綱愕然不知。先生曰：『固不識公，特從公索死耳。』之綱窮詰，先生喟然歎曰：『吾忠未報國，留姓名則辱國；智未保家，留姓名則辱身。若曹呼我畫網巾，吾則此姓此名矣。』之綱抗聲謂曰：『天下大定，一夫强死何濟？且改制易服，歷代已然，薙髮何傷，作此怪鬼爲？』先生顧唾曰：『網巾尚不忍去，况髮乎？死矣，無多談。』之綱怒曰：『明亡，填溝壑者莫名數也，庸渠皆俊物乎？』遂令先殺二僕。群卒捽抑將斬，二僕嗔目叱曰：『癡虜，吾豈怯死者？顧死亦有禮，當一辭主人耳。』即向先生拜辭曰：『奴得掃除地下矣。』欣然受戮。之綱復好謂先生曰：『若豈有所負乎？不然，義死亦佳，何乃自晦之堅也。』先生曰：『我何負？負明耳。一籌不抒，束手就盡，去婢妾無幾，又以此易節烈名哉？吾笑古今之隨例就義者，故恥不自述也。』檢袖中有詩一卷，擲於地，復出白金一小封，擲與劊手曰：『此樵川范生所贈也，今與汝，可令吾速死。』遂挺然受刃於泰寧之杉津。泰之諸生謝韓者，收其遺骸，瘞於郭外松窠山，題曰『畫網巾先生之墓』，歲時謁奠。泰人有召箕仙者，箕動如飛，輒書曰：『我畫網巾也。』終不名。名高、之綱既破四營，執獲累多，有文秀儼毅、顧盼暉偉、絶無羈累愁狀者，亦豈先生類歟？別營有被禽者，當就邵武，行至朱口，一魁獨不肯前，伸頸就其徒索殺，曰：『吾熟思累日，終不能俯仰，寧死汝手。』其徒難之。即奮袂裂眦，抽刀相擬曰：『不我殺，當殺汝。』其徒乃揮淚刃之，瘞骨而去。鼎銓、重熙先後不屈死，自盛後就俘於瀘溪山中，四營之黨盡矣。《皇明遺民傳》卷七

畫網巾先生，閩人。丙戌九月，清兵破福建，先生同二僕匿邵武光澤山中，不薙髮，畫一網巾於額。庚寅夏，爲光澤鎮將踪得之，縛至泰寧見總鎮王之綱。問其姓氏，先生曰：『忠未報國，留姓名則辱國；智不保家，留姓名則辱家；危不致身，留姓名則辱身。今邵人呼我「畫網巾」，吾即此姓即此名矣。』之綱反覆開諭，謂肯薙髮即免死。先生曰：『癡人，網巾且不忍去，况髮乎？死矣，毋多言。』之綱先斬其二

僕，二僕瞋目叱曰：『癡韃子，吾豈怯死者？顧死亦有禮，當一辭主人耳。』向先生拜且辭曰：『奴先行矣，爲主人掃除泉下。』再諭先生，先生終不屈，亦命斬之。先生欣然出袖中有詩一卷，擲於地，復出白金一小封，擲向劊子曰：『此樵川范生所贈，今贈汝。』遂挺立受刃。泰之義士謝韓者，收其遺骸，瘞於郭外，歲時謁奠如家儀。張岱《石匱書後集》卷五七

畫網巾先生，其姓氏、邑里、爵位不可得而稽也。初與二僕潛迹邵武光澤山寺中，作苦傭食，衣冠儼然。久之漸露，光澤防將吳鎮掩捕之。逮至邵武，鎮將池鳳鳴詢其姓氏，默不應。鳳鳴異之，謂曰：『去爾網巾，無以惑衆足矣。』部卒因褫其巾。先生既索網巾不可得，晨起盥櫛畢，呼二僕曰：『取筆墨來，爲我額上畫網巾。』僕問故，先生曰：『衣冠傳自歷代，惟網巾我明祖創制也。即死，可忘明制乎？』於是二僕爲先生畫網巾，畫已乃加冠，二僕亦復交相畫。軍中譁笑之，共呼曰『畫網巾』云。久之，金聲桓遺黨張自盛、洪國玉、曹大鎬、李安民等結寨山中，號四大營，時出劫掠。庚寅夏，大帥檄江閩合剿，四營潰。池鳳鳴因詭稱先生爲陣俘，以獻總督楊名高。見其額所畫，笑置不問也。檻車至泰寧，欲諭降之。先生因謂楊曰：『舊識王之綱，就彼決之可乎？』楊喜，遣詣之綱，之綱愕然。先生曰：『吾固不識公也，特從公索死耳。』之綱因窮詰其縣邑姓氏甚苦，先生乃喟然曰：『吾忠未報國，留姓名則辱國；智不保家，留姓名則辱家；危不致身，留姓名則辱身。吾自諱久矣，汝何故問爲？若曹呼我爲「畫網巾」，即我姓名矣。』之綱抗聲謂之曰：『天下大定，一人强死何濟？且改制易服，王章也。何不薙髮以全汝生？』先生顧而唾之曰：『賊奴，我網巾且不忍去，況髮乎？死矣，無多言。』之綱大怒，令先

斬二僕。群卒捽之，二僕嗔目叱曰：『我豈畏死者？顧死亦有禮，當辭我主人。』於是向先生叩頭曰：『奴先往泉下掃除。』怡然就刃。之綱乃好言慰先生曰：『先生豈有所負？不然留姓名照千載也，何堅自晦？』先生曰：『吾何負？負明耳。一籌不抒，束手就盡，與婢妾等，尚可以姓氏易節烈名哉？』乃出袖中詩一卷，擲於地，又以白金一封付刑者，挺然受刃於泰寧之杉津。觀者見其畫網巾斑斑額上，無不泣下。諸生謝韓殯之松窠山，題曰『畫網巾先生之墓』，歲時祀之。四營既破，所俘獻者多有文秀嚴毅、顧盼偉然，至死不自言姓氏者，豈亦先生之流亞與？並其軼事而失之，可恨也。

逸史曰：明之死事者衆矣，未有若先生之奇者。觀其義化二僕，即生平之學術可想見矣。彼莅殺先生者，皆膺明之顯爵者也，二僕且得而唾之矣。悲夫。《南疆逸史》卷二九

畫網巾先生，其名位、鄉里皆不可稽。初同二僕潛跡邵武光澤山寺中，作苦觀變，衣冠儼然。久之，聲影漸露。光澤防將吳鎮者，聞其岸異，因掩捕之。逮至邵武，鎮將池鳳鳴訊其里居、姓名，默不答。鳳鳴偉其狀，戒部卒曰：『謹事之，去而網巾，無以惑衆足矣』。明日，自索網巾無有，盥櫛畢，則謂二僕曰：『得筆墨否？爲我畫網巾額上。』僕問故，曰：『衣冠本歷代舊制，網巾則大明創制也。即死，可忘明制乎？』於是二僕爲之畫，畫已乃加冠，二僕亦復交相畫。軍中譁然笑之，共呼之曰『畫網巾』云。是時適有四大營之亂。四營者，張自盛、洪國玉、曹大鎬、李安民也。自盛始爲王得仁裨將，得仁據江西反正，後敗死，自盛亡入山，糾召殘卒及賊之無賴者，衆逾萬人，借義聲曰恢復，一時名德如督師侍郎揭重熙、詹事傅鼎銓等皆依之。顧攻取無策，徒烏徙江閩界，所經地毛如洗，飛走皆盡，流毒諸村落者二年。庚寅

夏，江閩之師合剿之，四營潰。池鳳鳴因詭稱爲俘獲畫網巾者，獻之閩督楊名高。楊幾之，欲生之，見所畫網巾固歷録然，笑置不問。既就檻車至泰寧，楊猶欲諭之降，因謂楊曰：『左路總兵王之綱，吾舊識，就彼決之可乎？』楊喜，即遣往。之綱愕然。乃曰：『吾固不識公，特從公索死耳。』之綱窮詰里籍、姓字殊苦，喟然曰：『吾忠未報國，留姓名則辱國；智不保家，留姓名則辱家；國危不即致身，留姓名則辱身。若曹呼我「畫網巾」，吾即此姓名矣。』之綱抗聲曰：『天下大定，一夫强死何濟？且改制易服，歷代皆然，薙髮亦奚傷，胡作此怪鬼爲？』畫網巾者顧之而唾曰：『何許癡物？網巾且不忍去，況髮乎？死已，無多談。』語侵之綱益厲。之綱怒曰：『明亡，填溝壑者莫名數，庸渠皆俊物乎？』令先斬二僕。逡巡間，群卒捽之，二僕嗔目叱曰：『癡奴，吾豈怯死者？顧死亦有禮，當一辭吾主人。』於是向先生再拜，辭曰：『奴得掃除泉下矣。』欣然受戮。之綱復好謂之曰：『若豈有所負乎？不然，義死亦佳，何堅自晦也。』曰：『我何負？負明耳。一籌不抒，束手就盡，去婢妾無幾，又以此易節烈名，吾笑古今之隨例就義者，故恥不自述也。』檢袖中有詩一卷，擲於地，復出白金一小封，擲向劊者曰：『此樵川范生所贈，今與汝。』遂挺然受刃于泰寧之杉津。泰人聚觀之，所畫網巾猶斑斑在額上也。泰之諸生謝韓者，收其遺骸，瘞郭外之松窠山，題曰『畫網巾先生之墓』，歲時謁奠如家儀。其後泰人有召乩仙者，乩動如飛，輒書曰『我畫網巾也』，而終不名。其幽靈蘊結如此。

《摭遺》曰：此傳節諸《明文授讀》中，爲李世熊著。且曰：『是時楊、王追破四營，報獲累累。多有文秀儼毅、顧盼暉偉、絶無畿類愁狀者，豈亦畫網巾先生之流歟？其別營有投降者，當就邵武聽撫，行至朱口，忍一魁獨不肯前，伸頸就其黨索殺，曰：『吾熟思累日，終不能俯仰于官，寧死汝手。』其黨難之，即奮袂裂眥抽刃相擬，曰：『不殺我者，今當殺汝。』其黨乃揮涕刃之，瘞骨而去。張自盛後亦就俘瀘溪山中。李瑶《繹史摭遺》卷一四《畫網巾先生（二僕）》

畫網巾者，其姓名爵里不可得而知也。攜二僕匿邵武山寺中，爲邏者所得。守將池鳳陽奪其網巾置軍中，先生歎曰：『衣冠歷代皆有定制，若網巾則高皇帝所創。我遭國變即死，詎敢忘祖制乎？』每晨起盥櫛畢，必令僕畫網巾於額乃加冠，而二僕者亦必更相畫也。軍中皆嘩笑之，因呼之曰『畫網巾』。已而王師平諸山砦，鳳陽乃縛而獻之提督，詭稱陣俘以邀功。提督某視其額斑斑然，笑而謂之曰：『若爲誰？今降猶可以免。』先生曰：『我忠不能報國，留姓名則辱國；智未能保家，留姓名則辱家；危不能致命，留姓名則辱身。且我不欲以一死博節義名，軍中呼我爲「畫網巾」，是即我名矣。至欲我降，則我舊嘗識王之綱，當就彼決之。』之綱者，故高傑部將，時爲福建總兵，即平諸山砦者也。提督送之福建，之綱見之，曰：『我不識若也，今將就若求死耳。』之綱委曲開諭，且指其髮曰：『種種者而不去，何迂也？』二僕曰：『巾猶不忍去，忍去髮乎？』之綱命先斬之。群卒欲引去，二僕瞑目叱曰：『我二人豈畏死者？顧死亦有禮。』從容向先生拜辭曰：『奴等得侍掃除於地下矣。』皆欣然受刃。之綱又謂先生曰：『若豈有所負乎？節義死即佳，何執之堅也？』先生曰：『我何負？負君耳。』出袖中詩一卷，投之地，又出銀一封，謂行刑者曰：『此樵川范生所贈也，今與若。』遂戮于泰寧之杉津。泰寧謝生葬其骸於杉窩山，題曰『畫網巾先生之墓』。題樂天居士輯《鹿樵紀聞》卷中《兩先生傳》

畫網巾先生者，不知何許人，西戌間與二僮遊於光澤。《鹿樵紀聞・兩先生傳》作「攜二僕匿邵武山寺中。」敵吳某，聞其岸異，捕之，械至邵武池鳳鳴所。《兩先生傳》作「守將池鳳陽」。鳳鳴訊問，不答，戒部卒曰：「善事之，但去網巾，使無惑衆焉可矣。」先生既索網巾無有，則謂二僮曰：「有筆墨乎？盍爲我畫諸。」二僮乃爲先生畫網巾於額，畫已加巾幘，二僮又交相畫。軍中莫不譁笑，呼曰「畫網巾」。會義師張自盛、洪國玉、曹大鎬、李安民四營大潰，鳳鳴遂詭稱先生陣俘，獻之楊名高。《兩先生傳》作「提督某」。名高見畫網巾，以爲狂笑，置不問。已遣詣王之綱。之綱問其姓名爲誰，曰：「我忠未報國，留我姓名則辱國；我智不保家，留我姓名則辱家；我危亡不即致身，留我姓名則辱身。若曹但呼我爲「畫網巾」，此即姓名，奚問爲？」之綱抗聲責之，先生奮罵。之綱令先斬二僮，群卒麾之，二僮曰：「吾豈憚死哉？顧死亦有禮，當一辭主人耳。」於是向先生拜且辭曰：「僮得効掃除地下矣。」欣然就戮。之綱婉謂先生曰：「若豈有所負耶？不然殉義留名，亦何害？」曰：「吾何負？負昭代耳。一籌未施，束手待斃，其去婢妾幾何？而敢以此博節烈名乎？吾蓋恥不自述也。」出袖中詩卷，擲於地，赴泰寧之杉津，引領就刃，所畫網巾猶斑斑額上，觀者數千人，莫不嘆息流涕。諸生謝韓，《兩先生傳》作「泰寧謝生」。收葬於松窠山，《兩先生傳》作「杉窩山」。題曰「畫網巾先生之墓」，歲時謁奠。湯生曰：嗟乎，昔子路結纓、子卿握節，義之所在，雖微物，古人往往鼎呂視之。先生籍一網巾以報國，而二僮亦即籍一網巾以報主，真者不可得，更圖其似先生之不忘其故，其遂至於斯極也耶。屈大均《皇明四朝成仁録》卷一二《雜流死義傳》

畫網巾先生者，其姓名、爵里不可得而知也。大兵既定江東南，遂平七閩。先生攜僕二人，皆仍明衣冠，匿迹於邵武光澤山寺中。事頗聞於外，而光澤守將吳鎮使人掩捕之，逮送邵武守將池鳳陽。鳳陽爲去其網巾，留於軍中，戒部卒謹守之。先生既失網巾，盥櫛畢，謂二僕曰：『衣冠者，歷代各有定制。至於網巾，則我太祖高皇帝創爲之也。今吾遭國破，即死，詎可忘祖制乎？汝曹取筆墨來，爲我畫網巾額上。』於是二僕爲先生畫網巾，畫已乃加冠，二僕亦互相畫也，日以爲常。於是軍中皆譁笑之，而先生無姓名，人皆呼之曰『畫網巾』云。居有頃，池鳳陽檻致先生於提督楊名高。名高謂：『及今降我，猶可以免死。』先生曰：『吾舊識王之綱，當就彼決之。』王之綱，故明總兵而歸誠者也。名高喜，使往之綱所，之綱曰：『吾固不識若也。』先生曰：『吾亦不識若也，今特就若死耳。』之綱窮其姓名，先生曰：『吾忠未能報國，留姓名則辱國；智未能保家，留姓名則辱家；危不即致身，留姓名即辱身。軍中呼我爲「畫網巾」，即以此爲吾姓名可矣。』之綱曰：『天下事已大定，吾本明朝總兵，徒以識時變、知天命，至今日不失富貴。若一匹夫倔强死何益？且改制易服，前世已然。』因指其髮而詬之曰：『此種種者而不去何也？』先生曰：『吾於網巾且不忍去，況髮耶？』之綱怒，命卒先斬二僕。群卒前捽之，二僕瞋目曰：『吾兩人豈惜死者？顧死亦有禮，當一辭吾主人而死耳。』於是向先生拜且辭曰：『奴等事掃除泉下矣。』乃欣然受刃。之綱復謂先生曰：『若豈有所負耶？何執之堅也？』先生曰：『吾何負？負吾君耳。一籌莫效而束手就擒，與婢妾何異？又以此易節烈名，吾笑夫古今之循例而赴義，故恥不自述也。』遂延頸就戮。軍中有馬耀圖者，見而識之，曰是爲馮舜生也，至其他生平，則又不能言，故終不敢定其爲何許人云。《明忠義別傳》卷二九畫網巾先生者，不知何許人。服明衣冠，從二僕匿跡光澤山寺中。守將吳鎮掩捕之，送邵武，鎮將池鳳鳴訊之，不答。鳳鳴偉其貌，爲去其網巾，戒軍中謹事之。先生既失網巾，盥櫛畢，謂二僕曰：『衣冠歷代舊制，網巾則我太祖高皇帝創爲之。即死，可忘明制乎？取筆墨來，爲我畫網巾額上。』畫已乃加冠，二僕亦交相畫也。每晨起，以爲常，軍中譁笑之，呼曰『畫網巾』云。無何，張、洪、曹、李四大營潰，鳳鳴詭稱先生爲陣俘，獻之閩督楊名高。名高謂：『及今降我，猶可免死。』先生曰：『吾舊識總兵王之綱，就彼決之可乎？』之綱見畫網巾歷碌然，駭曰：『吾不識若也。』先生曰：『吾亦不識若也，就若死耳。』窮究之，則喟然曰：『吾忠未報國，留姓名則辱國；智未保家，留姓名則辱家；危不即致身，留姓名則辱身。若曹呼我爲「畫網巾」可矣。』之綱抗聲曰：『吾明朝總兵，徒以識時變、知天命，不失富貴。若一匹夫，倔强死，何益？』指其髮而詬之曰：『此種種而不去，乃作此鬼怪爲。』先生顧唾曰：『吾於網巾不忍去，況髮邪？』之綱命先斬其二僕。逡巡間，群卒捽之，二僕瞋目叱曰：『吾兩人豈惜死者？顧死亦有禮，當一辭吾主人而死耳。』於是向先生拜且辭曰：『奴得掃除泉下矣。』欣然受刃。之綱曰：『若豈有所負邪？義死亦佳，何堅自晦也？』先生曰：『吾何負？負吾君耳。一籌莫效，束手就擒，又以此易節烈名，吾笑夫古今之循例赴義者，故恥不自述也。』檢袖中，出詩一卷，擲於地，復出白金一小封，擲向行刑者曰：『樵川范生所贈，今與汝。』挺然受刃於泰寧之杉津。泰人聚觀之，所畫網巾猶班班在額上也。軍中有馬耀圖者，見而識之曰：『是爲馮舜生。』問其生平，則又不能言。而福寧州人謂是魯監國大學士劉中藻之子諸生思沛，載之志書焉。《小腆紀傳》卷五二畫網巾先生，其姓氏、邑里、爵位不可得而稽也。初與二僕潛跡邵武光澤山寺中，作苦傭食，衣冠儼然。久之漸露，光澤防將吳鎮掩捕之。逮至邵武，鎮將池鳳鳴詢其姓名，嘿不應，鳳鳴異之，謂曰：『去爾網巾，無以惑衆足矣，吾不汝殺也。』部卒因褫其巾。先生既索網巾不可得，晨起盥櫛畢，呼二僕曰：『取筆墨來，爲我額上畫網巾。』僕問故，先生曰：『衣冠傳自歷代，惟網巾我明祖創制也。即死，可忘明制乎？』於是二僕爲先生畫網巾，畫已乃加冠，二僕亦交相畫。軍中譁笑之，共呼『畫網巾』。久之，金聲桓遺黨張自盛、洪國璽、曹大鎬、李安民等結寨山中，號四大營，時出劫掠。庚寅夏，清帥檄江閩合勦之，四營潰。池鳳鳴因詭稱先生爲陣俘以獻，提督楊名高見其額所畫，笑置不問也。檻車至泰寧，欲諭降之。先生因謂楊曰：『吾舊識王之綱，就彼決之可乎？』楊喜，遣詣之綱。之綱愕然。先生曰：『吾固不識公也，特從公索死耳。』之綱因窮詰其縣邑、姓氏殊苦，先生喟然曰：『吾忠未報國，留姓名則辱國；智不保家，留姓名則辱家；危不即致身，留姓名則辱身。自諱久矣，汝何問爲？若曹呼我爲「畫網巾」，即我姓氏矣。』之綱抗聲謂之曰：『天下大定，一人强死何濟？且改制易服，王章也；何不薙髮，以全汝生？』先生顧而唾之曰：『賊奴，我網巾且不忍去，況髮乎？死矣，無多言。』之綱怒，令先斬二僕。群卒捽之，二僕瞋目叱曰：『我豈畏死者？顧死亦有禮，當辭我主人。』於是向先生叩頭曰：『奴先往泉下掃除。』怡然就戮。之綱乃好言慰先生曰：『先生豈有所負？不然，留姓名昭千載也，何堅自晦？』先生曰：『我何負？負明耳。一籌不抒，束手就盡，與婢妾等，尚可以姓氏易節烈名哉？』乃出袖中詩一卷，擲於地，又以白金一封付刑者，挺然受刃於泰寧之杉津。觀者見其畫網巾斑斑額上，無不泣下。諸生謝韓殯之松巢山，題曰『畫網巾先生之墓』，歲時祀之。四營既破，所俘獻者，多有文秀儼毅、顧盼偉然、至死不自言者，豈亦先生之流亞歟。并其軼事而失之，可恨也。明之死事者衆矣，未有若先生之奇者。觀其義化二僕，即生平學術可相見矣。彼菈殺先生者，皆膺明之顯爵者也，二僕且得而唾之矣。悲夫。西亭凌雪《南天痕》卷一八

畫網巾者，初同二僕裹網巾潛蹤邵武光澤山寺中。久之，光澤守將聞其岸異，逮之至邵武，鎮將池鳳鳴訊其里居姓名，不答。鳳鳴偉其狀，戒去網巾，無惑衆。裹網巾者索網巾不得，則以墨畫網巾於額，二僕亦復交相畫。軍中皆譁笑，因呼爲『畫網巾』云。時順治七年，有張自盛、洪國玉、曹大鎬、李安民四營之亂。自盛者，故王得仁裨將。得仁敗死後，自盛亡入山，糾殘卒，借義聲聚衆，遺臣傅鼎銓、揭重熙咸往依之。顧所部多無賴，無紀律，流毒諸邨落者二年。是年夏，大兵江閩合勦，江兵駐建昌，四營屯邵武之禾坪。提督楊名高率兵至邵武，與右路總鎮王之綱分道擊之，四營潰。鳳鳴因詭以畫網巾爲陣俘，獻之名高。見畫網巾，笑置之，就檻車至泰寧。諭降之，畫網巾曰：『吾舊識王之綱，當就彼決之。』乃詣之綱，之綱愕然。畫網巾曰：『故不識也，特從公索死耳。』之綱窮詰其姓字，畫網巾喟然曰：『吾忠未報國，留姓名則辱國；智不保家，留姓名則辱家；危不即致身，留姓名則辱身。若曹呼我「畫網巾」，吾即此姓此名矣。』之綱因抗聲謂之曰：『天下大定，一夫彊死何爲？且明亡，填溝瀆者莫名數也，庸詎皆俊物乎？』令先捽斬其二僕。其二僕叱曰：『吾豈怯死者？顧死亦有禮，當一辭吾主。』迺再拜就戮。之綱復好謂之曰：『若豈有所負乎？不然義死亦佳，何堅自晦也？』先生曰：『吾何負？負明耳。一籌不

抒，束手就盡，去婢妾無幾，又以此易節烈名。吾笑古今之隨例就義者，故恥不自述也。』出袖中有詩一卷，擲於地，復出白金一小封，擲向刑者曰：『此樵川范生所贈也，今與若。』遂受刃於泰寧之杉津。諸生謝韓者，收其遺骸及其僕，瘞郭外松窠山，題曰『畫網巾先生之墓』，歲時謁奠如家儀。是時別營有就撫邵武者，至朱口，一人獨不肯前，伸頸就其黨，曰：『吾熟思累日，終不能俯仰，無如寧死汝手。』其黨難之，即奮袂抽刃曰：『不我殺者，當殺汝。』其黨乃揮涕刃之，瘞骨而去。按，《福寧府志》劉中藻子思沛，爲諸生。中藻死，思沛曰：『父既立節，子可不繼父志乎？』亦死。時人稱爲畫網巾先生。考中藻殉節在順治六年，而畫網巾殉於順治七年，時適相符，且與所云『智不保家，危不即致身』語皆合。獨《殷頑録》稱爲乙酉、丙戌間，是爲順治二、三年，其時中藻未死，固非思沛矣。考王之綱以順治二年降我朝，時方在徐州收勦龍駒嘴、天門寺、黄藏峪諸山寨，迨徐州平，始授雲霄路總兵，六年乃鎮汀州。而張自盛之犯邵武，在七年七月，之綱十一月始至泰寧，則《殷頑録》所云非實録也。斷爲思沛，固昔人所云『鬼神緘之，鬼神啓之』，豈非快事。然《福安縣志》又稱思沛羈浦城獄，則無由至邵武矣。又《邵武府志》稱，畫網巾殉難後，邑人邱嘉彩爲之作傳，紹興遊客林景蔚爲演畫網巾劇，而是時懷慶俠遊馬耀圖者，隱卒伍中，私語邑人雷易曰『先生姓馮名生舜』，則其時已所傳不一如此。　道光《重纂福建通志》卷二一七《明忠節·縣貫無考》

畫網巾先生者，不知何許人。順治初，同二僕往來邵光山寺中，衣冠如舊制。庚寅夏，爲光澤防將吳鎮所得，俘至郡。副將池鳳鳴，偉而禮之，戒部卒曰：『謹事之，去其網巾可矣。』守者焚網巾，先生則命僕畫額爲網巾狀，曰：『此大明制也，即死，不可忘。』人群噪而觀焉，曰『畫網巾』也。是秋，左路總兵王之綱以勦寇駐泰寧，先生揚言軍中曰：『我舊識王某，曷以我詣彼乎？』鳳鳴從之。至則之綱愕然不識也。先生曰：『既不識，請見殺。』之綱不忍，反覆勸諭，令薙髮。先生曰：『癡物，網巾尚不忍去，況髮乎？死矣，毋多談。』二僕先向主叩頭辭而就刃。先生從容檢袖中詩一卷，擲於地，又出白金一小錠，付刑者曰：『此邵武范生所贈也，今與爾。』遂挺然受刃於水南之荒園中。諸生謝韓殮其屍并二僕，瘞葬，題曰『畫網巾先生墓』。邑人邱嘉彩爲之作傳，紹興遊客林景蔚爲演畫網巾劇以傳焉。而是時有懷慶俠遊馬耀圖者，隱卒伍中，私語邑人雷易曰，『先生姓馮名生舜』云。乾隆《邵武府志》卷一八《明寓賢》

畫網巾先生，不知何許人。明季往來邵武光澤山寺。入國朝，不薙髮，闊袖網巾遊市中，爲光澤防將吳鎮俘至郡，副將池鳳鳴嘆曰：『噫，此勝國遺民也。』戒部卒焚其網巾而佚之。他日再見，則畫網巾在額焉。鳳鳴呼語曰：『如不速去，將不爾容。』先生曰：『此大明制也，烏可去？』會總兵官王之綱以勦寇駐泰寧，乃自言與之綱有舊，遂送諸轅。既見，不識也。之綱愕然久之，曰：『是欲我成豎子名也。』先命兩黥徒挾之薙髮，先生張目叱曰：『蠢漢，網巾尚不忍去，況髮邪？何不斬我頭去？』遂殺之。諸生謝韓收其屍葬之，曰『畫網巾先生墓』。時有懷慶馬耀圖以俠遊竄卒伍中，私語人曰『先生姓馮名生舜』云。據《府志》。道光《光澤縣志》卷二八《明寓賢録》

順治二年，既定江東南，而明唐王即皇帝位于福州，其泉國公鄭芝龍陰受大清督師洪承疇旨，棄關撤守備，七閩皆没。而新令『薙髮更衣冠，不從者死』。于是士民以違令死者不可勝數，而畫網巾先生事尤奇。先生者，其姓名、爵里皆不可得而知者也。携僕二人，皆仍明時衣冠，匿跡于邵武光澤山寺中。事頗聞于外，而光澤守將吳鎮使人掩捕之，逮送邵武守將池鳳陽。鳳陽命去其網巾，留于軍中，戒部卒謹守之。先生既失網巾，櫛盥畢，謂二僕曰：『衣冠者，歷代各有定制，至網巾則我太祖高皇帝創爲之也。今吾遭國破，即死，詎可忘祖制乎？汝曹取筆墨來，爲我畫網巾額上。』于是二僕爲先生畫網巾。畫已乃加冠，二僕亦互相畫也。日以爲常，汝軍中皆譁笑之，而先生無姓名，人皆呼之曰『畫網巾』云。當是時，江西、福建間有四營之役。四營者，曰張自盛、曰洪國玉、曰曹大鎬、曰李安民。先是，自盛隸明建武侯王得仁爲裨將，得仁既敗死，自盛亡入山，與洪國玉等收召散卒及群盜，號曰恢復，衆且踰萬人。而明之遺臣如督師兵部右侍郎揭重熙、詹事府正詹事傳鼎銓等皆依之。歲庚寅夏，四營兵潰于邵武之禾坪，池鳳陽詭稱先生爲陣俘，獻之提督楊名高。名高視其所畫網巾，班班然額上，笑而置之。名高軍至泰寧，從檻車中出先生，謂之曰：『若及今降我，猶可以免死。』先生曰：『吾舊識王之綱，當就彼決之。』王之綱者，福建總兵，破四營有功者也。名高喜，使往之綱所。之綱曰：『吾固不識若也。』先生曰：『吾亦不識若也，今特就若死耳。』之綱窮詰其姓名，先生曰：『吾忠未能報國，留姓名則辱國；智未能保家，留姓名則辱家；危不即致身，留姓名則辱身。軍中呼我爲「畫網巾」，即以此爲吾姓名可矣。』之綱曰：『天下事已大定，吾本明朝總兵，徒以識時變、知天命，至今日不失富貴。若一匹夫，倔强死，何益？且夫改制易服，自前世已然。』因指其髮而詬之曰：『此種種者而不肯去，何也？』先生曰：『吾于網巾且不忍去，况髮耶？』之綱怒，命卒先斬其二僕。群卒前捽之，二僕瞋目叱曰：『吾兩人豈惜死者？顧死亦有禮，當一辭吾主人而死耳。』于是向先生拜且辭曰：『奴等得事埽除泉下矣。』乃欣然受刃。之綱復謂先生曰：『若豈有所負耶？義死雖亦佳，何執之堅也？』先生曰：『吾何負？負吾君耳。一籌莫効，而束手就擒，與婢妾何異，又以此易節烈名？吾笑夫古今之循例而負義者，故耻不自述。』出袖中詩一卷，擲于地，復出白金一封，授行刑者曰：『此樵川范生所贈也，今與汝。』遂被戮于泰寧之杉津。泰寧諸生謝韓葬其骸于郭外杉窩山，題曰『畫網巾先生之墓』，而歲時上冢致祭不輟。當四營之既潰也，楊名高、王之綱復追破之，死逃略盡，而敗將有願降者，率兵受招撫于邵武。行至朱口，一卒獨不肯前，伸頸謂其伍曰：『殺我，殺我。』其伍怪之，且問故，曰：『吾熟思之累日夜矣，終不能俯首事降將，寧死女手。』其伍難之。乃奮袂裂眥，抽刃相擬曰：『不殺我者，今當殺女。』其伍乃揮淚斬之，埋其骨而去。揭重熙、傅鼎銓先後被獲，不屈死。張自盛、曹大鎬等後就縛于瀘溪山中。

贊曰：自古守節之士不肯以姓字落人間者，始于明永樂之世。當是時，一夫守義而禍及九族，故多匿跡而死，以全其宗黨。迨崇禎甲申而後，其令未有如是之酷也，而以余所聞，或死或遁，不以姓名里居示人者頗多，有使弔古之士莫能詳焉，豈不可惜也？夫如畫網巾先生，事甚奇，聞當時軍中有河南人馬耀圖者，見而識之曰：『是爲馮生舜也。』至其生平，則又不能言焉。余疑其出于附會，故不著于篇。戴名世《南山集》卷八《畫網巾先生傳》

畫網巾先生者，名位、鄉里皆不可稽。初同二僕潛跡邵武光澤山寺中，作苦觀變，衣冠儼然。久之，聲影漸露，光澤防將吳鎮者，聞其崖異，因掩捕之，逮至邵武。鎮將池鳳鳴訊其里居、姓名，默不答。鳳鳴偉其狀，戒部卒曰：『謹事之，去而網巾，無以惑衆足矣。』先生既索網巾無有，盥櫛畢，謂二僕曰：『得筆墨否？爲我畫網巾額上。』僕問故，先生曰：『衣冠本歷代舊制，網巾則大明創制也。即死，可忘明制乎？』於是二僕爲先生畫網巾，畫已乃加冠，二僕亦復交相畫。軍中譁笑之，共呼之曰『畫網巾』云。

是時，適有四大營之亂。四營者，張自盛、洪國玉、曹大鎬、李安民也。自盛始爲王得仁裨將，得仁據江西反正，後敗死。自盛亡入山，糾召殘卒及賊之無賴者，衆逾萬人，借義聲曰恢復，一時名德如督師侍郎揭重熙、詹事傅鼎銓等皆依之。顧攻取無策，徒鳥徙江閩界，所經地毛如洗，飛走皆盡，流毒諸村落者二年。庚寅夏，清大吏始檄江閩合勦之，於是江兵駐建昌，四營屯邵武之禾坪。閩提督楊名高率兵至邵，與左路總兵王之綱分道掩擊之，四營潰。池鳳鳴因詭稱先生爲陣俘，獻之楊名高。楊羈縻欲生之，見畫網巾歷録然，笑置不問也。先生既就檻車至泰寧，楊猶欲諭降之，先生因謂楊曰：『吾舊識王之綱，就彼決之可乎？』楊喜，遣詣之綱，之綱愕然。先生曰：『固不識公也，特從公索死耳。』之綱窮詰里籍、姓字殊苦，先生乃喟然曰：『吾忠未報國，留姓名則辱國；智不保家，留姓名則辱家；危不即致身，留姓名則辱身。若曹呼我「画網巾」，吾即此姓此名矣。』之綱因抗聲謂之曰：『天下大定，一夫彊死何濟？且改制易服，歷代已然，薙髮奚傷，作此怪鬼爲？』先生顧唾曰：『何許癡物，網巾且不忍去，況髮乎？死矣，無多談。』語侵之綱益厲。之綱怒曰：『明亡，填溝瀆者莫名數也，庸渠皆俊物乎？』遂令先斬其二僕。逡巡間，群卒捽之，二僕叱曰：『吾豈怯死者？顧死亦有禮，當一辭吾主人耳。』於是向先生拜且辭曰：『奴得埽除地下矣。』乃欣然受戮。之綱復好謂先生曰：『若豈有所負乎？不然，義死亦佳，何堅自晦也？』先生曰：『吾何負？負明耳。一籌不抒，束手就盡，去婢妾無幾，又以此易節烈名。吾笑古今之隨例就義者，故恥不自述也。』檢袖中有詩一卷，擲於地；復出白金一小封，擲向劊子曰：『此樵川范生所贈也，今與汝。』遂挺然受刃于泰寧之杉津。泰人聚觀之，所畫網巾猶斑斑額上也。泰之諸生謝韓者，收其遺骸，瘞於郭外松窠山，題曰『畫網巾先生之墓』，歲時謁奠如家儀。嗚呼，當楊、王既追破四營，執獲纍纍，多有文秀儼毅、顧盼暉偉、絶無羈纍愁狀者，豈亦先生之流歟？別營有投降者，當就邵武聽撫。行至朱口，一魁獨不肯前，伸頸就其黨索死，曰：『吾熟思累日，終不能俯仰，若寧死汝手。』其黨難之，即奮袂裂眦，抽刃相擬曰：『不我殺者，今當殺汝。』其黨乃揮涕刃之，瘞骨而去。傅鼎銓、揭重熙流散被獲，先後不屈死。張自盛後就俘于瀘溪山中。嗚呼，聚旅如林，繁有節俠，顧顛蹶同盡，如是也夫。論曰：運變極流，遂有意表奇節如畫網巾者。往鄭所南作鐵函經事，至隱秘矣。逮明崇禎戊寅間，寺僧浚井忽得之。按其歲月，已三百五十六年，而所南之名始大著于天下。其鬼神緘之而鬼神啓之，安知百千年後鬼神不以畫網巾姓字告人乎？夫懸幽忠於天日河山之外，豈慮千百年後真有鬼神者爲書名位、誌家世乎？李綱曰：『靖康之難，内惟李若水、外惟霍安國死節顯著。』然則死義患不顯著耳。蒙古破鈞州，金將陳和尚俟殺掠已定，乃自出言曰：『我忠孝軍總領陳和尚也。死亂軍中，人將謂我負國家。今日明白死，庶有諒我者。』先生豈負國者哉？若古之江上丈人、漢濱老父等，皆慮爲世之儀的。近世如補鍋匠、葛衣翁等，又皆慮名爲祟。先生既就死矣，豈復刑禍是避乎？空坑之敗，趙時賞身冒姓文，逗遛追騎以脱主帥，意欲有爲也。先生則誰爲乎？即其言曰『惡夫計無復之，因死貿名者』，夫張、許、文、謝，誰非計無復之者？而論者惑于黠帥陣俘之言，夫越石就段，王畧投裘，中智所笑。以先生意致沉遠，詞吐嚴危，度世有孫、曹，尚迴翔睨之，張洪橛豎小人，豈足附託哉？二僕從先生於孤窮危躓之時，歷年彌恪，此文丞相所不能得於余元慶

者。交畫網巾，恬殉故主，結纓納肝，已優爲之，人固不可以常情度哉。李世熊《寒支初集》卷九《畫網巾先生傳》

福建建寧城初破，有一士不薙髮而網巾以冠，兵執以告帥。帥諭之，薙髮則生，不薙則死。乃脱其網巾，而將代薙之。大呼曰：『頭可斷，髮不可斷也。』帥怒而且刑之，密諭吏曰：『如肯薙，且勿殺。』至市，命吏曰：『試爲我取筆來。』筆至，問何所爲，曰：『衣冠固中華制，代代有之，惟網巾創自洪武年間，不可以亡而死。』取筆細畫之，已成，又照於渠水，曰：『汝速殺。』吏且笑且嘆，馳報其帥。帥怒，而卒殺之。越數月，有仙降于乩者，詩多悲憤，自署曰『畫網巾先生』。客曰：『先生何姓名？請書以傳後世。』復署曰：『姓名不足傳，傳畫網巾先生足矣。』余年侄西陵張晉侯云。

柴桑里人曰：天下變故，死于鋒鏑者何可勝數。姓名要無足傳，若先生者，已能易簀結纓于生死之一呼吸間，豈必問姓名始識其賢哉？文德翼《求是堂文集》卷一二《畫網巾先生傳》

附録

宋珏

宋珏，亦作瑴，字比玉，莆田人。故國子監生。善畫，其寫松樹尤秀。王士禛《詩話》亦嘆其小詩工絶。《皇明遺民傳》卷四

宋珏，字比玉，莆田人。爲諸生，負笈入太學，後僑寓武林、姑蘇、金陵，以詩歌書畫名於時。康熙《福建通志》卷四八《人物》

宋珏，字比玉。長身玉立，負才藻，踔厲風發。少爲諸生，年二十餘入太學，僑寓南郡及蘇杭間。好爲詩，縱横穿穴，信手出之。善書畫，飲酒至數斗。求書畫者多伺其醉，出絹素聽其揮灑，筆墨飛動，人以爲張旭、顧愷之復生。嘗從人扇頭見程嘉燧《荔枝酒歌》，寤寐慨慕，求友其人。及見嘉燧，兄事之。又與李流芳交好，流芳築塾巾樓居之。卒於吴，嘉燧撫之，始瞑而受含。嘉燧欲葬之虞山，會其家迎歸，乃止。董應舉爲撰墓表。道光《重纂福建通志》卷二一三《明文苑·莆田縣》

宋珏，字比玉，莆田人。少爲諸生，不能俛首帖括，以就舉子尺幅，不屑與鄉里衣冠相隨行，鬭雞走狗，滅没里巷間。自年三十餘，負笈入太學，僑寓於武林，於吴門，於金陵，滯淫不歸，卒以客死。其爲人也，以文章爲心腑，以朋友爲骨肉，以都會爲第宅，以山水爲園林，以詩酒爲職業，以翰墨爲娱戲。好爲

詩，才情爛漫，信腕疾書，不加持擇。善八分書，規橅《夏承碑》，蒼老深穆，骨格斬然。至用其意於圖書，古無是也。人稱爲莆田派。海寧周春《論印詩》云：『聞說莆田宋比玉，創將漢隸入圖書。』畫出入二米、仲圭、子久，不名一家。嘗從人便面得程嘉燧《荔枝酒歌》，寤歎慨慕，必求得其人而後已。兄事嘉燧，久而益共。其歿也，嘉燧撫之，瞑而受含。程、宋之交，君子以爲有終始也。《牧齋初學集》、《明詩綜》、《廣印人傳》。民國《福建通志》總卷三九分卷七《清文苑》

宋珏，字比玉，端儀姪孫。初爲縣諸生，盛才藻，不願俛首帖括，遂舍去。負笈入太學，僑寓武林、吳門，交錢宗伯謙益及顧夢游、譚元春諸公。嘗見程嘉燧《荔支酒歌》，擊節嘆慕，求得其人，因兄事之。工八分、行、草諸體，飲酒以斗計。求書多伺珏醉後，出綾絹聽其揮灑，疾持去，墨瀋淋漓，時以爲張顛復作。甚至片札隻字，人皆珍若拱璧。尤精於畫，出入古人，不名一家。作詩率其意興，未嘗留稿。其詩集十卷，皆心賞者代爲掇拾，非珏意也。後客死石城，歸葬于莆。御史李嗣京按閩，爲立墓表。其略曰：『文齊玉局，詩儷青蓮。琴心酒德，風流傾江左之英；書聖畫禪，購求盡海外之使。』足畢其梗概矣。康熙《莆田縣志》卷二二《文苑》

宋珏，字比玉，號荔支仙人。少負才藻，踔厲風發。爲諸生，不屑俛首帖括，以就舉子業。年三十，負笈入太學，僑居金陵、吳門、武林，遊玩山水，浩然自得。嘗從人便面得程孟陽嘉燧《荔支酒歌》，寤歎慨慕，必求得其人，以兄事之。又與李流芳交好，流芳築塾巾樓居之。卒於吳，孟陽撫之始瞑。錢牧齋欲引延陵嬴博之義，欲窆之虞山。其家不可，卒歸葬。既歿十餘年，顧與治乞牧齋表其墓，自金陵來閩，訪其墓而奠之。珏爲詩縱横穿穴，信其手腕，出於心臂，猶無與也。善八分，規模《夏承碑》。谷山鄭簠，其高足也。善書而尤工畫山水，出入二米、子久、仲圭，不名一家。飲酒至數斗，求畫者伺其醉，出絹聽其揮灑，筆墨飛動，人以爲張旭、顧愷之復生。意有所不可，雖王公大人求之，不與也。嘗彙集蔡君謨字，刻爲《古香齋帖》四卷行世。民國《莆田縣志》卷二九《文苑》

金陵顧與治來告我曰：『夢游與莆田宋比玉交，夫子之所知也。比玉歿十餘年矣，夢遊將入閩訪其墓，酹而哭焉。比玉無子，墓未有刻文，敢以請於夫子。興化李少文，亦比玉之友也，巡方於閩，屬表其墓而刻焉。夫子其謂何?』嗚呼，比玉之死吳門也，余與程孟陽引延陵嬴博之義，欲窆之虞山，而其家以其喪歸。孟陽期余往弔，久而未果。與治之爲，余與孟陽之志也，其何忍辭?

比玉諱珏，姓宋氏，莆之甲族也。比玉負才藻，踔厲風發。少爲諸生，不能俛首帖括，以就舉子尺幅。志意高廣，不屑與鄉里衣冠相隨行，鬬雞走狗，滅没里巷間。自其年三十餘，負笈入太學，僑寓於武林，於吳門，於金陵，滯淫不歸，卒以客死。其爲人也，以文章爲心腑，以朋友爲骨肉，以都會爲第宅，以山水爲園林，以詩酒爲職業，以翰墨爲娱戲。故其雖窮而老，老而病，病而客死，而浩浩然，落落然，如無有所失也。比玉好爲詩，横從穿穴，信其手腕，出之於心臂，猶無與也。善八分書，規橅《夏承碑》，蒼老深穆，骨格斬然。畫出入二米、仲圭、子久，不名一家。泛愛施易，不自以能事，不受促迫，或即席賦詩，或當筵染翰，或伸紙滌硯，從容揮灑；或書窗涴壁，淋漓戲劇。當其酒闌燈灺，興酣落筆，若風雨之發於畢牘，若鬼神之憑其指掌。或醒而求之，以爲不能加也。或旦而視之，忘其誰作也。其神情軒舉，開顏談笑，可使愠者平，悲者喜，讎者釋。蕭閑迤逶，不爲崖岸，庸奴賤隸，人人得至其前。意有所不可，雖王公大人，不與易也。嘗從人便面得孟陽《荔枝酒歌》，寤歎慨慕，必求得其人而後已。兄事孟陽，久而益共。其歿也，孟陽撫之，瞑而受含。程、宋之交，君子以爲有終始也。嗚呼，京兆之阡，北邙之塚，高墳石闕，巋然九京者多矣。松楸鬱然，碑版相望，樵人牧豎，行歌過之，而士大夫鮮有回車太息者。比玉一老書生，歿無三尺之息，一坏之土，沈埋於陳根墮樵之中，乃有如與治者訪求其墓，乞文以表之。董相之陵，下馬之名猶存；白傅之墳，漬酒之土嘗濘。以今視昔，豈不然哉？百世而後，風人志士，義與治之爲，必有過比玉之墓，回翔而不忍去者，其益以此知比玉已矣。與治往謀於少文，伐石而志之，曰：是惟莆陽宋比玉之墓。虞山錢謙益爲之表。崇禎十五年三月。錢謙益《初學集》卷六六《宋比玉墓表》

先生諱珏，字比玉，號浪道人。裔出宋氏，世居莆田。祖父貴胄，詳在國史。華陽李嗣京以崇禎辛巳奉上命來巡閩服，壬午春月，爰至於莆。先生即世，奄歘一紀。懷曠代之秀群，念嚴君之夙好。顧瞻遺像，畫焉神傷。乃灑淚寫哀，辭禁徭役。緬維先生文齊玉局，詩儷青蓮。琴心酒德，風流傾江左之英；書聖畫禪，購求盡海外之使。分其餘緒，尚蔭數人；任舉一長，誰非絶藝？顧使策棄君門，窮而自放；老歸故土，貧以客終。豈造物之妒才，抑文章之憎達？良可悲夫。至其酬酢排難，急病讓夷，視七尺其如遺，謝千金而罔盼。斯義烈之高蹈，非詞流之企及者矣。昔仲連不仕，卓節芬于列國；浩然失君，遺文昭於藝苑。先生遇蹇才通，名豐享嗇。交盡天下之奇人，飲盡東南之美酒，探盡湖山之幽勝，辨盡鼎彝之體勢，細事傳爲芳躅，隻字寶于藝林。近世才人，孰追兼美？區區遇合，復何足云？試爲述其梗概，俾來者知所

欽式云爾。華陽李嗣京拜題。李嗣京《宋比玉先生墓表》

余嘗往文賦里梅隴山謁從祖比玉公墓，遍求李嗣京所立墓表，渺不可得。詢之同行族人，亦不能知其存否也。某歲重陽，偕慰民、平若二君，往雙牌山拓印入莆始祖銑公墓碣，因走趨下道，觀蔡忠惠石坊，忽見相對道左，有石臺高五尺許，上竪一碣，就而觀之，則篆額《海内盛名士宋比玉先生墓表》十二大字赫然在目，爲之驚喜雀躍者再。全文字較小，苔蘚密封其上，既以鐵絲硬刷細爲磨剔，復以稻藁蘸水沖洗淨盡，然因雨淋日炙，剝蝕日久，字跡多模糊不可讀。余則順口讀下，二君以爲奇，不知余固讀過原文，猶能約略記之。蓋大宗祠内有一木匾刻此文，祠祭時所常見也。此地距墓庭二里有奇，其殆以官道近旁，便於衆目觀瞻歟？然族人竟無有能知之者，謁墓者不取此道，而取此道往來者，又匆匆不及觀之也。既歸，私念墓表巍然立於道左，猶有所不及知，剝蝕益久，安知今之病爲模糊者不日就於滅没？而此宗祠木匾，又非可以經久不壞，後來文獻，將有失不足徵之歎。乃僱工拓印，以硃拓者五紙，以墨拓者十紙，分藏諸族人家，欲以垂永久而勿失之也。近又私念此文不見於莆籍著録，《莆田縣志》原傳只載四句，全文固未爲世人所共見也，因亟將原文附加疏證，公之於世。意在表揚遺獻，疏陋之誚，所不敢辭。

先生諱珏，字比玉，號浪道人。裔出宋氏，世居莆田。祖父貴胄，詳在國史。

按：珏亦作瑴。世居莆田雙池。廣東提學僉事端儀公侄孫，松溪教諭元岳公子。

考證：

《畫徵録》：『宋珏亦作瑴，字比玉，莆田人。』

《莆田縣志》傳：『端儀姪孫。』

《宋氏族譜》：『大宗報功祠在三公祠旁，爲松溪教諭元岳公暨廩饍太學生珏公父子建。』

華陽李嗣京以崇禎辛巳奉上命來巡閩服，壬午春月，爰至於莆。先生即世，奄欻一紀。

按：壬午即崇禎十五年。李嗣京謂來莆時，公已即世一紀，以詩考之，當在崇禎四年辛未四月之後。

考證：

公自作有《辛未立春日聞黃幼玄上疏走筆》一詩，又《二月朔聞幼玄被謫走筆》一詩，又《初夏十四日幼玄再進疏》一詩。此時公尚在世也。

懷曠代之秀群，念嚴君之夙好。顧瞻遺像，畫焉神傷。乃灑淚寫哀，辭禁徭役。

按：嗣京之父，初以爲即李長蘅流芳，然考流芳爲嘉定人，嗣京爲句容人，縣籍不同，未敢遽加斷定，姑存疑俟考。

緬維先生文齊玉局，詩儷青蓮。

按：公遺稿，李嗣京爲刻于金陵，今已亡佚。涵江康修其爲輯存詩若干首，文則僅見《陳白雲詩集序》一篇、《黃漢宫傳》一篇（不全），及《荔支譜》八篇而已。公詩文世有定評，其所謂『文齊玉局，詩儷青蓮』者，表其傾倒之忱云爾。

考證：

《莆風清籟集》：『有遺藁刻于金陵。』

《莆田縣志》傳：『作詩率其意興，未嘗留稿。其詩集十卷，皆心賞者代爲掇拾，非珏意也。』

王士禛《漁洋詩話》：『比玉善八分，而小詩亦工。』

錢受之云：『比玉長身玉立，神情軒舉，開顔談笑，不立崖岸。爲詩才情爛熳，信腕疾書，亦不留稿。』

《蘭陔詩話》：『比玉詩思軒爽流逸，不在松圓、檀園之下。』又：『隆萬間，竟陵邪說盛行，吾莆如宋比玉、姚園客諸君，皆與鍾、譚定交，而不爲所染。』

顧夢游《拜宋比玉墓》詩：『空天落木迥生哀，豪士青山骨已灰。劍掛高松吴客去，酒香宿草白魂來。遺文一代傳新板，片石千秋表大才。地下好名知不免，爲君寄語謝霜臺。』第三聯謂李直指爲刻集表墓也。

琴心酒德，風流傾江左之英。

按：公善鼓琴而豪于飲，至數斗。

考證：

公自作《江行》詩：『匣琴名緑綺，佩劍號青萍。』又《初夏答友人見訊》詩：『月斜琴軫外，花落筆床邊。』琴蓋公所常御者也。

《莆田縣志》傳：『飲酒以斗計。』

《蘭陔詩話》：『飲酒至數斗。』

錢牧齋和詩有句云：『五斗酒應澆下物。』又云：『手自鳴琴客善歌，淋漓潑墨酒邊多。』

書聖畫禪，購求盡海外之使。

按：公書畫皆獨出冠時，有聲吳越間。

考證：

《莆田縣志》傳：『工八分章行草諸體，飲酒以斗計。求書者多伺珏醉後，出綾絹聽其揮灑，疾持去，墨瀋淋漓，時以爲張顛復作。甚至片札隻字，人皆珍若拱璧。尤精於畫，出入古人，不名一家。』

《列朝詩集》：『比玉畫出入二米、仲圭、子久，不名一家。』

《無聲詩史》：『比玉流寓金陵，寫山水及喬柯文石，行筆雄秀，兼善臨池。』

《畫徵録》：『比玉善畫，其臨李伯時《輞川圖》，不設色，山石作摺帶皴，不拘拘於法。……能脱畫史習氣，自是士人高致。其寫松樹尤秀絶。』

《蘭陔詩話》：『比玉八分行草，瘦硬通神。畫出入二米、仲圭、子久間。飲酒至數斗，求書畫者伺其醉，出絹素聽其揮灑，筆墨飛動，人以爲張顛再見、顧癡復生。』又：『吾莆宋比玉善八分書，有聲吳越間，人競效之，號莆田派。惟迂公（林雒鼎號）最稱入室。』

《風雅同時》卷四：『林少威鳳儀《題叔小眉藏宋珏臨松雪齋六體千字文》詩：「……宋子於生千年後，模擬古人出其右。下筆往往開生面，筆姿夭矯多天授。明代不乏臨池人，文氏唐家更有神。允明道復精草法，八分盛推胡宗仁。今珏篆隸真無比，漢之蔡邕秦則李。況兼諸子之所長，珏也一生竟有此。……』

分其餘緒，尚蔭數人；任舉一長，誰非絶藝？

按：公多材多藝，詩文之外，不但琴心酒德、書聖畫禪爲足稱，而篆刻亦復自成一派。

考證：

周櫟園《印人傳》：『莆田吴平子晉，初作印，多作莆田派。莆田人宋比玉者，善八分書，有聲吴越間，後人競效之。至用於圖章，古無是也。』案莆田派以八分書刻圖章，亦公所手創。所謂别開生面，以備一格，固與篆隸古文並行不悖，非有意於蔑古也。

游介園家藏比玉公手刻澄泥硯一方，理密氣潤，而作作有芒，發墨當極佳。八分書，其文云：『澂泥硯，世希見。得淮上，歸福建。試以墨，蛟龍變。萬曆乙卯陽春三月，莆陽宋珏銘。』

顧使策棄君門，窮而自放；老歸故土，貧以客終。豈造物之妒才，抑文章之憎達？良可悲夫。

按：公初爲縣諸生，食廩餼，不願俯首帖括，遂舍去。負笈南雍，旋亦棄去，放意肆志，惟日以馳騁名場爲樂。三十年中，僑寓武林、吴門間。间歸故里，然爲時不久，終以貧故復出。於崇禎辛未四年客死石城，賴知友力，歸葬於莆之文賦里梅隴山。

考證：

《莆田縣志》傳：『初爲縣諸生，盛才藻，不願俯首帖括，遂舍去。負笈太學，僑寓武林、吴門。』

《宋氏族譜》：『廩饍國學生。』

《莆風清籟集》：『天啓中國子監生。』案，公有《壬寅夏日客建州觀方求仲扇上畫荔支寄程孟陽》一詩。壬寅即萬曆三十年，自是年始至萬曆四十七年，又泰昌元年，合計共十九年，逆溯而上，或有若干年，至少當在天啓前二十餘年。安有遨遊武林、吴門間二十餘年之久，始入南雍？故謂爲天啓中國學生，殆失考也。

公系出敝族大宗派下第三房，族譜未經修及，故何時入南雍，又在南雍有否卒業，均無所知。但就『策棄君門』一語之意義推尋之，知未必卒業，即卒業亦不考選入官。蓋不願俯首帖括，則諸生可棄；不願考選入官，則太學生亦可棄。此可斷言而無疑者也。

《莆田縣志》：『客死石城，歸葬於莆。』

宋蔗耕《緑天偶筆》：『後終里中。』按，此有誤。大抵依據老歸故里一語而推言之，其實下句『貧以客終』云云，固明言其因貧復出，終於客中也。又按，公之即世，前已斷定其爲崇禎辛未四年四月之後，則自有詩可據之，萬曆壬寅三十年始以至是年，共二十九年。此二十九年中（當然不止此數），回里幾次，無從詳考。僅見公自著《重刻白雲集題詞》，有『甲寅（萬曆四十二年）攜一冊歸』一語，此爲一次。又自著《荔支譜》第七《荔奴篇》，有『丙寅（天啓五年）秋日歸故園，啖龍眼有極佳者』云云，此爲又一次。又模刻蔡帖，必在回里期内，然回里次數之所可知者亦僅矣。

至其酬酢排難，急病讓夷，視七尺其如遺，謝千金而罔盼。斯義烈之高蹈，非詞流之企及者矣。

按：公取友以文學氣誼相尚。顧與治夢游，譚友夏元春、程孟陽嘉燧、李長蘅流芳，皆其至交。晚年以錢牧齋謙益爲文字友，以黄石齋道周爲氣誼友，急病讓夷，其風義有足多者。

考證：

《莆田縣志》傳：『交顧夢游、譚元春諸公。』

《蘭陔詩話》：『吾莆如宋比玉、姚園客諸君，皆與鍾、譚定交。』又云：『與程孟陽、李長蘅爲莫逆交。』

宋蔗耕《綠天偶筆》：『比玉交皆天下盛名士。晚年以錢牧齋爲文字友，以黄石齋爲氣誼友。』

案：崇禎元年，黄石齋疏救錢龍錫降調，適遘疾求去，瀕行上疏，語刺周廷儒、溫體仁。值會推閣臣，體仁望輕弗與，遂疏訐牧齋結黨受賄，牧齋坐是罷官。牧齋有《宋比玉過訪虞山將別》一絶云：『落葉蕭蕭響徑莎，兒童卻掃遲相過。看君漫滅懷中字，恰稱閑門有雀羅。』此可爲證。公周旋二友於危疑患難之中，無所畏避，所謂酬酢云云，雖非專指此一事，而舉一概百，不爲虛語矣。

昔仲連不仕，卓節芬于列國；浩然失君，遺文昭於藝苑。先生遇蹇才通，名豐享嗇。交盡天下之奇人，飲盡東南之美酒，探盡湖山之幽勝，辨盡鼎彝之體勢，細事傳爲芳躅，隻字實于藝林。近世才人，孰追兼美？區區遇合，復何足云？

按：公素志高曠，寧遇蹇而才通，寧名豐而享嗇。海内名流，投縞紵者日相接，酒場騷壘，獨張一軍，有美湖山，遍留芳躅，固不第張華博物，謝安碎金，陳遵尺牘，爲人所艷稱而珍惜已也。落魄半生，卻消受人間第一福業，則信乎遇之未始蹇，享之未始嗇也。不仕云乎哉？失君云乎哉？

考證：

顧夢游《代柬比玉》詩：『君因求友切，去我指吴閶。』

《莆田縣志》傳：『嘗見程孟陽《荔支酒歌》，擊節嘆慕，求得其人，因兄事之。』其篤於求友如此。

李流芳詩云：『愛君匣裏端溪色，更遣燒燈試墨回。』

錢牧齋詩：『畫船攜得硯如規，曾向春紅伴畫眉。珍重朝來遠山色，小鸞休詠白頭詞。』（原注：比玉載宋硯甚富。小鸞，比玉妾也。）

公自著《荔支譜・福業篇》：『余生于莆，既幸與此菓遇，且天賦噉量，每日噉能一二千顆。』

公自著《雜記》：『新都人孫不伐，問荔支之狀何若。余曰：「難言也。無已，吾且貌陳紫、宋香以示君。」於是舟中無事，東坡所謂指如懸槌者，每畫一枚，孫生拍掌大叫以爲奇；同舟翁君亦從旁讚歎云：「咄咄逼真。」予笑謂翁君：「如此飢看，亦復飽人耶？」於是且笑且畫，共得四十五枚。色澤膚理，與生無別，但不能香味耳。』

錢牧齋詩：『落魄風流迥不群，酒場騷壘自能軍。』

宋蔗耕《緑天偶筆》：『吾從祖比玉公，嘗過姑蘇，賈客攜玉斗一，孚質暉文，實數百金物。姑詢其直，漫應曰：「百金耳。」比玉笑曰：「償汝直何如？」命持箋爲揮灑十數字，使索之質庫中而坐待之。賈既捧金歸，始知十數之字，百金直也，深悔失言，比玉大笑而去。』

試爲述其梗概，俾來者知所欽式云爾。華陽李嗣京拜題。

按：李直指嗣京，篤念世交，既刻公遺稿于金陵，旬宣來莆，復立石表墓，題其額曰『海内盛名士』，文又備致推崇，其於激揚風雅，宏獎義烈，蓋有至意存焉。余每祭墓過雙牌，望見墓表，必前行數十武，攀立臺層上讀其文，讀既，猶徘徊不能去云。宋湖民《海内盛名士宋比玉先生墓表疏證》

按，宋珏生平資料，《列朝詩集小傳》、《感舊集》、《尺牘新鈔》、《明詩綜》、《明詩紀事》、《國朝書畫家筆録》、《雪橋詩話》、《明代千遺民詩詠》及郡邑總集、詩話如鄭王臣《蘭陔詩話》等，偶有記載。道光《重纂福建通志》本傳言『董應舉爲撰墓表』，檢董應舉《崇相集》，未得。今見錢謙益、李嗣京所作墓表，記其生平尤詳。又考錢謙益所撰墓表，署『崇禎十五年三月』，則其時宋珏已卒，是爲明人，未嘗入清也。多家著録均以明遺民視之，至民國時，《福建藝文志》著録《宋比玉遺稿》，亦言『比玉，明末國子生，及交漁洋，入諸清』。宋珏雖非遺民，但既往《遺民録》收録，今附録於此。宋珏著作，《比玉遺稿》十卷，或已佚。《説郛续》收其《荔枝譜》一卷。《中國古籍善本書目》著録，中國社會科學院文學研究所藏明崇禎顧悮齋刻本《珠玉纏頭》一卷，明宋珏等撰，未見。福建師範大學圖書館藏一抄本，題

《古香齋詩輯》，目録後有游介園題識，云：『余曾見先生行草真跡一函，自記云：「作此詩於舟中，未嘗手書。伯珪每欲得之而匆匆無暇日。今日輿夫在門，將之留都，受伯出此紙屬書，書六十三首而紙盡，姑持去，歸日再書可也。丁卯五月七日，珏記。」然以後再書不再書，殊不可知，而傳抄只有此數，豈文字傳與不傳中間有數存焉，非人力所能强也耶？』收詩四十五題，五言長短七十六首，七言長短四十首；文《黄漢宫傳》一篇，後附海印詩二首，及游介園按語。《廣虞初新志》收宋珏（署清人）文六篇，《黄漢宫傳》外，另有《徐夫人傳》、《楊京娘墓銘》、《庚申十月遊補陀記》、《黑兒像贊》、《元對》等。又，宋珏曾輯補、編刻宋蔡襄《蔡忠惠詩集全編》，明陳昂《白雲集》等。

曾異撰

曾異撰，字弗人，晉江人，家侯官。父爲諸生，早卒。母張氏，以遺腹生。家寠甚，紡績給晨夕。異撰起孤童，事母至孝。歲饑，采薯葉雜糠籺食之，母妻嘗負畚鋤乾草給爨。然性介甚，長吏知其貧，欲爲地，不屑也。吴興潘曾紘督學政，上其母節行，獲旌於朝。及曾紘巡撫南、贛，得王惟儉所撰《宋史》，招異撰及新建徐世溥更定，未成而罷。異撰久爲諸生，究心經世學，所爲詩有奇氣。崇禎十二年舉鄉試，年四十有九矣。再赴會試還，遂卒。《明史》卷二八八《曹學佺傳》附

曾異撰，字弗人，晉江人，寓福州之侯官。領崇禎己卯鄉薦。家貧，少孤，母日夜紡織，口授詩書大義。長工詩古文詞，膾炙海内。雍正《福建通志》卷五一《明文苑》

曾異撰，字弗人，侯官人，原籍晉江。父早卒，母張氏，以遺腹生。家紡績給晨夕。異撰事母至孝，歲饑，採薯葉雜糠粃食之，妻嘗負畚鋤乾草給爨。然性介甚，長吏欲爲地，不屑也。時天下多故，究心經世學，其所言皆可見之行事。詩有奇氣，然太近詭。與寧化李世熊友善，酬倡詩尤多。吴興潘曾紘督學，上其母節行，旌於朝。及曾紘巡撫南、贛，得王惟儉所撰《宋史》，招異撰及新建徐世溥更定，未成而罷。崇禎十二年舉鄉試，年四十有九矣。赴公車還，遂卒。余甸撰傳。乾隆《福州府志》卷六〇《明文苑》

曾異撰，字弗人。母張氏，以遺腹生異撰。日夜紡績，口授詩書大義。異撰家貧而性介甚，長吏知其賢，有欲爲地者，不屑也。爲詩有奇氣，不步常跡，古文辭亦跌宕，制義不遵繩尺。浮沈諸生二十年，崇禎己卯領鄉薦，出福州司理方士亮之門。癸未，再赴會試，還遂卒。著有《紡授室詩》。詩文集膾炙海内，李世熊序之。乾隆《晉江縣志》卷一二《明文苑》

曾弗人，名異撰，泉之晉江人也。嘉靖戊午倭變，其祖字南渠者，避居福建之南郭斗中，鬻髢爲業。父唯，補福州弟子員，早卒。母張氏，以遺腹生弗人。弗人孤童苦貧，又善病，終身坎軻，而卓然能以文章氣節雄一時，雖居草莽，而好談經濟。初寄斗中，己酉返晉江，癸亥復來三山，其後遷徙不常，率從友人借居。娶妻不能具一床，身嘗外宿，俾妻隨母而臥。有田五畝，鬻其半。傭舌爲蒙師，時時袖升米歸養。歲歉不給，採薯葉和糠覈食之。濱海薪貴，母與婦嘗負畚鋤乾草，麥熟時爲諸妯娌擊秸，受其稿以爨。然性介介，恥干人。一時仕閩者多知其貧，欲爲之地，卒未嘗以私請。督學何半莪，將扁其名於學宮，以風多士，上書力辭。友人余賡之令宣城，貽書謂：『關說爲利，非吾所好。』有弁招飲，以其嘗有功閩海也。投詩以贈，弁喜，奉金稱謝，亟麾之，作歌曰：『大門之外摽使者，還爾阿堵還我詩。』平生病肺，氣虚上騰，痰拂拂沸喉間，對人誦説至半，必摩胸少憩，而後能盡所欲言，言訖則昏然願息。以此氣血早衰，年未四十，而齒脱落，眼中有暈，鬚髪已皤然白。然好讀書，未嘗一日廢著述，自六經、《周禮》、《左》、《國》、《公》、《穀》、《老》、《莊》、《管》、《韓》、《史記》而外，如《漢書》、《後漢書》，無不抄閲。居恒懷人感物，弔古傷今，有鬱於中，發之於長篇大章、短歌急韻，類皆刻苦，務出新意，不苟勦説雷同，而跌蕩縱横，翩翩塵外，居然作家。心嫉時文，語及半山輒切齒。顧屈曲其中，變而彌邃，其高妙與古文詞等。時作草書，縱筆所如，久之不能自讀。袁亦人評其『文不如詩，詩不如字』，則欣然自喜，以爲無法者勝。生于萬曆辛卯，六歲就外傅，年十四五能文章，至二十七歲，而始得爲侯官縣學諸生。其舉於鄉也，年四十有九矣。明年庚辰會試，又不第以歸。然自謂抱經世之略，思以功名見於天下。每閲邸報，慨然有『有君無臣』之歎。其於門户之分爭、苞苴之肆横、齊魯之饑荒、秦荆之寇賊，邊事之決裂、海防之疏虞、兵將之驕庸、科徵之暴虐，往往憂之拊心，言之抵掌。申青門入覲，則陳朝野弊竇，欲其昌言對颺；潘昭度撫虔，則陳閩、廣盜源，求其汰貪擊暴。他如策海運之難，通論閩商之宜恤，議峒蠻之可以教化，皆鑿鑿可見施行。嗚呼，使其得用，未必無經濟可觀。或天下事不復可爲，所行亦未必如其所言，以彼氣節，豈遂與嵬瑣解果之流，同其發蒙振落？而乃偃蹇公車，徒然以文章老，是雖弗人之不幸哉？要亦國家之氣運使然，無足恠也。弗人既負才氣，胸懷浩蕩，世間埃壒漚汨之慮，不以入于中，視天下人無足當其意者。然生有至性，念其母早孀苦節，常以不得禄養爲悲，書其行略，求人作傳，卒賴巡撫上聞，坊廬植楔，又建紡授堂，以志母手紡口授之勞。篤於友朋之誼，聞聲相思，把臂歡然，慇慇見於吟詠。其所最稱爲知己者，師則林若梁，友則李元仲，弟子則林伯吹，外此則潘昭度。鶩離弔往，惻怛動人。余嘗愛其詩文，以爲庶幾東坡再出，竊欲考其行事而無從也。歲庚申，張子有斯以其《紡授堂集》求余評選，因即其散見於詩文者，爲敘其梗概如此。嗟乎，當弗人時，海内社事方興，通都大邑、僻郡小州，必有二三名士，弗人其一也。曾不數十年，彼以科名禄位登壇執耳者，世已莫知姓氏。弗人一海上窮老孝廉耳，文采風流，光芒弗墜，非其詩文何以致此？此古之人所以亦汲汲于立言也。昔韓愈歎一飽之無時，李翱恥河北之不復，歐陽修以此分其優劣，世已奉爲定論。余獨謂人如昌黎，而使之不得一飽，此唐之子孫所由不能以天下取河北也。退之之意在自負，而習之語在尤人，其人品相去懸絶矣。齷齪俗儒，好以書本之説苛繩豪傑，徒見弗人詩文，多歎老嗟卑之語，遂謂其冀幸一第，無異庸人，豈知老驥伏櫪，志在千里，固非駑駘所敢望哉。若其言文不斥譃菴，論人至推宏甫，則非余之所敢知也。鄭梁《寒村五丁集》卷一《曾弗人傳（庚申）》

按，曾異撰傳，明遺民録等未收，《明遺民詩》、《明代千遺民詩詠（二編）》均收録，則是以其爲明遺民也，故《明代遺民傳記資料索引》列於存目，且考證云：「《明史》本傳謂『異撰舉崇禎十二年鄉試，再赴會試還，遂卒』，是不及見明亡也。」意以其非遺民可知。《閩中理學淵源考》卷七七云：「崇禎己卯舉於鄉，癸未歸，卒。」或據謂卒於崇禎十六年癸未（一六四三）。考李世熊《同社祭曾弗人》：「曾子弗人死之十九日」云云，末署「崇禎甲申年正月二十二日」，可知卒於甲申年正月初四。清馮縉《陶舫棗窗拾慧》「曾弗人」傳末云「甲申正月病卒，年五十有四」。民國《福建通志》因之。皆可證曾異撰卒於明亡以前，並非遺民。故附録於此。曾異撰著有《紡授堂集》十六卷《二集》十卷，有明崇禎刻本，《四庫禁燬書叢刊》據以影印。

黄居中

黄居中，字明立，晉江人。與李衷一齊名。僑居金陵，年八十餘，猶篝燈讀書。長子俞言，名虞龍，未艾而歿。仲子俞邰，名虞稷，能以風雅世其業。黄容《明遺民録》卷九

黄居中，字海鶴，晉江人。舉萬曆乙酉鄉試。博通墳典，得未見書，必手自校録。授上海教諭，率以經術著稱。累遷南國子監，僑居金陵，因家焉。著述積數十卷，所藏書甚富，學者稱海鶴先生。康熙《福建通志》卷四六《人物》

黄居中，字明立，號海鶴，晉江人，汝良從弟。十歲能文，萬曆乙酉與汝良同領鄉薦。授上海教諭，遷南京國子監丞，遂家金陵。後遷黄平知州。博通經籍，工書法，爲詩秀骨玲瓏，老氣無敵。每得未見書，必手自校録繕寫，至老不倦。藏書千頃齋，至六萬餘卷。性介不苟。族人克纘，爲南兵部尚書，有營弁千金請托，麾之不顧，曰：『奈何以此失吾生平。』諸書中尤好宋人《通志》、《通攷》二書。嘗以《通志》僅及於唐，《通攷》雖有王圻續編，而雜亂無序，欲修葺之。又以《五經四子大全》永樂中所編，未窺聖人全旨，擬合古今傳註，更爲一書，以老病不果。所著有《千頃齋集》、《文廟禮樂》等志，積數十卷。學者稱海鶴先生。子虞龍、虞稷。《通志》參《明傳》。乾隆《泉州府志》卷五四《明文苑》

黄居中，字明立。十歲能文，萬曆乙酉鄉薦。授上海教諭，遷南京國子監丞，遂家金陵。後遷黄平知州。博通經籍，工書法，爲詩秀骨玲瓏，老氣無敵，藏書至六萬餘卷。性耿介不苟。著有《千頃齋集》、《文廟禮樂》等志，積數十卷，學者稱海鶴先生。子虞龍、虞稷。乾隆《晉江縣志》卷一二《明文苑》

先生諱居中，字坤五，亦字明立，晉江人，學者稱海鶴先生。曾官户部主事。忠端公在詔獄中，親受《易》學。後以南京國子監監丞終老金陵。家中藏書極富，主持風雅。崇禎三年庚午九月，南雷公見之，推爲宗老。而何匪莪先生詩社之招集，先生必杖履來臨。鳳皇臺九日登高，分韻擘牋，興尤雲發。年八十，薄游杭州，且戀不能去。逾三年，生日置酒，友朋醵賀，獨攜南雷公共席。既而病亟，呂用晦先生留良，勸其還金陵，時崇禎十七年三月闖變後也。先生太息曰：『吾何歸，彼尤此耳。』竟卒於杭州。嘗仿《唐藝文志》例，彙輯明代人爵里著述略。子虞稷，字俞邰，諸生，入清僅領七品俸，視翰林院編修職，與修《明史》，仍寓金陵。著《貴我軒集》。黄嗣艾《南雷學案》卷四《監丞黄明立先生》

戊子之秋，余頌繫金陵。方有采詩之役，從人借書，林古度曰：『晉江黄明立先生之仲子，守其父書甚富，賢而有文，盍假諸？』余于是從仲子借書，得盡閲本朝詩文之未見者，于是嘆仲子之賢而幸明立之有後也。仲子來告我曰：『虞稷之先人，少好讀書，老而彌篤。自爲舉子，以迄學官，修脯所入，衣食所餘，未嘗不以市書也。寢食坐臥，晏居行役，未嘗一息廢書也。喪亂之後，閉關讀《易》，箋注數改，丹鉛雜然。易簀之前，手未嘗釋卷帙也。藏書千頃齋中，約六萬餘卷。余小子裒聚而附益之，又不下數千卷。惟夫子之于書，有同好也，得一言以記之，庶幾劫灰之後，吾父子之名與此書猶在人間也。』嗚呼，往古無論矣，自有宋迄今五百餘載，館閣秘書存亡聚散之跡，可按而數也。自金、元之破，汲三館之書載而之北。建炎中興，書之聚臨安者不減東都。伯顔南下，試朱清、張瑄海運之議，又載而之北。大將軍中山王之北伐也，盡收奎章内府圖籍，徙而之南；北平之鼎既定，則又輦而之北。以二祖之聖學，仁、宣之右文，訪求遺書，申命史館，歲積代累二百有餘載。一旦突如焚如，消沉于闖賊之一炬，内閣之書盡矣，而内府秘殿之藏如故也。煨燼之餘，繼以狼籍，舉凡珠囊玉笈、丹書緑字，梯几之横陳、乙夜之進御者，用以汗牛馬、掣駱駝，蹈泥沙，籍糞土，求其化爲飛塵、蕩爲烈焰而不可得。自有喪亂以來，載籍之厄，未之有也。今晉江黄氏，顧能父子藏書，及于再世。一畝之宫，環堵之室，充棟宇而溢机杼者，保全于劫火洞然之後，豈不難哉？海内藏書之富，莫先于諸藩，今秦、晉、蜀、趙熸矣；周藩之竹居，寧藩之鬱儀，家藏與天府埒，今皆無尺蹏片紙矣。汶、洛、齊、楚之間，士大夫之所藏，又可知也。黄氏之書，儼然無恙，則豈非居福德之地，有神物呵護而能若是與？古書之放失久矣。莆陽曾裔雲在史館親見謝承《後漢書》，爲德清少師攜去，余問之其後人不可得。富順熊南沙爲文，言有桓譚《餘論》，屬直指使者訪之而不可得。慶陽李司寇家有《西夏實録》，其子孔度屢見許而不可得。兵火焚掠，彌亘四方，今之奇書秘册，灰飛烟滅，又不知其幾何也。世變凌遲，人間之圖書典記，日就澌滅。今日之流傳委巷，册兔園者、覆醬瓿者，安知異日不以爲西陽之典而羽陵之蠹乎？然則黄氏之書，積之固難，而藏之亦不易，固未可以苟然而已也。《傳》不云乎：『君其備禦三隣，慎守寶矣。』？人有千金之産，扃鐍緘縢，汲汲焉惟慢藏是懼，而况千萬卷乎？錢謙益

《牧齋有學集》卷二六《黄氏千頃齋藏書記》

按，黄居中傳，雍正、道光、民國《福建通志》亦均入明文苑傳。黄居中卒於明崇禎十七年，是爲明人，非遺民。黄容《明遺民録》誤收。黄居中著述，道光《重纂福建通志·經籍志》著録《文廟禮樂志》十卷、《千頃齋藏書目》六卷、《千頃齋雜録》十卷、《千頃齋初集》二十五卷《二集》四十卷《三集》四卷、《二酉齋詩》六卷。《泉州府志》又著録《洗心文集》。黄嗣艾《監丞黄明立先生》所云《貴我軒集》，未見他書記載。今存《千頃齋初集》二十六卷，明刻本，《續修四庫全書》據以影印。

參考文獻

一、傳記

明遺民録，清黃容撰，謝正光、范金民編，明遺民録彙輯本
明遺民所知傳，清邵廷采撰，清康熙間刻思復堂文集本
皇明遺民傳七卷，朝鮮佚名撰，民國二十五年北京大學影印本
明遺民録四十八卷，孫靜菴輯，民國元年上海新中華圖書館排印本
勝朝粵東遺民録四卷附録一卷，陳伯陶輯，民國五年刻聚德堂叢書本
明遺民録，陳去病撰，國粹學報本
明季滇南遺民録二卷補遺一卷，秦光玉撰，民國二十年呈貢秦氏羅山樓刻本
明季滇黔佛教考，陳垣撰，中華書局，一九六二年版
明遺民録彙輯，謝正光、范金民編，南京大學出版社，一九九五年版
明史三百三十二卷，清张廷玉等撰，中華書局，一九七五年版
明季烈臣傳，清佚名編，孤本明代人物小傳本，全國圖書館文獻縮微複製中心，二〇〇三年版
明四朝成仁録十二卷，清屈大均撰，民國間商務印書館影印排印廣東叢書本

明忠義别傳三十二卷，清汪有典撰，清道光間墨花齋活字本
石匱書後集六十三卷，明張岱撰，續修四庫全書本
列朝詩集小傳十卷，清錢謙益撰，清康熙三十七年誦芬堂刻本
松陵文獻十五卷，清潘柽章撰，清康熙三十二年潘耒刻本
清史列傳，中華書局，一九八七年版
小腆紀傳六十五卷補遺六卷，清徐鼒撰，徐承禮撰補，清光緒十三年至十四年六合徐氏刻本
繹史摭遺十八卷，清李瑶撰，明代傳記叢刊本
鹿樵紀聞三卷，題樂天居士輯，清宣統三年至民國元年商務印書館排印本
海東逸史十八卷，清翁洲老民撰，四明叢書本
南天痕二十六卷，清西亭凌雪撰，臺灣文獻叢刊本
碑傳集一百六十卷首二卷末二卷，清錢儀吉編，清光緒十九年江蘇書局刻本
續碑傳集八十六卷，清繆荃孫輯，清宣統二年江楚編譯書局刻本
國朝耆獻類徵初編七百二十卷，清李桓輯，清光緒十年至十六年湘陰李氏刻本
國朝先正事略六十卷，清李元度輯，清同治八年循陔草堂刻本
南雷學案，清黄嗣艾輯，清代傳記叢刊本
節義録二卷補遺一卷，清謝杲撰，天津圖書館孤本秘籍叢書本，中華全國圖書館文獻縮微複製中心，

一九九九年版

閩中理學淵源考九十二卷，清李清馥撰，景印文淵閣四庫全書本

東越文苑後傳一卷，清陳壽祺撰，左海全集本

節義文章十二卷，清林涵春撰，民國間沈氏抄本

二、方志

康熙福建通志六十四卷，清金鋐修，清鄭開極等纂，清康熙二十三年刻本

雍正福建通志七十八卷圖一卷典謨四卷，清郝玉麟等修，清謝道承等纂，清乾隆二年刻本

乾隆福建續志九十二卷圖六張典謨四卷，清楊廷璋、定長等修，清沈廷芳、吴嗣富纂，清王傑補修，清乾隆三十三年刻本

道光重纂福建通志二百七十八卷首六卷，清孫爾準等修，清陳壽祺纂，清程祖洛等續修，清魏敬中續纂，清同治十年刻本

民國福建通志五十一總卷六百十一分卷，李厚基等修，沈瑜慶、陳衍纂，民國二十七年刻本

乾隆福州府志七十六卷首一卷，清徐景熹修，清魯曾煜等纂，清乾隆二十一年刻本

乾隆泉州府志七十六卷首一卷，清懷蔭布修，清黄任、郭賡武纂，清同治九年刻本

康熙漳州府志三十四卷首一卷，清魏荔彤修，清蔡世遠等纂，清康熙五十四年刻本

乾隆漳州府志四十六卷首一卷，清李維鈺修，清官獻瑶纂，清嘉慶十一年刻本

光緒漳州府志五十卷首一卷，清沈定均修，清吳聯薰纂，清光緒四年刻本

乾隆延平府志四十六卷首一卷，清傅爾泰修，清陶元藻等纂，清同治十二年刻本

康熙丙午建寧府志五十卷，清程應熊修，清姚文燮纂，日本藏中国罕见地方志丛刊续编本

康熙癸酉建寧府志四十八卷，清張琦修，清鄒山、蔡登龍纂，清康熙三十二年刻本

康熙邵武府續志，清汪麗日修，清王俟聘等纂，清康熙九年刻本

乾隆邵武府志二十四卷，清張鳳孫等修，清鄭念榮等纂，清乾隆三十五年刻本

光緒重纂邵武府志三十卷首一卷，清王琛、徐兆豐修，清張元奇等纂，清光緒二十四年刻本

乾隆汀州府志四十五卷首一卷，清曾曰瑛等修，清李紱、熊爲霖纂，清同治六年刻本

乾隆福寧府志四十四卷首一卷，清李拔等纂修，清乾隆二十七年刻本

康熙臺灣府志十卷，清蔣毓英纂修，清康熙間刻本

乾隆重修臺灣縣志十五卷，清魯鼎梅修，清王必昌纂，乾隆十七年刻本

乾隆續修臺灣府志二十六卷首一卷，清余文儀修，清黄佾纂，清乾隆三十九年刻本

民國閩侯縣志一百六卷，歐陽英修，陳衍纂，民國二十二年刻本

侯官鄉土志八卷，清吕渭英修，清鄭祖庚纂，清光緒二十九年排印

乾隆長樂縣志十卷首一卷，清賀世駿修，清沈成國等纂，清乾隆二十八年刻本

同治長樂縣志二十卷首一卷，清彭光藻、王家駒修，清楊希閔等纂，清同治九年刻本
民國長樂縣志三十卷，孟昭涵修，李駒纂，民國六年排印本
康熙福清縣志續略十八卷首一卷，釋如一撰，清康熙六年刻本
乾隆福清縣志二十卷，清饒安鼎、邵應龍修，清林昂、李修卿纂，清光緒二十四年刻本
民國平潭縣志三十四卷，黃履思等纂修，民國十二年排印本
乾隆連江縣志十三卷首一卷，清戚跂言等修，清孫發曾纂，清乾隆五年刻本
嘉慶連江縣志十卷首一卷，清李搴等修，清章朝栻纂，清嘉慶十年刻本
民國連江縣志三十四卷首一卷附紀一卷，曹剛等修，邱景雍纂，民國二十二年排印本
康熙羅源縣志十卷，清王楠修，清林喬蕃、王世臣纂，清康熙六十一年刻本
道光新修羅源縣志三十卷首一卷，清盧鳳芩修，清林春溥纂，清道光十一年刻本
乾隆古田縣志八卷，清辛竟可修，清林咸吉等纂，清乾隆十六年刻本
民國古田縣志三十八卷首一卷，張海容等修，余鍾英等纂，民國三十一年排印本
乾隆屏南縣志八卷首一卷，清沈鍾纂修，清沈宗良增補，清乾隆十七年刻本
道光屏南縣志六卷，清梅鼎臣修，清陳之駒纂，抄本
民國屏南縣志三十一卷，何樹德修，黃恩波、張宗銘纂，陸章銓續纂，抄本
乾隆閩清縣志十卷首一卷，清姚循義纂修，抄本

民國閩清縣志八卷首一卷，楊宗彩修，劉訓瑺纂，民國十年排印本

乾隆永福縣志十卷，清陳焱等修，清俞荔、陳雲客纂，清乾隆十四年刻本

民國永泰縣志十二卷，金章等修，王紹沂纂，民國十一年排印本

康熙興化府莆田縣志三十六卷首一卷，清金皋謝修，清林麟焻、朱元春纂，清乾隆二十六年刻本

乾隆興化府莆田縣志三十六卷首一卷，清汪大經等修，清廖必琦等纂，清光緒五年刻本

道光莆田縣志稿不分卷，清林揚祖修，抄本

民國莆田縣志三十四卷，石有紀修，張琴纂，抄本

康熙僊遊縣志四十卷，清盧學儁修，清郭彦俊纂，清康熙十七年刻本

乾隆己巳僊遊縣志三十六卷首一卷，清陳興祚修，清莊大椿纂，清乾隆十四年刻本

乾隆庚寅僊遊縣志五十三卷首一卷，清胡啓植、王椿修，清葉和侃等纂，民國十九年排印本

乾隆晉江縣志十六卷首一卷，清方鼎修，清朱升元纂，清乾隆三十年刻本

乾隆丁丑永春州志三十五卷首一卷，清杜昌丁修，清黄任、黄惠纂，清乾隆二十二年刻本

乾隆丁未永春州志十六卷首一卷，清鄭一崧修，清顔璹等纂，清乾隆五十二年刻本

民國永春縣志，鄭翹松纂修，民國十九年排印本

康熙德化縣志十六卷，清范正輅纂修，清康熙二十六年刻本

乾隆德化縣志十八卷首一卷，清魯鼎梅修，清王必昌等纂，清乾隆十一年刻本

民國德化縣志十九卷，方清芳修，王光張纂，民國二十九年排印本
康熙大田縣志十卷首一卷，清葉振甲纂修，清周卜世續纂修，清康熙三十二年刻本
乾隆大田縣志十二卷首一卷，清李慧修，清葉銘、林虎榜纂，清乾隆二十四年刻本
民國大田縣志六卷首一卷末一卷，陳朝宗等修，王光張等纂，民國二十年排印本
康熙南安縣志二十卷，清劉佑修，清葉獻論、洪孟纘纂，清康熙十一年刻本
民國南安縣志四十八卷，蘇鏡潭纂修，民國間排印本
嘉慶惠安縣志三十六卷，清吳裕仁纂修，民國二十五年排印本
道光惠安縣續志十二卷，清婁雲纂修，民國二十五年排印本
乾隆續修安溪縣志十二卷首一卷，清莊成修，清沈鍾、李疇纂，清乾隆二十二年刻本
康熙同安縣志十二卷首一卷，清朱奇珍修，清葉心朝、張金友纂，抄本
嘉慶同安縣志三十卷首一卷，清吳堂修，清劉光鼎纂，清光緒十二年刻本
民國同安縣志四十三卷，林學增修，吳錫璜等纂，民國十八年排印本
乾隆馬巷廳志二十二卷，清萬友正修纂，清光緒十九年補刻本
道光廈門志十六卷，清周凱纂修，清道光十九年刻本
民國廈門市志三十五卷首一卷，廈門市修志局纂修，抄本
乾隆龍溪縣志二十四卷首一卷新增補二卷，清吳宜燮修，清黃惠、李疇纂，清吳聯薰續纂修，清光緒

五年刻本

乾隆海澄縣志二十四卷首一卷，清陳鍈等修，清葉廷推等纂，清乾隆二十七年刻本

康熙漳浦縣志二十卷，清陳汝咸修，清林登虎等纂，清陳夢林續纂修，清康熙四十七年刻本

光緒漳浦縣志十九卷續志一卷再續志二卷，清陳汝咸修，林登虎等纂，清施錫衛續纂，清光緒十一年補刻本

嘉慶雲霄廳志二十一卷，清薛凝度修，清吴文林纂，民國二十四年排印本

民國雲霄縣志二十二卷首一卷末一卷，徐炳文修，鄭豐稔纂，民國三十六年排印本

乾隆癸亥南靖縣志十卷首一，清姚循義修，清李正曜等纂，清乾隆八年刻本

康熙長泰縣志十卷，清王玨等修，清葉先登等纂，清康熙二十六年刻本

乾隆長泰縣志十二卷首一卷，清張懋建等修，清賴翰顒等纂，民國二十一年排印本

民國長泰縣志十二卷，董秉清修，汪紹沂纂，民國十一年排印本

長泰縣新志二十二卷首一卷末一卷，鄭豐稔纂，民國三十六年排印本

康熙己亥平和縣志十二卷首一卷，清王相修，清昌天錦、藍三祝等纂，清光緒十五年刻本

康熙詔安縣志十二卷，清秦炯纂修，清康熙三十年刻本

民國詔安縣志十七卷首一卷，陳蔭祖修，吴名世纂，民國三十一年排印本

乾隆銅山志十卷，清陳振藻纂修，民國抄本

康熙南平縣志二十五卷，清朱夔、文國繡修，清鄒廷機、翁兆行纂，清康熙五十八年刻本

嘉慶南平縣志三十八卷首三卷末一卷，清楊桂森修，清應丹詔等纂，清同治十一年刻本

民國南平縣志二十四卷，吴栻等修，蔡建賢纂，民國十七年排印本

康熙順昌縣志六卷，清郭鍈修，清黄宣纂，清康熙四十八年刻本

乾隆順昌縣志十卷，清陳鍈修，清吕天芹、清葉銘等纂，清乾隆三十年刻本

嘉慶順昌縣志十卷，清陸嗣淵、賈懋功續修，清謝鍾玿續纂，清光緒七年刻本

民國順昌縣志二十四卷文徵四卷，高登艇、潘先龍修，劉敬等纂，民國二十五年排印本

乾隆將樂縣志十六卷首一卷，清李永錫等修，清徐觀海纂，清乾隆三十年刻本

康熙沙縣志十二卷，清林采修，清欒成等纂，清康熙四十年刻本

道光沙縣志二十卷首一卷末一卷，清孫大焜、王庚修，清徐逢盛等纂，清同治十年刻本

民國沙縣志十二卷，梁伯蔭修，羅克涵纂，民國十七年排印本

康熙尤溪縣志十卷，清劉宗樞修，清劉鴻略等纂，清康熙五十年刻本

乾隆尤溪縣志八卷，清焦長發修，清王家奮纂，清乾隆四十一年刻本

民國尤溪縣志十卷，盧興邦、馬傳經修，洪清芳等纂，民國十六年排印本

雍道正續永安縣志十卷首一卷，清孫義修，清陳樹蘭、劉承美纂，清道光十四年刻本

康熙建安縣志十卷，清崔銑修，清陸登選等纂，清康熙五十二年刻本

康熙甌寧縣志十三卷，清鄧其文纂修，清康熙三十三年刻本

民國建甌縣志三十七卷首一卷，詹宣猷修，蔡振堅等纂，民國十八年排印本

康熙建陽縣志八卷首一卷，清柳正芳修，清王維文等纂，抄本

道光建陽縣志二十卷首一卷，清梁興、李再灝修，清江遠青等纂，抄本

民國建陽縣志十二卷首一卷，萬文衡修，羅應辰纂，姚有則續纂，民國十八年排印本

康熙崇安縣志八卷，清管聲駿纂修，清康熙九年刻本

雍正崇安縣志八卷首一卷，清宋文瀾、劉埥修，清張彬纂，清雍正十一年刻本

嘉慶崇安縣志十卷首一卷，清魏大名修，清章朝栻等纂，清嘉慶十三年刻本

民國甲子重修崇安縣志三十六卷首一卷末一卷，洪簡、詹繼良修纂，民國間稿本

民國壬午崇安縣新志三十一卷首一卷，劉超然等修，鄭豐稔等纂，民國三十一年排印本

武夷山志二十五卷，清董天工輯，清乾隆十六年修道光二十五年刻本

順治浦城縣志十二卷，清李葆貞修，清梅彥騊等纂，清順治八年刻本

乾隆浦城縣志十三卷，清李藩修，清林鴻等纂，清乾隆八年刻本

光緒續修浦城縣志四十二卷首一卷，清翁天祜、呂渭英修，清翁昭泰纂，清光緒二十六年刻本

康熙松溪縣志十卷首一卷末一卷，清潘拱辰纂修，清黄鑒補遺，民國十七年木活字本

乾隆政和縣志十卷首一卷末一卷，清譚垣纂修，清乾隆二十六年刻本

道光政和縣志十一卷首一卷末一卷，清程鵬里等修，清魏敬中纂，清道光十三年刻本

民國政和縣志三十五卷首一卷末一卷，錢鴻文、黄體震修，李熙纂，民國八年排印本

咸豐邵武縣志十九卷首一卷，清李正芳修，清張葆森纂，抄本

民國重修邵武縣志三十七卷首一卷，秦振夫等修，朱書田等纂，民國二十六年排印本

康熙光澤縣志八卷附一卷，清金鳳鳴修，清陳南賢纂，清康熙三十三年刻本

康熙續纂光澤縣志九卷，清馬璵修，清龔駿聲纂，清乾隆十五年刻本

乾隆光澤縣志三十二卷首一卷，清段夢日修，清魏洪纂，抄本

道光重纂光澤縣志三十卷首一卷，清盛朝輔等修，清高澍然等纂，清同治九年刻本

光緒重纂光澤縣志三十卷首一卷，清李麟瑞、鈕承藩續修，清何秋淵續纂，清光緒二十三年刻本

康熙建寧縣志十四卷，清周燝等修，清陳恂纂，清刻本

康熙續纂建寧縣志不分卷，清甘國垍等修，清陳銑、吴秉芳纂，清康熙四十五年刻本

乾隆建寧縣志二十八卷首一卷，清韓琮修，清朱霞等纂，清乾隆二十四年刻本

民國建寧縣志二十八卷首一卷末一卷，錢江修，范毓桂纂，吴海清續修，張書簡續纂，民國八年排印本

乾隆泰寧縣志十卷首一卷，清施文燽修，清許燦纂，抄本

民國泰寧縣志三十八卷首一卷，陳石、萬心權修，鄭豐稔等纂，民國三十一年排印本

乾隆長汀縣志二十六卷首一卷，清陳朝羲修，清許春暉纂，清乾隆四十七年刻本

道光長汀縣志三十三卷首一卷末一卷，清謝昌霖修，清劉國光纂，清光緒五年刻本

民國長汀縣志三十五卷首一卷，黄愷元等修，鄧光瀛、丘復纂，民國三十年排印本

康熙寧化縣志七卷，清祝文郁修，清李世熊纂，清康熙二十三年刻本

民國寧化縣志二十卷首一卷，黎彩彰等修，黎景曾、黄宗憲纂，民國十五年排印本

康熙清流縣志十卷首一卷，清王士俊等修，清王霖纂，清康熙四十一年刻本

道光清流縣志十卷首一卷，清喬有豫修，清雷可升等纂，清道光九年木活字本

民國清流縣志二十七卷首一卷，林善慶修，王瓊纂，民國三十六年排印本

康熙歸化縣志十卷首一卷，清湯傳榘等纂修，清康熙三十七年刻本

民國明溪縣志十五卷，王維樑等修，廖立元等纂，民國十一年修三十二年排印本

康熙連城縣志十卷首一卷末一卷，清杜士晉修，清謝家寶等纂，清康熙五年刻本

乾隆連城縣志十卷，清徐向忠修，清李龍官纂，清乾隆十六年刻本

民國連城縣志三十二卷首一卷，陳一堃、王集吾修，鄧光瀛纂，民國二十八年石印本

康熙上杭縣志十二卷，清蔣廷銓纂修，清康熙二十六年刻本

乾隆癸酉上杭縣志六卷首一卷末一卷，清趙成修，清趙寧靜纂，清乾隆十八年刻本

乾隆己卯上杭縣志十二卷首一卷末一卷，清顧人驥、潘廷儀等修，清沈成國纂，清乾隆二十五年刻本

民國上杭縣志三十六卷首一卷末一卷，張漢等修，丘復等纂，民國二十八年排印本

康熙永定縣志十卷，清劉旿纂修，清趙良生續纂修，清康熙三十六年刻本

乾隆永定縣志八卷首一卷末一卷，清伍煒修，清王見川纂，清乾隆二十二年刻本

道光永定縣志三十二卷首一卷，清方履籛修，清巫宜福纂，清道光十年刻本

民國永定縣志三十七卷首一卷末一卷，徐元龍修，張超南、林上楠纂，民國三十八年石印本

道光龍巖州志二十卷首一卷，清彭衍堂、袁曦業修，清陳文衡等纂，清光緒十六年刻本

民國己未龍巖縣志三十七卷首一卷，馬龢鳴等修，杜翰生纂，民國九年排印本

民國乙酉龍巖縣志二十九卷首一卷末一卷，林詩旦、羅樹生、馬兆奎修，鄭豐稔纂，民國三十四年排印本

康熙漳平縣志九卷首一卷，清查繼純修，清蔣振芳、楊新日纂，清乾隆四十六年刻本

道光漳平縣志十卷首一卷補編一卷，清蔡世鈸修，清林得震纂，清道光十年刻本

永曆寧洋縣志九卷，清蕭亮修，清張豊玉纂，南明金基增修，南明永曆二十九年（清康熙十四年）刻本

康熙寧洋縣志十卷，清沈荃修，清楊新日等纂，清康熙三十一年刻本

同治寧洋縣志十二卷首一卷，清董鍾驥修，清陳天樞、吴正南纂，清光緒元年刻本

民國霞浦縣志四十卷首一卷，劉以臧等修，徐友梧纂，民國十八年排印本

嘉慶福鼎縣志八卷，清譚掄修，清王錫齡、高昊纂，清嘉慶十一年刻本

光緒福安縣志三十八卷首一卷，清張景祁修，清黄錦燦等纂，清光緒十年刻本

乾隆寧德縣志十卷首一卷，清盧建其修，清張君賓、胡家琪纂，清乾隆四十六年刻本

康熙臺灣縣志十卷，清王禮修，清陳文達纂，清康熙五十九年刻本

乾隆重修臺灣縣志十五卷，清魯鼎梅修，清王必昌纂，清乾隆十七年刻本

嘉慶續修臺灣縣志八卷首一卷，清薛志亮修，清謝金鑾、鄭兼才纂，清嘉慶十二年刻本

同治金門志十六卷，清周凱修，清林焜熿纂，清劉松亭等續修，清林豪續纂，一九五九油印本

民國金門縣志二十四卷，左樹夔修，劉敬纂，抄本

雍正雲南通志三十卷首一卷，清鄂爾泰、尹繼善修，清靖道謨纂，清乾隆元年刻本

乾隆大理府志三十卷首一卷，清傅天祥、李斯佺等修，清黄元治等纂，清乾隆十一年刻本

嘉慶松江府志八十四卷首二卷圖一卷，清宋如林修，清孫星衍等纂，清嘉慶二十三年刻本

同治蘇州府志一百五十卷首三卷，清李銘皖等修，清馮桂芬纂，清光緒九年刻本

民國大理縣志稿三十二卷首一卷，張培爵等修，周宗麟等纂，民國六年排印本

攝山志八卷首一卷，清陳毅輯，清乾隆五十五年刻本

三、別集

千頃齋詩集二十六卷，明黄居中撰，明刻本

紡授堂集二十六卷，明曾異撰撰，明崇禎間刻本

古香齋詩輯，明宋珏撰，民國間抄本

求是堂文集十八卷，明文德翼撰，清康熙間刻本

林茂之詩選二卷，清林古度撰，清王士禛選，清康熙程哲七略書堂刻本

林茂之文草不分卷賦草不分卷，清林古度撰，明崇禎間刻本

牧齋初學集一百十卷，清錢謙益撰，四部丛刊本

惠安王忠孝公全集十二卷，清王忠孝撰，抄本

王忠孝公集，王忠孝撰，方寶川、陳旭東點校，福建人民出版社，二〇一〇年版

釣璜堂存稿二十卷交行摘稿一卷徐闇公先生遺文一卷，清徐孚遠撰，民國十五年金山姚氏懷舊樓刻本

寒支初集十卷寒支二集六卷首一卷，清李世熊撰，清康熙四十三年檀河精舍刻本

雪峰如幻禪師瘦松集，清釋超弘撰，禪宗全書本

素園遺稿二卷，清熊興麟撰，民國間排印本

石秋子敬身録，清洪思撰，四庫禁燬書叢刊本

即菴詩存四卷首一卷，清曾燦垣撰，清道光間刻本

皆山集六卷，清鄭郟撰，抄本

梅村家藏稿五十八卷補遺一卷世系一卷年譜四卷，清吴偉業撰，清宣統三年董氏誦芬室刻本

恥躬堂文鈔十卷恥躬堂詩鈔十六卷，清彭士望撰，清咸豐二年重刻本

賴古堂集二十四卷附録一卷，清周亮工撰，清康熙十四年周在浚刻本

春靄亭雜録文稿，清高兆撰，抄本

尺木堂集十卷，清徐延壽撰，抄本

和敬堂全集四十四卷，清黄晉良撰，清康熙四十九年刻本

余懷集，清余懷撰，方寶川主編，廣陵書社，二〇〇六年版

道山堂前集二卷道山堂後集十卷，清陳軾撰，清康熙間刻本

米友堂詩集不分卷，清許友撰，民國間連江劉明據稿本影印本

丁布衣詩鈔一卷，清丁之賢撰，清康熙間刻綏安二布衣詩抄本

朱布衣詩鈔，清朱國漢撰，清康熙間刻綏安二布衣詩抄本

藏山堂遺篇一卷，清林之蕃撰，清光緒八年刻本

中郇逸稾二卷，清余思復撰，清康熙間刻本

吳遊集二卷，清余思復撰，清康熙間刻本
臥龍山人集，清葛芝撰，清康熙九年刻本
託素齋詩集四卷託素齋文集六卷，清黎士弘撰，清刻本
夕陽寮詩，清阮旻錫撰，臺灣文獻匯刊本，九州出版社，二〇〇四年版
南窗存草六卷，清薛鎔，一九六六年據清康熙刻本抄本
甌離子集，清林向哲撰，民國間抄本
塔江樓文鈔六卷，清林涵春撰，抄本
濤園別集一卷，清何其偉撰，抄本
擊鐵集十卷，清薛敬孟撰，康熙十年刻本
白茅堂集四十六卷，清顧景星撰，清康熙四十三年刻乾隆二十年續刻光緒二十八年補刻本
魏叔子文集外篇二十二卷，清魏禧撰，清易堂刻寧都三魏全集本
魏季子文集十六卷，清魏禮撰，清易堂刻寧都三魏全集本
魏敬士文集八卷，清魏世儼撰，清易堂刻寧都三魏全集本
挹奎樓選稿十二卷，林雲銘撰，清康熙三十五年刻本
曝書亭集八十卷附録一卷，清朱彝尊撰，四部丛刊本
翁山文鈔十卷，清屈大均撰，清康熙間刻本

問山文集八卷問山詩集十卷紫雲詞一卷，清丁煒撰，清咸豐四年丁拱辰重刻本

帶經堂集九十二卷，清王士禛撰，清康熙四十九至五十年程哲七略書堂刻本

南州草堂集三十卷首一卷，清徐釚撰，清康熙三十四年刻本

寒村詩文選三十六卷，清鄭梁撰，清康熙間刻本

甓湖草堂文集六卷甓湖草堂近集四卷，清吴世杰撰，清康熙四十四年刻嘉慶十七年重校本

松鶴山房詩集九卷松鶴山房文集二十卷，清陳夢雷撰，清康熙間銅活字本

南山集十四卷，清戴名世撰，清光緒二十六年刻本

後知堂文集四十四卷附録二卷，蕭正模，清康熙五十六年刻本

鹿洲初集二十卷東征集六卷，清藍鼎元撰，清雍正十年刻鹿洲全集本

二希堂文集十一卷首一卷，清蔡世遠撰，清雍正十年刻本

操齋集五十七卷，清蔡衍鎤撰，清康熙間刻本

茹古堂文集十卷茹古堂詩集四卷，清朱秉鑑撰，清道光五年冰玉軒刻本

愓園初稿十六卷外稿一卷，清陳庚焕撰，清咸豐間刻愓園全集本

四、其他

麟峰黄氏家譜十二卷首一卷，清黄虞世修，清乾隆刻本

荆山徐氏族譜，清徐景曾修，一九六四年抄本
天界覺浪盛禪師語録，清釋道盛撰，禪宗全書本
因樹屋書影十卷，清周亮工撰，清康熙六年刻本
海内威名士宋比玉先生墓表疏證，宋湖民撰，抄本
明清進士題名碑録索引，朱保炯、谢沛霖编，上海古籍出版社，一九七九年版
明遺民録傳記資料索引，謝正光編，新文豐出版公司，一九九〇年版
四庫全書纂修檔案，中國第一歷史檔案館編，上海古籍出版社，一九九七年版
中國古籍善本書目，中國古籍善本書目編委會編，上海古籍出版社，一九九八年版
清代别集總目，李灵年、杨忠主编，安徽教育出版社，二〇〇一年版
清人詩文集總目提要，柯愈春编著，北京古籍出版社，二〇〇二年
中國古籍總目，中國古籍總目編委會編，中華書局、上海古籍出版社，二〇〇九年版
廈門墓志銘匯粹，何丙仲、吳鶴立編纂，廈門大學出版社，二〇一一年版